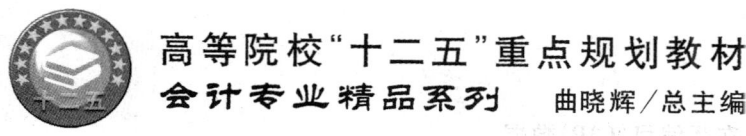

高等院校"十二五"重点规划教材

会计专业精品系列　　曲晓辉／总主编

财务报告分析

张先治　秦志敏／主编

立信会计出版社
LIXIN ACCOUNTING PUBLISHING HOUSE

图书在版编目(CIP)数据

财务报告分析/张先治,秦志敏主编. —上海:立信会计出版社,2014.12
高等院校"十二五"重点规划教材
ISBN 978-7-5429-4452-8

Ⅰ.①财… Ⅱ.①张…②秦… Ⅲ.①会计报表—会计分析—高等学校—教材 Ⅳ.①F231.5

中国版本图书馆 CIP 数据核字(2014)第304664号

责任编辑　黄成艮
封面设计　周崇文

财务报告分析

出版发行	立信会计出版社
地　　址	上海市中山西路2230号　邮政编码　200235
电　　话	(021)64411389　传　　真　(021)64411325
网　　址	www.lixinaph.com　电子邮箱　lxaph@sh163.net
网上书店	www.shlx.net　电　　话　(021)64411071
经　　销	各地新华书店
印　　刷	常熟市梅李印刷有限公司
开　　本	787毫米×1092毫米　1/16
印　　张	23　插　页　1
字　　数	445千字
版　　次	2014年12月第1版
印　　次	2015年7月第2次
印　　数	3 101—4 600
书　　号	ISBN 978-7-5429-4452-8/F
定　　价	38.00元

如有印订差错,请与本社联系调换

前　言

高等院校会计学专业精品系列教材是体现新时期教学内容和教学要求的知识载体,是进行教学改革的有效工具,是提高教学质量的重要保证。为了贯彻落实教育部《关于进一步加强高等学校本科教学工作的若干意见》的精神,确保编写出高质量的会计专业教材,我们按照本套系列教材建设的思路和精品原则、创新原则及适用原则,结合高等院校会计学专业、财务管理专业及相关专业对财务报告分析课程教学的要求,编写了这本教材。

财务报告分析,是指以财务报告资料为主,以其他相关资料为辅,采用一系列专门的分析技术和方法,对企业等经济组织过去和现在有关财务活动的盈利能力、营运能力、偿债能力和成长能力状况等进行分析与评价,为企业的投资者、债权人、经营者及其他关心企业的组织或个人了解企业过去、评价企业现状、估价企业未来,做出正确决策提供准确的信息或依据的经济应用学科。

本教材由三篇十四章内容组成:第一篇为财务报告分析概论,本篇包括财务报告框架体系、财务报告分析理论框架、财务报告分析制度基础和财务报告分析技术四章内容;第二篇为财务报告会计分析,本篇按会计要素对财务报告的各项内容进行分析,包括资产分析、负债与所有者权益分析、利润分析和现金流量分析四章内容;第三篇为财务报告效率及应用分析,包括投资回报与盈利能力分析、资产管理与营运能力分析、财务实力与偿债能力分析、可持续发展与成长能力分析、综合分析与业绩评价、业绩预测与估值分析六章内容。

本教材由张先治教授和秦志敏教授主编。张先治教授撰写第一章至第四章,秦志敏教授撰写第五章至第十四章,张先治教授对全书进行了总纂并提出修改意见,贾兴飞博士、晏超博士对初稿进行了修订与完善。研究生赵丽昀、李静波参与了部分章节的文献及数据整理工作。程光、崔昊、郝佳、李泽珺、高曼玉、梁鸿儒、于龙波、刘耀阳、孙枭飞、项云等同学参与了对各章的数据及语言的复核完善工作。

本教材的顺利完成与出版得到了立信会计出版社的大力支持,在此表示衷心感谢!同时,本教材也是对我们长期从事财务分析教学与研究的总结,为此,我们还要特别感谢从事教学与研究的东北财经大学、东北财经大学会计学院的领导与同事;感谢所有财务报告分析领域的研究工作者与实务工作者。

随着我国经济体制改革的深化,财务报告信息的供给与需求都在不断发生变化。因此,财务报告分析从学科属性、课程定位、课程内容等方面,目前仍处于探索阶段。由于作者水平有限,加之时间仓促,书中纰漏甚至错误之处在所难免,敬请专家、读者批评指正,以便修改完善。

编 者

2014年12月于大连

目　　录

第一篇　财务报告分析概论

第一章　财务报告框架体系 ··· 3
- 第一节　财务报告的内涵与作用 ·· 3
- 第二节　财务报告体系框架 ·· 11
- 第三节　财务报告的信息作用 ··· 15
- 本章小结 ·· 22
- 主要术语 ·· 23
- 思考与练习题 ··· 23

第二章　财务报告分析理论框架 ··· 24
- 第一节　财务报告分析的内涵与作用 ······································· 24
- 第二节　财务报告分析框架体系 ··· 30
- 第三节　财务报告分析的形式与条件 ······································· 37
- 本章小结 ·· 42
- 主要术语 ·· 43
- 思考与练习题 ··· 43

第三章　财务报告分析制度基础 ··· 44
- 第一节　会计准则体系与内容 ··· 44
- 第二节　上市公司监管相关法规 ··· 53
- 第三节　会计选择与盈余管理 ··· 59
- 本章小结 ·· 63
- 主要术语 ·· 64
- 思考与练习题 ··· 64

第四章　财务报告分析技术 ·· 66
- 第一节　财务报告分析程序 ·· 66
- 第二节　财务报告分析信息搜集与整理 ···································· 68
- 第三节　战略分析与会计分析 ··· 74

第四节　比率分析与因素分析 ·················· 80
　第五节　财务综合分析评价技术 ················ 89
　本章小结 ·························· 92
　主要术语 ·························· 93
　思考与练习题 ······················· 93

第二篇　财务报告会计分析

第五章　资产分析 ························ 97
　第一节　资产分析概述 ··················· 97
　第二节　总资产分析 ···················· 99
　第三节　流动资产分析 ··················· 103
　第四节　固定资产分析 ··················· 114
　第五节　其他非流动资产分析 ················ 118
　本章小结 ·························· 123
　主要术语 ·························· 123
　思考与练习题 ······················· 124
　案例分析 ·························· 124

第六章　负债与所有者权益分析 ·················· 125
　第一节　负债与所有者权益分析概述 ·············· 125
　第二节　负债分析 ····················· 129
　第三节　所有者权益分析 ·················· 135
　第四节　资本结构分析 ··················· 140
　本章小结 ·························· 146
　主要术语 ·························· 147
　思考与练习题 ······················· 147
　案例分析 ·························· 148

第七章　利润分析 ························ 149
　第一节　利润分析概述 ··················· 149
　第二节　利润表综合分析 ·················· 152
　第三节　毛利的影响因素分析 ················ 157
　第四节　利润表主要项目分析 ················ 162
　本章小结 ·························· 174
　主要术语 ·························· 175
　思考与练习题 ······················· 175

案例分析 ··· 176

第八章　现金流量分析
　　第一节　现金流量分析概述 ··· 180
　　第二节　现金流量变动情况分析 ··· 183
　　第三节　现金流量主要项目分析 ··· 188
　　第四节　现金流量与利润质量综合分析 ····································· 193
　　本章小结 ··· 198
　　主要术语 ··· 199
　　思考与练习题 ·· 199
　　案例分析 ··· 200

第三篇　财务报告效率及应用分析

第九章　投资回报与盈利能力分析
　　第一节　投资回报与盈利能力分析概述 ····································· 203
　　第二节　资本经营盈利能力分析 ··· 207
　　第三节　资产经营盈利能力分析 ··· 211
　　第四节　商品经营盈利能力分析 ··· 214
　　第五节　上市公司盈利能力分析 ··· 218
　　本章小结 ··· 224
　　主要术语 ··· 225
　　思考与练习题 ·· 225
　　案例分析 ··· 226

第十章　资产管理与营运能力分析
　　第一节　资产管理与营运能力分析概述 ····································· 227
　　第二节　总资产营运能力分析 ··· 229
　　第三节　流动资产营运能力分析 ··· 234
　　第四节　固定资产营运能力分析 ··· 244
　　本章小结 ··· 247
　　主要术语 ··· 248
　　思考与练习题 ·· 248
　　案例分析 ··· 249

第十一章　财务实力与偿债能力分析
　　第一节　财务实力与偿债能力分析概述 ····································· 250

第二节　短期偿债能力分析 ………………………………………………… 253
第三节　长期偿债能力分析 ………………………………………………… 266
本章小结 ……………………………………………………………………… 279
主要术语 ……………………………………………………………………… 280
思考与练习题 ………………………………………………………………… 280
案例分析 ……………………………………………………………………… 281

第十二章　可持续发展与成长能力分析 ………………………………………… 282
第一节　可持续发展与成长能力分析概述 ………………………………… 282
第二节　企业单项发展能力分析 …………………………………………… 284
第三节　企业整体发展能力分析 …………………………………………… 293
本章小结 ……………………………………………………………………… 296
主要术语 ……………………………………………………………………… 297
思考与练习题 ………………………………………………………………… 297
案例分析 ……………………………………………………………………… 297

第十三章　综合分析与业绩评价 ………………………………………………… 299
第一节　综合分析与业绩评价概述 ………………………………………… 299
第二节　杜邦财务综合分析及其发展 ……………………………………… 300
第三节　企业经营业绩综合评价 …………………………………………… 307
本章小结 ……………………………………………………………………… 324
主要术语 ……………………………………………………………………… 324
思考与练习题 ………………………………………………………………… 325
案例分析 ……………………………………………………………………… 325

第十四章　业绩预测与估值分析 ………………………………………………… 326
第一节　业绩预测与估值分析概述 ………………………………………… 326
第二节　趋势分析与预测分析 ……………………………………………… 329
第三节　价值评估 …………………………………………………………… 335
本章小结 ……………………………………………………………………… 347
主要术语 ……………………………………………………………………… 348
思考与练习题 ………………………………………………………………… 348
案例分析 ……………………………………………………………………… 349

主要参考书目 ……………………………………………………………………… 350
附录　中国石油天然气股份有限公司 2012 年度报告 ………………………… 351

第一篇

财务报告分析概论

第一章

第一章 财务报告框架体系

本章讲述财务报告框架结构及信息作用。通过本章学习首先掌握财务报告的内涵、目标与作用;然后理解与掌握财务报告框架结构和主要内容;接着对财务报告框架体系与企业财务活动及目标的关系进行解析;最后理解财务报告信息的作用。本章重点与难点主要包括财务报告的构成,财务报告与财务活动的关系和财务报告的信息含量及作用。

本章建议课时为2学时。

第一节 财务报告的内涵与作用

一、财务报告的内涵

财务报告是企业对外提供的反映企业某一特定日期的财务状况和某一会计期间的经营成果、现金流量等会计信息的文件。财务报告包括财务报表和其他应当在财务报告中披露的相关信息和资料。其中,财务报表由报表本身及其附注两部分构成,附注是财务报表的有机组成部分,而报表至少应当包括资产负债表、利润表、所有者权益变动表和现金流量表等。

"财务报告"从国际范围来看是一个比较通用的术语,但是在我国现行有关法律、行政法规中使用的是"财务会计报告",为了保持法规体系上的一致性,《企业会计准则——基本准则》中沿用了"财务会计报告"的提法,但同时又引入了"财务报告"的通用概念,并指出"财务会计报告"又称"财务报告",并在所有具体准则的制定中统一使用了"财务报告"的术语。

财务报告至少包括以下几层含义:①财务报告应当是对外报告,其服务对象主要是投资者、债权人等外部使用者,专门为了内部管理需要的报告不属于财务报告的范畴;②财务报告应当综合反映企业的生产经营状况,包括某一时点的财务状况和某一时期的经营成果与现金流量等信息,以勾画出企业整体和全貌;③财务报告必须形成一个系统的文件,不应是零星的或者不完整的信息。

财务报告包括财务报表和其他应当在财务报告中披露的相关信息和资料。除了财务报表之外,财务报告还应当包括其他相关信息,具体可以根据有关法律法规的规定和外部使用者的信息需求而定,如企业可以在财务报告中披露其承担的社会责任、对社会的贡献、可持续发展能力等信息,这些信息对于使用者的决策也是相关的,尽管属于非财务信息,无法包括在财务报表中,但是如果有规定或者使用者有需求,企业应当在财务报告中予以披露。

二、财务报告与年度报告

财务报告是公司年度报告的重要组成部分。年度报告是公司以年度为时间单位,定期、按时对外提供的财务报告和其他经营成果、财务状况和现金流量信息的报告。根据我国《证券法》和《公司法》的规定,所有公开上市交易的公司必须按时编制并披露年度报告。年度报告与财务报告并不相同,财务报告是年度报告的重要组成部分,但是年度报告的内容并不仅局限于财务报告。

(一) 年度报告的内容

根据中国证券监督管理委员会制定的信息披露法规,上市公司年度报告至少应当包括如下内容:

(1) 公司基本情况,包括公司的中英文名称、法定代表人、注册地点、联系方式、信息披露媒介和上市地点等信息。

(2) 会计数据和业务数据摘要,提供截至报告期末公司前三年的主要会计数据和财务指标,披露本年度实现的利润总额、净利润、扣除非经常性损益后的净利润、主营业务利润、其他业务利润、营业利润、投资收益等。

(3) 股本变动及股东情况,披露公司的股东总数、股东性质、控股股东、实际控制人等股权结构方面的信息。

(4) 董事、监事、高级管理人员和员工情况,披露董事、监事和高级管理人员的基本情况、主要工作经历、年度报酬及变动情况,以及员工数量和专业构成等信息。

(5) 公司治理结构,介绍独立董事履行职责的情况、控股股东和公司的关系、高级管理人员的激励机制等。

(6) 股东大会情况简介,包括会议届次、召开日期、会议决议刊登的信息披露报纸及披露日期。

(7) 董事会报告,包括报告期内公司经营情况的回顾、对公司未来发展的展望,介绍报告期内的投资情况,披露董事会的日常工作情况等。

(8) 监事会报告,披露报告期内监事会的工作情况,包括召开会议的次数、各次会议的议题等。

(9) 重要事项,披露重大诉讼、仲裁事项,介绍报告期内收购及出售的资产、吸收合并事项的简要情况及进程,披露关联方交易和重大合同等事项。

(10) 财务报告,披露审计意见全文、审计会计报表及其附注。

(二) 年度报告的作用

从信息的类型来看,年度报告的内容包括财务信息和非财务信息两部分。年度报告在财务报表分析中的作用,主要表现在以下三个方面:

(1) 介绍公司行业情况和内部治理机制等背景资料。对公司进行财务报表分析，离不开对公司所处行业和内部治理结构的了解。虽然这些非财务信息不能直接反映经营成果和财务状况，但是能提供对企业进行深入分析的必要信息。不同行业间的盈利能力水平和资产营运效率存在着差异，若不了解公司的行业背景难以对财务效率进行正确的分析；相同的财务行为或者经营活动，具有不同的经济含义；缺少对公司股权结构和公司治理结构的了解，则难以进行科学的财务报表分析。

(2) 披露公司的经营成果和财务状况。作为年度报告的重要组成部分，财务报告提供了企业经营成果和财务状况的详细的量化信息。在董事会报告中，董事会对报告期公司的经营成果进行详细的分析，并提供更为精确的信息。此外，年度报告还披露公司关联方交易的交易方、交易原则、交易价格等信息。这些信息分别从不同方面和不同角度，披露公司的经营成果和财务状况。

(3) 提供公司未来的经营计划。在年度报告中，公司管理层会分析公司所处行业的发展趋势及公司面临的市场竞争格局，向投资者提示管理层所关注的公司未来的发展机遇和挑战，披露公司发展战略，以及拟开展的新业务、拟开发的新产品和拟投资的新项目等。同时，公司会披露新年度的经营计划，包括收入、费用、成本计划及新年度的经营目标，如销售额的提升、市场份额的扩大、成本的升降和研发计划，以及为达到上述经营目标拟采取的策略和行动等。这些信息对于预测公司未来的经营业绩和财务状况都有重要作用。

美国财务会计准则委员会(FASB)在其第 5 号概念公告中用图示的方法阐述了财务报表、财务报告和其他报告的界限(见图 1-1)。财务报表、财务报告和其他形式的报告之间存在着清晰的界限。并且，FASB 强调，财务报表是财务报告的核心，其他形式的财务报告是财务报表信息的补充。

三、财务报告的目标

基本准则对财务报告目标进行了明确定位，将保护投资者利益、满足投资者进行投资决策的信息需求放在了突出位置，彰显了财务报告目标在企业会计准则体系中的重要作用。基本准则规定，财务报告的目标是向财务报告使用者提供与企业财务状况、经营成果和现金流量等有关的会计信息，反映企业管理层受托责任履行情况，有助于财务报告使用者作出经济决策。

财务报告使用者主要包括投资者、债权人、政府及其有关部门和社会公众等。满足投资者的信息需要是企业财务报告编制的首要出发点。近年来，我国企业改革持续深入，产权日益多元化，资本市场快速发展，机构投资者及其他投资者队伍日益壮大，对会计信息的要求日益提高。在这种情况下，投资者更加关心其投资的风险和报酬，他们需要会计信息来帮助其做出决策，比如决定是否应当买进、持有或者卖出企业的股票或者股权，他们还需要信息来帮助其评估企业

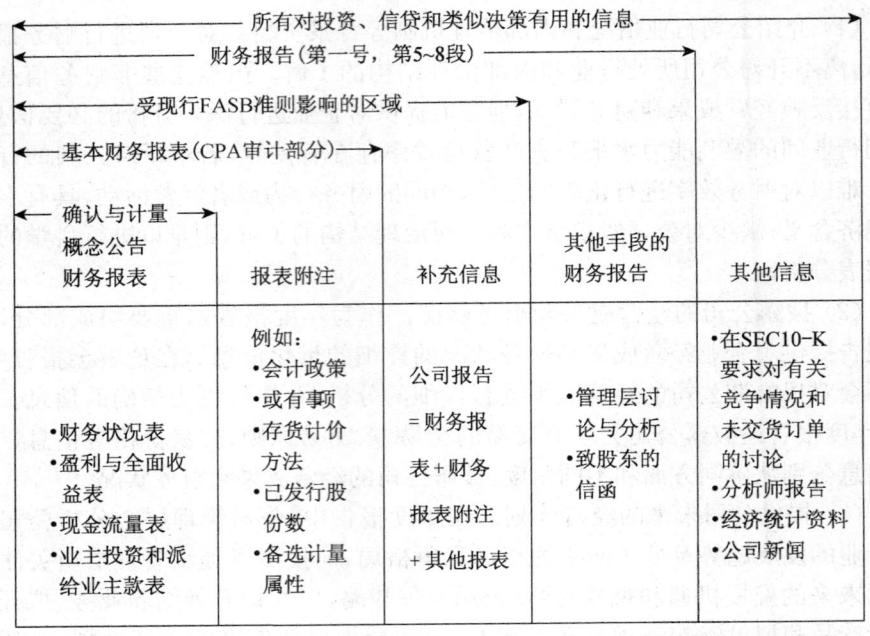

图 1-1 美国 FASB 的财务报告体系

支付股利的能力等。因此,基本准则将投资者作为企业财务报告的首要使用者,凸显了投资者的地位,体现了保护投资者利益的要求,是市场经济发展的必然。

根据投资者决策有用目标,财务报告所提供的信息应当如实反映企业所拥有或者控制的经济资源、对经济资源的要求权以及经济资源及其要求权的变化情况;如实反映企业的各项收入、费用、利得和损失的金额及其变动情况;如实反映企业各项经营活动、投资活动和筹资活动等所形成的现金流入和现金流出情况等,从而有助于现在的或者潜在的投资者正确、合理地评价企业的资产质量、偿债能力、盈利能力和营运效率等;有助于投资者根据相关会计信息作出理性的投资决策;有助于投资者评估与投资有关的未来现金流量的金额、时间和风险等。

除了投资者之外,企业财务报告的使用者还有债权人、政府及有关部门、社会公众等。例如,企业贷款人、供应商等债权人通常十分关心企业的偿债能力和财务风险,他们需要信息来评估企业能否如期支付贷款本金及其利息,能否如期支付所欠购货款等;政府及其有关部门作为经济管理和经济监督部门,通常关心经济资源分配的公平、合理,市场经济秩序的公正、有序,宏观决策所依据信息的真实可靠等,它们需要信息来监管企业的有关活动(尤其是经济活动)、制定税收政策、进行税收征管和国民经济统计等;社会公众也关心企业的生产经营活动及其影响,包括企业对所在地经济做出的贡献,如增加就业、刺激消费、提供社区服务等,在财务报告中提供有关企业发展前景及其能力、经营效益及其效率等方面的信息,可以满足社会公众的信息需要。财务报告使用者的信息需求中有许多是共同的，由于投资者是企业资本的主要提供者，通常情况下，如果财务报告能够满足这一群体的会计信息需求，也就可以满足其他使用者的大部分信息需求。

现代企业制度强调企业所有权和经营权相分离，企业管理层是受委托者之托经营管理企业及其各项资产，负有受托责任。即企业管理层所经营管理的企业各项资产基本上均为投资者投入的资本（或者留存收益作为再投资）或者向债权人借入的资金所形成的，企业管理层有责任妥善保管并合理、有效运用这些资产。企业投资者和债权人等也需要及时或者经常性地了解企业管理层保管、使用资产的情况，以便于评价企业管理层的责任情况和业绩，并决定是否需要调整投资或者信贷政策，是否需要加强企业内部控制和其他制度建设，是否需要更换管理层等。因此，财务报告应当反映企业管理层受托责任的履行情况，以有助于外部投资者和债权人等评价企业的经营管理责任和资源使用的有效性。

财务报告目标要求满足投资者等财务报告使用者决策的需要，体现为财务报告的决策有用观，财务报告目标要求反映企业管理层受托责任的履行情况，体现为财务报告的受托责任观。财务报告的决策有用观与其受托责任观是统一的，投资者出资委托企业管理层经营，希望获得更多的投资回报，实现股东财富的最大化，从而进行可持续投资；企业管理层接受投资者的委托从事生产经营活动，努力实现资产安全完整，保值增值，防范风险，促进企业可持续发展，就能够更好地持续履行受托责任，为投资者提供回报，为社会创造价值，从而构成企业经营者的目标。由此可见，财务报告的决策有用观和受托责任观是有机统一的。

FASB 第 8 号 CF（2008）将通用财务报告的目标表述为：

（1）通用财务报告的目标是概念框架的基础。概念框架其他方面的逻辑来自通用的财务报告目标，这些方面包括：报告主体概念、有用的财务信息的质量特征及其限制、财务报表要素、确认与计量、呈报和披露。

（2）通用财务报告的目标是向现在的和潜在的投资者、贷款人和其他债权人提供有关报告主体的财务信息，以有助于他们做出提供资源给主体的决策。这些决策包括买、卖、持有权益和债务的工具、提供和清算贷款和其他形式的债务。

（3）现在的和潜在的投资者买、卖或持有权益和债务工具的决策，取决于他们期望从所投资的那些工具中所获得的回报。例如，股利、本金和利息的支付或市价的增加。与此类似，现在的和潜在的贷款人和其他债权人提供或清偿贷款或其他形式的债务的决策，取决于本金和利息的支付的未来现金净流量的金额、时间和不确定性（前景）的估计。因此，现在的和潜在的投资者、贷款人和其他债权人需要有助于评估主体未来现金流量的前景的信息。

（4）为了评估主体未来现金净流量的前景，现在的和潜在的投资者、贷款人和其他债权人需要有关主体的资源、对资源的要求权的信息，以及主体的管理层和管制委员会如何有效率、有效益地使用主体资源的履责信息。

（5）大多数现在的和潜在的投资者、贷款人和其他债权人并不要求报告主体直接提供信息给他们,他们所需的信息必须取自通用的财务报告。

(6) 通用的财务报告并不(实际上也不能)为现在的和潜在的投资者、贷款人和其他债权人提供所有他们需要的信息。他们需要考虑从其他的渠道获取相关信息,如总体经济状况和预期、政治事件和政治气氛、行业及公司前景。

(7) 通用财务报告并不是为揭示报告主体价值而设计的,但通过财务报告所提供的信息有助于现在的和潜在的投资者、贷款人和其他债权人估计报告主体的价值。

(8) 各个财务报告的主要使用者信息需要和愿望各不相同,甚至可能有冲突。财务会计准则委员会在开发财务报告准则时所追求的目标是最大化满足大多数主要使用者的需要。但是,注重通用信息并不阻止报告主体提供非常有用的其他信息给特定类型的主要使用者。

(9) 报告主体的管理层同样对本企业的财务信息感兴趣,但是,管理层的需求并不仅仅依赖于通用财务报告,因为他们能从内部获得其所需的财务信息。其他组织,比如政策制定者和除投资者、贷款人和债权人之外的公众成员也发觉通用财务报告的有用性。但是,财务报告优先提交的对象并不是他们。

(10) 财务报告在很大程度上基于估计、判断和模型,而不是精确的描述。概念框架是财务会计准则委员会和财务报告编制的目标和努力方向,与许多目标一样,概念框架中理想的财务报告使命不可能完全达到,至少在短期内如此。但不管怎么说,为了改进财务报告的有用性,制定一个奋斗的目标是必要的。

四、财务报告的作用

财务报告的目标就是向信息使用者提供对决策有用的信息,因此其作用是有利于财务报告信息使用者进行经济决策。财务报告的使用者很多,如图1-2所示,除了包括投资者、贷款人和其他债权人之外,也包括了政府、社会公众、供应商等,而在第8号概念公告中,主要信息使用者被界定为现在的和潜在的投资者、贷款人和其他债权人。

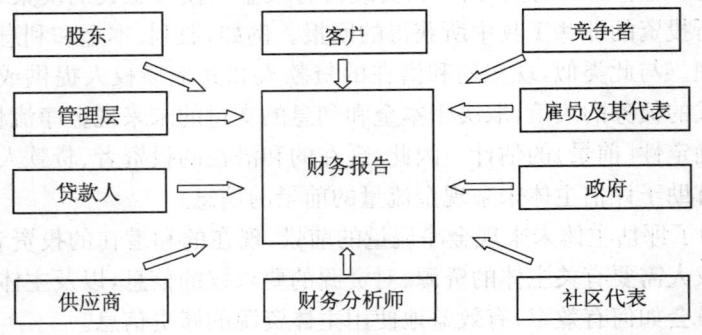

图1-2 财务报告的信息使用者

五、财务报告的演变

财务报告的演变经历了从会计主表到会计附表、会计报表到会计报表附注、会计报表及附注到财务情况说明书等过程。会计报表的演变又经历了从成本表到利润表、资金平衡表到资产负债表、财务状况变动表到现金流量表等过程。财务报告或会计报表的每一次变革,都是会计相关性的要求与体现。我国财务报告和会计报表的演变充分说明了这一点。

(一) 从成本表到利润表

新中国成立至 1978 年改革开放前,成本表一直是企业最重要的会计报表。因为这一时期中国实行的是计划经济体制或行政命令经济体制。在这种体制下,有关生产、分配、甚至消费的决策都由政府计划权力机构作出,而政府又不以经济效益和价值为目标。因此,产量、品种、质量和成本成为企业管理的重点。从会计相关性看,只有成本高低对企业利益相关者的决策产生影响。

1978 年中国改革开放至 20 世纪 80 年代中期,中国经济改革目标是建立有计划的商品经济体制,企业再也不是只强调产品生产及成本,而要重视产、供、销的衔接,追求收入与利润目标。企业管理内容从生产管理、成本管理扩展到收入管理、利润管理等。企业管理的会计信息需求势必从成本表信息扩展到包含收入、成本、利润的利润表信息。因此,利润表就成为这一阶段最重要的会计报表。

(二) 从资金平衡表到资产负债表

20 世纪 80 年代中期以前,资金平衡表作为会计平衡公式,资金占用等与资金来源的体现发挥着试算平衡、专款专用等作用。20 世纪 80 年代后期,随着政企分开及所有权与经营权分离,企业目标已不单纯是收入或利润,而是将利润等指标与资产的占用相联系。因此,资金平衡表中资产占用的决策相关性增强。企业把资产作为企业资源投入,并围绕资产的配置、重组、使用等进行管理。在这种情况下,企业已不单纯追求利润最大化,而是追求资产的增值和资产盈利能力的最大化。企业不仅关心利润表,而且也重视资金平衡表中的资产部分。

1992 年以来,中国改革进入建立社会主义市场经济体制的新阶段。企业改革的方向是建立适应市场经济要求的,产权清晰、权责明确、政企分开、管理科学的现代企业制度。现代企业经营的特点是围绕资本保值增值进行经营管理,把资本收益作为管理的核心。因此,资金平衡表信息已不能满足管理决策有用性的相关要求,资产负债表取代资金平衡表成为必然。将利润表与资产负债表结合,特别是将利润表中的净利润与资产负债表中的权益结合进行管理,开辟了现代管理的新领域——资本经营。

(三) 从财务状况变动表到现金流量表

财务状况变动表是根据企业一定会计期间内各种资产和权益项目的增减变化,分析反映资金流入和资金流出信息的动态会计报表。美国在 20 世纪 60 年代使用财务状况变动表,1987年改为现金流量表。为适应我国经济体制和企业制度改革对资金流动性及保值增值的要求,1993年我国会计报表增加了财务状况变动表,该表是以营运资金为基础,同时考虑其他重要业务的资金变动情况编制的,它对保证资金有效使用提供了直接相关的会计信息。随着市场经济的发展,人们发现以营运资金为基础的财务状况变动表不能准确提供企业支付能力、资产质量和利润质量等相关信息,以现金为基础的财务状况变动表,即现金流量表能更好地提供与决策相关的会计信息,因此,从1998年开始,现金流量表取代了财务状况变动表。

(四) 从会计主表到会计附表、附注及财务情况说明书

资产负债表、利润表和现金流量表三张会计主表全面综合地反映了企业等组织的财务状况和经营成果,但由于会计假设、会计准则等会计固有特性的制约,会计主表不能详细、具体地反映某些利益相关者的特殊需要。因此,增加会计附表、附注及财务情况说明书成为提高会计相关性及可靠性的直接要求①。我国会计附表、附注及财务情况说明书的采用及不断变化,充分说明了会计相关性对财务报告内容变革的要求。

(五) 新会计准则实施后财务报告的变化

2007年开始实施的新的会计准则,结合国际、国内经济发展的需求,在财务报告方面进行了较大的改革。财务报告发生的主要变化体现在以下几个方面:

(1) 企业财务报告目标的确立和理念升华,为维护投资者和社会公众利益、促进资本市场健康发展提供了制度保证,为公司理财提供了重要的基础规范保证。

(2) 增加所有者权益变动表,突出了资本所有者在企业中的主人地位,明确了股东价值创造的重要意义,确立了资本增值为公司目标和财务目标。

(3) 强调资产负债表的资产负债观和利润表的全面收益观。这种观念的转变,突出了企业价值创造理念。

(4) 使用现值和公允价值等进行计量与报告,突出了价值创造和价值实现的统一。

(5) 资产负债表和利润表结构及内容的变化,如资产负债表中对长期股权投资的报告,利润表中对投资收益、资产减值和公允价值变动的报告,这些都突出了现代企业以资本经营为主导的思想。

---

① 葛家澍教授在《21世纪财务报告展望》一文中认为,由于经济业务日趋复杂,表内陈述的内容基本上属于会计上的术语而不易为广大投资人所理解。为了提高报表的易懂性和可使用性,于是增加了表外附注和附表。

第二节 财务报告体系框架

一、财务报表是财务报告体系的核心

财务报表具体由会计报表本身及其附注两部分构成,而会计报表仅指报表本身不包括附注。财务报表是企业财务会计确认与计量的最终结果体现,投资者等相关使用者主要是通过财务报表来了解企业当前的财务状况、经营成果和现金流量等情况,从而预测未来的发展趋势。因此,财务报表是向投资者等财务报告使用者提供决策有用信息的主要媒介和渠道,是沟通投资者、债权人、政府及其他利益相关者等与企业管理层之间信息的桥梁和纽带。

以财务报表为核心的财务报告体系可以从不同的侧面提供反映企业财务状况、经营业绩和现金流量等方面较为完整的信息。在经济全球化背景下,高质量的财务报表,能产生多样化信息,为投资人、债权人和其他利益相关者作出合理的决策具有重要的意义和价值。

财务报告与财务报表之间的关系如图1-3所示。

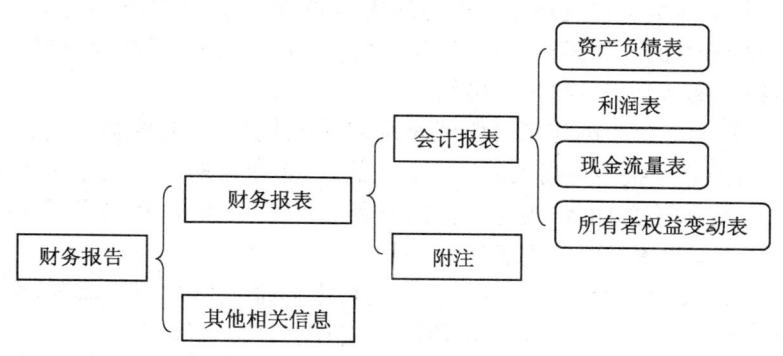

图1-3 财务报告与财务报表关系图

二、财务报表的种类

在现代企业制度下,企业的所有者和投资者、债权者、经营者,以及政府管理部门和社会监督部门的官员等,要与企业发生投资、借贷、交易、管理、监督等活动,这都需要依据财务报告信息对企业状况进行分析。因此,了解财务报告结构、内容及可提供的信息,是每个分析者所必需的。而要了解财务报告的内容,明确财务报告的作用,首先应掌握财务报表的种类。企业财务报表按照不同的划分标准或从不同的角度划分,可分为以下几类:

第一,按会计报表反映的经济内容可分为资产负债表、利润表、所有者权益

变动表和现金流量表。

(1) 资产负债表主要是反映企业在一定日期的资产、负债和所有者权益状况的会计报表。

(2) 利润表主要是反映企业在某一时期内经营成果的会计报表。

(3) 所有者权益变动表主要是反映构成所有者权益的各组成部分当期的增减变动情况的会计报表。

(4) 现金流量表主要是反映企业在某一时期内现金取得、流出以及流向状况的会计报表。

了解财务报表的经济内容,对于准确搜集与整理分析信息、实现分析目的是十分有益的。

第二,按会计报表编制范围可分为企业会计报表和合并会计报表。

财务报表按编制单位的特点可分为单位报表和合并报表两种:

(1) 企业会计报表或单位报表,是指独立法人企业编制的反映本单位情况的财务报表。

(2) 合并会计报表是指反映母公司和其全部子公司形成的企业集团整体财务状况、经营成果和现金流量的财务报表。

了解和掌握单位报表和合并报表的内容和特点,对于分析不同类型的企业财务状况是有益的。如果对一个母子公司进行分析,而不明确合并报表的基本内容和特点,那么是很难得出正确结论的。

第三,按会计报表的使用对象可分为对外会计报表和对内会计报表。

(1) 对外会计报表是指根据国家有关法规,企业定期向其利益关系人(如投资者、债权人、政府部门等)报送的会计报表,如资产负债表、利润表、所有者权益变动表、现金流量表及相关附表等。

(2) 对内会计报表,亦称管理报表,是根据内部经营管理的需要,企业自行设计与填制的会计报表,如成本费用报表、责任会计报表等。

第四,按会计报表的编制时期可分为年度报表、季度报表和月度报表。

三、财务报表体系框架构建的基础

(一) 企业目标与财务目标

任何一个学科体系与内容的建立都不能离开其应用领域的目标或目的。财务报表分析作为对企业财务活动及其效率与结果的分析,其目标必然与企业的财务目标相一致。目前,关于企业财务目标的提法或观点较多,如股东权益目标、企业价值目标、利润目标、经济效益目标等。

要研究企业财务目标,首先应明确企业目标。其实,企业的目标从根本上必然与企业的所有者目标相一致。作为一个企业,其生存与发展的基础是拥有一定资源,包括资本资源和劳动力资源。企业的所有者是资本资源的所有者还是劳动力资源的所有者呢？这里存在两种不同的观点。一种观点认为，资本所有者是企业的所有者，即资本所有者以其资本投入为基础，雇佣劳动力，资本所有者是企业的所有者，劳动者是企业的雇工，这就是所谓资本雇佣劳动制。另一种观点认为，劳动所有者即劳动者是企业所有者，劳动者以劳动为基础，通过雇佣资本进行生产经营。此时，劳动者是企业所有者，资本是企业购买的生产要素，这就是所谓劳动雇佣资本制。在商品经济条件下，劳动雇佣资本制是不能成立的，因为在劳动雇佣资本制度下，企业只能负盈，不能负亏，或者说劳动者只能分享收益，不能承担风险。现代企业制度属于资本雇佣劳动制。因此，企业所有者是资本所有者，企业目标应与企业资本所有者目标相一致，即资本的保值与增值。

企业资本保值增值目标与企业财务目标是否一致呢？回答是肯定的。无论是股东权益目标、企业价值目标、利润目标，还是经济效益目标，都是如此。追求股东权益或股东价值增加是企业财务的根本目标，它与追求企业价值或其他利益方利益并不矛盾。股东价值增加，从长远看，必然使企业各利益方同时受益，不可能以损害其他利益方为基础。股东是公司中为增进自己权益而同时增进每一人权益的唯一利益方①。同时，股东价值目标与利润目标和经济效益目标也不矛盾，利润是直接目标，经济效益是核心目标②。

（二）财务目标与财务活动

企业追求财务目标的过程正是企业进行财务活动的过程，这个过程包括筹资活动、投资活动、经营活动和分配活动。图1-4反映了企业财务活动过程与财务目标的关系。

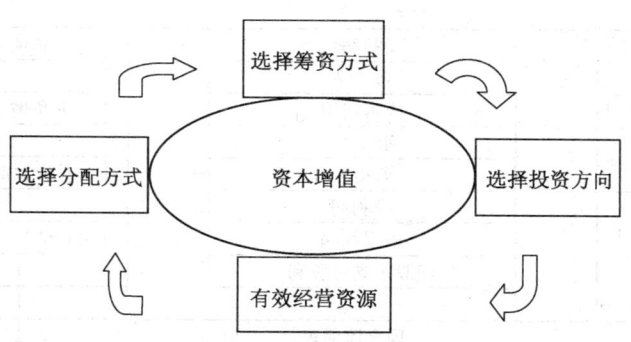

图1-4 财务目标与财务活动

---

① 汤姆·科普兰等著：《价值评估》（中文版），中国大百科全书出版社，1998年版，第23页。

② 张先治：《中国企业财务管理目标研究》，载《会计研究》1997年第11期。

企业筹资活动过程是资本的来源过程或资本取得的过程,包括自有资本(所有者权益)和借入资本(负债)。企业在筹资活动中或在取得资本时,要考虑资本成本、筹资风险、支付能力、资本结构等因素。筹资活动的目的在于以较低的资本成本和较小的风险取得企业所需要的资本。

企业投资活动过程是资本的使用过程或资产的取得过程,包括流动资产、固定资产、长期投资、无形资产等。企业在投资活动过程中,要考虑投资收益、投资风险、投资结构及资产利用程度等因素。投资活动的目的在于充分使用资产,以一定的资产、较小的风险取得尽可能大的产出。

企业经营活动过程是资本的耗费过程和资本的收回过程,包括发生各种成本费用和取得的各项收入。企业在经营活动中,要考虑生产要素和商品或劳务的数量、结构、质量、消耗、价格等因素。经营活动的目的在于以较低的成本费用,取得较多的收入,实现更多的利润。

企业分配活动过程是资本退出经营的过程或利润分配的过程,包括提取资本公积和盈余公积,向股东支付股利和留用利润等。企业在分配过程中,要考虑资本需要量、股东的利益、国家政策、企业形象等因素。分配活动的目的在于兼顾各方面利益,使企业步入良性循环的轨道。

(三)财务活动与财务报表

企业的基本财务报表是由资产负债表、利润表和现金流量表组成。企业的各项财务活动都直接或间接地通过财务报表来体现,如图1-5所示。

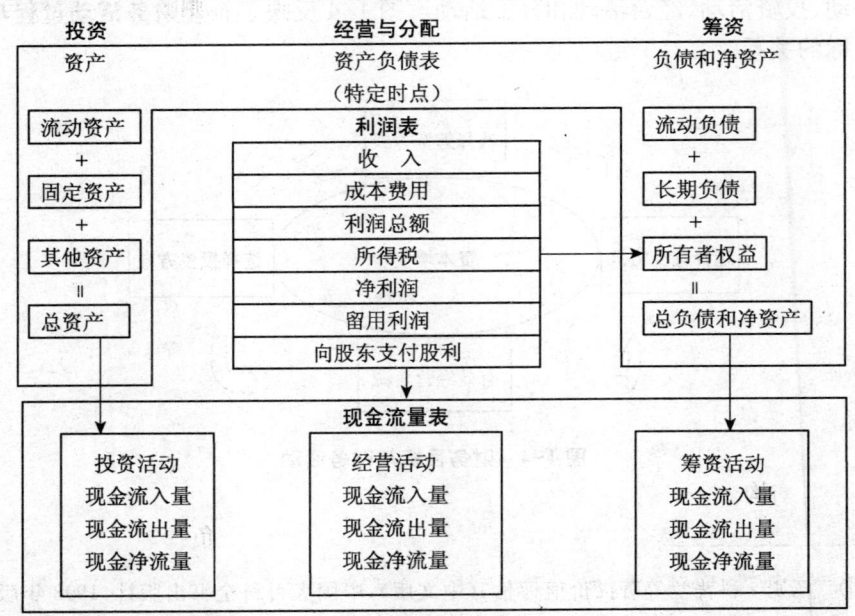

图1-5 财务活动与财务报表

资产负债表与企业筹资和投资活动。资产负债表是反映企业在某一特定日期财务状况的报表。它是企业筹资活动和投资活动的具体体现。

利润表与企业经营和分配活动。利润表是反映企业在一定会计期间经营成果的报表。它是企业经营活动和根本活动的具体体现。

现金流量表与企业经营活动、投资活动和筹资活动。现金流量表是反映企业在一定会计期间现金和现金等价物（以下简称现金）流入和流出的报表。它以现金流量为基础，是企业财务活动总体状况的具体体现。

可见，财务报表从静态到动态，从权责发生制到收付实现制，对企业财务活动中的筹资活动、投资活动、经营活动和分配活动进行了全面、系统、综合的反映。

第三节　财务报告的信息作用

一、资产负债表的信息作用

资产负债表是反映企业在某一时点财务状况的会计报表。它是根据"资产＝负债＋所有者权益"的会计等式，依照一定的分类标准和一定的次序，对企业一定日期的资产、负债和所有者权益项目予以适当安排，按一定的要求编制而成的。

（一）资产项目的构成及作用

资产是企业拥有或者控制的能以货币计量的经济资源，包括企业的各种财产、债权和其他权利。资产按其流动性状况，一般分为流动资产和非流动资产；其中，非流动资产主要包括长期投资、固定资产、无形资产、递延资产和其他资产等。各类资产的特点和组成项目是不同的，在企业生产经营中的作用也是不同的。资产负债表中的资产项目按上述分类，为财务分析提供了丰富的信息，并对财务分析起到了以下重要作用：

第一，提供了企业变现能力的信息。一般来说，流动资产的变现能力较强，而非流动资产的变现能力则较差。另外，在流动资产中，还可提供速动资产的信息。这些无论是对债权人还是对经营者、投资者都是有用的。

第二，提供了企业资产结构的信息。这有利于反映企业的经营状况和资源配置与使用的合理性程度，如有形资产与无形资产的结构合理性、流动资产与固定资产的结构合理性等。

第三，提供了反映企业资产管理水平的信息。如资产负债表中应收账款等项目的状况，可在一定程度上反映企业应收账款管理的水平。

第四，提供了反映企业价值的信息。企业价值等于企业各项资产价值之和，因此资产负债表提供的各项资产的价值信息，有助于分析企业价值。虽然现行权责发生制的会计体系仍然以历史成本作为主要的计量属性,但是随着公允价值的引入,资产项目的账面价值与市场价值的关系更加密切,为确定企业价值提供了相关信息。

(二) 负债项目的构成及作用

负债是企业所承担的能以货币计量、将以资产或劳务偿付的债务。它是企业资金来源的重要组成部分。负债的基本特点是:第一,它将在未来时期付出企业的经济资源或经济利益;第二,它必须是过去的交易和事项所发生的,其债务责任能够以货币确切地计量或者合理地估计。资产负债表中的负债项目是按到期日的远近顺序排列的,即流动负债在前,非流动负债在后。资产负债表将负债分为流动负债和非流动负债,为财务分析提供了以下有用信息:

第一,提供了反映企业总体债务水平的信息。企业的负债特点说明,负债要按期偿还,另外,除结算等原因外,大部分负债要按固定利率支付利息。因此,企业的负债水平问题是关系到企业经营战略、经营状况和效果的一个重要问题。企业债务规模的大小,反映了其风险的大小,而且这种风险对于企业的债权者、投资者和经营者都是存在的。

第二,提供了反映企业债务结构的信息。由于负债分为流动负债和非流动负债两类,而两类负债的特点又不同,因此为研究短期债务结构和长期债务结构提供了方便。企业经营者通过合理调整负债结构,一方面保证正常经营的资金需要,另一方面降低资金成本,提高经济效益。而对企业的债权人来说,通过对债务结构的分析,可判断企业的偿债能力,特别是可分清企业的短期偿债能力和长期偿债能力。

(三) 所有者权益项目的构成及作用

所有者权益是指企业投资者对企业净资产的所有权,它是企业资金来源的主要部分。所有者权益包括实收资本、资本公积、盈余公积和未分配利润四大项目。资产负债表中的所有者权益项目是按权益的永久程度高低排列的,永久程度高的在前,低的在后,它们依次是:实收资本,资本公积,盈余公积和未分配利润。资产负债表对所有者权益项目的划分,为财务分析提供了如下信息:

第一,提供了反映企业所有者权益内部结构的信息。所有者权益内部结构反映了企业自有资金的来源构成,这个结构的合理性对于企业投资者或所有者的利益有着重要影响。

第二,提供了企业收益分配情况的信息。企业收益的分配主要指利润的分配,其程序和方法应遵循国家的有关规定。盈余公积和未分配利润等项目的变动可反映出利润分配的状况。这些不仅是投资者所关心的,政府的管理、监督部门也对其感兴趣。

除上述资产、负债、所有者权益项目各自提供的分析信息外,将三者结合起来,还可综合提供以下信息:

第一,提供分析企业偿债能力的信息。分析企业偿债能力实际上是将企业的债务状况与相应的资产保证相比较。资产负债表完整地提供了这方面的信息,包括短期偿债能力分析的信息和长期偿债能力分析的信息。

第二,提供分析企业权益结构的信息。所谓权益,是指负债与所有者权益的统称,权益结构就是指负债和所有者权益在总资产或在权益中的比重,它对于研究企业的财务风险以及长期偿债能力都是有益的。

二、利润表的信息作用

利润表是反映企业在一定期间(如年度、月度或季度)内生产经营成果(或亏损)的会计报表。利润表是一种动态报表,它一方面利用企业一定时期的收入、成本费用及税金数据,确定企业的利润;另一方面按照有关规定将实现的利润在有关当事者间进行分配。

利润表的格式内容及基本钩稽关系,为财务分析提供了有用的信息。从财务分析的不同角度看,利润表可提供的信息及其作用主要有以下几点:

第一,提供了反映企业财务成果的信息。企业的财务成果,即企业的实现利润,是企业经营的根本目标所在,是企业经营者、投资者以及长期债权者都十分关心的信息。利润表系统明确地提供了企业不同业务的财务成果信息,对于分析评价各方面的经营业绩,以及与同类企业的同类业务对比,都是有益的。

第二,提供了反映企业盈利能力的信息。企业盈利能力是企业投资者和经营者都非常关心的问题。它不仅可用于评价企业的经营业绩,而且是投资者、经营者进行决策的重要依据。盈利能力通常体现了财务成果和与其相关的一些指标之间的比率关系,如财务成果与收入的比率关系,财务成果与成本费用的比率关系等。利润表不仅提供了财务成果的信息,也提供了盈利能力分析所需要的收入信息和成本费用信息,这对于评价企业盈利能力是十分重要的。另外,其他反映盈利能力的指标的计算,也离不开利润表提供的数据。

第三,提供了反映企业营业收入、成本费用状况的信息。企业营业收入和成本费用状况是企业生产经营状况的直接和具体体现,因此,对营业收入的分析往往成为经营分析中的重点。通过营业收入和成本费用分析,可找出企业生产经营过程中存在的问题和不足,这对于评价企业业绩、规划企业未来都是有重要作用的。

第四,提供了企业经营业绩结构的信息。在利润表中,经营业绩的来源被划分为经常性的营业利润和非经常性的营业外收支;营业利润中又分为营业收入、投资收益和公允价值变动三项。比较不同业绩之间的差异,能够提供经营业绩的结构,为分析企业经营业绩的质量和未来的持续性提供必要的信息。

三、所有者权益变动表的信息作用

所有者权益变动表是反映企业在一定期间（如年度、季度或月度）内，所有者权益的各组成部分当期增减变动情况的报表。在所有者权益变动表中，净利润、其他综合收益，以及由所有者的资本交易导致的所有者权益的变动分别列示。

从不同角度来看，所有者权益变动表提供的信息及其作用主要体现在以下几个方面：

（1）提供所有者权益变动原因的信息。在所有者权益变动表中，导致所有者权益变动的原因按照"净利润"、"其他综合收益"以及"与所有者的资本交易"等不同类别分别进行列示。这种列示方法，提供不同活动对所有者权益变动产生的影响，能够清晰明确地反映引发所有者权益变动的原因。

（2）列示所有者权益内部结构的变动。在所有者权益变动表中，除了提供不同原因对所有者权益产生的影响之外，还列示所有者权益内部结构变动。资本公积或盈余公积转增资本，盈余公积弥补亏损等造成所有者权益内部结构变动的因素都分别列示，从而为了解所有者权益的内部结构变动提供了信息。

（3）为利润表和资产负债表提供辅助信息。所有者权益变动表中的"其他综合收益以及"利润分配"与利润表之间存在较强的关联性。"其他综合收益"与利润表中的"其他综合收益"相辅相成，共同反映了公允价值变动对企业产生的影响。"利润分配"则提供了企业利润分配的去向和数量，为利润表提供辅助信息。所有者权益变动表中提供的所有者结构变动信息与资产负债表中所有者权益部分相辅相成，提供了所有者权益变动的详细信息。

（4）提供企业全面收益的信息。从企业所有者的角度来看，所有者权益的变动反映了其在公司中所拥有财务情况的变动。若不考虑增资、发放股利以及内部的结转，影响所有者权益变动的主要因素是经营活动的收益和直接计入股东权益的利得和损失，两者之和被视为企业的全面收益。全面收益不但反映了企业的经营情况，还反映了公允价值变动对企业所有者财富状况产生的影响，能为所有者提供更为全面的投资决策信息。

四、现金流量表的信息作用

现金流量表实际上是资金变动表的一种形式。以现金为基础编制的资金表实际上就是现金流量表，用现金的来源、运用、增加、减少来说明企业财务状况的变动。表中的现金不仅是指会计上的现金，而且包括银行存款和其他现金等价物。

现金流量表提供了反映企业现金及现金等价物变动情况的详细信息，为分析、研究企业的资金来源与资金运用情况提供了依据。它提供的信息及其作用主要表现在以下几个方面：

第一,提供了企业资金(特别是现金,下同)来源与运用的信息。这对于分析企业资金来源与运用的合理性、判断企业的营运状况和效果、评价企业的经营业绩都是非常有益的。

第二,提供了企业现金增减变动原因的信息,特别是通过对经营现金流量、投资现金流量和筹资现金流量的揭示,可以搞清企业现金增减变动的具体原因,不仅可以明确企业当期现金增减的合理性,而且可为改善企业资金管理指明方向。

第三,提供了资产负债表和利润表分析所需要的信息。分析资产负债表的资产、负债和所有者权益的状况与变动,以及分析利润表中的利润形成与分配的状况与变动,仅从两表自身分析有时是不够的,或者是难以说清的。其实,资产、负债、所有者权益、收入、成本、利润都是互相联系的,但将它们分列在两个表中反映,割裂了它们之间的联系。现金流量表提供的信息,将资产负债表与利润表衔接起来,说明了利润形成与分配同资金来源与运用的关系,这对于分析、研究企业总体经营与财务状况有着重要意义与作用。

五、会计报表附注的信息作用

(一)会计报表附注基本内容

会计报表附注主要包括企业的基本情况、财务报表的编制基础、遵循企业会计准则的声明、重要会计政策和会计估计、会计政策和会计估计变更以及差错更正的说明、合并财务报表的合并范围、重要报表项目的说明以及重要事项的揭示等内容。

1. 企业的基本情况

企业的基本情况主要简述企业注册地、组织形式和总部地址;企业的业务性质和主要经营活动;母公司以及集团最终母公司的名称;财务报告的批准报出者和财务报告批准报出日。

2. 财务报表的编制基础

财务报表的编制基础简述企业会计核算和会计报表编制所依据的基本会计假设,对于未以公认的基本会计假设为前提的业务处理和报表编制,应予以披露,并说明其理由。

3. 遵循企业会计准则的声明

遵循企业会计准则的声明明确说明编制的财务报表符合企业会计准则体系的要求,真实、完整地反映了企业的财务状况、经营成果和现金流量。

4. 重要会计政策和会计估计

企业报表附注提供重要会计政策和会计估计的信息,不重要的会计政策和会计估计可以不披露。在披露重要会计政策和会计估计时,报表附注提供重要会计政策的确定依据和财务报表项目的计量基础,以及会计估计中所采用的关键假设和不确定因素。

报表附注提供的重要会计政策信息包括存货、长期股权投资、投资性房地产、固定资产、生物资产、无形资产、非货币性资产交换、资产减值、职工薪酬、企业年金基金、股份支付、债务重组、或有事项、收入、建造合同、政府补助、借款费用、所得税、外币折算、企业合并、租赁、金融工具确认和计量、金融资产转移、合并财务报表、每股收益、分部报告、金融工具列报等。

5. 会计政策和会计估计变更以及差错更正的说明

企业报表附注可以提供会计政策变更的信息。比如，会计政策变更的性质、内容和原因；当期和各个列报前期财务报表中受影响的项目名称和调整金额；无法进行追溯调整的，说明该事实和原因以及开始应用变更后的会计政策的时点、具体应用情况。

报表附注可以提供会计估计变更的信息。比如，会计估计变更的内容和原因；会计估计变更对当期和未来期间的影响数；会计估计变更的影响数不能确定的，披露这一事实和原因。

报表附注可以提供披露前期差错更正的信息。比如，前期差错的性质；各个列报前期财务报表中受影响的项目名称和更正金额；无法进行追溯重述的，说明该事实和原因以及对前期差错开始进行更正的时点、具体更正情况。

6. 合并财务报表的合并范围

合并财务报表的合并范围主要介绍纳入合并范围的重要子公司名称、注册地、业务性质、注册资本、本集团投资额、直接和间接持股比例和表决权比例。

7. 重要报表项目的说明

企业应当尽可能以列表形式披露重要报表项目的构成或当期增减变动情况。对重要报表项目的明细说明，应当按照资产负债表、利润表、现金流量表、所有者权益变动表的顺序和报表项目列示的顺序，采用文字和数字描述相结合的方式进行披露，并与报表项目相互参照。

8. 重要事项的揭示

重要事项的揭示，主要包括以下三种：

（1）或有事项。企业应当披露预计负债的种类、形成原因以及经济利益流出不确定性的说明；与预计负债有关的预期补偿金额和本期已确认的预期补偿金额；或有负债的种类、形成原因及经济利益流出不确定性的说明；或有负债预计产生的财务影响，以及获得补偿的可能性；无法预计的，应当说明原因；或有资产很可能会给企业带来经济利益的，其形成的原因、预计产生的财务影响等；在涉及未决诉讼、未决仲裁的情况下，披露全部或部分信息预期对企业造成重大不利影响的，披露该未决诉讼、未决仲裁的性质以及没有披露这些信息的事实和原因。

（2）资产负债表日后事项的说明。其包括每项重要的资产负债表日后非调整事项的性质、内容,及其对财务状况和经营成果的影响。无法做出估计的,应当说明原因。

(3) 关联方关系及其交易的说明。企业应当披露母公司和子公司的名称。如果母公司不是该企业的最终控制方,说明最终控制方名称。母公司和最终控制方均不对外提供财务报表的,说明母公司之上与其最相近的对外提供财务报表的母公司名称。企业还应当披露母公司和子公司的业务性质、注册地、注册资本(或实收资本、股本)及其当期发生的变化;母公司对该企业或者该企业对子公司的持股比例和表决权比例;企业与关联方发生交易的,该关联方关系的性质、交易类型及交易要素。

(二) 财务报表附注的作用

财务报表中的数字是经过分类与汇总后的结果,是对企业发生的经济业务的高度简化和浓缩的数字,如有没有形成这些数字所使用的会计政策、理解这些数字所必需的披露,财务报表就不可能充分发挥效用。因此,附注与资产负债表、利润表、现金流量表、所有者权益变动表等报表具有同等的重要性,是财务报表的重要组成部分。

1. 与主表信息相辅相成

会计报表由于其固有的格式、项目和填列方法,使得表内信息并不能完整地反映一个企业的综合状况。而附注相对来说比较灵活,可以弥补表内信息的局限性,使表内信息更容易理解,更加相关。会计报表与附注之间是一个主次关系,即四张主表是根本,附注是补充;附注处于从属地位,没有主表的存在,附注就失去了依靠,其功能也就无处发挥;而没有附注恰当的延伸、补充和说明,主表的功能就难以有效地全面实现。两者相辅相成,形成一个完善的有机整体,提高了财务报表体系的层次和信息质量,有助于报表使用者从整体上更好地理解财务报表。

2. 提高会计信息的完整性

由于财务会计在确认计量上有严格的标准,使得一些与决策相关的信息不能进入会计报表,忽视它们的存在,势必影响到使用者作出正确的决策。附注拓展了企业会计信息的内容,打破了四张主要报表内容必须符合会计要素的定义,又必须同时满足相关性和可比性的限制,突破了揭示项目必须用货币加以计量的局限性,借助于多种计量手段、计量属性及不同的格式,将那些无法进入表内的信息加以适当地披露。通过附注的文字说明,辅以某些统计资料或定性信息,将定量、定性信息相结合,可弥补财务信息的不足,从而能全面反映企业面临的机会与风险,从量和质两个角度对企业经济事项进行完整反映,保证了信息的完整性,从而满足信息使用者的决策需求。

六、财务报表的局限性

一般来说,财务报表的局限性主要体现在以下几方面。

1. 财务报表计量的局限性

所谓财务报表计量的局限性,是指财务报表都是以货币为计量单位计量的,不能反映企业经营中的非货币性事项。货币计量虽然有其重要意义与作用,但企业经营中的非货币性事项,如产量、质量、劳动力及设备状况等对分析企业财务状况和经营状况也是非常必要的。另外,以货币为计量手段,在物价变动较大情况下,特别是在通货膨胀情况下,会对分析数据的准确性产生不利影响,甚至产生歪曲,导致分析结果的错误。

2. 财务报表内容的局限性

财务报表内容的局限性主要体现在:第一,财务报表由于制度原因、保密原因或规范原因等,不能提供详尽的因素分析数据,如各成本项目数据、材料消耗数据、人工消耗数据等;第二,财务报表不能反映企业未来将要发生的事项,只是对历史情况的反映;第三,财务报表不能表明企业采用的具体会计原则和会计方法,如在存货计价方法方面和折旧方法方面,不同的企业可根据要求采用不同的方法,而不同的方法对其计量结果是有影响的。

3. 财务报表时间的局限性

财务报表的编制通常是按月进行的,有些报表是按年进行的,且报表形成或报出时间与报表内容反映的时间之间又存在一段距离。因此,财务报表信息并不能反映分析时企业的真实情况,尤其在当今市场竞争激烈、情况瞬息万变的时代,明确报表时间上的局限性是十分重要的。

本 章 小 结

财务报告是企业对外提供的反映企业某一特定日期的财务状况和某一会计期间的经营成果、现金流量等会计信息的文件。财务报告包括财务报表和其他应当在财务报告中披露的相关信息和资料。其中,财务报表由报表本身及其附注两部分构成,附注是财务报表的有机组成部分,而报表至少应当包括资产负债表、利润表、所有者权益变动表和现金流量表等。

财务报告是公司年度报告的重要组成部分。年度报告是公司以年度为时间单位,定期、按时对外提供的财务报告和其他经营成果、财务状况和现金流量信息的报告。根据我国《证券法》和《公司法》的规定,所有公开上市交易的公司必须按时编制并披露年度报告。年度报告与财务报告并不相同,财务报告是年度报告的重要组成部分,但是年度报告的内容并不局限于财务报告。

财务报告的目标就是向信息使用者提供对决策有用的信息,因此其作用是有利于财务报告信息使用者进行经济决策。

会计报表主要包括资产负债表、利润表、所有者权益变动表和现金流量表。各会计报表的组成项目及其结构，分别为财务分析提供不同的相关信息。资产负债表中的资产项目提供了企业变现能力的信息、资产结构的信息、资产管理水平的信息和公司价值的信息；负债项目提供了总体债务水平的信息、债务结构的信息；所有者权益项目提供了所有者权益内部结构的信息、企业收益分配的信息。资产、负债和所有者权益结合起来，提供了偿债能力和权益结构的信息。利润表提供了企业财务成果的信息、盈利能力的信息、营业收入和成本费用的信息、经营业绩结构的信息。所有者权益变动表提供了所有者权益变动的原因、所有者权益内部结构的变动、资产负债表和利润表的辅助信息、企业全面收益的信息。现金流量表提供了企业资金来源与运用的信息、现金增减变动的原因、资产负债表和利润表分析所需的信息。

会计报表附注是对会计报表内容的进一步解释，既包括对报表项目进行详细解释的附表，也包括对报表项目进行定性的非财务性信息。在财务分析过程中，会计报表的主要局限性体现在计量属性、报表内容和报表时间三方面。

主 要 术 语

财务报告　财务报表　财务报表附注　资产负债表　利润表　现金流量表
所有者权益变动表　年度报告　董事会报告　管理层讨论与分析

思考与练习题

1.1　财务报告的内涵与目标是什么？
1.2　财务报告与年度报告的关系？
1.3　年度报告的内容与作用有哪些？
1.4　如何理解各个阶段财务报告演变的特点及原因？
1.5　财务报表体系框架构建的基础是什么？
1.6　财务活动过程及其与财务目标的关系？
1.7　各种财务报表的信息作用有哪些？
1.8　财务报表有哪些局限性？

第二章 财务报告分析理论框架

本章讲授财务报告分析理论框架。通过本章学习首先掌握财务报告分析的内涵、目标与作用;然后掌握财务报告分析体系构建的基础与财务报告分析体系框架;最后了解与理解财务报告分析现状、财务报告分析形式与要求等。本章重点与难点主要包括财务报告分析的内涵、目标与作用,财务报告分析框架的基础与内容。

本章建议课时为 4 学时。

第一节 财务报告分析的内涵与作用

一、财务报告分析的内涵

什么是财务分析?什么是财务报表分析?什么是财务报告分析?它们的内涵是否相同?它们之间有什么联系与区别?这是实务界经常提到的问题。实际上,从一般意义而言,人们并不在意财务分析、财务报表分析及财务报告分析的区别,如目前出版的关于这方面的书名五花八门,说明其分析的本质是相同或相近的。这里我们首先将财务报告分析做如下界定:

财务报告分析,是指以财务报告资料为主,以其他相关资料为辅,采用一系列专门的分析技术和方法,对企业等经济组织过去和现在有关财务活动的盈利能力、营运能力、偿债能力和增长能力状况等进行分析与评价,为企业的投资者、债权人、经营者及其他关心企业的组织或个人了解企业过去、评价企业现状、估价企业未来,做出正确决策提供准确的信息或依据的经济应用学科。

要正确理解财务报告分析的内涵,必须搞清以下几个问题:

(1) 财务报告分析是一门综合性、边缘性学科。财务报告分析是在企业经济分析、财务管理和会计学基础上形成的一门综合性、边缘性学科。所谓综合性、边缘性是指财务报告分析不是对原有学科中关于财务报表分析问题的简单重复或拼凑,而是依据经济理论和实践的要求,综合了相关学科的长处而产生的一门具有独立的理论体系和方法论体系的经济应用科学。

(2) 财务报告分析有完整的理论体系。随着财务报告分析的产生与发展,财务报告分析的理论体系不断完善。从财务报告分析的内涵、财务报告分析的目的、财务报告分析的作用、财务报告分析的内容,到财务报告分析的原则、财务报告分析的形式及财务报告分析的组织等，都日趋成熟。

（3）财务报告分析有健全的方法论体系。财务报告分析的实践使财务报告分析的方法不断发展和完善，它既有适应财务报告分析一般需求的分析程序或一般分析方法，又有适应具体分析目的的财务报告分析专门技术方法，如水平分析法、垂直分析法、趋势分析法、比率分析法等都是财务报告分析的专门和有效的方法。

（4）财务报告分析有系统、客观的资料依据。财务报告分析的最基本资料是财务会计报表及附注，财务会计报表体系和财务报表结构及内容的科学性、系统性、客观性为财务报告分析的系统性与客观性奠定了坚实的基础。另外，财务报告分析不仅以财务报告资料为依据，而且还参考管理会计报表、市场信息及其他有关资料，使财务报告分析资料更加真实、完整。

（5）财务报告分析有明确的目的和作用。财务报告分析的目的受财务报告分析主体和财务报告分析服务对象的制约，不同的财务报告分析主体进行财务报告分析的目的是不同的，不同的财务报告分析服务对象所关心的问题也是不同的。各种财务报告分析主体的分析目的和财务报告分析服务对象所关心的问题也就构成了财务报告分析的目的或财务报告分析的研究目标。财务报告分析的作用从不同角度看是不同的。从财务报告分析的服务对象看，财务报告分析不仅对企业内部生产经营管理有着重要作用，而且对企业外部投资决策、贷款决策、赊销决策等有着重要作用。从财务报告分析的职能作用看，它对于正确预测、决策、计划、控制、考核、评价都有着重要作用。

二、财务报告分析与相关学科关系

在明确财务报告分析内涵的基础上，为了明确财务报告分析与相关学科或课程的关系，首先需要界定财务分析、财务报告分析与财务报表分析的关系，然后再进一步理解财务报告分析与经济活动分析、财务管理、会计等学科的关系。

（一）财务报告分析与财务报表分析及财务分析

虽然前面界定财务报告分析时并没刻意区分财务分析、财务报告分析与财务报表分析，但仔细斟酌，它们又有所联系与区别。

财务分析、财务报告分析和财务报表分析三者实质上都是以财务报表资料为主要分析资料，以其他资料为辅助资料的而形成的分析理论及分析方法，其分析目标、分析程序和主要分析方法基本相同。但由于财务报表与财务报告的区别，以及财务范畴界定等方面存在的差异，使这三种分析从狭义上或侧重点方面还是存在某种程度的差异。

财务报表分析更加侧重对财务报表本身的分析，从资料上以财务报表资料为主，从方法上强调会计分析的重要性，从内容上注重会计准则、制度及具体会计方法变化对会计报表产生的影响。

财务报告分析比财务报表分析在资料上更强调全面性,特别是注重财务报告整体框架内容的分析,在内容上强调各财务报表之间,财务报表与附注之间的关系分析,在方法上重视财务报告反映的效率及效果分析。

财务分析除包含财务报表及财务报告分析的内容,还特别强调对财务活动的分析、对财务效率的分析及综合效果分析,财务分析资料更加广泛,包含对企业内部信息的分析。

(二)财务报告分析与经济活动分析

从财务报告分析与经济活动分析的关系看,它们的相同点在于"分析",如有着相同或相近的分析程序、分析方法、分析形式等。它们的区别主要表现在:

财务报告分析与经济活动分析的对象与内容不同。前者的分析对象是企业的财务活动,包括资金的筹集、投放、运用、消耗、回收、分配等;而经济活动分析的对象是企业的经济活动,除了财务活动,还有生产活动等。

财务报告分析与经济活动分析的依据不同。财务报告分析的依据主要是企业会计报表资料及有关的市场利率、股市行情等信息;经济活动分析的资料则包括企业内部的各种会计资料、统计资料、技术或业务资料等。

财务报告分析与经济活动分析的主体不同。财务报告分析的主体具有多元性,既可以是企业的投资者、债权人,又可以是企业经营者、职工及其他与企业有关或对企业感兴趣的部门、单位或个人;经济活动分析通常是一种经营分析,分析主体主要是企业经营者或职工。

(三)财务报告分析与会计学

研究财务报告分析与会计学的关系,可从财务报告分析与财务会计的关系和财务报告分析与管理会计的关系两方面进行。

财务报告分析与财务会计的关系。两者的关系主要体现在:第一,财务报告分析以财务会计核算的报表资料为依据进行,没有财务会计资料正确性就没有财务报告分析准确性。第二,财务报告分析中的财务报告会计分析,要以会计原则、会计政策选择等为依据进行,因此,在某种程度上,会计分析也是财务会计的一部分。在西方的一些基础会计学中,通常都含有财务报告分析部分。我国的会计学中有时也包括会计分析部分;但是财务会计中的财务报告分析或会计分析,以及依据财务会计资料进行的分析并不是财务报告分析的全部含义,财务报告分析的内涵已说明,财务报告分析还包含对管理会计资料、其他业务核算资料和市场信息资料的分析。

财务报告分析与管理会计的关系。这两者关系比较含糊,有人可能觉得两者是不相关的。其实,财务报告分析与管理会计在对企业内部生产经营管理方面还是有一定的联系的。管理会计在一些步骤上应用财务报告分析方法(如量本利分析、标准成本差异分析、责任中心的业绩评价等);财务报告分析也需要以管理会计资料为依据进行。但是财务报告分析无论从理论体系还是从方法论体系上都与管理会计有所区别,两者是不可相互取代的。

(四) 财务报告分析与财务管理

从财务报告分析与财务管理关系看,它们的相同点在于"财务",都将财务问题作为研究的对象。它们的区别主要表现在:

财务报告分析与财务管理的职能与方法不同。财务报告分析的职能与方法的着眼点在于分析;财务管理的职能与方法的着眼点在于管理。而管理包含预测、决策、计划、预算、控制、分析、考核等。但财务管理中的财务报告分析往往只局限于对财务报告的比率分析,不是财务报告分析的全部含义。

财务报告分析与财务管理研究财务问题的侧重点不同。财务报告分析侧重于对财务活动状况和结果的研究;财务管理则侧重于对财务活动全过程的研究。

财务报告分析与财务管理结果的确定性不同。财务报告分析结果具有确定性,因为它以实际的财务报告等资料为基础进行分析;而财务管理结果通常是不确定的,因为它的结果往往是根据预测值及概率估算的。

财务报告分析与财务管理的服务对象不同。财务报告分析服务对象包括投资者、债权人、经营者等所有有关人员,而财务管理的服务对象主要是企业内部的经营者和所有者。

可见,财务报告分析与经济活动分析、财务管理以及会计学有联系,但是,无论是经济活动分析、财务管理还是会计学都不能完全替代财务报告分析。财务报告分析正是在经济活动分析、财务管理和会计学基础上形成的一门独立的边缘学科。所谓独立学科,就是说它将与企业经济活动分析、财务管理、会计学相互并列,而不是某学科的组成部分;所谓边缘学科,就是说财务报告分析与企业经济活动分析、财务管理和会计学有交叉,是在各学科有关分析内容基础上形成的经济应用学科,而不是与这些学科毫不相关。正如管理会计是在经济管理学与会计学基础上形成的边缘学科,管理经济学是在管理学与经济学基础上形成的边缘学科一样。作为一门边缘学科,财务报告分析的建立并不一定要取代经济活动分析、财务管理和会计学中的分析内容。

三、财务报告分析的目的

财务报告分析的目的受财务报告分析主体和财务报告分析服务对象的制约,不同的财务报告分析主体进行财务报告分析的目的是不同的,不同的财务报告分析服务对象所关心的问题也是不同的。各种财务报告分析主体的分析目的和财务报告分析服务对象所关心的问题,也就构成了财务报告分析的目的或财务报告分析的研究目标。财务报告分析从分析的主体看,包括投资者进行的财务报告分析,经营者进行的财务报告分析,债权人进行的财务报告分析,以及其他相关经济组织或个人所进行的财务报告分析;财务报告分析从其服务对象看,也是投资者、经营者、债权人;等等。因此,无论从分析主体看,还是从分析服务对象看,研究财务报告分析的目的都可从以下几方面进行。

(一) 从企业投资者角度看财务报告分析的目的

企业的投资者包括企业的所有者和潜在投资者,他们进行财务报告分析的最根本目的是看企业的盈利能力状况,因为盈利能力是投资者资本保值和增值的关键。但是投资者仅关心盈利能力还是不够的,为了确保资本保值增值,他们还应研究企业的权益结构、支付能力及营运状况。只有投资者认为企业有着良好的发展前景,企业的所有者才会保持或增加投资,潜在投资者才能把资金投入该企业。否则,企业所有者将会尽可能地抛售股权,潜在投资者将会转向其他企业投资。另外,对企业所有者而言,财务报告分析也可评价企业经营者的经营业绩,发现经营过程中存在的问题,从而通过行使股东权利,为企业未来发展指明方向。

(二) 从企业债权人角度看财务报告分析的目的

企业债权人包括企业借款的银行及一些金融机构,以及购买企业债券的单位与个人等。债权人进行财务报告分析的目的与经营者和投资者都不同,银行等债权人一方面从各自经营或收益目的出发愿意将资金贷给某企业,另一方面又要非常小心地观察和分析该企业有无违约或清算破产的可能性。一般而言,银行、金融机构及其他债权人不仅要求本金的及时收回,而且要得到相应的报酬或收益,而这个收益的大小又与其承担的风险程度相适应,通常偿还期越长,风险越大。因此,从债权人角度进行财务报告分析的主要目的,一是看其对企业的借款或其他债权是否能及时、足额收回,即研究企业偿债能力的大小;二是看债权人的收益状况与风险程度是否相适应,为此,还应将偿债能力分析与盈利能力分析相结合。

(三) 从企业经营者角度看财务报告分析的目的

企业经营者主要指企业的经理以及各分厂、部门、车间等的管理人员,他们进行财务报告分析的目的是综合的和多方面的。从对企业所有者负责的角度,他们首先也关心盈利能力,这只是他们的总体目标。但是,在财务报告分析中,他们关心的不仅仅是盈利的结果,而是盈利的原因及过程。如资产结构分析、营运状况与效率分析、经营风险与财务风险分析、支付能力与偿债能力分析等。通过这种分析,其目的是及时发现生产经营中存在的问题与不足,并采取有效措施解决这些问题,使企业不仅用现有资源盈利更多,而且使企业盈利能力保持持续增长。

(四) 其他财务报告分析的目的

其他财务报告分析的主体或服务对象主要指与企业经营有关的企业和国家行政管理与监督部门。与企业经营有关的企业单位主要指材料供应者、产品购买者等。这些企业单位出于保护自身利益的需要,也非常关心往来企业的财务状况。它们进行财务报告分析的主要目的在于搞清企业的信用状况,包括商业上的信用和财务上的信用。商业信用指按时、按质完成各种交易行为；财务信用则指及时清算各种款项。而企业信用状况分析,可通过对企业支付能力和偿债能力的评价进行,根据对企业利润表中反映的企业交易完成情况进行分析判断来说明。

国家行政管理与监督部门主要指工商、物价、财政、税务以及审计等部门。它们进行财务报告分析的目的,一是监督、检查党和国家的各项经济政策、法规、制度在企业单位的执行情况；二是保证企业财务会计信息和财务报告分析的真实性、准确性,为宏观决策提供可靠信息。

四、财务报告分析的作用

从财务报告分析的内涵到财务报告分析的目的,都说明财务报告分析是十分重要的。尤其在我国建立社会主义市场经济体制和现代企业制度过程中,财务报告分析的意义就更加深远,作用就更加重大。从财务报告分析的服务对象看,财务报告分析不仅对企业内部生产经营管理有着重要作用,而且对企业外部投资决策、贷款决策、赊销决策等也有着重要作用。从财务报告分析的职能作用看,它对于正确预测、决策、计划、控制、考核、评价都有着重要作用。这里主要从财务报告分析对评价企业过去、现在及未来的作用加以说明。

（一）财务报告分析可正确评价企业过去

正确评价过去,是说明现在和揭示未来的基础。财务报告分析通过对实际会计报表等资料的分析能够准确地说明企业过去的业绩状况,指出企业的成绩和问题及产生的原因,是主观原因还是客观原因等,这不仅对于正确评价企业过去的经营业绩是十分有益的,而且可对企业投资者和债权人的行为产生正确的影响。

（二）财务报告分析可全面反映企业现状

财务会计报表及管理会计报表等资料是企业各项生产经营活动的综合反映。但会计报表的格式及提供的数据往往是根据会计的特点和管理的一般需要而设计的,它不可能全面提供不同目的报表使用者所需要的各方面数据资料。财务报告分析,根据不同分析主体的分析目的,采用不同的分析手段和方法,可得出反映企业在该方面现状的指标,如反映企业资产结构的指标、企业权益结构的指标、企业支付能力和偿债能力的指标、企业营运状况的指标、企业盈利能力指标等。通过这种分析,对于全面反映和评价企业的现状有重要作用。

（三）财务报告分析可用于估价企业未来

财务报告分析不仅可用于评价过去和反映现状,更重要的是它可通过对过去与现状的分析与评价,估价企业的未来发展状况与趋势。财务报告分析对企业未来的估价,第一,可为企业未来财务预测、财务决策和财务预算指明方向；第二,可为企业进行财务危机预测提供必要信息；第三,可准确评估企业的价值及价值创造,这对企业进行经营者绩效评价、资本经营和产权交易都是十分有益的。

第二节 财务报告分析框架体系

一、西方财务报告分析体系与内容评价

财务报告分析作为一门独立学科,必然涉及对财务报告分析目的、分析方法、分析内容的界定与安排问题。从不同角度或不同的分析目的出发,可得出不同的财务报告分析体系。

(一) 几种比较典型的财务报告分析体系

目前西方理论界关于财务报告分析体系的安排多种多样,可以说每本书都有自己的体系,但从总体看,可归为以下几种体系。

1. 概论、会计分析、财务比率分析三大部分

这种体系实际上是在总论财务报告分析目的、方法、资料、环境的基础上将财务报告分析内容分为会计分析和财务报告分析两大部分。

会计分析实质上是明确会计信息的内涵与质量,即从会计数据表面揭示其实际含义。分析中不仅包含对各会计报表及相关会计科目内涵的分析,而且包括对会计原则与政策变更的分析、会计方法选择与变动的分析、会计信息质量及变动的分析等。

财务报告分析实质上是分析的真正目的所在,它是在会计分析的基础上,运用专门的分析技术与方法,对企业的财务状况与成果进行分析。通常包括对企业投资收益、盈利能力、短期支付能力、长期偿债能力、企业价值等进行分析与评价,从而得出对企业财务状况及成果的全面、准确评价。

2. 概论、分析工具、分析应用三大部分

这个体系中的概论部分主要强调财务报告分析的环境与目的,而将分析方法问题专门作为一部分研究。可以说第一部分概论是一种分析的理论基础。

第二部分分析工具则是分析的方法论问题,通常包括分析的程序与具体技术分析方法。从方法论角度看分析程序,可分为经营环境分析(包括行业分析、企业经营战略分析等);基础资料分析(主要指对财务报告的内涵与质量进行分析);财务报告分析;前景分析(包括预测分析与价值评价),形成完整的分析方法论体系。关于具体分析技术,则根据不同环节的特点选择不同的技术方法,如财务报告分析中的比率分析、前景分析中的预测技术、以现金流量为基础的评价技术和以会计收益为基础的评价技术等。

第三部分是分析的具体应用问题,即上述分析工具在实践领域的应用,通常包括证券分析、信贷分析及经营分析评价在兼并与收购、公司筹资政策和管理交

流等方面的应用。

这种体系的典型代表是 Palepu，Bernard 和 Healy 所著的《经营分析与评价——使用财务报告》一书，还有 George Foster 的《财务报告分析》，但他的分析方法部分介绍的不是按分析程序与内容划分的战略分析、会计分析、财务报告分析、前景分析，而是按具体分析技术划分的横向比较分析、时间序列分析、比率分析、实证分析等。他的分析应用部分，则从证券市场分析、信贷分析与财务危机预测、会计政策选择角度进行。

3. 概论、经营分析、投资分析、筹资分析、价值评估分析

这种体系的概论部分主要论述财务报告分析的内涵，通常从企业筹资活动、投资活动和经营活动三方面引出分析目的、分析资料及分析内容。在此基础上从经营分析、投资分析、筹资分析、价值评估分析几个方面，应用相应的分析方法进行系统地分析与评价。

这种体系的典型代表是 Erich A. Helfert 所著的《财务报告分析技术——管理与计量企业绩效的实践指南》一书，基本内容通常都包括分析理论、分析方法、具体分析及分析应用。

（二）关于财务报告分析体系差异的述评

但目前对分析内容值得研究的问题有三个：一是总体范畴问题；二是内容划分与地位问题；三是具体财务报告分析内容问题。

1. 财务报告分析总体范畴

从分析的总体范畴看，传统的财务报告分析中的盈利能力分析、偿债能力或支付能力分析、营运能力分析（或投资分析、筹资分析、经营分析，或资产负债表分析、利润表分析、现金流量表分析）等都是不可缺少的。问题是财务报告分析应否包括以下内容：

（1）战略分析。在调查样本中，将经营战略分析作为独立章节，详细分析的较少，而最具代表性的则是 Palepu，Bernard 和 Healy 所著的《经营分析与评价——使用财务报告》一书。

（2）会计分析。在调查样本中，大部分都有会计分析的内容，而且有些占有相当大的篇幅，如 Leopold A. Bernstein 和 John J. Wild 两位教授所著的《财务报告分析——理论、应用与解释》；Clyde P. Stickney 所著的《财务报告分析——一种战略展望》等都用较多章节进行会计分析。Palepu，Bernard 和 Healy 所著的《经营分析与评价——使用财务报告》一书也突出了会计分析的地位。

（3）价值评估分析。在 20 世纪 90 年代出版的财务报告分析书中，大部分都有价值评估分析章节，但通常篇幅不大。将价值评估分析放在较突出位置的是 Palepu，Bernard 和 Healy 所著的《经营分析与评价——使用财务报告》一书。

(4) 预测分析。预测分析的内容通常是伴随着价值评估分析的出现而出现。预测分析往往是价值评估分析的基础。有些书将其作为独立章节安排,有些书将其放在价值评估分析之中。

2. 财务报告分析内容划分与地位

从总体内容看,现代财务报告分析或多或少地包含有会计分析、财务报告分析、战略分析、价值评估分析、预测分析等内容,但会计分析、战略分析、价值评估分析、预测分析与财务报告分析是否处于同等地位呢?从上述体系与内容分析看,显然是有不同的观点。

一种处理方法是将这些内容与方法并列,构成一个分析与评价体系。典型代表是 Palepu, Bernard 和 Healy 所著的《经营分析与评价——使用财务报告》一书。

另一种处理方法是突出会计分析与财务报告分析,而将价值评估分析及预测分析内容放在财务报告分析内容之中,将经营战略分析等内容放在概论中,或不包括战略分析。典型代表是 Leopold A. Bernstein 和 John J. Wild 两位教授所著的《财务报告分析——理论、应用与解释》和 Clyde P. Stickney 所著的《财务报告分析———种战略展望》

第三种处理方法是突出财务报告分析,将会计分析、经营战略分析等内容简化在概论中,将预测分析与价值评估分析作为财务报告分析的一部分,或是作为财务报告分析的基础,如 Erich A. Helfert 所著的《财务报告分析技术——管理与计量企业绩效的实践指南》就属于这种方式;而 George Foster 所著的《财务报告分析》则很少谈及经营战略分析、价值评估分析,会计分析融合在分析方法与分析应用之中。

3. 财务报告分析具体内容

从具体财务报告分析内容看,有分歧的主要在两个方面:

第一,是否划分财务报告分析与财务报告分析应用。传统的分析中很少单独将分析应用作为一部分,通常从会计报表种类或分析技术入手进行财务报告分析。现代财务报告分析中通常是区分财务报告分析与分析应用。财务报告分析往往介绍财务报告分析基本内容与基本方法,分析应用则突出各实践领域的财务报告分析,如证券市场分析、兼并分析等。当然,现代财务报告分析也存在不区分财务报告分析与财务报告分析应用的情况。

第二,如何规范财务报告分析内容与财务报告分析应用内容。严格区分财务报告分析内容与财务报告分析应用内容是很困难的。如有的书将财务报告分析方法作为财务报告分析内容,将盈利能力分析、偿债能力分析、预测分析、价值评估分析作为分析应用;有的书将盈利能力分析、风险分析等作为财务报告分析内容,将企业重组分析、证券市场分析、价值评估分析等作为财务报告分析应用。

二、我国财务报告分析学科发展现状

目前的财务报告分析从理论基础上看主要可分为基于会计学的财务报表分析与基于财务学的财务报告分析两种。

（一）会计学中的财务报表分析与基于会计学的财务报告分析

从会计学角度对财务报告分析的考察可以分为两个方面：一方面是观察现有会计学教材中的财务报表分析；另一方面则要研究基于会计学的财务报告分析。

1. 会计学中的财务报表分析

目前，我国的会计学教材中设置财务报表分析一章的较少，而在西方的一些会计学教材中，包括会计学基础和财务会计（或中级会计），往往都设有财务报表分析一章。会计学中的财务报表分析往往具有以下特点：

第一，主要介绍财务报表分析的基本方法，如水平分析法、垂直分析法和趋势分析法，对更进一步的会计分析（包括会计政策变更等对财务报告影响的分析）介绍的较少；

第二，主要介绍几个重要的财务比率，没有对财务比率体系进行论证与分析，也不进行财务比率的因素分析；

第三，会计学中的财务报表分析通常不介绍财务比率分析的应用。

2. 基于会计学的财务报告分析

基于会计学的财务报告分析，以会计学中的会计报告信息为基本出发点，运用会计分析方法对影响会计报表的因素进行分析与调整，为财务比率分析奠定基础，从而准确分析企业单位的盈利能力、营运能力、偿债能力和增长能力等状况，进而形成一门独立的、边缘的科学。基于会计学的财务报告分析通常具有以下特点：

第一，基于会计学的财务报告分析是一门独立的课程，拥有完整的理论体系、方法体系和内容体系；

第二，基于会计学的财务报告分析以会计报告信息分析为出发点，以影响会计报告信息的因素（特别是会计假设、会计政策、会计估计等因素）变动为分析重点；

第三，基于会计学的财务报告分析往往将盈利能力分析、营运能力分析、偿债能力分析等作为会计信息在财务报告分析中的应用；

第四，基于会计学的财务报告分析在处理财务报告分析与财务管理的关系上，往往强调财务效率。

（二）财务学中的财务分析与基于财务学的财务报告分析

从财务学角度对财务报告分析的考察也可分为两个方面：一方面是观察现有财务学或财务管理教材中的财务分析；另一方面则要研究基于财务学或财务管理角度的财务报告分析。

1. 财务学中的财务分析

目前,无论在我国还是在西方,很多财务管理类教材中都有财务分析一章。财务管理中的财务分析往往具有以下特点:

第一,将财务分析作为财务管理的职能,与财务预测、财务预算、财务控制、财务评价与激励等并列;

第二,将财务分析(或财务报告与分析)作为财务管理的基础,提供财务管理中筹资活动、投资活动与分配活动决策的有用信息;

第三,将财务分析定义为财务比率分析,往往以盈利能力分析、营运能力分析和偿债能力分析为分析的体系和主要内容。

2. 基于财务学的财务报告分析

基于财务学的财务报告分析,以财务学或财务管理目标为基本出发点,以反映财务活动与经营成果的财务报告与内部报告为基本分析依据,以专门的财务报告分析程序与方法为分析技术工具,形成了一门独立的、边缘的科学。基于财务学的财务报告分析内容广泛,通常具有以下特点:

第一,基于财务学的财务报告分析是一门独立的课程,拥有完整的理论体系、方法体系和内容体系;

第二,基于财务学的财务报告分析以财务学的领域为导向,以价值分析与量化分析技术为基础,以公司财务比率或能力分析、证券市场分析等为主要内容;

第三,基于财务学的财务报告分析应用领域较为广泛,包括证券估价、业绩评价、风险管理、企业重组等;

第四,基于财务学的财务报告分析在处理财务报告分析与会计学的关系上,往往将财务报告作为分析的基础信息。

应当指出,无论是会计学中的财务报表分析还是财务学中的财务比率分析,都无法反映财务报告分析的本质与全部内涵;无论是基于会计学的财务报告分析还是基于财务学的财务报告分析,都体现了财务报告分析学的独立性、综合性与边缘性。然而,在当今经济变革的时代,随着经济环境(包括实践与理论)的变化,财务报告分析的需求与供给都发生了变化,财务报告分析必然面临学科发展和实践的挑战。

三、我国财务报告分析体系构建的基础

在第一章关于财务报表体系框架构建的基础部分中,我们已经论述了从企业财务目标、财务活动到财务报表框架的形成过程。根据财务报告分析的目的,为了准确分析财务报告反映的各项财务活动及成果反映的效率及对企业价值产生的影响,我们要进一步分析财务报告与财务效率、财务效率与财务效果的关系,为财务报告分析体系构建奠定基础。

(一)财务报告与财务效率

财务报告,包括动态报表和静态报表,它不仅能直接反映筹资活动、投资活

动、经营活动和分配活动的状态或状况,而且可间接揭示或通过财务报告分析揭示财务活动的效率或能力,包括盈利能力、营运能力、偿债能力和增长能力。

盈利能力是指企业投入一定资源所取得利润的能力。根据不同的资源投入,盈利能力可分为资本经营盈利能力,即利润与所有者权益之比;资产经营盈利能力,即利润与总资产之比;商品经营盈利能力,即利润与成本费用之比。

营运能力是指企业营运资产的效率。根据不同的资产范围,营运能力可分为全部资产营运能力,如总资产周转率等;流动资产营运能力,如流动资产周转率和存货周转率等;固定资产营运能力,如固定资产收入率等。

偿债能力是指企业偿还本身所欠债务的能力。根据偿债期长短可分为短期偿债能力,如流动比率、速动比率等;长期偿债能力,如资产负债率、利息保证倍数等。

增长能力是指企业保持持续发展或增长的能力。根据影响增长能力的因素可分为销售增长能力,如销售增长率;资本增长能力,如资本积累率及资本增长率;可持续增长能力,如可持续增长比率等。

上述各种能力是企业财务运行效率的体现,而财务效率的计算与分析离不开财务报告。

(二)财务效率与财务结果

企业各项财务效率的高低,最终都将体现在企业的财务结果上,即体现在企业的价值上。企业价值是企业财务效率的综合反映或体现。同时,企业价值的高低正是评价企业财务目标实现程度的根本。

图 2-1 可直观反映从财务目标到财务结果整个企业循环过程的情况。

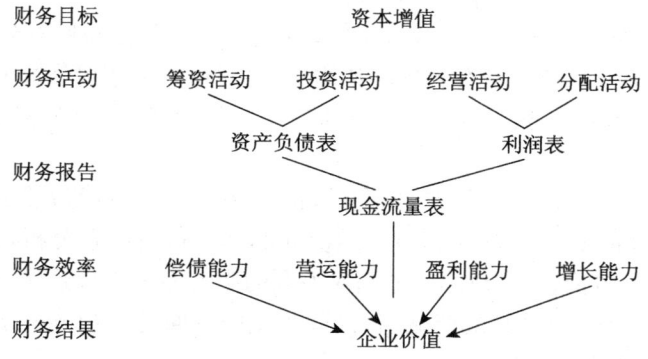

图 2-1 财务目标到财务结果循环

四、财务报告分析体系与内容构建

在界定财务报告分析内涵,明确财务报告分析目的与作用的基础上,结合对国外财务报告分析体系与内容的剖析和构建财务报告分析体系与内容的基础,我们将财务报告分析体系与内容构建归纳为以下的四篇十四章内容。

第一篇为财务报告分析概论，本篇包括财务报告框架体系、财务报告分析理论框架、财务报告分析制度基础和财务报告分析技术四章内容。

在第一章财务报告框架体系中，首先介绍财务报告的内涵、内容和框架结构；然后对财务报告体系与企业财务活动与目标的关系进行了分析；最后分别对各财务报表和会计报表附注的信息作用进行论述。

在第二章财务报告分析理论框架中，首先界定了财务报告分析的内涵、目的及与相关学科的关系；然后在对西方财务报告分析体系与内容评介的基础上，构建了我国财务报告分析体系与内容；最后阐述了财务报告分析的基本形式、基本条件与基本要求。

在第三章财务报告分析制度基础中，首先介绍我国会计准则体系框架、基本内容和会计质量要求等；然后对上市公司相关监管规章进行分类简述；最后论述了会计选择和盈余管理的内涵及相互关系，明确会计选择的目的与动机以及盈余管理的形式与后果等。

在第四章财务报告分析技术中，首先论述了财务报告分析的基本步骤；然后按分析步骤分别对企业战略分析、会计分析、比率分析、因素分析、综合分析、综合评价等的基本程序、内容与做法进行了全面论述。

第二篇为财务报告会计分析，本篇包括资产分析、负债与所有者权益分析、利润分析和现金流量分析四章内容。

在第五章资产分析中，首先明确资产分析的目的与作用，然后分别对企业流动资产和非流动资产的规模、结构及趋势变动情况进行分析；最后在进行具体分析的基础上，融入多个资产的协同分析。

在第六章负债与所有者权益分析中，首先明确了负债与所有者权益分析的作用和内容，以及负债与所有者权益整体状况分析；然后分别分析了负债与所有者权益中的具体项目；最后对资本结构进行了分析，并阐述了资本结构与资产结构的适应性。

在第七章利润分析中，首先明确了利润分析的意义和内容；然后基于利润表主表构成项目的规模、结构及其变动情况对利润表进行综合分析，并从销售量、品种构成、销售单价、单位成本四方面对毛利的影响因素进行具体分析；最后，主要从营业收入、成本费用、资产减值、投资收益四方面进一步分析了利润表中重要项目的变动情况。

在第八章现金流量分析中，首先介绍了现金流量表分析的作用、内容和方法；然后分别从现金流量表分析和现金流量与利润综合分析两个角度展开分析。现金流量表分析的具体内容包括现金流量表水平分析、结构分析和主要项目分析；现金流量与利润综合分析的具体内容包括经营活动现金流量与净利润关系分析、现金流量表补充资料水平分析、现金流量表补充资料主要项目分析和经营活动净现金流量阶段性分析。

第三篇为财务报告效率及应用分析,本篇包括投资回报与盈利能力分析、资产管理与营运能力分析、财务实力与偿债能力分析、可持续发展与成长能力分析、综合分析与业绩评价和业绩预测与估值分析六章内容。

在第九章投资回报与盈利能力分析中,首先对投资回报和盈利能力的相关概念进行界定,并详细介绍商品经营、资产经营和资本经营的内涵及其相互关系;然后依次对商品经营能力、资产经营能力和资本经营能力进行分析,包括各个层次核心指标的计算与因素分解分析等;最后对上市公司的盈利能力进行了分析。

在第十章资产管理与营运能力分析中,首先对资产管理和营运能力的内涵与联系进行阐述,并说明营运能力分析的目的和意义;然后重点进行了总资产营运能力、流动资产营运能力和固定资产营运能力指标的计算与分析;同时,对相关营运能力的核心指标进行了因素分析和行业比较分析。流动资产营运能力分析是企业营运能力分析的重点,主要包括对各项流动资产周转率分析,以及流动资产周转加速效果分析。

在第十一章财务实力与偿债能力分析中,首先介绍了财务实力与偿债能力的内涵及其联系,以及偿债能力分析的意义和内容;然后对短期偿债能力进行详细分析,具体包括偿债能力的影响因素分析、比率计算及分析、行业分析等;最后主要从资产规模和资本结构、盈利能力、现金流量三个角度对长期偿债能力进行分析。

在第十二章可持续发展与成长能力分析中,首先对可持续发展和成长能力的目标与内容进行阐述;然后,从股东权益增长率、利润增长率、收入增长率、资产增长率四方面对企业单项发展能力进行分析;最后,将股东权益增长率、利润增长率、收入增长率、资产增长率四方面相结合对企业的整体发展能力进行分析。

在第十三章综合分析与业绩评价中,首先明确了综合分析与业绩评价的意义、目的及内容;然后介绍杜邦财务析体系和帕利普财务分析体系的原理及应用;最后阐述了企业经营业绩综合评价常用的综合指数法和综合评分法的原理及实施步骤。

在第十四章业绩预测与估值分析中,介绍了业绩预测与估值分析的内容和目的;然后,以利润表的趋势与预测分析为代表具体介绍了财务报表的预测方法;最后,分别运用以现金流量为基础的价值评估、以经济利润为基础的价值评估两种基本方法,评估企业价值及股东价值,以分析确认企业价值创造程度。

第三节 财务报告分析的形式与条件

一、财务报告分析的形式

由于进行财务报告分析的角度不同,如分析的主体不同、客体不同、目的不同等,因此财务报告分析形式也有所不同。明确不同的财务报告分析形式的特点及用途,对于准确分析企业财务状况,实现分析目标都有着重要的意义和作用。通常,财务报告分析的形式可从以下几方面进行划分。

(一)内部分析与外部分析

财务报告分析根据分析主体的不同,可分为内部分析与外部分析:

(1)内部分析。内部分析,亦称内部财务报告分析,主要指企业内部经营者对企业财务状况的分析。内部分析的目的是判断和评价企业生产经营是否正常、顺利,如可通过流动性分析,检验企业的资金运营速度、贷款及债务的支付或偿还能力;通过收益性分析,可评价企业的盈利能力和资本保值、增值能力;通过对企业经营目标完成情况的分析,可考核与评价企业经营业绩,及时、准确地发现企业的成绩与不足,为企业未来生产经营的顺利进行,提高经济效益指明方向。

(2)外部分析。外部分析,亦称外部财务报告分析,主要指企业外部的投资者、债权人及政府部门等,根据各自需要或分析目的,对企业的有关情况进行的分析。投资者的分析,关心的主要是企业的盈利能力及发展后劲,以及资本的保值与增值状况;债权人的分析,主要看企业的偿债能力和信用情况,判断其本金和利息是否能及时、足额收回;政府有关部门对企业的财务报告分析,主要是看企业的经营行为是否规范、合法,以及对社会的贡献状况。在现代企业制度条件下,外部财务报告分析是财务报告分析的重要或基本形式。

应当指出,内部分析和外部分析并不是完全孤立或隔离的,要保证财务报告分析的准确性,内部分析有时也应站在外部分析的角度进行,而外部分析也应考虑或参考内部分析的结论,以避免出现片面性。

(二)静态分析与动态分析

财务报告分析根据分析的方法与目的可分为静态分析和动态分析。

静态分析是根据某一时点或某一时期的会计报表或分析信息,分析报表中各项目或报表之间各项目关系的财务报告分析形式。例如,可通过某一财务比率,或某几个财务比率揭示财务关系,也可通过垂直分析或结构分析,揭示总体中各项目的水平。静态分析的目的在于找出财务活动的内在联系,揭示其相互影响与作用,反映经济效率和财务现状。

动态分析是根据几个时期的会计报表或相关信息,分析财务变动状况。例如,水平分析、趋势分析等都属于动态分析。动态分析通过对不同时期财务活动的对比分析,揭示财务活动的变动及其规律。

静态分析与动态分析各有优点与不足,要全面综合分析财务报告,这两类分析都是必需的。

(三)全面分析与专题分析

财务报告分析根据分析的内容与范围的不同,可分为全面分析和专题分析。

(1) 全面分析。全面分析是指对企业在一定时期的生产经营各方面的情况进行系统、综合、全面的分析与评价。全面分析的目的是找出企业生产经营中带有普遍性的问题,全面总结企业在这一时期的成绩与问题,为协调各部门关系,搞好下期生产经营安排奠定基础或提供依据。全面分析通常在年终进行,形成综合、全面的财务报告分析报告,向职工代表大会或股东代表大会汇报。

(2) 专题分析。专题分析是指根据分析主体或分析目的的不同,对企业生产经营过程中某一方面的问题所进行的较深入的分析。如经营者对生产经营过程某一环节或某一方面存在的突出问题进行分析,投资者或债权人对自己关心的某个方面的问题进行分析等,都属于专题分析。专题分析能及时、深入的揭示企业在某方面的财务状况,为分析者提供详细的资料信息,对解决企业的关键性问题有重要作用。例如,当企业在某时期资金紧张时,通过财务专题分析,可从筹资结构、资产结构、现金流量及支付能力等方面,研究资金紧张的原因及解决的对策。

在财务报告分析中,应将全面分析与专题分析相结合,这样才能全面、深入地揭示企业存在的问题、正确地评价企业的各方面状况。

(四) 财务报告分析与内部报表分析

财务报告分析从分析资料角度划分,可分为财务报告分析和内部报表分析。

(1) 财务报告分析。财务报告是财务会计报表的简称。财务报告分析就是指对财务会计报表的分析。财务会计报表是企业依据会计准则和会计制度编制的,向国家有关部门及与企业有关的单位等提供的反映企业财务状况和经营成果等会计信息的总结性文件。由于财务报告具有合法性、客观性、公开性等特点,因此,对财务报告分析,不仅有利于财务报告分析的规范化、制度化,而且便于企业及有关各方面对企业经营与财务状况进行系统分析。从这个角度看,财务报告分析是财务报表分析的最基本形式,甚至有人将财务报告分析就理解为财务报表分析。财务报告分析根据报表的种类不同又可分为资产负债表分析、利润表分析和现金流量表分析。资产负债表分析可揭示企业的全部资产与权益的结构状况、使用状况、总额变动情况等。利润表分析可揭示企业的收益状况、盈利状况,以及利润分配状况等。现金流量表分析主要揭示企业各项财务活动的现金流入量和现金流出量情况。应当指出,由于财务会计报表之间是相互联系、相互制约的,因此,财务报告分析不能仅对某一报表孤立进行分析,而应将全部财务报告分析结合起来,这样才能得出正确的结论。

(2) 内部报表分析。内部报表主要指除财务会计报表之外的其他与企业财务和会计活动有关的报表资料,其中最基本的是管理会计报表。内部报表分析作为财务报告分析的一种形式或组成部分是必要的。因为:第一,内部报表分析是对财务报告分析的必要补充。例如,利润表分析可说明企业的收益情况和盈利能力,进一步分析也可说明企业盈利增长的一般原因,或是销量增加的影响,或是成本降低的影响,但是为什么企业成本会降低呢?财务报告分析并不能回答这个问题,而内部报表分析则可根据成本报表资料,分析说明成本升降的原因。第二,由于内部报表是根据企业的生产经营特点和管理需要编制的,因此对内部报表的分析更有利于揭示企业经营管理中存在的问题或不足,这对企业的经营者是尤为重要的。

应当指出,随着会计信息披露范围的扩大,许多内部会计报表作为财务报告的附表而被公开披露。因此,在这种情况下,财务报告分析形式与内部报表分析形式也将趋于统一。

二、财务报告分析的条件与要求

(一) 财务报告分析的条件

明确了财务报告分析的目的、作用、内容及形式,为进行财务报告分析奠定了理论基础,然而,要搞好财务报告分析,充分发挥财务报告分析的作用,还必须搞清财务报告分析的前提条件。

1. 统一的会计准则或会计制度

财务报告分析的基本资料依据是会计核算和报表资料。不同的会计准则或会计制度,会计核算和报告的方法可能不同,会计账户和报表反映的内容可能不同,等等。这将给财务报告分析,尤其给外部财务报告分析带来极大困难。例如,在不同所有制企业会计制度不同情况下,企业的投资者和债权人不能根据不同性质的企业的会计资料直接进行对比分析,或者说,如果直接进行对比则可能得出错误的结论,这势必限制了财务报告分析的广泛应用。我国会计准则和财务通则的颁布实行,为进行财务报告分析创造了十分必要和有利的条件。由于有了统一的会计准则,人们可按照统一的概念基础、程序和手续编制会计报表,而会计报表使用者也有了阅读和分析会计报表的统一尺度。

2. 产权清晰的企业制度

从财务分析的产生、发展、目的、作用看,财务报告分析之所以如此重要而引起越来越多人的重视,是因为它能服务于企业利益的各个方面。而只有在产权清晰、权责分明的企业制度下,企业各方的权利与义务才得以确认,财务报告分析的主体才能实现多元化,财务报告分析的必要性才更加突出。在传统的计划经济体制下,企业投资者、经营者、债权人等关系模糊、产权不清、责任不明,人们不会关心和重视财务报告分析。而在市场经济条件下,随着现代企业制度的建立,企业产权逐渐清晰起来,投资者、经营者、债权人、宏观经济管理者各站在不同角度关心企业的生产和经营,从而形成财务报告分析主体的多元化,促进和完善了财务报告分析的内容与方法。

3. 完善的信息披露体制

企业信息是进行财务报告分析的基础,没有及时、完备、准确的信息,要保证财务报告分析的正确性是不可能的。因此,完善信息披露体制是搞好财务报告分析的重要前提条件。而要做到这一点,企业在会计报表中不仅要按会计准则要求,全面、系统地反映企业的经营和财务状况,而且对会计程序和手续的变动也必须予以充分披露,以便会计报表的使用者能正确分析其对企业财务状况和财务成果的影响。另外,要建立健全信息市场,完善信息网络,使财务报告分析者能充分、及时地取得各种分析信息。

（二）财务报告分析的要求

在搞清财务报告分析条件的基础上,为健全与完善财务报告分析理论,搞好财务分析实务,必须注意作好以下几点。

1. 创造与完善财务分析条件

前面论述了搞好财务报告分析的前提条件,这也是进行财务报告分析的基本要求。要完善和发展财务报告分析理论与方法,首先必须满足这些条件,或采取措施创立与完善这些条件。具体地说,我国目前已经有了统一的会计标准,但是无论是会计准则,还是相关的会计规章制度都需要进一步完善。一些会计资料还不能满足不同分析主体的需要或要求。建立现代企业制度已成为我国目前企业制度改革的重点和方向,这为财务报告分析开阔了前景。但是要建成现代企业制度,还需要我们不断地探索和奋斗。因此,当前必须注重对现有企业的改制,以建立适应财务报告分析要求的产权清晰的企业制度。信息披露问题是财务报告分析条件中最关键的问题,也是财务报告分析能否积极有效开展起来的主要问题。目前我国的信息披露体制还不够健全,渠道还不够畅通,这就要求我们在制度上对信息披露的完整性、时效性、准确性做出具体规定,为财务报告分析提供有用信息。

2. 学习与掌握财务报告分析方法

搞好财务报告分析,除了必要的外部条件或信息资料,关键还在于分析者的理论与实践水平。一个没有很好掌握财务报告分析理论和方法的分析者,再好的分析资料或信息,也可能得出错误的分析结论。财务报告分析是一门新的学科,而且在不断完善和发展之中,因此,不断学习和掌握财务报告分析理论与方法,是与企业有关的所有单位或个人都需要的,包括投资者、债权人、经营者、宏观管理者等,特别是一些主要决策者和参谋者更应系统学习和掌握财务报告分析方法。

3. 建立与健全财务报告分析组织

随着现代企业制度的建立,企业的财务分析工作将逐步走上制度化、规范化的道路。这就要求企业必须建立与健全完善的财务分析组织体系,及时、系统、全面地分析企业的经营状况和财务状况。财务分析组织应以财务部门为核心,进行比较全面综合的分析,横向各部门单位,纵向各车间、班组也应进行专题分析。应当指出,企业的财务报告分析组织并不一定只对本企业的财务状况和经营状况进行分析,在现代企业制度下,企业不仅仅关心自身经营,而且可能作为投资者、债权人与其他企业发生交易和往来。因此,对其他企业财务状况进行分析,也是财务报告分析组织的一项重要任务。只有建立健全各级分析组织,才能保证财务报告分析工作的顺利有效进行。

本章小结

　　财务报告分析,是指以财务报告资料为主,以其他相关资料为辅,采用一系列专门的分析技术和方法,对企业等经济组织过去和现在有关财务活动的盈利能力、营运能力、偿债能力和增长能力状况等进行分析与评价,为企业的投资者、债权人、经营者及其他关心企业的组织或个人了解企业过去、评价企业现状、估价企业未来,做出正确决策提供准确的信息或依据的经济应用学科。财务报告分析与财务报表分析、财务分析、经济活动分析是既有区别又有联系的。财务报告分析与会计学及财务管理也是紧密相关的。

　　财务报告分析的目的受财务报告分析主体和财务报告分析服务对象的制约,不同的财务报告分析主体进行财务报告分析的目的是不同的,不同的财务报告分析服务对象所关心的问题也是不同的。各种财务报告分析主体的分析目的和财务报告分析服务对象所关心的问题,也就构成了财务报告分析的目的或财务报告分析的研究目标。

　　财务报告分析体系与内容的构建,要考虑各种关系与关联:企业目标与财务目标关系、财务目标与财务活动关系、财务活动与财务报告关系、财务报告与财务效率关系、财务效率与财务结果关系以及它们之间的关联。在此理论基础上,本书体系与内容包括:第一部分财务报告分析概论,由财务报告框架体系、财务报告分析理论框架、财务报告分析基础和财务报告分析技术四章组成;第二部分财务报告会计分析,由资产分析、负债与所有者权益分析、利润分析和现金流量分析四章组成;第三部分财务报告效率及应用分析,由投资回报与盈利能力分析、资产管理与营运能力分析、财务实力与偿债能力分析、可持续发展与成长能力分析、综合分析与业绩评价和业绩预测与估值分析六章组成。

　　财务报告分析的形式有:外部分析与内部分析;静态分析与动态分析;全面分析与专题分析;财务报告分析与内部报表分析等。

　　要进行财务报告分析,应该有统一的会计制度、产权清晰的企业制度、完善的信息披露制度;同时,要学习掌握现代财务报告分析方法,健全财务报告分析组织与制度。

主 要 术 语

财务报告分析　财务报表分析　财务分析　经济活动分析　会计学　财务管理　财务分析作用　财务分析目的　动态分析　静态分析　全面分析　专题分析　内部分析　外部分析

思考与练习题

2.1　财务报告分析与财务报表分析、财务分析和经济活动分析的关系。
2.2　财务报告分析的目的与作用有哪些?
2.3　财务报告分析体系与内容构建的基础是什么?
2.4　财务报告分析为什么会形成独立的学科?
2.5　如何理解财务报告分析体系框架?
2.6　财务报告分析的条件与要求有哪些?

第三章 财务报告分析制度基础

本章讲述财务报告分析的制度基础,包括会计准则与相关制度、上市公司监管相关制度和企业管理相关规制。通过本章学习首先掌握会计准则体系框架、基本内容和会计信息质量要求,明确会计准则与财务报告的关系;然后学习与理解上市公司相关监管规章,以及这些规章可能对财务报告产生的影响;最后通过对会计选择和盈余管理的学习与理解,明确会计选择的目的与动机以及盈余管理的形式与后果等。本章重点与难点主要包括会计基本假设、会计基础、会计信息质量要求,以及监管制度、会计选择对公司盈余管理产生的影响等。

本章建议课时为 3 学时。

第一节 会计准则体系与内容

一、会计准则体系框架

会计准则是规范会计账目核算、会计报告的一套文件,它的目的在于把会计处理建立在公允、合理的基础之上,并使不同时期、不同主体之间的会计结果的比较成为可能。按其使用单位的经营性质,会计准则可分为营利组织的会计准则和非营利组织的会计准则。

会计准则的制定主体有两类:在奉行大陆法系的国家,会计规范一般采用法定主义。即会计事务的处理规则从属于税法,国家制定了一系列具体的会计法规,甚至包括统一的会计科目表,如法国、德国。在奉行普通法系的国家,会计准则由民间专业团体制定,并在实践上被税法、证券法所承认,如美国的《公认会计原则》(GAAP),以及国际会计准则委员会的《国际会计准则》(IAS)。

影响较大的会计准则当属美国的公认会计原则和国际会计准则委员会的国际会计准则。前者内容繁多,有 200 多条条款,偏重于具体的规则,后者内容较为简略,偏重于原则的遵守。前者由于受到全球最大资本市场的管理者——美国证券交易委员会的承认,所以在世界上很有影响。后者由于被欧盟指定为欧洲普遍适用的会计准则,所以也越来越具有影响力。这两者之间随着国际会计准则委员会改组为国际会计准则理事会(IAS——国际会计准则随之改称 IFRS——国际财务报告准则),并吸收了 GAAP 的制定者——财务会计准则委员会的成员加入,有融合的趋势。

我国新企业会计准则自2007年1月1日在上市公司施行,并逐步扩大实施范围。经过各方面的共同努力,较好地实现了新旧转换和平稳实施。企业会计准则体系包括《企业会计准则——基本准则》(以下简称基本准则)、具体准则和会计准则应用指南和解释等。

一是基本准则,在整个准则体系中起统驭作用,主要规范会计目标、会计假设、会计信息质量要求、会计要素的确认、计量和报告原则等,基本准则的作用是指导具体准则的制定和为尚未有具体准则规范的会计实务问题提供处理原则。

二是具体准则,包括存货、固定资产、无形资产等38项准则,主要规范企业发生的具体交易或者事项的会计处理,为企业处理会计实务问题提供具体而统一的标准,具体准则根据基本准则制定,分为一般业务准则、特殊行业的特定业务准则和报告准则三类,从而基本涵盖了中国各类企业各类经济业务的会计处理。

三是会计准则应用指南,是针对准则难点和关键点所作的操作性规定,主要包括具体准则解释和会计科目、主要账务处理等,为企业执行会计准则提供操作性规范。

二、中国企业会计准则体系的特征[①]

立足国情,借鉴国际,涵盖广泛,独立实施,是中国企业会计准则体系最主要的特征,同时也是我们在准则体系建设过程中贯穿始终的指导思想。

(一) 立足国情

一是顺应了中国市场经济的发展进程。随着近年来中国资本市场趋向成熟,企业改制、重组频频,股权激励等开始启动,金融保险市场快速发展,金融创新层出不穷,对外开放持续深入,金融风险的防范与控制日显迫切,因此,中国企业会计准则体系涵盖了企业合并、股份支付以及金融工具确认和计量、金融资产转移、套期保值、金融工具列报等准则。对于非同一控制下的企业合并统一采用购买法,同一控制下的企业合并采用类似权益结合法;规定股份支付和衍生金融工具必须纳入表内核算;金融资产的终止确认和套期保值会计必须满足严格的应用条件;金融工具风险必须在报表附注中予以披露等,对于推动中国国有企业改革和资本市场发展,加强金融风险控制与监管将发挥积极作用。

二是着眼于切实保护投资者和公众的合法权益。修订后的基本准则第一次明确了财务报告的目标是满足投资者、债权人、政府及其有关部门和社会公众等决策的需要,并反映企业管理层受托责任履行情况,着眼于切实保护投资者和公

---

① 刘玉廷:《中国会计准则体系建设的进展》,在第六届中日韩会计准则制定机构会议上的发言。

众利益，可以满足当前甚至以后相当长时期中国市场经济发展的要求。同时，中国企业会计准则体系还建立了完整的财务报告体系，包括财务报表列报、现金流量表、合并财务报表、中期财务报告、分部报告、关联方披露等在内的多项报告准则，贯彻了充分披露原则，有助于提高企业透明度和提升中国企业财务报告质量，方便企业与投资者、债权人等之间的沟通与交流，提高市场效率。

三是引入公允价值计量，使会计信息更具相关性。对交易性金融资产和负债、投资性房地产、债务重组、非货币性资产交换、非同一控制下企业合并所形成的资产与负债等一些特定交易或者事项，中国会计准则强调有关资产或者负债在存在活跃市场并且其公允价值能够可靠计量的情况下，允许采用公允价值进行计量，这将有助于提高会计信息的相关性，全面地衡量企业的经营业绩，及时地反映市场价值变动的信息，从而更好地实现企业财务报告的目标。

（二）借鉴国际

一是实现了与国际财务报告准则的实质性趋同。在经济全球化的发展背景下，中国企业会计准则充分借鉴国际财务报告准则，除了在关联方披露、资产减值转回等极少数方面存在差异外，中国企业会计准则实现了与国际财务报告准则的实质性趋同。所谓实质性趋同，是指在中国企业会计准则体系建设和国际趋同的进程中，我们没有片面强调与国际财务报告准则形式上的一致，而是注重在会计确认、计量和报告原则等实质内容上与国际财务报告准则的趋同。国际会计准则理事会主席戴维·泰迪爵士2006年2月15日出席中国会计审计准则体系发布会时，对中国企业会计准则体系作出"实现了与国际财务报告准则实质性趋同"的评价。这是中国财政部和国际会计准则理事会在双方互动中开展国际趋同的成功合作。

二是实现了会计准则国际趋同的双向互动。在中国会计准则体系建设过程中，国际会计准则理事会也逐步认识到，中国会计准则体系中的基本原则和一些特别规定具有代表性，值得国际准则借鉴和吸收。在2005年11月中国会计准则委员会与国际会计准则理事会发表的联合声明中，国际会计准则理事会确认了中国特殊情况和环境下的一些会计问题，并希望中国对寻求高质量的国际财务报告准则解决方案提供有用帮助。这些问题包括：一是关联方交易的披露。中国会计准则规定，对于仅受国家控制而无控制、共同控制、重大影响的国有企业，不视同为关联方，豁免披露关联方交易，国际会计准则理事会认为中国准则中这方面的规定可以考虑写入国际准则。二是公允价值计量问题。随着国际准则在越来越多的国家中得到应用，如何在新兴经济体中应用公允价值成为国际会计准则理事会亟须解决的问题，需要中国在这方面为其提供帮助。三是同一控制下企业合并。中国准则结合现实的具体情况，规定了同一控制下的企业合并的会计处理，而国际准则中对此未予规定，国际会计准则理事会认为中国准则在这方面的规定和实践将为国际准则提供有益的参考。

(三) 涵盖广泛

从内容上来看,中国企业会计准则体系涵盖了中国各类企业的各类经济业务。一方面,中国企业会计准则体系打破了行业的界限,既适用于一般工商业企业,也适用于银行、保险、证券等金融企业,涵盖了中国的各类企业;另一方面,中国企业会计准则体系中既包括企业一般业务类的准则,也包括特殊行业的特定业务准则,基本涵盖了企业各类经济业务的会计处理。

(四) 独立实施

中国企业会计准则体系内容完整、逻辑严密、首尾一贯、自成体系,是国家法规体系的组成部分。中国企业会计准则体系既包括基本准则和38项具体准则,还包括与准则相配套的应用指南,这一完整的一套体系涵盖了会计的确认、计量、记录和报告四个环节。因此,对各类企业而言,中国企业会计准则体系是一套可以独立实施的体系。

三、基本准则的地位与内容

(一) 基本准则的地位

国际会计准则理事会、美国等国家或者地区在其会计准则制定中,通常都制定有"财务会计概念框架",它既是制定国际财务报告准则和有关国家或地区会计准则的概念基础,也是会计准则制定应当遵循的基本法则。

我国基本准则类似于国际会计准则理事会的《编报财务报表的框架》,在企业会计准则体系建设中扮演着同样的角色,在整个企业会计准则体系中具有统驭地位。同时,我国会计准则属于法规体系的组成部分。根据《立法法》规定,我国的法规体系通常由四个部分构成:一是法律;二是行政法规;三是部门规章;四是规范性文件。其中,法律是由全国人民代表大会常务委员会通过,由国家主席签发。行政法规由国务院常务会议通过,由国务院总理签发。部门规章由国务院主管部门部长以部长令签发。我国企业会计准则体系中,基本准则属于部门规章,是由财政部于2006年2月15日以第33号部长令签发的;具体准则、应用指南和解释属于规范性文件。

(二) 基本准则的作用

基本准则在企业会计准则体系中具有重要地位,其作用主要如下:

一是统驭具体准则的制定。基本准则规范了包括财务报告目标、会计基本假设、会计信息质量要求、会计要素的定义及其确认、计量原则、财务报告等在内的基本问题,是制定具体准则的基础,对各具体准则的制定起着统驭作用,可以确保各具体准则的内在一致性。我国基本准则第三条明确规定,"企业会计准则包括基本准则和具体准则,具体准则的制定应当遵循本准则(即基本准则)"。在企业会计准则体系的建设中,各项具体准则也都明确规定按照基本准则的要求进行制定和完善。

二是为会计实务中出现的、具体准则尚未规范的新问题提供会计处理依据。在会计实务中,由于经济交易事项的不断发展、创新,一些新的交易或者事项在具体准则中尚未规范但又亟须处理,这时,企业不仅应当对这些新的交易或者事项及时进行会计处理,而且在处理时应当严格遵循基本准则的要求,尤其是基本准则关于会计要素的定义及其确认与计量等方面的规定。因此,基本准则不仅扮演着具体准则制定依据的角色,也为会计实务中出现的、具体准则尚未做出规范的新问题提供了会计处理依据,从而确保了企业会计准则体系对所有会计实务问题的规范作用。

(三) 基本准则规范的主要内容

基本准则的制定吸收了当代财务会计理论研究的最新成果,反映了当前会计实务发展的内在需要,体现了国际上财务会计概念框架的发展动态,构建起了完整、统一的财务会计概念体系,从不同角度明确了整个会计准则需要解决的基本问题,内容包括以下方面:

一是关于财务报告目标。基本准则明确了我国财务报告的目标是向财务报告使用者提供决策有用的信息,并反映企业管理层受托责任的履行情况。

二是关于会计基本假设。基本准则强调了企业会计确认、计量和报告应当以会计主体、持续经营、会计分期和货币计量为会计基本假设。

三是关于会计基础。基本准则坚持了企业会计确认、计量和报告应当以权责发生制为基础。

四是关于会计信息质量要求。基本准则建立了企业会计信息质量要求体系,规定企业财务报告中提供的会计信息应当满足会计信息质量要求。

五是关于会计要素分类及其确认、计量原则。基本准则将会计要素分为资产、负债、所有者权益、收入、费用和利润六个要素,同时对各要素进行严格定义。会计要素在计量时以历史成本为基础,可供选择的计量属性包括历史成本、重置成本、可变现净值、现值和公允价值等。

六是关于财务报告。基本准则为了实现财务报告目标,明确了财务报告的基本概念、应当包括的主要内容和应反映信息的基本要求等。

四、会计基本假设

会计基本假设是企业会计确认、计量和报告的前提,是对会计核算所处时间、空间环境等所作的合理设定。会计基本假设包括会计主体、持续经营、会计分期和货币计量。

(一) 会计主体

会计主体,是指企业会计确认、计量和报告的空间范围。为了向财务报告使用者反映企业财务状况、经营成果和现金流量,提供对其决策有用的信息,会计核算和财务报告的编制应当反映特定对象的经济活动,才能实现财务报告的目标。

在会计主体假设下，企业应当对其本身发生的交易或者事项进行会计确认、计量和报告，反映企业本身所从事的各项生产经营活动。明确界定会计主体是开展会计确认、计量和报告工作的重要前提。

首先，明确会计主体，才能划定会计所要处理的各项交易或事项的范围。在会计实务中，只有那些影响企业本身经济利益的各项交易或事项才能加以确认、计量和报告，那些不影响企业本身经济利益的各项交易或事项则不能加以确认、计量和报告。通常所讲的资产、负债的确认，收入的实现，费用的发生等，都是针对特定会计主体而言的。

其次，明确会计主体，才能将会计主体的交易或者事项与会计主体所有者的交易或者事项以及其他会计主体的交易或者事项区分开来。例如，企业所有者的经济交易或者事项是属于企业所有者主体所发生的，不应纳入企业会计核算的范围，但是企业所有者投入到企业的资本或者企业向所有者分配的利润，则属于企业主体所发生的交易或者事项，应当纳入企业会计确认、计量和报告的内容。

会计主体不同于法律主体。一般而言，法律主体必然是一个会计主体。例如，一个企业作为一个法律主体，应当建立财务会计系统，独立反映其财务状况、经营成果和现金流量。但是，会计主体不一定是法律主体。例如，企业集团中的母公司拥有若干子公司，母、子公司虽然是不同的法律主体，但是母公司对子公司拥有控制权，为了全面反映企业集团的财务状况、经营成果和现金流量，需要将企业集团作为一个会计主体，编制合并财务报表，在这种情况下，尽管企业集团不属于法律主体，但它却是会计主体。再如，由企业管理的证券投资基金、企业年金基金等，尽管不属于法律主体，但属于会计主体，应当对每项基金进行会计确认、计量和报告。

（二）持续经营

持续经营，是指在可以预见的将来，企业将会按当前的规模和状态继续经营下去，不会停业，也不会大规模削减业务。在持续经营前提下，会计确认、计量和报告应当以企业持续、正常的生产经营活动为前提。会计准则体系是以企业持续经营为前提加以制定和规范的，涵盖了从企业成立到清算（包括破产）整个期间的交易或者事项的会计处理。一个企业在不能持续经营时就应当停止使用这个假设，否则如仍按持续经营基本假设选择会计确认、计量和报告的原则与方法，就不能客观地反映企业的财务状况、经营成果和现金流量，会误导会计信息使用者的经济决策。

（三）会计分期

会计分期，是指将一个企业持续经营的生产经营活动划分为一个个连续的、长短相同的期间。会计分期的目的，在于通过会计期间的划分，将持续经营的生产经营活动划分成连续、相等的期间,据以结算盈亏,按期编报财务报告,从而及时向财务报告使用者提供有关企业财务状况、经营成果和现金流量的信息。

根据持续经营假设,一个企业将按当前的规模和状态持续经营下去。但是,无论是企业的生产经营决策还是投资者、债权人等的决策都需要及时的信息,需要将企业持续的生产经营活动划分为一个个连续的、长短相同的期间,分期确认、计量和报告企业的财务状况、经营成果和现金流量。由于会计分期,才产生了当期与以前期间、以后期间的差别,才使不同类型的会计主体有了记账的基础,进而出现了折旧、摊销等会计处理。

在会计分期假设下,企业应当划分会计期间,分期结算账目和编制财务报告。会计期间通常分为年度和中期。中期,是指短于一个完整的会计年度的报告期间。

(四)货币计量

货币计量,是指会计主体在财务会计确认、计量和报告时以货币作为计量尺度,反映会计主体的生产经营活动。

在会计的确认、计量和报告过程中之所以选择以货币为基础进行计量,是由货币的本身属性决定的。货币是商品的一般等价物,是衡量一般商品价值的共同尺度,具有价值尺度、流通手段、贮藏手段和支付手段等特点。其他计量单位,如重量、长度、容积、台、件等,只能从一个侧面反映企业的生产经营情况,无法在量上进行汇总和比较;不便于会计计量和经营管理。只有选择货币这一共同尺度进行计量,才能全面反映企业的生产经营情况,所以,基本准则规定,会计确认、计量和报告选择货币作为计量单位。

在有些情况下,统一采用货币计量也有缺陷,某些影响企业财务状况和经营成果的因素,如企业经营战略、研发能力、市场竞争力等,往往难以用货币来计量,但这些信息对于使用者决策来讲也很重要,为此,企业可以在财务报告中补充披露有关非财务信息来弥补上述缺陷。

五、会计基础

企业会计的确认、计量和报告应当以权责发生制为基础。权责发生制基础要求,凡是当期已经实现的收入和已经发生或应当负担的费用,无论款项是否收付,都应当作为当期的收入和费用,计入利润表;凡是不属于当期的收入和费用,即使款项已在当期收付,也不应当作为当期的收入和费用。

在实务中,企业交易或者事项的发生时间与相关货币收支时间有时并不完全一致。例如,款项已经收到,但销售并未实现;或者款项已经支付,但并不是为本期生产经营活动而发生的。为了更加真实、公允地反映特定会计期间的财务状况和经营成果,基本准则明确规定,企业在会计确认、计量和报告中应当以权责发生制为基础。

收付实现制是与权责发生制相对应的一种会计基础,它是以收到或支付的现金作为确认收入和费用等的依据。目前,我国的行政单位会计采用收付实现制,事业单位会计除经营业务可以采用权责发生制外,其他大部分业务采用收付实现制。

在1992年发布的《企业会计准则》中,权责发生制曾作为会计核算的一般原则加以规范。经过修订后,基本准则将权责发生制作为会计基础,列入总则中而不是在会计信息质量要求中规定,其原因是权责发生制是相对于收付实现制的会计基础,贯穿于整个企业会计准则体系的总过程,属于财务会计的基本问题,层次较高,统驭作用强。

六、会计信息质量要求

会计信息质量关系到投资者决策、完善资本市场以及市场经济秩序等重大问题,何为高质量会计信息以及如何提高会计信息质量,会计准则进行了明确规定。会计信息质量要求是对企业财务报告中所提供高质量会计信息的基本规范,是使财务报告中所提供会计信息对投资者等使用者决策有用应具备的基本特征,根据基本准则规定,它包括可靠性、相关性、可理解性、可比性、实质重于形式、重要性、谨慎性和及时性等。其中,可靠性、相关性、可理解性和可比性是会计信息的首要质量要求,是企业财务报告中所提供会计信息应具备的基本质量特征;实质重于形式、重要性、谨慎性和及时性是会计信息的次级质量要求,是对可靠性、相关性、可理解性和可比性等首要质量要求的补充和完善,尤其是在对某些特殊交易或者事项进行处理时,需要根据这些质量要求来把握其会计处理原则,另外,及时性还是会计信息相关性和可靠性的制约因素,企业需要在相关性和可靠性之间寻求一种平衡,以确定信息及时披露的时间。

(一)可靠性

可靠性要求企业应当以实际发生的交易或者事项为依据进行确认、计量和报告,如实反映符合确认和计量要求的各项会计要素及其他相关信息,保证会计信息真实可靠、内容完整。可靠性是高质量会计信息的重要基础和关键所在,如果企业以虚假的经济业务进行确认、计量、报告,这属于违法行为,不仅会严重降低会计信息质量,而且会误导投资者,干扰资本市场,导致会计秩序混乱。

(二)相关性

相关性要求企业提供的会计信息应当与投资者等财务报告使用者的经济决策需要相关,有助于投资者等财务报告使用者对企业过去、现在或者未来的情况作出评价或者预测。

会计信息是否有用,是否具有价值,关键是看其与使用者的决策需要是否相关,是否有助于决策者提高决策水平。相关的会计信息应当能够有助于使用者评价企业过去的决策,证实或者修正过去的有关预测,因而具有反馈价值。相关的会计信息还应当具有预测价值,有助于使用者根据财务报告所提供的会计信息预测企业未来的财务状况、经营成果和现金流量。

会计信息质量的相关性要求,以可靠性为基础,两者之间是统一的,并不矛盾,不应将两者对立起来。也就是说,会计信息在可靠性前提下,尽可能地做到相关性,以满足投资者等财务报告使用者的决策需要。

(三) 可理解性

可理解性要求企业提供的会计信息应当清晰明了,便于投资者等财务报告使用者理解和使用。企业编制财务报告、提供会计信息的目的在于使用,而要使使用者有效使用会计信息,应当能让其了解会计信息的内涵,弄懂会计信息的内容,这就要求财务报告所提供的会计信息应当清晰明了,易于理解。只有这样,才能提高会计信息的有用性,实现财务报告的目标,满足向投资者等财务报告使用者提供决策有用信息的要求。投资者等财务报告使用者通过阅读、分析、使用财务报告信息,能够了解企业的过去和现状,以及企业净资产或企业价值的变化过程,预测未来发展趋势,从而作出科学决策。

(四) 可比性

可比性要求企业提供的会计信息应当相互可比。这主要包括两层含义:

一是同一企业不同时期可比。为了便于投资者等财务报告使用者了解企业财务状况、经营成果和现金流量的变化趋势,比较企业在不同时期的财务报告信息,全面、客观地评价过去、预测未来,作出决策。

二是不同企业相同会计期间可比。为了便于投资者等财务报告使用者评价不同企业的财务状况、经营成果和现金流量及其变动情况,会计信息质量的可比性要求不同企业同一会计期间发生的相同或者相似的交易或者事项,应当采用统一规定的会计政策,确保会计信息口径一致、相互可比,以使不同企业按照一致的确认、计量和报告要求提供有关会计信息。

(五) 实质重于形式

实质重于形式要求企业应当按照交易或者事项的经济实质进行会计确认、计量和报告,不仅仅以交易或者事项的法律形式为依据。

企业发生的交易或事项在多数情况下其经济实质和法律形式是一致的,但在有些情况下也会出现不一致。

(六) 重要性

重要性要求企业提供的会计信息应当反映与企业财务状况、经营成果和现金流量有关的所有重要交易或者事项。

财务报告中提供的会计信息的省略或者错报会影响投资者等使用者据此做出决策的,该信息就具有重要性。重要性的应用需要依赖职业判断,企业应当根据其所处环境和实际情况,从项目的性质和金额大小两方面加以判断。例如,企业发生的某些支出,金额较小的,从支出受益期来看,可能需要在若干会计期间进行分摊,但根据重要性要求,可以一次计入当期损益。

(七)谨慎性

谨慎性要求企业对交易或者事项进行会计确认、计量和报告时保持应有的谨慎,不应高估资产或者收益、低估负债或者费用。

在市场经济环境下,企业的生产经营活动面临着许多风险和不确定性,如应收款项的可收回性、固定资产的使用寿命、无形资产的使用寿命、售出存货可能发生的退货或者返修等。会计信息质量的谨慎性要求,需要企业在面临不确定性因素的情况下做出职业判断时,应当保持应有的谨慎,充分估计到各种风险和损失,既不高估资产或者收益,也不低估负债或者费用。

(八)及时性

及时性要求企业对于已经发生的交易或者事项,应当及时进行确认、计量和报告,不得提前或者延后。会计信息的价值在于帮助所有者或者其他方做出经济决策,具有时效性。即使是可靠的、相关的会计信息,如果不及时提供,就失去了时效性,对于使用者的效用就大大降低,甚至不再具有实际意义。在会计确认、计量和报告过程中贯彻及时性,一是要求及时收集会计信息,即在经济交易或者事项发生后,及时收集整理各种原始单据或者凭证;二是要求及时处理会计信息,即按照会计准则的规定,及时对经济交易或者事项进行确认或者计量,并编制财务报告;三是要求及时传递会计信息,即按照国家规定的有关时限,及时地将编制的财务报告传递给财务报告使用者,便于其及时使用和决策。

第二节 上市公司监管相关法规

一、上市公司监管法规体系

(一)法律法规

(1)法律。包括《中华人民共和国证券法》《中华人民共和国证券投资基金法》《中华人民共和国公司法》《中华人民共和国所得税法》《中华人民共和国会计法》等。

(2)行政法规和法规性文件。包括国务院关于开展优先股试点的指导意见,国务院关于促进企业兼并重组的意见,证券公司监督管理条例,国务院批转证监会关于提高上市公司质量意见的通知等。

(3)司法解释。如最高人民法院、最高人民检察院关于处理内幕交易、泄露内幕信息刑事案件具体应用法律若干问题的解释,最高人民法院关于适用《中华人民共和国公司法》若干问题的规定,最高人民法院、最高人民检察院、公安部、中国证券监督管理委员会关于查询、冻结、扣划证券和证券交易结算资金有关问题的通知等。

（二）部门规章和规范性文件

上市公司监管部门规章根据监管部门不同可分为各不同部门的规章。以证券交易所为例，部门规章通常可包括：①发行上市规章；②上市公司规章；③证券机构规章；④证券交易规章；⑤信息披露规章；⑥外资股类规章；⑦基金类规章；⑧服务类规章；⑨其他规章。

（三）业务规则

业务规则是指上市公司监管各业务部门自身制定的规则。以证券交易所为例，业务规则通常包括：①组织类规则；②发行类规则；③上市类规则；④交易类规则；⑤会员类规则；⑥服务类规则；⑦收费类规则；⑧基金类规则；⑨债券类规则；⑩其他规则。

二、上市公司融资相关政策规定

（一）配股（向原股东配售股份）

（1）条件：拟配售股份数量不超过本次配售股份前股本总额的30%；控股股东应当在股东大会召开前公开承诺认配股份的数量；采用代销方式发行；控股股东不履行认配股份的承诺，或者代销期限届满，原股东认购股票的数量未达到拟配售数量70%的，发行人应当按照发行价并加算银行同期存款利息返还给已经认购的股东。

（2）特点：增加公司股份，募集资金；不稀释大股东股权比例；对发行价格没有约束；三年盈利即可，对净资产收益率没有要求。

（二）增发（向不特定对象公开募集股份）

（1）条件：最近3个会计年度加权平均净资产收益率平均不低于6%；发行价格不低于公告招股意向书前20个交易日公司股票均价或前一个交易日的均价；最近一期末不存在持有金额较大的交易性金融资产和可供出售的金融资产、借予他人款项、委托理财等财务性投资的情形。

（2）特点：①市价发行。在市场不景气时存在较大的承销风险，券商对该品种比较谨慎。2006年之前增发可以打折发行。②稀释老股东权益。中外合资上市公司增发要注意外资的比例，一般外方比较关注股权的比例。③融资规模。理论上没有融资规模的限制，现实情况需要考虑市场因素、公司现有净资产规模，保荐人必须务实考虑。

（3）关注：发行人最近一期不存在较大金额的金融投资，否则，存在增发资金用于金融性投资的嫌疑。

（三）非公开发行股票（采用非公开方式向特定对象发行股票）

（1）发行对象限制：发行对象不能超过10个。

（2）锁定期限制：非公开发行股票应锁定12个月，控股股东、实际控制人及其关联方、董事会拟引进的境内外战略投资者认购的股票锁定36个月。

(3) 拟发行对象为境外战略投资者的,还需要事先取得商务部的原则同意函,发行部才会受理。

(4) 价格:非公开发行股票,价格不低于定价基准日前20个交易日股票均价的90%。定价基准日指董事会决议公告日、股东大会决议公告日或发行期首日这三个日期中的任一个日期。

(5) 特点:增加公司股份,募集资金;没有业绩等财务指标要求;存在一定发行风险问题。

(6) 发行风险:某种程度上,发行风险较小,没有发行数量及发行比例的限制。而且在市场下滑的情况下,拿到发行批文后,原来的发行底价跌破,发行人可以重新走程序调整发行底价,因此困扰非公开发行的发行价格问题可以得到解决。

(7) 认购对价:现金和资产都可以认购,如果以资产认购,构成重大资产重组的,报上市部审核,不构成重大资产重组的,报发行部审核。关于用债权认购,与上市公司无关的债权,不应该考虑,与上市公司有关的债权,可以考虑,相当于债转股。重大资产重组的非公开发行和募集资金的非公开发行,必须分两步实施,走两次程序,先做重大资产重组,再做非公开发行。

(四) 可转换公司债券(依法公开发行的在一定期间内依据约定的条件可以转换成股份的公司债券)

(1) 发行条件:①最近3个会计年度加权平均净资产收益率平均不低于6%;②本次发行后累计公司债券余额不超过最近一期末净资产额的40%;③最近3个会计年度实现的年均可分配利润不少于公司债券一年的利息;④期限:1~6年;⑤利率:公司与主承销商协商确定,目前利率一般不超过2.5%;⑥担保:应当提供担保,但是最近一期未经审计的净资产不低于15亿元的公司除外;⑦评级:委托有资格的资信评级机构进行信用评级和跟踪评级,目前评级机构只有5家。

(2) 关注点:基本上作为公开增发来看待和审核,转股价格可以不断修正,最终基本都能实现转股。经调研,市场呼声较大,发行人更愿意做转债,投行也较认可该融资品种。

(五) 分离交易的可转换公司债券(公开发行认股权和债券分离交易的可转换公司债券)

(1) 条件:公司最近未经审计的净资产不低于人民币15亿元;最近3个会计年度实现的年均可分配利润不少于公司债券一年的利息;最近3个会计年度经营活动产生的现金流量净额平均不少于公司债券一年的利息,符合6%净资产要求的公司除外;累计债券余额不超过净资产40%,预计所附认股权全部行权后募集资金总量不超过拟发行公司债券金额;期限最短一年,权证存续期间不超过公司债券的期限,自发行结束之日起不少于6个月;利率由公司与主承销商协商确定,目前利率区间约为 0.8%~1.5%;不强制担保;委托有资格的资信评级机构进行信用评级和跟踪评级。

(2) 特点:降低融资成本,一次审批,两次融资。目前约 50% 的案例成功行权,完成二次融资。2008 年基本暂停,主要是权证上市后炒作厉害,市场非理性。后来,修订了交易所权证交易规则,放开最后一天的涨跌幅,或者只面对机构发行。

(六) 公司债券(公司依照法定程序发行、约定在一年以上期限内还本付息的有价证券)

(1) 条件:公司的生产经营符合法律、行政法规和公司章程的规定,符合国家产业政策;公司内部控制制度健全,内部控制制度的完整性、合理性、有效性不存在重大缺陷;经资信评级机构评级,债券信用级别良好;公司最近一期未经审计的净资产额应符合法律、行政法规和中国证监会的有关规定;最近 3 个会计年度实现的年均可分配利润不少于公司债券一年的利息;本次发行后累计公司债券余额不超过最近一期末净资产额的 40%;金融类公司的累计公司债券余额按金融企业的有关规定计算;期限最短一年;发行价格(利率)发行人与保荐人通过市场询价确定;担保不强制;委托有资格的资信评级机构进行信用评级和跟踪评级;资金用途补充流动资金,改善财务结构。

(2) 创新之处:分次发行的制度安排(分次发行:24 个月有效;1 次发行:6 个月有效);债券持有人保护制度(债券持有人会议、债券受托管理人);保荐人。

(3) 审核要点:债券的安全性以及相应的债权人保护制度是审核的重点,而关联交易与同业竞争不是审核中的关注重点。否决重点:公司内控。

(4) 建议关注:债券的条款设计;违约条款的责任细化和明确;担保问题;现金流问题等等。募集资金的用途比较市场化,基本是补充流动资金,改善财务结构。

(5) 其他问题:时间偏长,目前主要是 7~8 年,最低 3 年。从监管角度看,建议多发中短期债。未来公司债券实行分级管理,以债项评级为限,面向不同投资者。如:新湖中宝,年率 9%,等级 AA$^-$,但是有 60% 的散户认购。在二次发行的时候,还是实行事前备案。管理费、评级费现在一般为一次性全额收取,主要是因为金额小,但是不合理,建议中介机构考虑服务收费的合理性。

(七) 可交换债券(上市公司的股东依法发行、在一定期限内依据约定的条件可以交换成该股东所持有的上市公司股份的公司债券)

(1) 申请人的条件:申请人是有限责任公司或者股份有限公司;公司组织结构健全,运行良好,内部控制制度不存在重大缺陷;公司最近一期末的净资产额不少于人民币 3 亿元;公司最近 3 个会计年度实现的年均可分配利润不少于公司债券一年的利息;本次发行后累计公司债券余额不超过最近一期末净资产额的 40%;本次发行债券的金额不超过预备用于交换的股票按募集说明书公告日前 20 个交易日均价的市值的 70%,且应当将预备用于交换的股票设定为本次发行的公司债券的担保物;经资信评级机构评级,债券信用级别良好;不存在《公司债券发行试点办法》第八条规定的不得发行公司债券的情形。

(2) 预备用于交换的上市公司股票符合规定:该上市公司最近一期末的净资产不低于人民币 15 亿元,或者最近 3 个会计年度加权平均净资产收益率平均不低于 6%;用于交换的股票在提出发行申请时应当为无限售条件股份,且股东在约定的换股期间转让该部分股票不违反其对上市公司或者其他股东的承诺;用于交换的股票在本次可交换公司债券发行前,不存在被查封、扣押、冻结等财产权利被限制的情形,也不存在权属争议或者依法不得转让或设定担保的其他情形。期限 1~6 年;发行价格(利率)由上市公司股东与保荐人通过市场询价确定;换股价格不低于公告募集说明书日前 20 个交易日公司股票均价和前一个交易日的均价;委托有资格的资信评级机构进行信用评级和跟踪评级;募集说明书可以约定赎回条款和回售条款;不得通过发行交换债券将控制权转让给他人。

三、财务审核政策解读

(一) 公司债券发行条件与财务会计相关的规定

(1) 内部控制制度的要求:公司内部控制制度健全,内部控制制度的完整性、合理性、有效性不存在重大缺陷。

(2) 债券信用级别的要求:经资信评级机构评级,债券信用级别良好。

(3) 净资产的要求:公司最近一期末经审计的净资产应符合法律、行政法规和中国证监会的有关规定。

(4) 年均可分配利润的要求:最近 3 个会计年度实现的年均可分配利润不少于公司债券一年的利息。(备注:可分配利润指合并报表中属于母公司所有者的净利润)

(5) 累计债券余额的要求:本次发行后累计公司债券余额不超过最近一期末净资产额的 40%;金融类公司的累计公司债券余额按金融企业的有关规定计算。

(6) 财务会计资料真实性的要求:最近 36 个月内公司财务会计文件不得存在虚假记载。

(7) 债券担保方面的要求:以保证方式提供担保的,应当为连带责任保证,且保证人资产质量良好;设定担保的,担保财产权属应当清晰,尚未被设定担保或者采取保全措施,且担保财产的价值经有资格的资产评估机构评估应不低于担保金额。

(二) 募集说明书的财务会计信息披露要求

(1) 相关财务会计资料有效期的要求:债券募集说明书不得使用超过有效期的资产评估报告。

(2) 债券风险的披露要求:应有针对性地披露与本期债券相关的、可能影响债券本息偿付的具体风险因素,尽可能做出定量分析。充分披露风险:利率风险、流动性风险、偿付风险、本期债券安排所特有的风险、资信风险、担保或评级风险、财务风险(资产负债结构、对外担保、现金流量、公司架构、特殊的业务及盈利模式、评级报告揭示的主要风险)、经营风险、管理风险、政策风险等。

(3) 公司资信状况的披露要求:充分披露公司资信情况:授信情况、经营违规情况、债券发行及偿还情况、本次发行后的累计公司债券余额及其占发行人最近一期经审计净资产的比例、重要的财务指标(流动比率、速动比率、资产负债率、利息保障倍数、贷款偿还率、利息偿付率、累计担保余额占净资产的比例)。

(4) 发行境外上市外资股的境内股份有限公司财务会计资料的披露要求:发行境外上市外资股的境内股份有限公司应以按照中国的企业会计准则编制的财务报告为基准。

(5) 管理层讨论与分析的内容与基础:公司管理层作出的关于公司最近3年及一期的财务分析的简明结论性意见,主要以发行人的母公司财务报表为基础分析说明发行人资产负债结构、现金流量、偿债能力、近3年的盈利能力、未来业务目标以及盈利能力的可持续性。重点披露本次发行公司债券后公司资产负债结构的变化,最近一期末的对外担保情况和未决诉讼或仲裁情况。

(三) 非公开发行股票实施细则的相关规定

(1) 非公开发行股票应遵循的基本原则:非公开发行股票,应当有利于减少关联交易、避免同业竞争、增强独立性;应当有利于提高资产质量、改善财务状况、增强持续盈利能力。

(2) 相关财务会计资料日常信息披露的处理原则:本次发行涉及资产审计、评估或者盈利预测的,资产审计结果、评估结果和经审核的盈利预测报告至迟应随召开股东大会的通知同时公告。

(3) 非公开发行与公开发行申请文件财务会计资料的异同:发行人最近1年的财务报告和审计报告及最近一期的财务报告;最近3年一期的比较式财务报表(包括合并报表和母公司报表);本次收购资产相关的最近1年一期的财务报告及其审计报告、资产评估报告;发行人董事会、会计师事务所及注册会计师关于上市公司最近1年及一期的非标准无保留意见审计报告的补充意见;会计师关于前次募集资金使用情况报告的鉴证报告。

(四) 非公开发行股票预案的财务信息披露要求

(1) 对于财务审计及资产评估信息,如果拟收购的资产在首次董事会前尚未进行审计、评估,以及相关盈利预测数据尚未经注册会计师审核的,在首次董事会决议公告中应披露相关资产的主要历史财务数据,注明未经审计,并作出关于"目标资产经审计的历史财务数据、资产评估结果以及经审核的盈利预测数据将在发行预案补充公告中予以披露"的特别提示;在审计、评估或者盈利预测审核完成后再次召开董事会,对相关事项作出补充决议,并编制非公开发行股票预案的补充公告；

（2）关于本次非公开发行对公司的影响，主要从对上市公司股东结构、高管结构、业务结构、财务状况、经营业绩、关联交易、同业竞争、资金占用、对外担保等方面进行分析；

（3）关于收购资产定价合理性的披露，主要根据拟收购资产历史状况，包括账面净资产、近年经营业绩变动趋势、历史评估定价情况等进行分析，此外还应关注资产自评估截止日至资产交付日所产生收益的归属；

（4）关于非公开发行预案相关信息的补正要求，主要是指由于情况发生变化，导致董事会决议中关于本次发行的讨论与分析需要修正或者补充说明的，董事会应当在发行情况报告书中作出专项的讨论与分析。

第三节 会计选择与盈余管理

一、会计选择与盈余管理的内涵

（一）会计选择的内涵

广义的会计选择包含的内容非常丰富，可以说，凡是选择通过会计手段改变会计数据结果的行为都可以被称为会计选择，不仅仅包括会计政策选择，会计估计变更等都包括在内。可以形象地将会计选择视为对会计信息的加工过程，原始凭证是"原材料"，通过会计选择的加工后，本来的"原材料"就变成了"产成品"。

（二）会计政策选择的内涵

会计政策选择是指特定主体根据自身的目标在可供选择的范围内进行选择并拟订会计政策的过程。由于会计政策有宏观政策与微观政策之分，因此，会计政策选择也可以分为宏观会计政策选择和微观会计政策选择。

宏观会计政策选择，是指政府或具有权威性的机构组织从"各种可行方法中"选用一种或几种方法，制定成宏观会计政策，从而为企业提交选择的空间。可见，宏观会计政策的选择过程实际上就是会计准则的制定过程。而微观会计政策选择，是指企业根据自身经营管理的目标，从既定的宏观会计政策中选择最适合本企业使用的具体原则和具体的会计处理方法的过程，并形成企业的会计政策。

企业会计政策选择是指企业根据本身的特点为达到一定的目标，在会计处理时依据既定规范（此规范一般由各国的会计准则、会计制度等组成），对可供选择的具体会计原则、方法和程序进行定性、定量的比较分析后，拟定决策并加以执行，企业一经选定某种方法，就不能随意变更。我们将会计准则等规范视为既定，主要讨论企业会计政策选择。

(三) 盈余管理的内涵

关于盈余管理的内涵,被普遍认可的是 Hedy 和 Wahlen 于 1999 年所作出的解释:当管理者在编制财务报告和构建经济交易时,运用判断改变财务报告,从而误导一些利益相关者对公司根本经济收益的理解,或者影响根据报告中会计数据形成的契约结果,盈余管理就产生了。理解盈余管理的内涵必须理解以下两点:

第一,盈余管理的主体是企业的管理当局。无论是董事会、总经理还是高级管理人员,他们作为企业信息的加工者和披露者,有权利选择会计政策和方法,有权利变更会计估计,有权利安排交易发生的时间和方式等。而信息的不对称和信息披露的不完全为他们进行盈余管理提供了条件。

第二,管理当局进行盈余管理的目的在于获得自身利益。虽然盈余管理的直接结果是使得一些利益相关者对企业的经济收益产生误解,但其最终目的是使得自身利益最大化。

二、企业会计政策选择的本质:既定制度框架下的自利行为

会计政策作为一种制度安排,其必然会有一般制度的普遍特点,即非完全性。此时,各种利益相关者就有了在制度不完全性下选择最有利于自身决策的空间,由于没有相关制度的保障,人们的决策可能会以牺牲别人的利益为代价而获得自身的利益。具体选择何种行为取决于自利主体在某项既定的制度安排下基于其自身的收益——成本函数。

企业是不同的利益相关者组成的经济组织,每个利益相关者都将从其自身的角度出发,并基于一定的制度或契约安排做出最符合自身利益的决策。早期学术界对会计政策选择动因的研究多从契约理论出发,并对会计政策选择的经济动机提出了两大假设:一是报酬契约假设。二是债务契约假设。对于报酬契约假设,实际上是从经理人员利益角度来谈会计政策选择;债务契约假设则是从债权人角度来分析会计政策选择。

有些学者在利益相关者的理论框架下研究会计政策选择的动机。利益相关者的动机考虑了会计信息的外部使用者:潜在投资者,税收机构,政府等。比如,学者们通常认为,政治成本是公司选择会计政策的动因之一,在其他条件相同的情况下,公司规模越大,越可能选择将现在的盈余递延到将来的会计程序,以避免因高额利润而受到的政府管制。下面我们将从股东、经理人、债权人以及其他利益相关者对会计政策选择的考虑出发,并分析他们对会计政策选择的偏好或选择。

(一) 股东价值最大化

股东是企业的所有者,关注企业的会计政策选择是理所当然的。企业的财务报告和会计信息是股东了解企业经营状况的一个重要渠道。有实证研究表

明,与旧会计准则相比较,采用新会计准则,我国上市公司的股东权益明显增加,原因之一是新会计准则降低了企业的资产负债率,进而提高了股东的财富水平。比如,资产减值准备通常是企业管理层依据有关因素对资产的可回收程度做出的一种估计,这里存在着较大的利润调节空间。而新的会计准则不再允许大多数资产减值的转回,这在一定程度上抑制了管理层利用资产减值操控盈余的可能性,维护了股东的利益。

(二)激励契约

股东为了让管理者勤勉尽责,往往让经理享受一定的回报或奖金,以激励他们努力工作。这种契约往往与财务数据有关,如利润指标等。当以利润指标作为一种激励契约时,如果利润数据提高,经理就可以从中提取分成,这在一定程度上激励了经理人努力工作。给定经理人报酬契约,经理人如何得到这些报酬就是一个激励相容的问题。因此,在任何报酬契约下,经理人总会选择对自己最有利的行动。报酬契约的导向不一样,经理人的对策也不一样。比如说,如果按照当年利润给经理人提成,那么经理人就会采取各种方法把企业当年利润搞上去,而不关心企业未来的利润。在激励契约的作用下,经理人可能会选择有利于提高自身收益的会计策略。

(三)债务契约

许多契约都备有借款人在契约期间必须遵守的保护性条款,如保持一定标准的权益负债率、利息保障倍数等。如果违反这些条款可能遭受分红限制等惩罚性措施。为了避免或拖延这种违约,经理人可能会进行会计政策选择以满足这些条款。

(四)其他动机

政治动因。很多公司由于自身特点导致公司会受到明显的政治关注,包括与人民生活息息相关的巨型企业、战略性生产企业(如石油和天然气企业等)和那些垄断或接近垄断的企业(如飞机制造、能源、电信等)。这些公司希望通过一定的会计政策选择来降低人们的关注,降低人们认为它们可能利用垄断等行业特征来牟取暴利的判断。特别是在公司前景光明时,公司的盈利状况可能很好,这些公司希望通过一定的会计政策选择来最小化净收益,以避免公众压力。否则,公众压力可能会促使政府通过加强管制或采取其他方法来降低公司盈利能力。

税收动因。会计政策选择的另一个明显动因是所得税的因素。然而,由于税务部门是采用税务会计的规定来计算应缴纳税额,这实际上大大限制了基于所得税因素的会计政策选择行为。然而,一些会计政策的选择也可以避开有关税务政策。例如,Dopuch 和 Pincus(1988)研究发现,为了节约税负,所得税的筹划影响了企业对存货发出成本计算方法的选择。

高管变动。CEO等高级管理人员的变动时常会影响会计政策的选择。在主要高级管理人员变动的时期,企业选择会计政策或进行盈余管理的动机会纷纷出现。例如,奖金计划假设预计,当主要高级管理人员退休时,他们会有动机选择使报告收益最大化的会计政策,以增加他们的奖金,而不考虑他们这种选择是否会对企业未来产生影响。同样,效益差的企业的高级管理人员也会使报告收益最大化,以防止他们被解雇。

三、盈余管理与会计政策选择

会计政策选择的行为影响着会计信息系统的最终输出结果。这种结果可能是某一个或某一组特定的会计数据,也可能是适当的披露内容与时机。而盈余管理的最终目的是对盈余信息的控制与调整。两者之间的关系可以从两个维度看。

(一) 目的与手段维度

盈余管理作为目的,其手段之一是会计政策选择;而会计政策选择作为手段其目的之一是盈余管理。两者是交叉关系:交叉之内,会计政策选择是盈余管理的手段,盈余管理是会计选择的目的;交叉之外,两者的差异是明显的,特意构造某种形式的交易与会计政策选择无关,却也是盈余管理的一种重要方式,同时,会计选择的目的很多时候也会超出盈余管理的范畴,比如上市公司对财务报表披露时机的选择,盈余管理这时更可能是一种原因,而不是目的。

(二) 动机维度

手段本身没有动机可言,因此,会计政策选择作为手段是中性的。目的和动机本来就是密不可分的,因此,盈余管理作为目的是非中性的,并且,其主要目的在于获取私人利益。

四、盈余管理与财务分析

盈余管理与财务分析有着重要的联系,为了真正理解两者之间的联系,我们应该站在更高的视角来看待两者之间的关系。因此,我们具体分析会计政策非完全性、会计政策选择、财务分析三者之间的内在本质联系。在此过程中,我们可以理解盈余管理与财务分析的关系,接下来的分析也可以看做是之前内容的总结。

概括地说,在一定的假设条件之下,会计政策非完全性、会计政策选择和投资者的财务分析分别是政府、管理当局和投资者各自追求自身经济效率的必然结果。三种利益主体的博弈过程会导致整个经济接近更有效率的状态。

首先,我们假设政府的立场是中性的,即政府会站在全社会的角度尽可能制定出更有效率的会计政策。在此假设下,我们可以得出结论,会计政策的非完全性是政府追求经济效率的自然结果。如果政府基于全社会的角度而不是站在某个阶级的立场出发制定政策的话,政府一定会权衡一项制度或制度的某个维度可能给社会带来的成本节约大小和引致的成本大小,在这种权衡下的会计政策不完全性恰恰是政府追求高经济效率的结果。因为,会计政策的非完全性虽然会产生一定的成本,但考虑到企业的生产运作过程太复杂,没有弹性的政策很可能给企业带来大量的生产和管理成本,政策留有余地会更有效率。

其次,从管理当局的角度看,会计政策选择本身就是一种追求尽可能高的经济效率的结果。企业作为既定会计政策的接受者,它虽然不能改变会计政策,但却能在会计政策非完全性提供的一定空间下进行会计政策选择而利己。此时,管理当局在既定会计政策前提下是否会选择盈余管理的行为取决于从管理当局角度出发的成本与收益的衡量。因此,在必要的情况下,盈余管理是极有可能出现的。虽然我们主观上希望管理当局拥有崇高的道德,披露不会对投资者造成误解的会计信息,但客观上,我们往往会得到失望的结果。

最后,基于管理当局会计政策选择的行为并且在一定的条件下可能会出现盈余管理的客观事实,投资者可以做的就是利用自己的智慧透过现象认识本质,识别假象,搞清实质内容,将会计信息中的盈余管理行为甄别出来。在实际中,与内部管理者的博弈中,外部投资者处于劣势的地位,内部管理者很可能利用自身的特权,通过会计政策选择的手段进行盈余管理。又由于以会计政策选择为手段的盈余管理本身不受硬性制度的约束,外部审计就对其失去了监督的可能。因此,外部投资者的财务分析就成了投资者保护自身利益的一种必然和相对有效的选择。从整体上看,通过财务分析,外部投资者和内部管理者之间的信息就会达到尽可能对称的状态,其他条件既定,信息越对称,经济效率就越高。

还需要注意的一点是,财务分析不仅仅是为了甄别出财务报告中是否存在盈余管理的行为。因为可靠性只是会计信息质量的基本要求,实际上,财务分析更重要的功能是在具备可靠性的会计信息基础上,尽可能提高会计信息的相关性,使得会计信息的具体形式尽可能满足财务分析主体的决策和控制需要。当然,在本节的分析中,结合盈余管理,我们更加强调财务分析的基本前提:会计信息的可靠性。

本 章 小 结

我国企业会计准则体系包括基本准则、具体准则、会计准则应用指南和解释等。基本准则在整个准则体系中起统驭作用,主要规范会计目标、会计假设、会计信息质量要求、会计要素的确认、计量和报告原则等,基本准则的作用是指导具体准则的制定和为尚未有具体准则规范的会计实务问题提供处理原则。立足国情、借鉴国际、涵盖广泛和独立实施,是中国企业会计准则体系最主要的特征

为提供一种通用模式的财务报表,需要对财务信息提供的载体、内容、格式等作出规范。这便形成了会计假设和会计原则。会计基本假设是为了保证会计

反映和监督工作的正常进行,以及所提供的财务信息的质量,而对会计活动的范围、内容、基本程序和方法所做的限定,主要包括会计主体、持续经营、会计分期和货币计量。会计原则是为了实现财务会计报告的目标,保证会计信息质量的基本标准和要求。企业会计的确认、计量和报告应当以权责发生制为基础。同时,企业会计信息应满足一定的质量特征要求,根据基本准则规定,它包括可靠性、相关性、可理解性、可比性、实质重于形式、重要性、谨慎性和及时性等。

上市公司监管法规体系包括法律法规、部门规章和规范性文件以及业务规则。目前我国以提高上市公司信息披露的有效性和针对性为基本原则,完善信息披露制度安排,进而完善现有上市公司监管体系。上市公司融资和财务审核相关政策,也直接影响公司财务活动。

企业编制财务报表时,往往采用会计政策选择或会计估计变更,通过改善财务报表吸引投资者,进而提升企业价值。会计政策是指企业进行会计核算和编制会计报表时所采用的具体原则、计量基础和会计处理方法。其中,原则是指按照企业会计准则规定的、适合于企业会计核算所采用的具体会计原则;计量基础是指为了将会计原则应用于交易或事项而体现在会计核算中所采用的基础;会计处理方法是指按照会计原则和计量基础的要求,由企业在会计核算中所采用或选择的、适合于本企业的具体会计处理方法。

会计选择的目的在一定程度上是为了盈余管理。盈余管理是指企业管理当局为了实现自身利益最大化,有意选择对自身有利的会计政策或交易安排,对企业对外报告的会计收益信息进行控制或调整。会计政策选择是指特定主体根据自身的目标在可供选择的范围内进行选择并拟订会计政策的过程。会计政策选择的行为影响着会计信息系统的最终输出结果。这种结果可能是某一个或某一组特定的会计数据,也可能是适当的披露内容与时机。而盈余管理的最终目的是对盈余信息的控制与调整。

主 要 术 语

会计准则　基本准则　具体准则　国际会计准则　国际财务报告准则　会计假设　会计主体　持续经营　会计分期　货币计量　权责发生制　收付实现制　会计信息质量　会计选择　会计政策选择　会计估计　盈余管理　会计变更

思考与练习题

3.1　会计主体的含义是什么?它与法律主体是什么关系?

3.2　可靠性的含义是什么?可靠性与相关性是什么关系?

3.3　持续经营假设与会计分期假设是什么关系?
3.4　谨慎性原则的含义是什么?它与客观性原则是否存在矛盾?
3.5　会计选择的内涵是什么?会计政策选择的内涵与动机是什么?
3.6　盈余管理的含义和特征是什么?
3.7　企业一般采用何种手段进行盈余管理?
3.8　减少企业盈余管理的对策有哪些?试举例说明。

第四章 财务报告分析技术

本章讲述财务报告分析的技术或方法。通过本章学习首先掌握财务报告分析的基本程序；然后掌握财务报告的会计分析技术和比率分析技术；最后掌握财务分析报告编制内容与编制要求。本章重点与难点主要包括：财务报告分析的程序、财务报告分析中的会计分析和比率分析、财务分析报告的编写。

本章建议课时为 4 学时。

第一节 财务报告分析程序

财务报告分析的一般方法可为 4 个阶段 10 个步骤。

一、财务报告分析信息搜集整理阶段

财务报告分析搜集整理阶段主要由以下三个步骤组成：

（1）明确财务报告分析目的。进行财务报告分析，首先必须明确为什么要进行财务报告分析，是要评价企业经营业绩？是要进行投资决策？还是要制定未来经营策略？只有明确了财务报告分析的目的，才能正确地搜集整理信息，选择正确的分析方法，从而得出正确的结论。

（2）制定财务报告分析计划。在明确财务报告分析目的的基础上，应制定财务报告分析的计划，包括财务报告分析的人员组成及分工、时间进度安排、财务报告分析内容及拟采用分析方法等。财务报告分析计划是财务报告分析顺利进行的保证。当然，这个计划并不一定形成文件，可能只是一个草案，也可能是口头的，但没有这个计划是不行的。

（3）搜集整理财务报告分析信息。财务报告分析信息是财务报告分析的基础，信息搜集整理的及时性、完整性、准确性，对分析的正确性有着直接的影响。信息的搜集整理应根据分析的目的和计划进行。但这并不是说不需要经常性、一般性的信息搜集与整理。其实，只有平时日积月累各种信息，才能根据不同的分析目的及时提供所需信息。

二、战略分析与会计分析阶段

战略分析与会计分析阶段主要由以下两个步骤组成：

(1) 企业战略分析。企业战略分析通过对企业所在行业或企业拟进入行业的分析,明确企业自身地位及应采取的竞争战略。企业战略分析通常包括行业分析和企业竞争策略分析。行业分析的目的在于分析行业的盈利水平与盈利潜力,因为不同行业的盈利能力和潜力大小可能是不同的。影响行业盈利能力的因素有许多,归纳起来主要可分为两类:一是行业的竞争程度,二是市场谈判或议价能力。企业战略分析的关键在于企业如何根据行业分析的结果,正确选择企业的竞争策略,使企业保持持久竞争优势和高盈利能力。企业进行竞争的策略有许许多多,最重要的竞争策略主要有两种,即低成本竞争策略和产品差异策略。

企业战略分析是会计分析和财务报告分析的基础和导向,通过企业战略分析,分析人员能深入了解企业的经济状况和经济环境,从而能进行客观、正确的会计分析与财务报告分析。

(2) 财务报表会计分析。会计分析的目的在于评价企业会计所反映的财务状况与经营成果的真实程度。会计分析的作用,一方面通过对会计政策、会计方法、会计披露的评价,揭示会计信息的质量;另一方面通过对会计灵活性、会计估计的调整,修正会计数据,为财务报告分析奠定基础,并保证财务报告分析结论的可靠性。进行会计分析,一般可按以下步骤进行:第一,阅读会计报告;第二,比较会计报表;第三,解释会计报表;第四,修正会计报表信息。

会计分析是财务报告分析的基础,通过会计分析,对发现的由于会计原则、会计政策等引起的会计信息差异,应通过一定的方式加以说明或调整,消除会计信息的失真问题。

三、财务报告分析实施阶段

财务报告分析的实施阶段是在战略分析与会计分析的基础上进行的,它主要包括以下两个步骤:

(1) 财务指标分析。对财务指标进行分析,特别是进行财务比率指标分析,是财务报告分析的一种重要方法或形式。财务指标能准确反映某方面的财务状况。进行财务报告分析,应根据分析的目的和要求选择正确的分析指标。债权人要进行企业偿债能力分析,就必须选择反映偿债能力的指标或反映流动性情况的指标进行分析,如流动比率指标、速动比率指标、资产负债率指标等;而一个潜在投资者要进行对企业投资的决策分析,则应选择反映企业盈利能力的指标进行分析,如总资产报酬率、资本收益率,以及股利报偿率和股利发放率等。正确选择与计算财务指标是正确判断与评价企业财务状况的关键所在。

(2) 基本因素分析。财务报告分析不仅要解释现象,而且应分析原因。因素分析法就是要在报表整体分析和财务指标分析的基础上,对一些主要指标的完成情况,从其影响因素角度,深入进行定量分析,确定各因素对其影响方向和程度,为企业正确进行财务评价提供最基本的依据。

四、财务报告分析综合评价阶段

财务报告分析综合评价阶段是财务报告分析实施阶段的继续,具体看又可分为三个步骤:

(1) 财务综合分析与评价。财务综合分析与评价是在应用各种财务报告分析方法进行分析的基础上,将定量分析结果、定性分析判断及实际调查情况结合起来,以得出财务报告分析结论的过程。财务报告分析结论是财务报告分析的关键步骤,结论的正确与否是判断财务报告分析质量的唯一标准。一个正确分析结论的得出,往往需要经过几次反复的过程。

(2) 财务分析报告。财务分析报告是财务报告分析的最后步骤。它将财务报告分析的基本问题、财务报告分析结论,以及针对问题提出的措施建议以书面的形式表示出来,为财务报告分析主体及财务分析报告的其他受益者提供决策依据。财务分析报告作为对财务报告分析工作的总结,还可作为历史信息,以供后来的财务报告分析参考,保证财务报告分析的连续性。

(3) 财务预测与价值评估等。财务报告分析既是一个财务管理循环的结束,又是另一财务管理循环的开始。应用历史或现实财务报告分析结果预测未来财务状况与企业价值,是现代财务报告分析的重要任务之一。因此,财务报告分析不能仅满足于事后分析原因,得出结论,而且要对企业未来发展及价值状况进行分析与评价。现代财务报告分析的应用已扩展到财务预测、价值评估、证券定价、信用评价、风险防范和企业重组等领域。

第二节 财务报告分析信息搜集与整理

一、财务报告分析信息的种类与要求

(一) 财务报告分析信息的作用

从财务报告分析的基本定义和财务报告分析的基本程序都可以看出,财务报告分析信息是财务报告分析的基础和不可分割的组成部分。它对于保证财务报告分析工作的顺利进行,提高财务报告分析的质量与效果都有着重要的作用。

第一,财务报告分析信息是财务报告分析的根本依据。没有财务报告分析信息,财务报告分析如"无米之炊",进行财务报告分析是不可能的。财务报告分析实际上就是对财务信息的分析,如要分析企业的资产、负债和所有者权益状况,就必须有资产负债表的信息,而要分析企业的盈利状况,则需要有利润表的信息,等等。

第二,搜集和整理财务报告分析信息是财务报告分析的重要步骤和方法之

一。从一定意义上说,财务报告分析信息搜集与整理过程,就是财务报告分析的过程。财务报告分析所用的信息并不是取之即来,来之可用的。不同的分析目的和分析要求,所需要的信息是不同的,包括信息来源不同、内容不同和形式不同等。因此,财务信息的搜集与整理是财务报告分析的基础环节。

第三,财务报告分析信息的数量和质量,决定着财务报告分析的质量与效果。正因为财务报告分析信息是财务报告分析的基本依据和基础环节,因此,财务报告分析信息的准确性、完整性、及时性,对提高财务报告分析的质量和效果是至关重要的。使用错误的、过时的或不规范的财务报告分析信息,要保证财务报告分析的准确性是不可能的。

(二)财务报告分析信息的种类

进行财务报告分析的信息是多种多样的,不同的分析目的,不同的分析内容,所使用的财务信息可能是不同的。因此,从不同角度看,财务报告分析信息的种类是不同的。

1. 内部信息与外部信息

财务报告分析信息按信息来源可分为内部信息和外部信息两类。所谓内部信息是指从企业内部可取得的以财务信息为主的信息。外部信息则是指从企业外部取得的信息。

企业的内部信息主要包括:

(1)会计信息。会计信息又可分为财务会计信息和管理会计信息。财务会计信息主要指财务会计报告,包括资产负债表、利润表、现金流量表等国家财务会计制度规定企业编制的各种报表、财务情况说明书,以及有关附表等。管理会计信息主要包括责任会计核算信息、决策会计信息和企业成本报表等信息。

(2)统计与业务信息。统计信息主要指各种统计报表和企业内部统计信息。业务信息则指与各部门经营业务及技术状况有关的核算与报表信息。总之,统计与业务信息包括了企业除会计信息之外其他反映企业实际财务状况或经营状况的信息。

(3)计划及预算信息。这些信息是企业管理的目标或标准。包括企业的生产计划、经营计划、财务计划、财务预算,以及各种消耗定额、储备定额、资金定额等。

企业外部信息包括:

(1)国家经济政策与法规信息。国家的宏观经济信息主要指与企业财务活动密切相关的信息,如物价上涨率或通货膨胀率、银行利息率、各种税率等;有关法规包括会计法、税法、会计准则、审计准则、会计制度等。

(2)综合部门发布的信息。包括国家统计局定期公布的统计报告和统计分析;国家经贸委的经济形式分析;国家计委的国民经济计划及有关部门的经济形势预测；各证券市场和资金市场的有关股价、债券利息等方面的信息等。

（3）中介机构信息。如会计师事务所、资产评估事务所等提供的企业资产评估报告和审计报告等。

（4）报纸杂志的信息。指各种经济著作、报纸及杂志的科研成果、调查报告，经济分析中所提供的与企业财务报告分析有关的信息。

（5）企业间交换的信息。指企业与同行业其他企业或有业务往来的企业间相互交换的报表及业务信息等。

（6）国外有关信息。指从国外取得的各种经济信息。取得的渠道有出国考察访问、购买国外经济信息报纸杂志、国际会议交流等。

2. 定期信息与不定期信息

财务报告分析信息根据取得的时间的确定性程度可分为定期信息和不定期信息。定期信息是指企业经常性需要，可定期取得的信息。不定期信息则是根据临时需要搜集的信息。定期信息主要包括：

（1）会计信息。会计信息，尤其是财务会计信息是以会计制度规定的时间，按月度和年度核算和编报的，是企业财务报告分析中可定期取得的信息。

（2）统计信息。企业的统计月报、季报和年报信息也是财务报告分析的定期信息之一。

（3）综合经济部门的信息。综合经济信息有的按月公布，有的按季公布，有的按年公布，也有一些市场信息是按日或按旬公布的。

（4）中介机构信息。

定期财务报告分析信息为企业定期财务报告分析提供了可能，奠定了基础。

不定期信息主要有：

（1）宏观经济政策信息；

（2）企业间不定期交换信息；

（3）国外经济信息；

（4）主要报纸杂志信息等。

不定期的经济信息，有的是因为信息不能定期提供形成的，有的是因为企业不定期分析需要形成的。企业在财务报告分析中，应注重定期信息的搜集与整理，同时也应及时搜集不定期信息。

3. 实际信息与标准信息

财务报告分析信息根据实际发生与否可分为实际信息和标准信息。实际信息是指反映各项经济指标实际完成情况的信息。标准信息是指用于作为评价标准而搜集与整理的信息，如预算信息、行业信息等。

财务报告分析通常是以实际信息为基础进行的，但标准信息对于评价企业财务状况也是不可缺少的。

二、财务报告分析评价标准

确立财务报告分析评价标准是财务报告分析的一项重要内容。不同的财务报告分析评价标准,会对同一分析对象得出不同的分析结论。正确确定或选择财务报告分析评价标准,对于发现问题、找出差距、正确评价有着十分重要的意义与作用。通常,财务报告分析评价标准有经验标准、历史标准、行业标准、预算标准等。

(一) 经验标准

经验标准是在财务比率分析中经常采用的一种标准。所谓经验标准,是指这个标准的形成依据大量实践经验的检验。例如,流动比率的经验标准为2:1;速动比率的经验标准是1:1;等等。还有,当流动负债对有形净资产的比率超过80%时,企业就会出现经营困难,存货对净营运资本的比率不应超过80%等,都是经验之谈或经验标准。也有人将这种经验标准称为绝对标准,认为它们是人们公认的标准,不论什么公司、什么行业、什么时间、什么环境,它都是适用的。但是,实际上,经验标准只是对一般情况而言,并不是适用一切领域或一切情况的绝对标准。例如,假设一个公司的流动比率大于2:1,但其信用政策较差,存在大量应收账款和许多积压物资和产品。另一公司的流动比率可能低于2:1,但在应收账款、存货及现金管理方面非常成功。这时并不能根据经验标准认为前一公司的流动性或偿债能力好于后一公司。因此,人们应用经验标准时,必须非常仔细,不能生搬硬套。

(二) 历史标准

历史标准是指以企业过去某一时间的实际业绩为标准。这种标准对于评价企业自身经营状况和财务状况是否改善是非常有益的。历史标准可选择企业历史最好水平,也可选择企业正常经营条件下的业绩水平。另外,在财务报告分析中,经常将本年的财务状况与上年进行对比,此时企业上年的业绩水平实际上也可看做是历史标准。应用历史标准的优点,一是比较可靠,是企业曾达到的水平;二是具有较高的可比性。但历史标准也有其不足,一是历史标准比较保守,因为现实要求与历史要求可能不同;二是历史标准适用范围较窄,只能说明企业自身的发展变化,不能全面评价企业在同行业中的地位与水平。尤其对于外部分析,仅用历史标准是远远不够的。

(三) 行业标准

行业标准是财务报告分析中广泛采用的标准,它是按行业制定的,反映了行业财务状况和经营状况的基本水平。行业标准也可指同行业某一比较先进企业的业绩水平。企业在财务报告分析中运用行业标准,可说明企业在行业中所处的地位与水平。假设行业的投资收益率标准为10%,那么,企业的投资收益率如果为8%,就是投资者所不能接受的。行业标准还可用于判断企业的变动趋势。假如在一个经济萧条时期,企业的利润率从 12% 下降为 9%,而同行业其他企业的利润率则从 12% 下降为 6%,这时则可认为企业的盈利状况是相当好的。

应当指出,运用行业标准有三个限制条件:第一,同行业内的两个公司并不一定是可比的。例如,同是石油行业的两个企业,一个可能从市场购买原油生产石油产品;另一公司则从开采、生产、提炼到销售石油产品为一体,这两个公司的经营就是不可比的。第二,一些大的公司现在往往跨行业经营,公司的不同经营业务可能有着不同的盈利水平和风险程度,这时用行业统一标准进行评价显然是不合适的。解决这一问题的方法是将公司的不同经营业务的收入、收益、资产、费用等分项报告。第三,应用行业标准还受企业采用的会计方法的限制,同行业企业如果采用不同的会计方法,也会影响评价的准确性。例如,由于库存材料物资发出的计价方法不同,不仅可能影响存货的价值,而且可能影响成本的水平。因此,在采用行业标准时,也要注意这些限制条件。

(四)预算标准

预算标准是指企业根据自身经营条件或经营状况所制定的目标标准。预算标准通常在一些新的行业、新建企业,以及垄断性企业应用较多。对于其他行业和企业,运用预算标准也是有益的,因为预算标准可将行业标准与企业历史标准相结合,比较全面地反映企业的状况。尤其对于企业内部财务报告分析,预算标准更有其优越性,可考核评价企业各级、各部门经营者的经营业绩,以及对企业总体目标实现的影响。但是,预算标准对于外部财务报告分析作用不明显;另外,预算标准的确定也受人为因素影响,缺乏客观依据。

可见,各种财务报告分析评价标准都有其优点与不足。在财务报告分析中不应孤立地选用某一种标准,而应综合应用各种标准,从不同角度对企业经营状况和财务状况进行评价,这样才有利于得出正确的结论。

三、政策与市场信息

(一)政策与市场信息的重要性

政策与市场信息是指除企业内部信息之外的所有企业外部信息。在进行企业财务报告分析过程中,无论是投资者、经营者、还是债权人,只靠企业内部信息是远远不够的,尤其是在我国实行社会主义市场经济的今天,财务报告分析更不能离开政策与市场信息。

企业的投资者或所有者为保证其投资的收益性和安全性,不仅要分析企业的盈利能力、支付能力,而且必须掌握市场上的无风险投资收益率水平、其他企业的投资收益率水平;不仅要看企业目前的生产经营状况,而且应根据国家的产业政策信息,预测企业未来的发展前景;不仅要了解企业的名义产出和盈利水平,而且要依据通货膨胀率分析确定企业的实际产出和盈利水平;等等。这些都离不开政策与市场信息。

企业的经营者要不断提高企业经济效益,保证企业经营状况和财务状况不断改善,必须面向市场、进入市场。不掌握国家政策与市场信息,要在市场竞争中立于不败之地是不可能的。例如,企业可根据市场利率信息确定企业的负债结构;根据市场的需求信息确定产品的品种和产量;根据国家的产业政策与技术政策确定企业的发展目标等。

企业的债权人在对企业进行财务报告分析时,不仅要根据企业财务会计报表信息分析其流动性和偿债能力,还要研究企业在市场上的信誉状况、企业的发展前景、以及国家的信贷政策变动情况。只有这样,才能保证债权人的收益性与安全性。

（二）政策法规信息

政策法规信息主要指国家为加强宏观管理所制定的各项与企业有关的政策、法规、制度等。

1. 经济体制方面的政策

经济体制方面的政策是指涉及国家经济体制方面变化的政策,如我国从实行计划经济体制向有计划商品经济体制的转变;从有计划商品经济体制向社会主义市场经济体制转变;从封闭的经济体制向开放的经济体制转变等,都属于体制方面的政策变动。财务报告分析中能明确企业所处的体制环境,尤其是能预测到体制的变动,势必对企业的投资和经营产生积极的影响。

2. 宏观经济政策

宏观经济政策主要指财政政策、金融政策、货币政策等。这些政策对于企业财务报告分析是至关重要的。试想一个企业经营者如果不了解税率、利率的水平及其变动,不掌握通货膨胀率的水平及变动趋势,那么,希望其能搞好这个企业是不现实的。同理,一个投资者或债权人不掌握宏观经济政策的变动也必将做出错误的决策。

3. 产业政策与技术政策

产业政策是指导国家产业发展的政策性文献,它规定了哪些产业是基础产业,哪些产业是支柱产业,并相应地对产业组织、产业技术和产业布局做出规划。技术政策则规定了国家鼓励创新和推广的技术,以及相应的鼓励措施。投资者和经营者掌握产业政策和技术政策,对于保证企业持续、健康发展有着重要作用。

（三）市场信息

市场信息包括除政策信息之外的所有企业外部信息。

1. 综合部门发布的信息

综合部门发布的信息主要指国家统计局定期公布的统计报告和统计分析、国家经贸委的经济形势分析、国家计委的国民经济计划、有关部门和专家的经济形势预测等。

2. 证券市场的信息

证券市场信息主要指各证券市场和资金市场的有关股价、债券利息等方面的信息等。如上市公司的每日股市行情；人民银行每日公布的人民币汇率；证券报纸杂志刊登的有关股价、利息等方面的信息；以及国外证券市场的信息等。

3. 其他市场的信息

其他市场信息指生产市场信息、物资市场信息、劳动力市场信息，以及有关信息市场或信息部门提供的各种信息，包括一些中介机构提供的公证信息等。

4. 企业间交流的信息

企业间交流信息是指企业与同行业其他企业或有业务往来的企业间相互交换的报表及业务信息等信息。

5. 其他有关信息

指除以上市场信息之外的与企业财务报告分析有关的信息。如通过出国考察访问、购买国外经济信息报纸杂志、国际会议交流等方式从国外取得的各种经济信息资料，以及国内有关部门的评比、会议交流信息等。

第三节 战略分析与会计分析

一、企业战略分析

（一）企业战略分析的内涵与作用

在明确财务报告分析目的，搜集整理财务报告分析信息的基础上，企业战略分析成为财务报告分析的新起点。所谓企业战略分析，其实质在于通过对企业所在行业或企业拟进入行业的分析，明确企业自身地位及应采取的竞争战略，以权衡收益与风险，了解与掌握企业的发展潜力，特别是在企业价值创造或盈利方面的潜力。因此，企业战略分析通常包括行业分析和企业竞争策略分析。企业战略分析是会计分析和财务报告分析的基础和导向，通过企业战略分析，分析人员能深入了解企业的经济状况和经济环境，从而能进行客观、正确的会计分析与财务报告分析。

（二）行业分析

行业分析的目的在于分析行业的盈利水平与盈利潜力，因为不同行业的盈利能力和潜力大小可能是不同的。影响行业盈利能力的因素有许多，归纳起来主要可分为两类：一是行业的竞争程度，二是市场谈判或议价能力。

1. 行业竞争程度分析

一个行业的竞争程度和盈利能力水平主要受三个因素影响：第一是现有企业间的竞争；第二是新加入企业的竞争威胁；第三是替代产品或服务的威胁。

(1) 现有企业间竞争程度分析

现有企业的竞争程度影响着行业的盈利水平,通常竞争程度越高,价格越接近于边际成本,盈利水平也越低。行业现有企业间的竞争程度分析主要应从影响企业间竞争的因素入手,通常包括以下内容:

第一,行业增长速度分析。行业增长速度越快,现有企业间不必为相互争夺市场份额而开展价格战;反之,如果行业增长速度慢或停滞不前,则竞争势必加剧。

第二,行业集中程度分析。如果行业市场份额主要集中在少数企业,即集中程度高,则竞争度较低;反之,则竞争度将提高。

第三,差异程度与替代成本分析。行业间企业要避免正面价格竞争,关键在于其产品或服务的差异程度,差异程度越大,竞争程度越低。当然,差异程度与替代成本相关,当替代成本较低时,企业间仍可进行价格竞争。

第四,规模经济性分析。具有规模经济性的行业往往其固定成本与变动成本之比较高,此时企业为争夺市场份额进行的价格竞争就越激烈。

第五,退出成本分析。当行业生产能力大于市场需求时,而行业退出成本又较高,势必引起激烈价格竞争,以充分使用生产能力;如果退出成本较低,则竞争将减弱。

(2) 新加入企业竞争威胁分析

当行业平均利润率超过社会平均利润率,即行业取得超额利润时,行业必然面临新企业加入的威胁。影响新企业加入的因素有许多,其主要因素有:

第一,规模经济性因素。规模经济性程度越高,新企业进入难度越大。因为,要进入该行业,要么大规模投资,要么投资达不到规模经济性。此时都增加了新企业进入的困难。

第二,先入优势的因素。新进入企业与行业现有企业在竞争上,总是处于相对不利地位。因为先入企业为防止新企业进入,在制定行业标准或规则方面总是偏向于现有企业;同时现有企业通常具有成本优势,这也增加了新企业进入的难度。

第三,销售网与关系网因素。新进入企业要生存与发展,必然要打入现有企业的销售网与关系网。因此,现有企业的销售网与关系网的规模与程度将影响新企业的进入难易程度。

第四,法律障碍因素。许多行业对新进入企业在法律上有所规定与限制,如许可证、专利权等。因此,法律限制程度就直接影响新企业进入的难易程度。

(3) 替代产品或服务威胁分析

替代产品与替代服务对行业竞争程度有重要影响。当行业存在许多替代产品或替代服务时,其竞争程度加剧。相反,替代产品或服务少,则竞争性较小。消费者在选择替代产品或服务时,通常考虑产品或服务的效用和价格两个因素。如果替代效用相同或相似,价格竞争就会激烈。

2. 市场议价能力分析

虽然行业竞争能力是决定行业盈利能力的决定因素,但行业实际盈利水平的高低,还取决于本行业企业与供应商和消费者(客户)的议价能力。

(1) 企业与供应商的议价能力分析。影响企业与供应商议价能力的因素主要包括以下几种:

第一,供应商的数量对议价能力的影响。当企业的供应商越少,可供选择产品或服务越少时,供应商方面的议价能力就越强;反之,则企业的议价能力增强。

第二,供应商的重要程度对议价能力的影响。供应商对企业的重要程度受其供应商品对企业产品的影响程度。如果供应商的产品是企业产品的核心部件,而替代商品较少,则供应商的议价能力增强;反之,则企业具有更强的议价能力。

第三,单个供应商的供应量。单个供应商对企业的供应量越大,往往对企业的影响与制约程度就越大,其议价能力也越强。

(2) 企业与客户的议价能力分析。影响企业与客户议价能力的因素有许多,如替代成本、产品差异、成本与质量的重要性、客户数量等,这些因素归纳起来主要体现在以下两个方面的影响:

第一,价格敏感程度的影响。价格敏感程度取决于产品差别程度及替代成本水平。产品差别越小,替代成本越低,价格敏感度越强,客户的议价能力越强。另外,客户对价格的敏感度还取决于企业产品对客户的成本构成影响程度。如果企业产品在客户成本中占较大比重,客户将对其价格十分敏感。反之,则敏感程度下降。

第二,相对议价能力的影响。价格敏感程度虽然对价格产生影响,但实际价格还取决于客户相对议价能力。影响其议价能力的因素有:企业(供应商)与客户的供需平衡状况;单个客户的购买量;可供选择的替代产品数量;客户选择替代产品的成本水平;客户的逆向合并威胁等。

(三) 企业竞争策略分析

行业分析为我们指明了在行业中保持竞争优势和进入行业要考虑和注意的问题。而企业战略分析的关键在于企业如何根据行业分析的结果,正确选择企业的竞争策略,使企业保持持久竞争优势和高盈利能力。企业进行竞争的策略有许许多多,最重要的竞争策略主要有两种,即低成本竞争策略和产品差异策略。

1. 低成本竞争策略分析

低成本竞争策略是指企业能以较低的成本提供与竞争对手相同的产品或服务。这时企业可以较低的价格与对手竞争市场份额。低成本策略通常是取得竞争优势最明显的方式。企业要使其成本低于同行业其他企业成本,即取得低成本优势,需要在降低成本方面下工夫:第一,优化企业规模,降低产品成本;第二,改善资源利用率,降低产品成本;第三,运用价值工程,降低产品成本;第四,提高与供应商的议价能力,降低采购成本;第五,强化管理控制,降低各项费用。当企业所处行业替代产品威胁较少,新企业进入威胁较大时,往往愿意选择低成本竞争策略。

2. 产品差异策略分析

产品差异策略是指企业通过其产品或服务的独特性与其他企业竞争,以争取在相同价格或较高价格的基础上占领更大市场份额,取得竞争优势与超额利润。产品或服务差异包括:较高的产品或服务质量;较多的产品或服务类别;良好的销售或售后服务;独特的品牌形象。

企业选择产品差异策略,必须做好以下工作:第一,明确企业的产品或服务差异将满足哪一部分消费者的需求;第二,使企业的产品或服务差异(特色)与消费者的要求完全一致;第三,企业提供的差异产品或服务,其成本应低于消费者愿意接受的价格。而要做好这些工作,企业要在研究与开发、工程技术和市场容量等方面进行投资,同时鼓励创造与革新。

应当指出,传统的竞争策略分析认为,低成本竞争策略和产品差异策略是相互排斥的。处于两种策略中间的企业是危险的。实际上,成功的企业在选择某一竞争策略时,不应完全忽视另一种竞争策略,即追求产品差异,不能忽视成本;追求低成本策略,不能完全忽视产品或服务差异。

二、会计分析技术

(一) 会计分析的内涵与步骤

会计分析是财务报告分析的重要步骤之一。会计分析的目的在于评价企业会计所反映的财务状况与经营成果的真实程度。会计分析的作用,一方面通过对会计政策、会计方法、会计披露的评价,揭示会计信息的质量;另一方面通过对会计灵活性、会计估计的调整,修正会计数据,为财务报告分析奠定基础,并保证财务报告分析结论的可靠性。

进行会计分析,一般可按以下步骤进行。

1. 阅读会计报告

阅读会计报告是会计分析的第一步。关于会计报告的内容在第一章中已有较详细的论述,此处不再重述。应当指出的是,在全面阅读会计报告的基础上应注意以下几点:①注册会计师审计意见与结论;②企业采用的会计原则、会计政策及其变更情况;③会计信息披露的完整性、真实性;④财务情况说明书。

2. 比较会计报表

在阅读会计报告的基础上,重点对会计报表进行比较。比较的方法包括水平分析法、垂直分析法和趋势分析法(具体技术分析方法将在下面详细介绍)。

通过各种比较,揭示财务会计信息的差异及变化,找出需要进一步分析与说明的问题。

3. 解释会计报表

解释会计报表是指在比较会计报表的基础上,考虑企业采取的会计原则、会计政策、会计核算方法等,说明会计报表差异产生的原因,包括会计原则变化影响、会计政策变更影响、会计核算失误影响等,特别重要的是要发现企业经营管理中存在的潜在"危险"信号。

4. 修正会计报表信息

会计分析是财务报告分析的基础,通过会计分析,对发现的由于会计原则、会计政策等原因引起的会计信息差异,应通过一定的方式加以说明或调整,消除会计信息的失真问题。

(二) 水平分析法

水平分析法,指将反映企业报告期财务状况的信息(特别指会计报表信息资料)与反映企业前期或历史某一时期财务状况的信息进行对比,研究企业各项经营业绩或财务状况的发展变动情况的一种财务报告分析方法。水平分析法所进行的对比,一般而言,不是指单指标对比,而是对反映某方面情况的报表的全面、综合对比分析,尤其在对会计报表分析中应用较多。因此,通常水平分析法也被称为会计报表分析方法。水平分析法的基本要点是,将报表资料中不同时期的同项数据进行对比,对比的方式有以下几种:

一是绝对值增减变动,其计算公式是:

$$绝对值增减变动数量 = 分析期某项指标实际数 - 基期同项指标实际数$$

二是增减变动率,其计算公式是:

$$增减变动率(\%) = \frac{变动绝对值}{基期实际数量} \times 100\%$$

三是变动比率值,其计算公式是:

$$变动比率值 = \frac{分析期实际数值}{基期实际数值}$$

上式中所说的基期,可指上年度,也可指以前某年度。水平分析中应同时进行绝对值和变动率或比率两种形式的对比,因为仅以某种形式对比,可能得出错误的结论。关于水平分析法的实例,参见第五章、第六章、第七章和第八章。

应当指出,水平分析法通过将企业报告期的财务会计资料与前期对比,揭示各方面存在的问题,对于全面深入分析企业财务状况奠定了基础。因此水平分析法是会计分析的基本方法。另外水平分析法可用于一些可比性较高的同类企业之间的对比分析,以找出企业间存在的差距。但是,水平分析法在不同企业应用中,一定要注意其可比性问题,即使在同一企业应用,对于差异的评价也应考虑其对比基础;另外,水平分析法中,应将两种对比方式结合运用,仅用变动量,或仅用变动率都可能得出片面的,甚至是错误的结论。

(三)垂直分析法

垂直分析法与水平分析法不同,它的基本点不是将企业报告期的分析数据直接与基期进行对比求出增减变动量和增减变动率,而是通过计算报表中各项目占总体的比重或结构,反映报表中的项目与总体关系情况及其变动情况。会计报表经过垂直分析法处理后,通常称为同度量报表,或称总体结构报表、共同比报表等。如同度量资产负债表、同度量利润表、同度量成本表等等,都是应用垂直分析法得到的。垂直分析法的一般步骤是:

第一,确定报表中各项目占总额的比重或百分比,其计算公式是:

$$某项目的比重 = \frac{该项目金额}{各项目总金额} \times 100\%$$

第二,通过各项目的比重,分析各项目在企业经营中的重要性。一般项目比重越大,说明其重要程度越高,对总体的影响越大。

第三,将分析期各项目的比重与前期同项目比重对比,研究各项目的比重变动情况。也可将本企业报告期项目比重与同类企业的可比项目比重进行对比,研究本企业与同类企业的不同,以及成绩和存在的问题。

关于垂直分析法的应用实例,同样可参见第五章、第六章、第七章和第八章。

(四)趋势分析法

趋势分析法是根据企业连续几年或几个时期的分析资料,运用指数或完成率的计算,确定分析期各有关项目的变动情况和趋势的一种财务报告分析方法。趋势分析法既可用于对会计报表的整体分析,即研究一定时期报表各项目的变动趋势,也可对某些主要指标的发展趋势进行分析。趋势分析法的一般步骤是:

第一,计算趋势比率或指数。通常指数的计算有两种方法,一是定基指数,二是环比指数。定基指数就是各个时期的指数都是以某一固定时期为基期来计算的。环比指数则是各个时期的指数以前一期为基期来计算的。趋势分析法通常采用定基指数。

第二,根据指数计算结果,评价与判断企业各项指标的变动趋势及其合理性。

第三,预测未来的发展趋势。根据企业以前各期的变动情况,研究其变动趋势或规律,从而可预测出企业未来发展变动情况。

下面举例说明趋势分析方法的应用。假定某公司2009—2013年有关营业收入、利润、每股收益及每股股息资料如表4-1。

表 4-1　　　　2009—2013 年营业收入及利润等资料

	2013 年	2012 年	2011 年	2010 年	2009 年
营业收入(万元)	17 034	13 305	11 550	10 631	10 600
净利润(万元)	1 397	1 178	374	332	923
每股收益(元)	4.31	3.52	1.10	0.97	2.54
每股股息(元)	1.90	1.71	1.63	1.62	1.60

根据表 4-1 中的资料,运用趋势分析法可得出趋势分析表如表 4-2。

表 4-2　　　　　　　　趋势分析表

	2013 年	2012 年	2011 年	2010 年	2009 年
营业收入(%)	160.7	125.5	109.0	100.3	100.0
净利润(%)	151.4	127.6	40.5	36.0	100.0
每股收益(%)	169.7	138.6	43.3	38.2	100.0
每股股息(%)	118.8	106.9	101.9	101.3	100.0

从上面趋势分析表可看出,该企业几年来的销售额和每股股息在逐年增长,特别是 2009 年和 2010 年增长较快;净利润和每股收益在 2010 年和 2011 年有所下降,2012 年和 2013 年有较大幅度增长;总体状况看,企业自 2009 年以来,2010 年和 2011 年的盈利状况有所下降,2012 年和 2013 年各项指标完成的都比较好;从各指标之间的关系看,每股收益的平均增长速度最快,高于收入、利润和每股股息的平均增长速度。企业几年来的发展趋势说明,企业的经营状况和财务状况不断改善,如果这个趋势能保持下去,2014 年的状况也会较好。

第四节　比率分析与因素分析

一、比率分析法

(一) 比率分析法的定义

比率分析法是财务报告分析的最基本、最重要的方法。正因为如此,有人甚至将财务报告分析与比率分析等同起来,认为财务报告分析就是比率分析。比率分析法实质上是将影响财务状况的两个相关因素联系起来,通过计算比率,反映它们之间的关系,借以评价企业财务状况和经营状况的一种财务报告分析方法。比率分析的形式有:第一,百分率,如流动比率为 200%;第二,比,如速动比率为 1∶1;第三,分数,如负债为总资产的 1/2。

比率分析以其简单、明了、可比性强等优点被财务报告分析实践所广泛采用。

（二）比率分析指标

由于财务报告分析的目的不同，分析的角度不同等，比率分析法中的比率有许多分类形式。有的从财务报表的种类来划分比率，有的从分析主体来划分比率，有的从反映财务状况角度来划分比率，等等。下面对几种主要的比率划分方法加以说明。

1. 按分析主体或目的划分的比率

按财务报告分析主体的观点或目的不同，财务报告分析的比率可分别从投资者、债权人、经营者及政府管理者角度进行划分。

第一，从投资者观点看的财务比率。投资者主要关心投资的保值增值、企业盈利能力的大小及投资风险性等。从这一分析目的出发，主要比率有：①销售收入利润率；②销售成本利润率；③总资产报酬率；④净资产利润率；⑤资本收益率；⑥资本保值增值率；⑦股票价格与收益比率；⑧每股股利；⑨股价市场风险；⑩股利支付率。

第二，从债权人观点看的财务比率。债权人主要关心其债权是否能及时、足额收回。所谓债权包括借贷本金、应得利息及各种应收款等。从这一分析目的出发，债权人主要看企业的流动性、信用程度及盈利性等，反映这方面的财务比率有：①流动比率；②速动比率；③资产负债率；④负债对所有者权益比率；⑤存货周转率；⑥应付款周转率；⑦销售利润率。

第三，从政府管理者观点看的财务比率。政府管理者主要关心企业对社会的贡献情况和积累情况。企业的社会贡献主要指企业为国家或社会创造或支付的价值，包括工资、奖金、津贴、劳动退休统筹及其他社会福利支出、利息支出净额、应交增值税、应交产品销售税金及附加、应交所得税、其他税收、净利润等。反映企业社会贡献和积累情况的比率有：①社会贡献率；②社会积累率；③产品销售率。

第四，从经营者观点看的财务比率。企业经营者关心企业各方面的生产经营情况和财务状况，上述各种比率都是经营者所应关心的。但是，由于经营者分析问题的角度与投资者、债权人及政府管理者可能不同，经营者往往站在企业整体立场上，既要考虑企业外部的需要，又要注意内部经营管理的要求，因此，比率较多，划分方法各异。这将在下一问题中说明。

2. 按分析内容划分的比率

按分析内容划分比率，是站在企业整体立场上，或者说是站在企业经营者的立场上，根据不同的管理目的和要求产生的。几种主要的划分方法是：

1）方法一。将比率分为营业评价比率、流动性评价比率、外债风险评价比率和股本收益评价比率四种：

（1）营业评价比率。这种比率主要用于考评企业的经营业绩。属于这种比率的主要有：①生产成本率和销售毛利率；②经营利润率；③费用率；④贡献率；⑤资金周转速度；⑥投资收益率等。

（2）流动性比率。这种比率主要用于评价企业有无力量偿还所欠短期债务。属于这种比率的主要有：①流动比率；②速动比率。

（3）外债风险评价比率。外债风险评价比率主要用于评价企业偿还所欠长期债务的能力。属于这种比率的有：①外欠款对资产的比率；②外欠款对股本的比率；③净经营利润与利息的比率。

（4）股本收益评价比率。股本收益评价比率主要用于评价企业的股东的收益状况或收益能力。反映股本收益的比率是股本收益率，即股本净收益与股本总额之间的比率。

2) 方法二。将比率分为流动性比率、盈利性比率、长期偿付能力比率和市场检验比率。

（1）流动性比率。反映流动性比率的主要有：①流动比率；②速动比率；③应收款周转率；④平均收账天数；⑤存货周转率。

（2）盈利性比率。反映盈利性的比率主要有：①销售利润率；②资产周转率；③资产收益率；④净资产收益率；⑤每股收益。

（3）长期偿付能力比率。反映长期偿付能力的比率主要有：①资产负债率；②利息保障倍数。

（4）市场检验比率。属于市场检验比率的主要有：①每股价格与每股收益比率；②股息产生率；③市场风险率。

3) 方法三。将比率分为收益性比率、流动性比率、安全性比率、成长性比率和生产性比率五种。

（1）收益性比率。反映收益性的比率主要有：①销售利润率；②成本利润率；③总资产报酬率；④资本收益率等。

（2）流动性比率。反映流动性的比率主要有：①存货周转率；②流动资产周转率；③固定资产周转率；④总资产周转率等。

（3）安全性比率。反映安全性的比率主要有：①流动比率；②利息负担率；③资产负债率等。

（4）成长性比率。反映成长性的比率主要有：①利润增长率；②销售收入增长率；③固定资金增长率。

（5）生产性比率。反映生产性的比率主要有：①劳动分配率；②劳动装备率；③人均销售收入等。

4) 方法四。将比率划分为盈利性比率、投资收益率、活动性比率、流动性比率、偿债能力比率。

（1）盈利性比率。反映盈利性的比率有：①每股收益；②销售利润率；③销售税后利润率；④销售经营费用率。

（2）投资收益率。反映投资收益率的比率有：①投资税后利润率；②资产收益率；③净资产收益率。

（3）活动性比率。反映活动性的比率主要有：①应收账款周转率；②存货周转率；③应付账款周转率。

（4）流动性比率。反映流动性比率的主要有：①流动比率；②酸性试验比率；③净营运资本与销售的比率。

（5）偿债能力比率。反映偿债能力的比率有：①资产负债率；②负债对净资产的比率；③长期负债对资本的比率；④利息保障倍数；⑤固定支出保障倍数。

3. 按财务报表划分的比率

按财务报表划分的比率，主要可从资产负债表比率，利润表比率，现金流量表比率以及资产负债表与利润表和现金流量表结合比率几方面加以说明。

第一，资产负债表比率。

（1）流动比率；

（2）速动比率或酸性试验比率；

（3）流动负债对所有者权益的比率；

（4）全部负债对所有者权益的比率；

（5）固定资产对资本的比率；

（6）长期负债对净营运资本的比率；

（7）存货对净营运资本比率；

（8）所有者权益对总资产比率；

（9）资产负债率；

（10）长期负债对资本总额比率。

第二，利润表比率。

（1）销售收入利润率；

（2）销售成本利润率；

（3）成本费用利润率；

（4）销售收入成本率；

（5）利息保障倍数。

第三，现金流量表比率。

（1）经营现金流入量与现金流入总量之比；

（2）经营现金流出量与现金流量总量之比。

第四，资产负债表与损益表结合比率。

（1）应收账款周转率；

（2）存货周转率；

（3）总资产周转率；

（4）营运资产周转率；

(5) 总资产报酬率；

(6) 资本收益率；

(7) 净资产利润率。

第五，资产负债表与现金流量表结合比率。

(1) 经营现金净流量与负债总额之比；

(2) 经营现金净流量与流动负债之比；

(3) 经营现金净流量与长期负债之比。

第六，利润表与现金流量表结合比率。

(1) 净利润与经营现金净流量之比；

(2) 经营现金流量与利息支出之比；

(3) 经营现金净流量与销售收入之比。

(三) 标准比率

在比率分析中，分析师往往将比率进行各种各样的比较，如时间序列比较、横向比较和依据一些绝对标准比较。不同的比较有着不同的评价目的和作用。标准比率是进行比率分析法比较中最常用的比较标准。

标准比率的计算方法有三种：

(1) 算术平均法。应用算术平均法计算标准比率，就是将若干相关企业同一比率指标相加，再除以企业数所得出的算术平均数。这里所说的相关企业根据分析评价范围而定，如进行行业分析比较，则相关企业为同行业内企业，如进行全国性分析比较，则相关企业为国内企业，而进行国际分析比较，则相关企业为国际范围内的企业。

(2) 综合报表法。综合报表法是指将各企业报表中的构成某一比率的两个绝对数相加，然后根据两个绝对数总额计算的比率。

(3) 中位数法。中位数法是指将相关企业的比率按高低顺序排列；然后再划出最低和最高的各25%，中间50%就为中位数比率，亦可将中位数再分为上中位数25%和下中位数25%；最后依据企业比率的位置进行评价。

(四) 比率分析法的局限性

虽然比率分析被认为是财务报告分析的最基本或最重要方法，但应用比率分析法时必须了解它的不足：第一，比率的变动可能仅仅被解释为两个相关因素之间的变动；第二，很难综合反映比率与计算它的会计报表的联系；第三，比率给人们不保险的最终印象；第四，比率不能给人们会计报表关系的综合观点。

二、因素分析法

因素分析法是依据分析指标与其影响因素之间的关系，按照一定的程序和方法，确定各因素对分析指标差异影响程度的一种技术方法。因素分析法不仅是经济活动分析中最重要的方法之一，也是财务报告分析的重要方法之一。因素分析法根据其分析特点可分为连环替代法和差额计算法两种。

(一) 连环替代法

连环替代法是因素分析法的基本形式,有人甚至将连环替代法与因素分析法看成是同一概念,即连环替代法就是因素分析法,或因素分析法就是连环替代法。连环替代法的名称由其分析程序的特点决定的。为正确理解连环替代法,首先应明确连环替代法的一般程序或步骤。

1. 连环替代法的程序

连环替代法的程序由以下几个步骤组成:

第一步,确定分析指标与其影响因素之间的关系。确定分析指标与其影响因素之间关系的方法,通常是用指标分解法,即将经济指标在计算公式的基础上进行分解或扩展,从而得出各影响因素与分析指标之间的关系式。如对于总资产报酬率指标,要确定它与影响因素之间的关系,可按下式进行分解:

$$总资产报酬率 = \frac{息税前利润}{平均资产总额} \times 100\% = \frac{销售净额}{平均资产总额} \times \frac{息税前利润}{销售净额} \times 100\%$$

$$= \frac{总产值}{平均资产总额} \times \frac{销售净额}{总产值} \times \frac{息税前利润}{销售净额} \times 100\%$$

$$= 总资产产值率 \times 产品销售率 \times 销售(息税前)利润率$$

分析指标与影响因素之间的关系式,既说明哪些因素影响分析指标,又说明这些因素与分析指标之间的关系及顺序。如上式中影响总资产报酬率的有总资产产值率、产品销售率和销售利润率三个因素;它们都与总资产报酬率成正比例关系;它们的排列顺序是,总资产产值率在先,其次是产品销售率,最后是销售利润率。

第二步,根据分析指标的报告期数值与基期数值列出两个关系式,或指标体系,确定分析对象。如对于总资产报酬率而言,两个指标体系是:

基期总资产报酬率 = 基期资产产值率 × 基期产品销售率 × 基期销售利润率

实际总资产报酬率 = 实际资产产值率 × 实际产品销售率 × 实际销售利润率

分析对象 = 实际总资产报酬率 − 基期总资产报酬率

第三步,连环顺序替代,计算替代结果。所谓连环顺序替代就是以基期指标体系为计算基础,用实际指标体系中的每一因素的实际数顺序地替代其相应的基期数,每次替代一个因素,替代后的因素被保留下来。计算替代结果,就是在每次替代后,按关系式计算其结果。有几个因素就替代几次,并相应确定计算结果。

第四步,比较各因素的替代结果,确定各因素对分析指标的影响程度。比较替代结果是连环进行的,即将每次替代所计算的结果与这一因素被替代前的结果进行对比,两者的差额就是替代因素对分析对象的影响程度。

第五步,检验分析结果。即将各因素对分析指标的影响额相加,其代数和应等于分析对象。如果两者相等,说明分析结果可能是正确的;如果两者不相等,则说明分析结果一定是错误的。

连环替代法的程序或步骤是紧密相连、缺一不可的,尤其是前四个步骤,任何一个步骤出现错误,都会出现错误结果。下面举例说明连环替代法的步骤和应用。

假定某企业2011年和2012年有关总资产报酬率、总资产产值率、产品销售率和销售利润率的资料如表4-3。

表4-3　　　　　　　　　　财务指标表

指标	2012年	2011年
总资产产值率(%)	80	82
产品销售率(%)	98	94
销售利润率(%)	30	22
总资产报酬率(%)	23.52	16.96

要求:分析各因素变动对总资产报酬率的影响程度。

根据连环替代法的程序和上述对总资产报酬率的因素分解式,可得出:

实际指标体系:80%×98%×30%=23.52%
基期指标体系:82%×94%×22%=16.96%
分析对象是:23.52%-16.96%=+6.56%

在此基础上,按照第三步的做法进行连环顺序替代,并计算每次替代后的结果:

基期指标体系:82%×94%×22%=16.96%
替代第一因素:80%×94%×22%=16.54%
替代第二因素:80%×98%×22%=17.25%
替代第三因素:80%×98%×30%=23.52%

根据第四步,确定各因素对总资产报酬率的影响程度:

总资产产值率的影响:16.54%-16.96%=-0.42%
产品销售率的影响:17.25%-16.54%=+0.71%
销售利润率的影响:23.52%-17.25%=+6.27%
最后检验分析结果:-0.42%+0.71%+6.27%=+6.56%

2. 应用连环替代法应注意的问题

连环替代法,作为因素分析方法的主要形式,在实践中应用比较广泛。但是,应用连环替代法过程中必须注意以下几个问题:

(1) 因素分解的相关性问题。所谓因素分解的相关性,是指分析指标与其影响因素之间必须真正相关,即有实际经济意义。各影响因素的变动确实能说明分析指标差异产生的原因。这就是说,经济意义上的因素分解与数学上的因素分解不同,不是在数学算式上相等就行,而要看经济意义。例如,将影响材料费用的因素分解为下面两个等式从数学上都是成立的:

材料费用＝产品产量×单位产品材料费用

材料费用＝工人人数×每人消耗材料费用

但是从经济意义上说,只有前一个因素分解式是正确的,后一因素分解式在经济上没有任何意义。因为工人人数和每人消耗材料费用到底是增加有利,还是减少有利,无法从这个式子说清楚。当然,有经济意义的因素分解式并不是唯一的,一个经济指标从不同角度看,可分解为不同的有经济意义的因素分解式。这就需要我们在因素分解时,根据分析的目的和要求,确定合适的因素分解式,以找出分析指标变动的真正原因。

(2) 分析前提的假定性。所谓分析前提的假定性是指分析某一因素对经济指标差异的影响时,必须假定其他因素不变,否则就不能分清各单一因素对分析对象的影响程度。但是实际上,有些因素对经济指标的影响是共同作用的结果,如果共同影响的因素越多,那么这种假定的准确性就越差,分析结果的准确性也就会降低。因此,在因素分解时,并非分解的因素越多越好,而应根据实际情况,具体问题具体分析,尽量减少对相互影响较大的因素再分解,使之与分析前提的假设基本相符。否则,因素分解过细,从表面看有利于分清原因和责任,但是在共同影响因素较多时,反而影响了分析结果的准确性。

(3) 因素替代的顺序性。前面谈到,因素分解不仅要因素确定准确,而且因素排列顺序也不能交换,这里特别要强调的是不存在乘法交换律问题。因为分析前提假定性的原因,按不同顺序计算的结果是不同的。那么,如何确定正确的替代顺序呢？这是一个理论上和实践中都没有很好解决的问题。传统的方法是依据数量指标在前,质量指标在后的原则进行排列；现在也有人提出依据重要性原则排列,即主要的影响因素排在前面,次要因素排在后面。但是无论何种排列方法,都缺少坚实的理论基础。正因为如此,许多人对连环替代法提出异议,并试图加以改善,但至今仍无人们公认的好的解决方法。一般地说,替代顺序在前的因素对经济指标影响的程度不受其他因素影响或影响较小,排列在后的因素中含有其他因素共同作用的成分,从这个角度看问题,为分清责任,将对分析指标影响较大的、并能明确责任的因素放在前面可能要好一些。

(4) 顺序替代的连环性。连环性是指在确定各因素变动对分析对象影响时,都是将某因素替代后的结果与该因素替代前的结果对比,一环套一环。这样才既能保证各因素对分析对象影响结果的可分性,又便于检验分析结果的准确性。因为只有连环替代并确定各因素影响额,才能保证各因素对经济指标的影响之和与分析对象相等。

（二）差额计算法

差额计算法是连环替代法的一种简化形式，当然也是因素分析法的一种形式。差额计算法作为连环替代法的简化形式，其因素分析的原理与连环替代法是相同的。区别只在于分析程序上，差额计算法比连环替代法简化，即它可直接利用各影响因素的实际数与基期数的差额，在其他因素不变的假定条件下，计算各因素对分析指标的影响程度。或者说差额计算法是将连环替代法的第三步和第四步合并为一个步骤进行。

这个步骤的基本点就是：确定各因素实际数与基期数之间的差额，并在此基础上乘以排列在该因素前面各因素的实际数和排列在该因素后面各因素的基期数，所得出的结果就是该因素变动对分析指标的影响数。

下面根据表 4-3 提供的数据，运用差额计算法分析各因素变动对总资产报酬率的影响程度。

分析对象：23.52%－16.96%＝+6.56%

因素分析：
(1) 总资产产值率的影响：(80%－82%)×94%×22%＝－0.42%
(2) 产品销售率的影响：80%×(98%－94%)×22%＝+0.71%
(3) 销售利润率的影响：80%×98%×(30%－22%)＝+6.27%

最后检验分析结果：－0.24%+0.71%+6.27%＝+6.56%

应当指出，应用连环替代法应注意的问题，在应用差额计算法时同样要注意。除此之外，还应注意的是，并非所有连环替代法都可按上述差额计算法的方式进行简化。特别是在各影响因素之间不是连乘的情况下，运用差额计算法必须慎重。下面举例加以说明。例如，某企业有关成本的资料如表 4-4。

表 4-4　　　　　　　　　　成本资料表

项　目	2012 年	2011 年
产品产量	1 200	1 000
单位变动成本	11	12
固定总成本	10 000	9 000
产品总成本	23 200	21 000

要求：确定各因素变动对产品总成本的影响程度。

产品总成本与其影响因素之间的关系式是：

产品总成本＝产品产量×单位变动成本＋固定总成本

运用连环替代法进行分析如下：

分析对象：23 200－21 000＝+2 200

因素分析：

2011 年：1 000×12+9 000=21 000
替代 1：1 200×12+9 000=23 400
替代 2：1 200×11+9 000=22 200
2012 年：1 200×11+10 000=23 200
产品产量变动影响：23 400−21 000=+2 400
单位变动成本影响：22 200−23 400=−1 200
固定总成本影响：23 200−22 200=+1 000

各因素影响之和为+2 400−1 200+1 000=+2 200，与分析对象相同。如果直接运用差额计算法，则得到：

产品产量变动影响：(1 200−1 000)×12+9 000=+11 400
单位变动成本的影响：1 200×(11−12)+9 000=+7 800
固定总成本变动影响：1 200×11+(10 000−9 000)=+14 200
各因素影响之和为：+11 400+7 800+14 200=+33 400

可见运用差额计算法的各因素分析结果之和不等于+2 200 的分析对象，显然是错误的。错误的原因在于产品总成本的因素分解式中各因素之间不是纯粹相乘的关系，而存在相加的关系。这时运用差额计算法对连环替代法进行简化应为：

产品产量变动影响：(1 200−1 000)×12=+2 400
单位变动成本的影响：1 200×(11−12)=−1 200
固定总成本变动影响：10 000−9 000=+1 000

在因素分解式中存在加、减、除法的情况下，一定要注意这个问题，否则将得出错误的结果。

第五节 财务综合分析评价技术

一、财务综合分析与评价

（一）财务综合分析方法

财务综合分析方法有许多，概括起来可分为两类：一是财务报表综合分析，如资产与权益综合分析（详见第六章）、现金流量与利润综合分析（详见第八章）等；二是财务指标体系综合分析，如杜邦财务报告分析体系、杜邦财务指标体系改进分析（详见第十三章）等。

（二）财务综合评价方法

财务综合评价方法有综合指数评价法、综合评分法等。第十三章将结合我国经济效益评价和企业绩效评价详细介绍这两种方法的应用。

二、财务分析报告

(一) 财务分析报告的含义与作用

财务分析报告是指财务报告分析主体对企业在一定时期筹资活动、投资活动、经营活动中的盈利状况、营运状况、偿债状况等进行分析与评价所形成的书面文字报告。

财务报告分析的主体可能是经营者,也可能是财务报告分析师或其他企业利益相关者。企业的投资者、债权人和其他部门在进行投资、借贷和其他决策时,并不能完全依据经营者财务分析报告的结论。这些部门的财务报告分析人员或聘请的财务报告分析专家,会提供自己的财务分析报告,为其决策者进行决策提供更客观的资料。例如政府部门的财务分析报告可为国家进行国民经济宏观调控和管理提供客观依据。当然,应当指出,企业外部分析主体的财务分析报告并不一定针对一个企业进行全面分析,它可能针对某一专题对许多企业进行分析。如银行可根据对众多企业偿债能力的分析,形成关于企业偿债能力状况的财务分析报告,为领导者进行借贷决策提供依据。

总之,财务分析报告是对企业财务报告分析结果的概括与总结,它对企业的经营者、投资者、债权人及其他有关单位或个人了解企业生产经营与财务状况,进行投资、经营、交易决策等都有着重要意义。

第一,财务分析报告为企业外部潜在投资者、债权人、政府有关部门评价企业经营状况与财务状况提供参考。企业外部潜在投资者、债权人和政府部门等从各自分析目的出发,经常对企业进行财务报告分析。他们分析的最直接依据是企业财务报表,但企业财务分析报告能提供许多财务会计报表所不具备的资料,因此企业财务分析报告也就成为企业外部分析者的重要参考资料。

第二,财务分析报告为企业改善与加强生产经营管理提供重要依据。企业财务报告分析全面揭示了企业的盈利能力、运营效率、支付及偿债能力等方面取得的成绩和存在的问题或不足,为企业改善经营管理指明了方向,提供了信息依据。企业可针对财务分析报告中提出的问题,积极采取相应措施加以解决,这对于改善企业经营管理,提高财务运行质量和经济效益有着重要作用。

第三,财务分析报告是企业经营者向董事会和股东会或职工代表大会汇报的书面材料。财务分析报告全面总结了经营者在一定时期的生产经营业绩;说明了企业经营目标的实现程度或完成情况;揭示了企业生产经营过程中存在的问题;提出了解决问题的措施和未来的打算。董事会和股东会根据财务分析报告对经营者进行评价和奖惩。

(二) 财务分析报告的格式与内容

财务分析报告的格式与内容,根据分析报告的目的和用途的不同可能有所不同。如专题分析报告的格式与内容和全面分析报告的格式与内容就不同;月度财务分析报告与年度分析报告的格式与内容也可能有区别。这里仅就全面财务分析报告的一般格式与内容加以说明。

全面财务分析报告的格式比较正规，内容比较完整。一般地说，财务分析报告的格式与内容如下：

（1）基本财务情况反映。主要说明企业各项财务报告分析指标的完成情况，包括：企业盈利能力情况，如利润额及增长率、各种利润率等；企业营运状况，如存货周转率、应收账款周转率、各种资产额的变动和资产结构变动、资金来源与运用状况等；企业权益状况，如企业负债结构、所有者权益结构的变动情况，以及企业债务负担情况等；企业偿债能力状况，如资产负债率、流动比率、速动比率的情况等；企业产品成本的升降情况等。对于一些对外报送的财务分析报告，还应说明企业的性质、规模、主要产品、职工人数等情况，以便财务分析报告使用者对企业有比较全面的了解。

（2）主要成绩和重大事项说明。这一部分在全面反映企业总体财务状况的基础上，主要对企业经营管理中取得的成绩及原因进行说明。例如，利润取得较大幅度的增长，主要原因是通过技术引进和技术改造提高了产品质量、降低了产品消耗、打开了市场销路等；企业支付能力增强、资金紧张得以缓解，主要原因是由于产品适销对路、减少了产品库存积压、加快了资金周转速度，等等。

（3）存在问题的分析。这是企业财务报告分析的关键所在。一个财务分析报告如果不能将企业存在的问题分析清楚，分析的意义和作用就不能很好发挥，至少不能认为这个分析报告是完善的。问题分析，一要抓住关键问题，二要分清原因。例如，假设某企业几年来资金一直十分紧张，经过分析发现，问题的关键在于企业固定资产投资增长过快，流动资产需求加大，即资产结构失衡。又如企业产品成本居高不下，主要原因在于工资增长水平快于劳动生产率的增长水平等。另外，对存在的问题应分清是主观因素引起的，还是客观原因造成的。

（4）提出改进措施意见。财务报告分析的目的是为了发现问题并解决问题。财务分析报告对企业存在的问题必须提出切实可行的改进意见。如对于企业资产结构失衡问题，解决的措施或减少固定资产，或增加流动资产。在企业资金紧张、筹资困难的情况下，可能减少闲置固定资产是可行之策。因为在资金本来十分紧张情况下，再要增加流动资产，势必加剧资金紧张，不利于问题的解决。

应当指出，财务分析报告的结构和内容不是固定不变的，根据不同的分析目的或针对不同的财务分析报告服务对象，分析报告的内容侧重点可不同。有的财务分析报告可能主要侧重于第一部分的企业财务情况反映，有的则可能侧重于存在问题分析及提出措施意见。

（三）财务分析报告的编写要求

明确了财务分析报告的格式与内容，并不意味着能编写出合格的财务分析报告。编写财务分析报告的人员不仅需要具备财务报告分析知识，而且要具有一定的写作水平。在此基础上，编写财务分析报告还要满足以下基本要求：

（1）突出重点、兼顾一般。编写财务分析报告，必须根据分析的目的和要求，突出分析的重点，不能面面俱到。即使是编写全面分析报告，也应有主有次。但是突出重点并不意味着可忽视一般，企业经营活动和财务活动都是相互联系、互相影响的，在分析重点问题时，兼顾一般问题，有利于做出全面正确的评价。

（2）观点明确、抓住关键。对财务分析报告内容的每一部分的编写，都应观点明确，指出企业经营活动和财务活动中取得的成绩和存在的问题，并抓住关键问题进行深入分析，搞清主观原因和客观原因。

（3）注重时效、及时编报。财务分析报告具有很强的时效性，尤其对一些决策者而言，及时的财务分析报告意味着决策成功的一半，过时的财务分析报告将失去意义，甚至产生危害。在当今信息社会中，财务分析报告作为一种信息媒体，必须十分注重其时效性。

（4）客观公正、真实可靠。财务分析报告编写的客观公正、真实可靠，是充分发挥财务分析报告作用的关键。如果财务分析报告不能做到客观公正，人为地夸大某些方面，缩小某些方面，甚至弄虚作假，则会使财务分析报告使用者得出错误结论，造成决策失误。财务分析报告的客观公正、真实可靠，既取决于财务报告分析基础资料的真实可靠，又取决策于财务报告分析人员能否运用正确的分析方法，客观公正地进行分析评价，两者缺一不可。

（5）报告清楚、文字简练。报告清楚一是指财务分析报告必须结构合理、条理清晰；二是指财务分析报告的论点和论据清楚；三是财务分析报告的结论要清楚。文字简练是指在财务分析报告编写中，要做到言简意赅，简明扼要。当然，报告清楚与文字简练应相互兼顾，做到简练而又清楚，清楚而又简练。既不能为了清楚搞长篇大论，又不能为了简练而使报告不清楚。

三、财务预测与价值评估等财务报告分析应用

现代财务报告分析理论与方法不断完善与发展，财务报告分析已从事后分析评价向业绩预测、估值分析、风险防范、信用评价、企业重组等领域应用发展，本书第十四章详细介绍了财务报告分析在业绩预测与估值分析中的应用。

本 章 小 结

财务报告分析一般方法，是指进行财务报告分析所应遵循的一般规程。财务报告分析一般方法可以归纳为四个阶段十个步骤。

在财务报告分析信息搜集整理阶段，主要由三个步骤组成：①明确财务报告分析目的。②制定财务报告分析计划。③搜集整理财务报告分析信息。

在战略分析与会计分析阶段，主要由两个步骤组成：①企业战略分析。企业

战略分析通过对企业所在行业或企业拟进入行业的分析,明确企业自身地位及应采取的竞争战略。企业战略分析通常包括行业分析和企业竞争策略分析。②财务报表会计分析。会计分析的目的在于评价企业会计所反映的财务状况与经营成果的真实程度。会计分析的作用,一方面通过对会计政策、会计方法、会计披露的评价,揭示会计信息的质量;另一方面通过对会计灵活性、会计估计的调整,修正会计数据,为财务报告分析奠定基础,并保证财务报告分析结论的可靠性。进行会计分析,一般可按以下步骤进行:第一,阅读会计报告;第二,比较会计报表;第三,解释会计报表;第四,修正会计报表信息。

在财务报告分析实施阶段,主要包括指标分析和因素分析二个步骤:①财务指标分析。对财务指标进行分析,特别是进行财务比率指标分析,是财务报告分析的一种重要方法或形式。财务指标能准确反映某方面的财务状况。进行财务报告分析,应根据分析的目的和要求选择正确的分析指标。②基本因素分析。财务报告分析不仅要解释现象,而且应分析原因。因素分析法就是要在会计分析和财务指标分析的基础上,对一些主要指标的完成情况,从其影响因素角度,深入进行定量分析,确定各因素对其影响方向和程度,为企业正确进行财务评价提供最基本的依据。

在财务报告分析综合评价阶段,具体看又可分为财务报告分析综合评价、财务预测分析和价值评估、财务分析报告三个步骤:①财务综合分析与评价。财务综合分析与评价是在应用各种财务报告分析方法进行分析的基础上,将定量分析结果、定性分析判断及实际调查情况结合起来,以得出财务报告分析结论的过程。②财务分析报告。财务分析报告是财务报告分析的最后步骤。它将财务报告分析的基本问题、财务报告分析结论,以及针对问题提出的措施建议以书面的形式表示出来,为财务报告分析主体及财务分析报告的其他受益者提供决策依据。③财务预测与价值评估等。财务报告分析既是一个财务管理循环的结束,又是另一财务管理循环的开始。财务报告分析不能仅满足于事后分析原因,得出结论,而且要对企业未来发展及价值状况等进行分析与评价。

主 要 术 语

财务分析技术 财务分析程序 战略分析 会计分析 水平分析 垂直分析 趋势分析 比率分析 因素分析 连环替代法 差额计算法 经验标准 历史标准 预算标准 行业标准 财务分析报告

思考与练习题

4.1 为什么将财务报告分析分为四个阶段?

4.2 财务报告分析的标准有哪几种？各适用于什么情况的评价？
4.3 战略分析的内容有哪些？
4.4 会计分析在财务报告分析中的地位与作用。
4.5 比率分析有何作用与不足？
4.6 运用因素分析法应注意哪些问题？

第二篇

财务报告会计分析

第五章 资产分析

本章讲述了资产负债表左方资产的分析。通过本章学习首先了解资产的定义、分类,资产分析的作用、分析方法以及资产质量方面的内容;然后基于流动资产和非流动资产的分类视角对资产进行分析,流动资产具体分析的内容包括货币资金、应收款项、其他应收款、存货等,非流动资产具体分析的内容包括固定资产、无形资产、可供出售金融资产、长期股权投资等;并在进行具体分析的基础上,融入多个资产的协同分析,比如存货上下游关系管理等。本章的重点和难点主要包括各资产的分析方法,会计政策变更对资产的影响以及多项目的协同分析。

本章建议课时为5学时。

第一节 资产分析概述

一、资产的内涵

资产列示在资产负债表的左方,反映的是企业投入资金的运用情况。根据我国会计准则对资产的定义,资产是指企业过去的交易或者事项形成的、由企业拥有或者控制的、预期会给企业带来经济利益的资源。

根据资产的定义,资产具有以下特征:①资产预期会给企业带来经济利益。如果某一项目预期不能给企业带来经济利益,就不能将其确认为企业的资产,前期已经确认为资产的项目,如果不能再为企业带来经济利益,也不能再将其确认为企业的资产。②资产应为企业拥有或者控制的资源。通常在判断资产是否存在时,所有权是考虑的首要因素,但在有些情况下,虽然某些资产不为企业所拥有,即企业并不享有其所有权,但企业控制这些资产,同样表明企业能够从这些资产中获取经济利益。③资产是由企业过去的交易或者事项形成的。只有过去的交易或事项才能产生资产,企业预期在未来发生的交易或者事项不形成资产。

在符合资产定义的条件下,只有同时满足以下两个条件,才确认为资产:①与该资源有关的经济利益很可能流入企业;②该资源的成本或价值能够可靠的计量。符合资产定义和确认条件的项目,应当列入资产负债表;符合资产定义,但不符合资产确认条件的项目,不应当列入资产负债表。列入资产负债表的资产,按照流动性的顺序进行列示,包括流动资产和非流动资产。其中,流动资产主要包括货币资金、应收款项和存货等,非流动资产主要包括长期投资、固定资产、无形资产和递延资产等。各类资产的特点和组成项目是不同的,在企业生产经营中的作用也是不同的。

二、资产分析的作用

按照流动性对资产进行分类进而开展整体分析,能够为财务报告分析提供丰富的信息,具有重要作用。

第一,提供了企业变现能力的信息。一般来说,流动资产的变现能力较强,而非流动资产的变现能力则较差。另外,在流动资产中,还可提供速动资产的信息。这些无论是对债权人还是对经营者、投资者都是有用的。

第二,提供了企业资产结构的信息。这有利于反映企业资源配置与使用的合理性程度,如流动资产与固定资产的结构合理性,有形资产与无形资产的结构合理性等。

第三,提供了反映企业资产管理水平的信息。如资产负债表中应收账款等项目的回收情况,可在一定程度上反映企业应收账款管理的水平。

第四,提供了反映企业价值的信息。企业价值等于企业各项资产价值之和,因此资产负债表提供的各项资产的价值信息,有助于分析企业价值。虽然现行权责发生制的会计体系仍然以历史成本作为主要的计量属性,但是随着公允价值的引入,资产项目的账面价值与市场价值的关系更加密切,为确定企业价值提供了相关信息。

三、资产分析的内容

企业是以盈利为目的的经济组织,不同行业的生产经营方式决定了其资产增长的基本方式和结构。资产按照流动性分为流动资产和非流动资产,由于企业所处的经营环境不同或者经营业务的不同,有必要先对企业资产的整体规模和资产结构进行初步的分析,然后再对具体的项目进行分析。

(一)总资产分析

总资产分析包括:分析总资产规模的变动状况以及各类、各项资产的变动状况,揭示出资产变动的主要方面,从总体上了解企业在一定经营期间内资产的变动情况;分析总资产结构及变动情况,对企业资产结构的稳定性做出评价,进而对企业资产结构的调整情况做出评价;分析总资产质量及资产减值情况。

(二)流动资产分析

流动资产分析包括货币资金、应收款项、其他应收款和存货的规模、结构等变动状况分析,揭示出流动资产变动的主要方面,了解企业在一段经营期间内流动资产的变动情况。

（三）固定资产分析

固定资产分析主要从固定资产规模与变动情况分析、固定资产结构与变动情况分析、固定资产折旧分析、固定资产减值准备分析四方面展开，揭示出固定资产的变动情况，了解企业在一段经营期间内的资产质量。

（四）其他非流动资产分析

其他非流动资产分析包括无形资产、金融资产和长期股权投资的规模与结构等变动状况分析，揭示出其他非流动资产变动的主要方面，了解企业资产的配置情况。

第二节 总资产分析

一、总资产规模及变动情况分析

总资产规模及变动情况分析主要应用水平分析法，下面根据 ZSY 公司的资料进行分析。ZSY 公司是以油气勘探开发、炼油化工、油品销售、油气储运、石油贸易、工程技术服务和石油装备制造为一体的综合性能源公司。根据附录表1资产负债表的资料，编制 ZSY 公司 2012 年度其总资产规模水平变动及其主要项目的变动表，见表 5-1。

表 5-1　　　　　ZSY 公司水平分析部分数据简表　　　金额单位：百万元

项目	2012 年	2011 年	变动情况		对总资产影响(%)
			变动额	变动率(%)	
货币资金	11 574	38 794	−27 220	−70.17	−1.76
应收账款	4 198	3 297	901	27.33	0.06
其他应收款	48 324	22 322	26 002	116.49	1.68
存货	166 074	143 498	22 576	15.73	1.46
流动资产总计	283 682	258 973	24 709	9.54	1.60
长期股权投资	265 939	228 742	37 197	16.26	2.41
固定资产	438 504	360 843	77 661	21.52	5.03
油气资产	492 322	438 378	53 944	12.31	3.49
非流动资产总计	1 456 952	1 284 603	172 349	13.42	11.17
总资产	1 740 634	1 543 576	197 058	12.77	12.77

由表 5-1 可知，ZSY 公司总资产 2012 年末与 2011 年末相比增加了 197 058 百万元，增长幅度为 12.77%。其中流动资产对总资产的影响为 1.6%，非流动

资产对总资产的影响为11.17%。从个别资产变动幅度来看,货币资金和其他应收款变动较大,分别为-70.17%和116.49%,应当予以重点关注。从整体影响来看,长期股权投资、固定资产和油气资产对总资产的影响较大,分别为2.41%、5.03%和3.49%。

二、总资产结构及变动情况分析

总资产结构及变动情况分析主要应用垂直分析法,下面以ZSY公司为例进行垂直分析。根据附录表1资产负债表的资料,编制ZSY公司2012年度其总资产垂直变动及其主要项目变动表,见表5-2。

表5-2　　ZSY公司垂直分析相关数据简表　　金额单位:百万元

项目	2012年	2011年	2012年结构比率(%)	2011年结构比率(%)	差异
货币资金	11 574	38 794	0.66	2.51	-1.85
应收账款	4 198	3 297	0.24	0.21	0.03
其他应收款	48 324	22 322	2.78	1.45	1.33
存货	166 074	143 498	9.54	9.30	0.24
流动资产总计	283 682	258 973	16.30	16.78	-0.48
长期股权投资	265 939	228 742	15.28	14.82	0.46
固定资产	438 504	360 843	25.19	23.38	1.82
油气资产	492 322	438 378	28.28	28.40	-0.12
非流动资产总计	1 456 952	1 284 603	83.70	83.22	0.48
资产总计	1 740 634	1 543 576	100.00	100.00	0.00

由表5-2可知,ZSY公司2012年末流动资产占总资产的比重为16.30%,非流动资产占总资产的比重为83.70%,其中长期股权投资、固定资产和油气资产所占份额比重较大,高达68.75%,考虑到ZSY公司的战略要求以及所处行业的特点,长期股权投资、固定资产和油气资源所占份额较大较为合理。结合2011年末的情况分析发现,ZSY公司流动资产和非流动资产比重比较稳定,流动资产和非流动资产内部结构变动幅度较小。

三、资产质量和减值分析

(一)资产质量分析

1. 资产质量的内涵与特征

资产属性一般有两个层面:①物理属性。其主要是指资产的质地、结构、性能、耐用性、新旧程度等。资产的物理属性对资产来说是重要的,是其得以能够被识别的重要前提,通常我们只说某资产时,就是指其物理属性;②经济属性。其主要是指资产在企业管理系统中发挥效用的程度,具体表现在变现能力、被利用程度、与其他资产组合增值效应以及能否为企业发展目标做出贡献。那么考虑资产的质量也应当从两个方面来考虑,资产物理属性的优劣为资产的物理质量,也称为绝对质量;资产经济属性的优劣为资产的系统质量,也称为相对质量。因此,资产质量就是资产物理质量和系统质量相一致的程度,两者缺一不可。对一项资产来说,如果仅考虑其物理质量,忽略其系统质量,对特定使用者来说该资产毫无意义。因此,资产质量可以被理解为,资产的实际效用和预期效用的吻合程度。

资产质量的特征包括:①获利性。资产是指能够为企业带来经济利益的资源,获利性是资产质量的首要特征,单个资产或者资产组合能够创造越高的经济利益,那么其资产质量就越高;②流动性。流动性关注的重点是企业的流动资产,因为,企业流动资产的营运情况是企业能否获利的一个重要前提,如企业能否实现对存货的销售或者能否按时收回应收账款;③协同性。企业生产经营活动不是静态的,而是动态的,比如股东出资购买设备、原材料,制成产成品对外销售,收回货款,实现一个经营周期。如果企业固定资产占用同行业水平较少,而其存货水平却较行业水平较高,则反映存货管理异常或者是营销策略的异动;反之,则反映固定资产产能过剩,出现闲置,导致资产的预期效用在当期并未显现。

2. 资产质量分析的作用

第一,有利于检验盈利质量。根据复式簿记原理,盈利的增加意味着资产的增加或者负债的减少。虚盈实亏必然表现为资产的高估或负债的低估。因此,资产质量直接关系到盈利质量的高低。从这个意义上说,资产质量分析是检验盈利质量的"试金石"。如果企业资产质量低劣,说明企业的盈利存在虚增的可能性。

第二,有利于体现新企业会计准则的要求。新企业会计准则在收益确认方面引入了资产负债观。资产负债观要求关注资产的真实价值,只有在真实价值前提下的净资产增加,才能体现企业真实财富的增加,它更强调企业资产的质量,而不是单纯地强调企业实现利润的多少。此外,新企业会计准则还将企业资产减值理念和公允价值计量方法引入会计的实务操作中。按照新会计准则,所确认的利润是建立在资产真实价值基础上资产利用效果的最终体现,体现企业资产在价值转移、处置以及持有过程中的增值质量。因此,资产质量分析能够体现新企业会计准则的要求。

第三,有利于满足公司治理的要求和外部投资者的信息需求。公司所有者将资产委托给管理者进行经营以获得收益,资产质量的高低能够体现管理者受托责任的履行情况以及所有者所拥有资产的增值情况。因此,资产质量分析是公司治理的内在要求。资产是能够为企业带来未来经济利益的资源,而外部投资者关注企业未来的盈利能力,因此,资产质量是外部投资者关注的重点,资产质量分析能够满足外部投资者的信息需求。

3. 资产质量分析的内容

第一,整体质量分析。资产质量的第一个层面是资产的整体质量。资产的整体质量是指资产在整体上满足企业发展目标的质量。每个企业可能有不同的目标,但是对财务目标的要求却是一致的:企业的资产整体上必须有为企业股东权益的非入资性增值作出贡献的能力。非入资性增值主要有利润型增值和非利润性增值(其他综合收益),一般来说,我们比较重视利润型增值,而忽略非利润性增值,但从长期来看,非利润性增值必然向利润性增值进行转变。总而言之,资产的整体质量应该表现为一定规模的资产能够为企业净利润和其他综合收益的较快增长做出企业股东所期望的贡献。

第二,结构质量分析。资产质量的第二个层面是结构质量。关于结构质量,我们可以从两个方面来进行考察。首先,考察企业经营资产结构是否有利于企业盈利水平的提高。企业是以盈利为目的的经济组织,因此,我们这里所说的经营资产质量的考察,绝不仅限于其资产规模的高低,还在于各项经营资产之间是否合理,是否能够得到优化,这种优化的衡量标准就是能否以较低的经营资产规模获得更多利润,并产生较为理想的现金净流入量;其次,考察控制性投资资产的个体盈利能力以及不同业务板块盈利能力的优化问题。投资者的投资资产在被投资者处便是经营资产,因此,在有条件的情况下应当以被投资对象的财务报表为基础进行经营资产的分析。

第三,个体质量分析。资产的整体质量好,必须以结构质量好为前提;结构质量好,又必须以个体质量好为前提。那么,怎么评价个体质量呢?简单地说就是八个字:货真价实,满足需要。我们此处所说的资产质量,并不是指资产的物理质量,而是特定资产满足企业特定需求的质量。对于特定企业而言,即使一项资产的物理质量再好,如果满足不了企业的特定需求,也是不良资产。对于流动资产而言,其质量的首要考核目标应当是变现能力,也就是转变为现金的能力,比如应收账款的可收回性、交易性金融资产的可变现性、存货的周转等;对于非流动资产而言,则强调其满足企业生产经营的质量。另外,如何将流动资产和非流动资产进行组合产生增值便是企业管理最大的魅力。总之,一项资产在没有明确其具体的用途之前很难绝对地说是优质资产或不良资产,正如一句话总结的那样"垃圾是放错地方的资源"。

(二)资产减值分析

资产减值是强化资产质量的重要路径。所谓资产减值,是指因外部因素、内部使用方式或使用范围发生变化而对某项资产造成的不利影响,导致资产使用价值降低,致使资产未来可流入企业的全部经济利益低于其现有的账面价值,也就是说,某项资产质量出现了问题。从理论上说,所有的资产都存在减值的风险。因此,资产负债表的附注之一是资产减值明细表。

会计在减值计量上,不同的项目适用于不同的方法。比如,应收款项采用的账龄分析法或应收账款百分比法计提坏账准备、存货期末采用账面价值与可变现净值孰低法计提跌价准备、采用公允价值计量的资产其期末资产金额的波动依据公允价值予以调整、固定资产和无形资产采用账面价值与可收回金额的比较等,尽管其减值的计提方法各不相同,但是其最终目的是一样的,就是真实反应期末资产的真实价值。

根据ZSY公司财务报表附注披露的内容编制了ZSY公司2012年度资产减值明细表,见表5-3。

表5-3　　　　　　　ZSY公司资产减值明细表　　　　金额单位:百万元

	2011年年末	本期增加	本期减少		2012年年末
			转回	摊销	
坏账准备	3 510	15	45	338	3 142
存货跌价准备	860	624	81	758	645
可供出售金融资产减值准备	379	5		9	375
长期股权投资减值准备	190	4		6	188
固定资产减值准备	29 171	981		2 118	28 034
在建工程减值准备	125	2		12	115
油气资产减值准备	12 236	458		298	12 396
无形资产减值准备	697			4	693
合　　计	46 168	2 089	126	2 543	45 588

从表5-3可知,ZSY公司的减值准备基本囊括了现有会计准则要求集体减值的所有资产项目。其中,固定资产和油气资产的减值准备占据ZSY公司将近90%的减值准备总额。

资产减值是能够对企业资产质量产生重要影响的会计政策之一,通过对资产减值的认识,了解到会计政策运用是否合理,直接关系到资产项目,利润项目,甚至是现金流量项目。

第三节　流动资产分析

一、流动资产的内涵与分析

流动资产是指企业可以在一年或者越过一年的一个营业周期内变现或者运

用的资产,是企业资产中必不可少的组成部分。一般包括货币资金、应收账款(票据)、其他应收款、存货等。

流动资产的特点包括:①流动资产占用形态具有变动性;②流动资产占用数量具有波动性;③流动资产循环与生产经营周期具有一致性。

根据附录表1资产负债表的资料,编制ZSY公司2012年度同2011年度相比流动资产水平分析表,见表5-4。

表5-4　　　　ZSY公司流动资产水平分析表　　　金额单位:百万元

项目	2012年	2011年	变动情况		对总资产影响(%)
			变动额	变动(%)	
货币资金	11 574	38 794	−27 220	−70.17	−1.76
应收票据	7 329	9 821	−2 492	−25.37	−0.16
应收账款	4 198	3 297	901	27.33	0.06
预付账款	22 224	23 599	−1 375	−5.83	−0.09
其他应收款	48 324	22 322	26 002	116.49	1.68
存货	166 074	143 498	22 576	15.73	1.46
其他流动资产	23 959	17 642	6 317	35.81	0.41
流动资产合计	283 682	258 973	24 709	9.54	1.60

从上表5-4可知,ZSY公司流动资产包含项目比较全面。总的来看,与2011年度相比,2012年度ZSY公司流动资产增加24 709百万元,变动比例为9.54%。流动资产的变化主要受其他应收款和存货增加的影响,需要对其变化进行重点关注。若要分析某项流动资产结构变化,可参照前述垂直分析方法,分析其构成及其变动的合理性。简单来看,ZSY公司预付账款、其他应收款、存货、其他流动资产所占比例比较大,值得注意的是存货的比重占流动资产的一半以上,也需要我们考虑其行业特点和经营状况进行重点关注。

二、货币资金分析

货币资金包括现金、银行存款和其他货币资金。货币资金是企业流动性最强、最有活力的资产,同时又是获利能力较低的资产,其拥有量过多或过少对企业生产经营都会产生不利影响。货币资金分析应关注以下几方面。

(一)分析货币资金发生变动的原因

企业货币资金变动的主要原因可能是:第一,销售规模的变动。企业销售商品或提供劳务是取得货币资金的重要途径,当销售规模发生变动时,货币资金存量规模必然会发生相应的变动,并且两者具有一定的相关性。第二,信用政策的变动。销售规模的扩大是货币资金增加的先决条件,如果企业改变信用政策,则货币资金存量规模就会因此而变化。例如,在销售时,企业提高现销比例,货币资金存量规模就会变大些;反之,货币资金存量规模就会小些。如果企业奉行较严格的收账政策,收账力度较大,货币资金存量规模就会大些。第三,为大笔现金支出做准备。在企业生产经营过程中,可能会发生大笔的现金支出,如准备派发现金股利,偿还将要到期的巨额银行贷款,或集中购货等,企业必须为此提前做好准备,积累大量的货币资金以备需要,这样就会使货币资金存量规模变大。第四,资金调度。一般来说,企业货币资金存量规模过小,会降低企业的支付能力,影响到企业的信誉,因此而负担不必要的罚金支出等,或因此而丧失优惠进货的机会及最佳投资机会等;反之,如果货币资金存量规模过大,则会使企业丧失这部分资金的获利机会,影响企业资金的利用效果。企业管理人员对资金的调度会影响货币资金存量规模,如在货币资金存量规模过小时通过筹资活动提高其存量规模,而在其存量规模较大时,通过短期证券投资的方法加以充分利用,就会降低其存量规模。第五,筹资闲置。企业通过发行新股、债券和银行借款而取得大量现金,但由于时间关系而没来得及运用或暂时没有合适的投资机会进行投资,就会形成较大的货币资金余额。

(二) 分析货币资金水平与结构情况合理性

货币资金是企业资产中一项特殊资产,其特殊性表现在货币资金是满足企业正常经营必不可少的资产,但它又是几乎不产生收益的资产。货币资金存量过低,不能满足日常经营所需;存量过高,既影响资产的利用效率,又降低资产的收益水平。因此,企业货币资金存量及比重是否合适应结合以下因素进行分析:第一,企业货币资金的目标持有量。企业货币资金的目标持有量是指既能满足企业正常经营需要,又避免现金闲置的合理存量。企业应根据其目标持有量,控制货币资金存量规模及比重。第二,资产规模与业务量。一般说来,企业资产规模越大,业务量越大,处于货币资金形态的资产就可能越多。第三,企业融资能力。如果企业有良好的信誉,融资渠道畅通,就没有必要持有大量的货币资金,其货币资金的存量与比重就可以低些。第四,企业运用货币资金的能力。如果企业运用货币资金的能力较强,能灵活进行资金调度,则货币资金的存量与比重可维持在较低水平。第五,行业特点。处于不同行业的企业,由其行业性质所决定,其货币资金存量与比重会有差异。

根据附录表1资产负债表的资料,编制 ZSY 公司货币资金水平与垂直分析简表,见表5-5。

表 5-5　　　　　　ZSY 公司货币资金水平及垂直简表　　　　金额单位：百万元

水平分析	2012 年	2011 年	变动情况		对总资产影响(%)
			变动额	变动(%)	
货币资金	11 574	38 794	−27 220	−70.17	−1.76
经营活动产生的现金流量净额	93 899	157 771	−63 872	−40.48	

垂直分析	2012 年	2011 年	2012 年(%)	2011 年(%)	变动情况(%)
货币资金	11 574	38 794	0.66	2.51	−1.85
资产总计	1 740 634	1 543 576	197 058	12.77	12.77

由表 5-5，可以得出以下结论：①从存量规模及变动情况看，本年该公司货币资金比上年减少了 27 220 百万元，变动幅度为 70.17%，变动幅度较大，究其原因是因为经营活动现金流量 2012 年与 2011 年相比减少了 63 872 百万元。②从比重及变动情况看，该公司期末货币资金的比重为 0.66%，期初比重为 2.51%，货币资金比重下降了 1.85%，主要原因一方面是由于货币资金本身下降了，另一方面是由于总资产增长了。

三、应收款项分析

应收款项主要包括应收票据和应收账款。应收票据是指企业持有的还没有到期的、尚未兑现的商业票据，该票据能够要求委托付款人在指定日期无条件支付确定金额给收款人或持票人。应收票据根据承兑人不同分为银行承兑汇票和商业承兑汇票，其中，银行承兑汇票的承兑人是银行，商业承兑汇票的承兑人是付款人；按照是否计息，应收票据分为带息和不带息两种应收票据。应收账款是指企业在正常经营活动中，由于销售商品、提供劳务等，而应向购货或接受劳务单位收取的款项。

应收票据和应收账款都是企业提供商业信用的产物。但是，两者之间也存在着显著的区别：①应收票据与应收账款相比，能够实现收款的保障性更强，尤其当应收票据为银行承兑汇票时；②应收票据资金占用的机会成本较低。应收票据如果为带息票据，能够减少资金被占用的机会成本；③在未收到账款时，应收票据的快速变现能力更强。应收票据贴现是指持票人因急需资金，将未到期的应收票据背书转让给银行，从而可以实现快速变现，虽然如今应收账款可以办理应收账款保理，但是其条件与应收票据贴现相比较为苛刻且成本较高。应收票据与应收账款由于以上几点差异，导致我们在对企业应收款项进行分析时，不仅要考虑其整体规模，还应当关注其债权内部结构。

除上述区别外,两者基本类似。考虑到应收账款在企业经营活动中的普遍性,以下主要对应收账款进行分析。单纯从资金占用角度讲,应收账款的资金占用是一种最不经济的行为,但这种损失往往可以通过企业扩大销售而得到补偿,所以,应收账款的资金占用又是必要的。对应收账款的分析,应从以下几方面进行。

第一,关注企业应收账款的规模及其变动情况。

企业应收账款的规模和变化与营业收入直接相关。如果应收账款增长率超过营业收入、流动资产和速动资产等项目的增长率,就可以初步判断应收账款不合理增长的倾向,对此,应分析应收账款变动的具体原因是否正常。从经营角度讲,应收账款变动可能出于以下原因:①企业销售规模变动导致应收账款变动;②企业信用政策改变,当企业实行比较严格的信用政策时,应收账款的规模就会小些,反之,则会大些;③企业收账政策不当或收账工作执行不力。当企业采取较严格的收账政策或收账工作得力时,应收账款的规模就会小些,反之,则会大些;④应收账款质量不高,存在长期挂账且难以收回的账款,或因客户发生财务困难,暂时难以偿还所欠货款。

根据附录表 1 资产负债表和附录表 2 利润表的资料,编制 ZSY 公司应收款项 2012 年同 2011 年相比规模及结构变动表 5-6。

表 5-6　　　　　　ZSY 公司应收款项结构　　　　金额单位:百万元

项 目	2012 年	2011 年	变动情况		对总资产影响(%)
			变动额	变动(%)	
应收票据	7 329	9 821	−2 492	−25.37	−0.16
应收账款	4 198	3 297	901	27.33	0.06
营业收入	1 337 157	1 287 823	49 334	3.83	

由表 5-6 可以看出,营业收入 2012 年度比 2011 年度增长了 49 334 百万元,应收票据与应收账款之和 2012 年与 2011 年相比减少了 1 591 百万元,可见,营业收入增长额部分来自于应收款项的收回。应收款项的减少的原因在于应收票据的大幅下降,由 2011 年的 74.87% 下降为 2012 年的 63.58%,说明 ZSY 公司 2012 年整体回款效果较好。

第二,分析会计政策变更和会计估计变更的影响。

会计政策变更是指企业对相同的交易或事项由原来采用的会计政策改用另一会计政策的行为。一般情况下,企业每期应采用相同的会计政策,但在某些制度允许的情况下,也可以变更会计政策。涉及应收账款方面的会计政策如果变更,应收账款就会发生变化。例如,在应收账款入账金额的确认上由总价法改为净值法,应收账款余额就会低于按总价法计算的金额,但这不是由应收账款本身减少形成的。又如,在坏账损失的核算上,由直接转销法改为备抵法,应收账款余额就可能因此而降低。

此外,由于企业经营活动中内在不确定因素的影响,某些会计报表项目不能精确地计量,而只能加以估计。会计估计变更是因为:①赖以进行估计的基础发生变化,或者由于取得新的信息、积累更多的经验以及后来的发展变化,可能需要对会计估计进行修订;②会计的随意性。企业管理人员为达到特定的目的,如追求高盈利,用带有倾向性的假设对当前业务的未来结果做出预测。如果会计估计变更是因为①发生的,这种变更会增加财务报表资料的真实性,但如果是因为②发生的,财务报表资料就可能会掩盖某些事实,造成财务信息人为失真。无论哪种情况发生,对应收账款的会计估计变更,最终都会使应收账款发生变动。

【案例5-1】 KH是一家经营化工产品的制造业企业,近几年为了扩大市场份额,实行了比较宽松的信用政策,随着销售额的上升,公司的应收账款也出现了大幅上升,公司以往对应收账款计提坏账准备实行应收账款百分比法,按照年末应收账款5%进行提取。公司CFO考虑到公司实施宽松的信用政策,相比以前,将有比较大的收款风险,便考虑采用账龄分析法计提坏账准备,公司应收账款账龄如表5-7所示:

表5-7　　　　KH公司2012年年末应收账款账龄及坏账准备　金额单位:百万元

账龄	1年内	1~2年	2~3年	3~4年
应收账款	800	400	50	10
坏账准备	40	40	15	6

由表5-7可知,KH公司2012年年末应收账款余额为1 260百万元,如果采用应收账款百分比法计提坏账准备金额为63百万元(1 260×5%),采用应收账款账龄分析法计提的坏账准备为101百万元。由于账龄分析法的应用,将导致公司利润减少38百万元(不考虑所得税),资产总额减少38百万元,但是却较为真实地反映了企业的财务状况和经营成果。

(三) 分析企业是否利用应收账款进行利润调节

企业利用应收账款进行利润调节的案例屡见不鲜,因此,分析时要特别关注:①不正常的应收账款增长,特别是会计期末突发性产生的与营业收入相对应的应收账款。如果一个企业平时的营业收入和应收账款都很均衡,而唯独第四季度特别是12月份营业收入猛增,并且与此相联系的应收账款也直线上升,就有理由怀疑企业可能通过虚增营业收入或提前确认收入进行利润操纵;②应收账款中关联方应收账款的金额与比例。利用关联方交易进行盈余管理,是一些企业常用的手法。如果一个企业应收账款中关联方应收账款的金额增长异常或所占比例过大,应视为企业利用关联交易进行利润调节的信号;③特别关注企业是否有应收账款巨额冲销行为。一个企业巨额冲销应收账款,特别是其中的关联方应收账款,通常是不正常的。

四、其他应收款分析

其他应收款,是指除了应收票据、应收账款、预付账款以外的其他各种应收、暂付款项。主要包括:应收的各种赔款和罚款、存出保证金、备用金、应向职工收取的各种垫付款项以及其他应收、暂付款项等。实务中,一些上市公司为了某种目的,常常把其他应收款作为企业调整成本费用和利润的手段,分析时对其他应收款项目应予以充分的注意。其他应收款分析应关注以下几方面。

(一)其他应收款的规模及变动情况

分析时应注意观察其他应收款增减变动趋势,如果其他应收款规模过大,或有异常增长现象,如其他应收款余额远远超过应收账款余额,其他应收款增长率大大超过应收账款增长率,就应注意分析企业是否有利用其他应收款进行利润操纵行为。

(二)其他应收款包含内容的变化及合理性

一些企业常常把其他应收款项目当成蓄水池,任意调整成本费用,进而达到调节利润的目的。在新会计准则下,应收补贴款和委托银行等金融机构贷出的款项中不超过一年的部分,也归入"其他应收款"。委托银行等金融机构贷出的款项中超过一年的部分,则归入"长期应收款"。管理者可能通过调整贷款期限来调节其他应收款。分析时要注意发现:一是是否将应计入当期成本费用的支出计入其他应收款;二是是否将本应计入其他项目的内容计入其他应收款。

(三)关联方其他应收款余额及账龄

近年来,大股东占用巨额上市公司资金的事例频繁曝光,已严重威胁到上市公司的正常经营。分析时应结合会计报表附注,观察是否存在大股东或关联方长期、大量占用上市公司资金,造成其他应收款余额长期居高不下的现象。

(四)是否存在违规拆借资金

上市公司以委托理财等名义违规拆借资金往往借助其他应收款来实现。分析时应注意企业是否通过其他应收款进行违规拆借资金。

根据附录表1资产负债表和财务报表附注的资料,编制ZSY公司母公司报表和合并财务报表其他应收款项目规模变动情况表,见表5-8。

表5-8 ZSY公司其他应收款报表比较　　金额单位:百万元

项目	合并报表		母公司报表	
	2012-12-31	2011-12-31	2012-12-31	2011-12-31
其他应收款	16 708	11 224	49 092	23 167
减:坏账准备	2 543	2 648	768	845
其他应收款净值	14 165	8 576	48 324	22 322

由表 5-4 可知，ZSY 母公司其他应收款增长了 116.49%，由于财务报表附注是以合并报表为准的，因此我们将合并报表和母公司报表进行比较，发现本年度投入到子公司的其他应收款，由年初的 11 943 百万元（23 167－11 224），增加到年末的 32 384 百万元（49 092－16 708），增长幅度达到了 171.15%，因此扣除其本身正常的经营变动外，其他应收款绝大部分的增长来自对子公司的投资。

五、存货分析

存货是指企业在日常活动中持有以备出售的产成品或商品、处在生产过程中的在产品、在生产过程或提供劳务过程中耗用的材料和物料等。存货是企业最重要的流动资产之一，正是由于企业实现了由货币形态向非货币形态转变，再由非货币形态向货币形态的转变，才构成了企业的生产经营活动，其中非货币形态中存货是其向货币形态转变的重要环节。存货核算的准确性对资产负债表和利润表有较大的影响，因此，应特别重视对存货的分析。存货分析主要包括存货构成分析、存货计价分析和以存货为中心的价值管理。

（一）存货构成分析

企业存货资产遍布于企业生产经营全过程，种类繁多，按其经济用途可以分为原材料、在产品、自制半成品、产成品和周转材料等。存货构成分析即包括各类存货规模与变动情况分析，也包括各类存货结构与变动情况分析。

（1）存货规模与变动情况分析。存货规模与变动情况分析，主要是观察各类存货的变动情况与变动趋势，分析各类存货增减变动的原因。

根据附录表 1 资产负债表和财务报告附注的资料，编制 ZSY 公司 2012 年存货变动情况表，见表 5-9。

表 5-9　　　　　　ZSY 公司存货水平变动情况　　　　　金额单位：百万元

存货	2012 年	2011 年	变动情况	
			变动额	变动率(%)
原油及其他原材料	59 893	48 274	11 619	24.07%
在产品	12 589	13 263	－674	－5.08%
产成品	93 558	81 928	11 630	14.20%
周转材料	33	34	－1	－2.94%
合计	166 074	143 498	22 576	15.73%

根据表 5-9 可知，本年存货增加了 22 576 百万元，增长比率为 15.73%。一般来说，随着企业生产规模的扩大，材料存货和在产品存货相应的增加是正常的。ZSY 公司 2012 年营业收入增长为 3.83%，营业成本增加了 6.52%，存货净值却增长了 15.73%，分析其以往的存货结构，其可能是由于原油生产速

度和产成品生产速度较快,会导致存货的周转率较低,降低了资金的利用效率。

(2) 存货结构与变动情况分析。存货资产结构指各种存货资产在存货总额中的比重。各种存货资产在企业再生产过程中的作用是不同的,其中库存商品和发出商品存货是存在于流通领域的存货,不是保证企业再生产过程不间断进行的必要条件,必须压缩到最低限度。材料类存货是维护再生产活动的必要物质基础,然而它只是生产的潜在因素,所以应把它限制在能够保证再生产正常进行的最低水平上。在产品存货是保证生产过程连续性的存货,企业的生产规模和生产周期决定了在产品存货的存量,在企业正常经营条件下,在产品存货应保持一个稳定的比例。

企业生产经营的特点决定了企业存货资产的结构,在正常情况下,存货资产结构应保持相对的稳定性。分析时,应特别注意对变动较大的项目进行重点分析。任何存货资产比重的大幅变动,都可能表明企业生产经营过程中有异常情况发生,因此应深入分析其原因,以便采取有针对性的措施加以纠正。

根据附录表 1 资产负债表和财务报告附注的资料,编制 ZSY 公司 2012 年存货项目内部结构构成表,见表 5-10。

表 5-10　　　　　ZSY 公司存货垂直变动情况　　　金额单位:百万元

存货	2012 年	2011 年	结构(%)		差异
			2012 年	2011 年	
原油及其他原材料	59 893	48 274	36.06%	33.64%	2.42%
在产品	12 589	13 263	7.58%	9.24%	−1.66%
产成品	93 558	81 928	56.34%	57.09%	−0.75%
周转材料	33	34	0.02%	0.03%	−0.01%
合计	166 074	143 498	100%	100%	

由表 5-10 可以看出,从存货结构角度来看,2012 年度和 2011 年度原油及其他原材料、产成品在存货中的占比均在 90% 以上,占据了存货的绝对主体,而在产品和周转材料在存货中的占比相对较少,特别是周转材料在存货中的占比远小于 1%。产成品比重最大,其次是原油及其他原材料,产成品和周转材料比重较小,该结构基本符合石油石化行业的存货结构状况。从存货结构的变化角度来看,与 2011 年度相比,2012 年原油及其他原材料、在产品、产成品和周转材料的变化分别为 2.42%、−1.66%、−0.75%、−0.01%,不存在较大的波动,在存货中的结构基本稳定。

(二) 存货计价分析

存货资产是企业流动资产中最重要的组成部分之一,是生产经营活动重要的物质基础。存货资产的变动,不仅对流动资产的资金占用有极大的影响,而且对生产经营活动也会产生重大影响。存货变动更主要地受企业生产经营方面的影响,如生产经营规模的扩张和收缩、资产利用效率的高低、资产周转速度的快慢、存货管理水平的优劣等等。但存货的计价方法、存货的盘存制度和跌价准备的计提等因素的影响也不容忽视。

(1) 分析企业对存货计价方法的选择与变更是否合理。可供企业选择的存货计价方法有先进先出法、个别计价法和加权平均法。因为价格的变动,存货的不同计价方法会导致不同的结果。在通货膨胀条件下,存货的不同计价方法对资产负债表和利润表的影响见表5-11。

表 5-11　　　　存货的不同计价方法对资产和利润的影响

计价方法	对资产的影响	对利润的影响
先进先出法	基本反映存货当前价值	利润被高估
个别计价法	基本反映存货真实价值	基本反映真实利润水平
加权平均法	介于两者之间	介于两者之间

由于存货计价方法的不同选择会产生重大的差异,一些企业在实务中往往将存货计价方法的选择作为操纵利润的手段。分析时应结合企业的具体情况、行业特征和价格变动情况,评价其存货计价方法选择的合理性,同时结合财务报表附注对存货会计政策变更的说明,判断其变更的合理性。

(2) 分析存货的盘存制度对确认存货数量和价值的影响。存货数量变动是影响资产负债表存货项目的基本因素,企业存货数量的确定主要有两种方法:定期盘存法和永续盘存法。当企业采用定期盘存法进行存货数量核算时,资产负债表上存货项目反映的就是存货的实有数量。如果采用永续盘存法,除非在编制资产负债表时对存货进行盘存,否则,资产负债表上存货项目所反映的只是存货的账面数量。两种不同的存货数量确认方法会造成资产负债表上存货项目的差异,这种差异不是由存货数量本身的变动引起的,而是由存货数量的会计确认方法不同造成的。

(3) 分析期末存货价值的计价原则对存货项目的影响。期末存货价值的确定通常采用历史成本法,但会计制度也允许企业采用"成本与可变现净值孰低法"来确定。当按历史成本法确定的存货低于可变现净值时,按两种方法确定的期末存货价值是一致的。当存货的可变现净值下跌至成本以下时,按"成本与可变现净值孰低法"确定的存货期末金额就会低于按历史成本法确定的存货期末金额。因此,企业改变存货价值的计价原则,就会引起资产负债表上存货项目的变动,但这种变动只是一种价值变动,存货数量并不因为计价方法的变更而改变。对报表使用者来说,按"成本与可变现净值孰低法"对期末存货计价,其资产价值更真实可信。如果说把历史成本法改为"成本与可变现净值孰低法"是一种会计政策选择或会计政策变更的话,对可变现净值的确定就是一种会计估计,同样会影响资产负债表中存货的价值。

(三)以存货为中心的价值管理

以存货为中心的价值管理,就是与存货有关的收付款过程的管理,表现在具体的项目中是经营性的债权债务和存货的动态关系管理。通过充分利用企业在产业链上的优势,增强其与上下游企业的谈判能力,可以节约资金的使用成本并提高资金的使用效率,实现企业的做大做强。

1. 购货付款安排

企业购置存货会产生不同的付款方式,不同的付款方式对报表影响不同。如果在货物到达之前先付款,就会形成资产项目"预付账款",货到后形成企业的存货;如果存货已到但尚未付款,那么企业在存货增加的同时会形成"应付票据"或"应付账款"。

根据附录表1资产负债表的资料,编制 ZSY 公司采购付款安排情况表,见表 5-12。

表 5-12　　ZSY 公司资产负债表部分数据——采购付款安排

金额单位:百万元

	2012 年年末	2011 年年末	差额
存　　货	214 116	182 253	31 863
预付账款	32 813	39 296	−6 483
应付账款	278 427	232 618	45 809
应付票据	2 265	2 458	−193

表 5-12 反映了 ZSY 公司合并报表 2012 年末和 2011 年末的存货付款安排情况。本公司的数据显示,2012 年年末存货和预付账款的合计值为 246 929 百万元,但是应付账款和应付票据 280 692 百万元,相当于免费融资 33 763 百万元(280 692−246 929)。从应付款项的内部结构来看,应付票据占的比例不足 1%,而与应付账款相比,应付票据在还款方面更具强制性,所以较小比例的应付票据对 ZSY 公司是有利的。同时与 2011 年年末相比,应付票据所占比例有所降低,这也是较好的趋势。从应付款项与存货的比较来看,基于前面对于制造业存货构成的分析,企业应付款项金额的合计应当小于存货的金额。然而,ZSY 公司却出现了与存货相对应的负债远远大于存货的情况。如果这种状况成为一种常态的话,就是与供应商谈判能力强的表现,或者说是一种在付款安排上有竞争优势的表现。

但是需要说明的是,上述案例未考虑以下两点:第一,预付账款、应收账款和应付票据这三项并非全部由存货采购引起的,也可能是购买设备、付工程款等原因引起的,但是经常性的购买一定是存货购买;第二,制造业财务报表上的存货金额不一定是由于这几个项目引起的,因为还包括人工和制造费用。

2. 销售回款安排

企业是以盈利为目的的组织。所谓盈利,并不是为了展示其存货的周转速度,而是通过加速存货周转,快速回现,实现增值。当然,卖掉存货是第一步,但是销售结算方式的差异会对资产负债表产生不同的影响。如果还没有签订相应的销售合同,对方提前付款给企业,在报表中便会形成"预收账款",如果企业已经发出货物但是采用赊销的方式,则反映在资产负债表的"应收账款"项目。

分析企业的销售回款安排,我们可以通过观察与回款有关的各项目的年末、年初的变化状况,看一定时期期末与期初的差额。

根据附录表1资产负债表和附件表2利润表的资料,编制 ZSY 公司的销售收款安排情况表,见表 5-13。

表 5-13　　　ZSY 公司资产负债表部分数据——销售收款安排

金额单位:百万元

	2012 年年末	2011 年年末	差额
营业收入	2 195 296	2 003 833	191 463
预收账款	38 131	34 130	4 001
应收账款	64 450	53 822	10 628
应收票据	9 981	12 688	−2 707

从表 5-13 中我们发现,应收款项从年初的 66 510 百万元增加到年末的 74 431 百万元,增加了 7 921 百万元。同时,预收账款从年初的 34 130 百万元增加到年末的 38 131 百万元,增加了 4 001 百万元。也就是说,在预收账款弥补了部分未收回的应收款项之后,2012 年 ZSY 公司总体少回款 3 920 百万元(7 921−4 001)。需要强调的是公司本年度的营业收入比上年度增加了 191 463 百万元,基本维持了公司原有的赊销水平。从债权结构上来看,应收账款增长较快,而应收票据却下降了,说明债权结构质量有所下降。同时企业的预收款能力有小幅的提高。

第四节　固定资产分析

固定资产是指企业使用年限超过一个会计年度的房屋、建筑物、机器、机械、运输工具以及其他与生产、经营活动有关的设备、器具且单项价值符合会计准则规定的资产。固定资产是传统制造业企业最重要的劳动手段,对企业的盈利能力有重大影响,其区别与存货之处在于其用途是为了进行生产经营,而不是为了出售。固定资产入账之前,一般在资产负债表中的在建工程项目中进行核算,在建工程与固定资产最大区别在于在建工程在在建期间并不能为企业的经营活动提供任何的贡献。固定资产分析主要从固定资产规模与变动情况分析、固定资产结构与变动情况分析、固定资产折旧分析、固定资产减值准备分析四方面展开。

一、固定资产规模与变动情况分析

固定资产规模与变动情况分析主要从固定资产原值变动情况分析和固定资产净值变动情况分析两个方面来进行。

(一)固定资产原值变动情况分析

固定资产原值反映固定资产实际占用的价值量,如果剔除物价变动的影响,也可以说固定资产原值是以价值形式表示固定资产实物量的指标。固定资产原值反映了企业固定资产规模,其增减变动受当期固定资产增加和当期固定资产减少的影响。当期固定资产增加的主要原因有:①投资转入固定资产;②自行购入固定资产;③自建、自制固定资产;④融资租入固定资产;⑤接受捐赠固定资产;⑥固定资产盘盈;⑦其他原因。当期固定资产减少的主要原因有:①出售转让固定资产;②投资转出固定资产;③固定资产报废清理;④固定资产盘亏及毁损;⑤发生非常损失;⑥其他原因。对固定资产原值变动情况及变动原因的分析,可根据财务报表附注和其他相关资料进行,分析要点在于资源投入与效益产出是否配比,具体观察有产能是否有产出,有产出是否有市场,有市场是否有现金流入量。

根据附录表1资产负债表和财务报表附注,编制ZSY公司固定资产原值规模与变动情况表,见表5-14。

表5-14　　　　ZSY公司2012年度固定资产规模情况

金额单位:百万元

项目	房屋建筑物	机器设备	运输设备	其他设备	总计
期初原值	146 674	620 039	26 819	14 184	807 716
本期增加	19 369	121 862	2 296	2 051	145 538
本期减少	1 810	6 555	636	244	9 245
期末原值	164 233	735 346	28 479	15 991	944 009
增减额	17 559	115 307	1 660	1 807	136 333
增减(%)	11.97%	18.60%	6.19%	12.74%	16.88%

由表5-14可以看出,该公司本期固定资产原值增加136 333百万元,增长

率为 16.88%。从固定资产各项目增减额来看，本期固定资产原值增长主要是机器设备增长 115 307 百万元，其次是房屋建筑物增长 17 559 百万元。机器设备和房屋建筑物的增加都属于生产用固定资产的增长，有利于提高公司的生产能力。

（二）固定资产净值变动情况分析

固定资产净值的变动取决于三个方面：一是固定资产原值的变动；二是折旧的变动，而折旧的变动取决于折旧政策的选择；三是固定资产减值准备的计提。固定资产净值变动情况分析是分析固定资产原值变动、固定资产折旧变动和固定资产减值准备计提对固定资产净值的影响。

$$\text{固定资产净值} = \text{固定资产年初净值} + \text{固定资产原值增加} - \text{固定资产原值减少} - \text{本期计提折旧} + \text{本期售出、报废固定资产转出折旧和减值准备} - \text{固定资产本期计提的减值准备}$$

二、固定资产结构与变动情况分析

企业拥有的固定资产种类繁多。按照固定资产的自身特性可以分为：土地、自然资源、房屋及建筑物、机器及设备等；按照固定资产的使用领域可以分为：生产经营用固定资产和非生产经营用固定资产；按照固定资产的使用情况可以分为：使用中的固定资产、未使用的固定资产、不需用的固定资产、租出的固定资产。固定资产结构反映固定资产的配置情况，合理配置固定资产，既可以在不增加固定资金占用量的同时提高企业生产能力，又可以使固定资产得到充分利用。在各类固定资产中，生产用固定资产，特别是其中的机器及设备，与企业生产经营直接相关，在固定资产中占较大比重。非生产用固定资产主要指职工宿舍、食堂、俱乐部等非生产单位使用的房屋及建筑物。企业应在发展生产的基础上，根据实际需要适当增加这方面的固定资产，但增加速度一般应低于生产用固定资产的增加速度，其比重的降低应属正常现象。未使用和不需用固定资产对固定资金的使用是不利的，应该查明原因，采取措施，积极处理，将其压缩到最低限度。如因购入未来得及安装，或正在进行检修，虽属正常现象，也应加强管理，尽可能缩短安装和检修时间，使固定资产尽早投入到生产运营中去。

根据现行会计制度，企业无需对外披露固定资产的使用情况，企业外部分析人员通常无法获得这方面的相关信息。但是企业内部分析人员仍有必要分析固定资产的结构与变动趋势，考察固定资产分布和利用的合理性，为企业合理配置固定资产、挖掘固定资产利用潜力提供依据。固定资产结构分析应特别注意从以下三个方面进行：一是特别注意分析生产用固定资产与非生产用固定资产之间的比例变化情况；二是考察生产用固定资产内部结构是否合理；三是特别注意考察未使用和不需用固定资产比率的变化情况，查明企业在处置闲置固定资产方面的工作是否得力。

三、固定资产折旧分析

会计准则和制度允许企业使用的折旧方法有平均年限法、工作量法、双倍余额递减法、年限总和法,后两种方法属于加速折旧法。不同的折旧方法由于各期所提折旧不同,会引起固定资产价值发生不同的变化。固定资产折旧方法的选择对固定资产的影响还隐含着会计估计对固定资产的影响,如对折旧年限的估计、对固定资产残值的估计等。

固定资产折旧分析应注重以下几方面:

(1) 分析固定资产折旧方法的合理性。企业应根据经济环境、科技发展及其他因素,合理选择固定资产折旧方法,对于利用固定资产折旧方法的选择及折旧方法的变更,达到调整固定资产净值和利润为目的的做法,要通过分析比较揭示出来。

(2) 分析企业固定资产折旧政策的连续性。固定资产折旧方法一经确定,一般不得随意变更。企业变更固定资产折旧方法,可能隐藏着一些不可告人的目的,因此,应分析其变更理由是否充分,同时确定折旧政策变更的影响。

(3) 分析固定资产预计使用年限和预计净残值确定的合理性。分析时,应注意固定资产使用年限和固定资产预计净残值的估计是否符合国家有关规定,是否符合企业实际情况。实务中,一些企业在固定资产没有减少的情况下,往往通过延长固定资产使用年限,使折旧费用大幅减少,达到扭亏增盈的目的。对于这种会计信息失真现象,分析人员应予以揭示,并加以修正。

【案例 5-2】 LS 公司董事会最近计划采购 4 台单项资产金额较大的设备,金额高达 200 百万元,考虑到期折旧额较大,遂决定由财务部会同生产部门一起对设备使用年限及残值进行评估,确定具体的折旧方法,并注明对企业未来财务状况和经营成果方面的影响。经过商讨后,给出了三个备选方案,具体见下表 5-15。

表 5-15　　　　　　　　设备折旧备选方案

	折旧方法	折旧年限(年)	残值(%)	每年对利润的影响(百万元)
方案一	直线法	10	5%	19
方案二	直线法	5	5%	38
方案三	双倍余额递减	10	5%	40

方案一的支持者认为,公司以往对该类资产均采用的是直线法,折旧年限 10 年,以及 5% 的残值率,不应随意调整,况且结合以往的经验,符合实际情况,另外,如果采用其他两种方法,将会对近期公司的业绩造成较大不利影响;方案

二的支持者认为,虽然以往该类资产采用了方案一的方法,但是,本期采购的资产有其特殊性,该类资产近年来更新换代较快,而且新技术的应用对资产的经济价值冲击较大;方案三的支持者扮演了调和的角色,既可以实现折旧年限与残值维持不变,又能体现其加速折旧的特点。

暂且不考虑董事会最后的决定,可以发现,各方案对净利润的影响是不同的,从合理性的角度考虑,应该选择方案二,但如果,企业正在考虑上市,为了完成利润指标,是否会选择方案一呢?由此,我们可以了解到会计政策和会计估计的两面性,即增加了会计方法选择的灵活性又增加了其作为利润调节手段的可能性。

(四)固定资产减值准备分析

按照资产减值准则的规定,企业在资产负债表日应当判断固定资产是否存在减值的迹象,主要可以从外部信息来源和内部信息来源进行判断。从外部信息来源来看,当固定资产的市价当期发生大幅度下跌,且跌幅明显高于因时间推移或正常使用而预计的下跌;企业所处的经济环境或所处的市场发生重大变化,从而对企业产生不利影响等。从内部信息来源来看,如果有证据表明资产已经陈旧过时或者其实体已经损坏;资产已经或者将被闲置、终止使用或计划提前处置等。

固定资产已经按照会计准则的要求计提了相应的折旧,为什么还需要计提减值准备呢?资产减值的确认实质上是对资产价值的再确认。一般情况下,仅对固定资产计提折旧即可,但是在出现减值迹象的时候,要估计其资产的可收回金额,以确定是否需要进行减值准备,从而能够真实地反映固定资产的真实价值。

第五节 其他非流动资产分析

一、无形资产

无形资产是指其企业拥有或控制的没有实物形态的可辨认非货币资产。无形资产与固定资产一样都是非流动资产,都不具有货币形态,从概念上看两者最大的区别在于无形资产不具有实物形态。另外对于企业未来盈利贡献方式也存在差别,无形资产是企业获得的一项特权,可以随意使用且具有较强的排他性,可能为企业带来超额的收益,而固定资产具有一般性,符合条件的企业都可以使用。无形资产的占比依据企业战略目标、经营方式以及所处行业特点的不同而不同。

无形资产包括专利权、非专利技术、商标权、著作权、特许权、土地使用权等。无形资产分析主要从无形资产规模与变动情况分析、无形资产结构与变动情况分析、无形资产摊销分析三方面展开。

(一) 无形资产规模与结构分析

无形资产增长的来源主要包括：①投资转入无形资产；②自行购入无形资产；③自主研发的无形资产；④其他。一个成熟和有竞争力的企业，每年都应当在研究和开发上投入一定数量的资金，通过研究和开发活动取得专利权和非专利技术等无形资产。

无形资产结构变化应考虑两方面的影响：①企业的生命周期，一般来说企业发展初期一般对无形资产的投入量比较少，发展期对无形资产的投入比较大；②主营业务，无形资产种类繁多，不同的企业需要的无形资产的类别是不一样的。一般来说，相比传统制造业，高新技术企业更加重视研发创新，对无形资产的投入较多。

根据附录表1资产负债表的资料，编制ZSY公司无形资产2012年水平和结构变动情况表，见表5-16。

表 5-16　　　　ZSY公司无形资产水平及垂直分析　　　金额单位：百万元

水平分析	2012年	2011年	变动额	变动率(%)	对总资产影响
无形资产	44 159	36 373	7 786	21.41	0.50%
垂直分析	2012年	2011年	2012年	2011年	差异
无形资产	44 159	36 373	2.54%	2.36%	0.18%

根据表5-17可知，ZSY公司无形资产2012年的规模同2011年相比增长了7 786百万元，增长率为21.41%，说明无形资产有了一定幅度的上涨；从无形资产在总资产的占比来看，2012年同2011年相比，无形资产占总资产的比例略有上升，增加了0.18%。根据其财务报表及附注，了解到ZSY公司的无形资产包括土地使用权、专利权和其他，其中土地使用权占比较大，达到了60%以上。

(二) 无形资产摊销分析

会计准则和制度允许使用的无形资产的摊销方法有很多种，如直线法、递减余额法和生产总量法。不同的摊销方法由于各期所提摊销不同，会引起无形资产价值发生不同的变化。无形资产摊销方法的选择对无形资产的影响还隐含着会计估计对无形资产的影响，如对摊销年限的估计等。

无形资产摊销分析应注重以下几方面：

(1) 分析无形资产摊销方法的合理性。企业应根据经济环境、科技发展及其他因素，合理选择无形资产摊销方法。企业选择什么样的摊销方法，主要取决于企业和无形资产有关经济利益的预期转换方式，不同会计期间都要贯彻始终。

(2) 分析无形资产预计使用年限和预计净残值确定的合理性。无形资产由于其特殊性，有时候无法对其未来可以带来的经济利益期间进行准确的估计。

具体来说,无形资产使用寿命可按以下原则进行确定:由于企业持有无形资产,通常都源于合同性权利或是其他法定权利,这些无形资产的使用寿命一般都在合同或法律上都有明确的规定;合同或法律没有规定使用寿命的,企业应当综合判断各方面的情况,以确定无形资产能够为企业带来经济利益。比如,与同行业的情况进行比较、参考历史经验等;如果确实存在客观情况,无法对其使用寿命进行估计,则应当在每期末,对其使用寿命进行复核。

(三) 无形资产内部研发分析

无形资产会计准则对于企业内部研究开发费用的确认和计量是分为研究和开发两个阶段进行的。研究是指为获取并理解新的科学或技术知识而进行的独创性的有计划调查。开发是指在进行商业性生产或使用前,将研究成果或其他知识应用于某项计划或设计,以生产出新的或具有实质性改进的材料、装置、产品等。不同的阶段对其内部研究开发费用的确认和计量的规定是不同的。

对于研究阶段,会计准则规定,有关支出在发生时应当费用化计入当期损益;对于开发阶段,研究达到一定的阶段而进入开发程序后发生的费用,如果符合相关条件,允许资本化。但是对于资本化条件的条款,相对来说,比较难以准确测量。

由于其是否资本化,直接关系到是否全额确认为费用,对企业的经营成果造成影响,也影响企业经营者创新研发的积极性。因此,应当予以重点关注,特别是研究开发费用较大的企业。

二、金融资产和长期股权投资

新企业会计准则修改了投资的分类,将短期投资、长期股权性投资、长期债权性投资分别由两个具体准则予以规范,其中:将对子公司、联营企业、合营企业的股权投资以及对被投资单位在重大影响以下且在活跃市场中没有报价、公允价值不能可靠计量的长期股权投资由《长期股权投资》准则规范;其他投资则作为金融资产由《金融工具确认和计量》准则规范。金融资产分为四类:以公允价值计量且其变动计入当期损益的金融资产、持有至到期投资、贷款和应收款项及可供出售金融资产。持有至到期投资、可供出售金融资产和长期股权投资在资产负债表中的非流动资产项目进行列示,因此,我们主要对这三类资产进行分析。

持有至到期投资,是指到期日固定、回收金额固定或可确定,且具有明确意图和能力持有至到期的非衍生金融资产。

可供出售金融资产,是指初始确认时即被指定为可供出售的非衍生金融资产,以及除下列各类资产以外的金融资产:①贷款和应收款项;②持有至到期投资;③以公允价值计量且其变动计入当期损益的金融资产。

长期股权投资,是指企业准备长期持有的权益性投资。上述投资性资产的区别可见表5-17。

表5-17　　　　　　　　　　投资性资产的区别

项目	证券种类	持有目的
持有至到期投资	债券类	获得固定收益
可供出售金融资产	债券类、权益类	持有意图不明
长期股权投资	权益类	长期持有

另外,值得注意的是,持有至到期投资和可供出售金融资产更多倾向于传统意义上的投资,是为了实现资产保值或增值而采取的投资行为。长期股权投资的意义在于整合其上下游产业链或者实现多元化经营而采取的投资行为,其最终的目的是对目标企业实现控制。

(一)金融资产和长期股权投资的规模与结构分析

持有至到期投资、可供出售金融资产和长期股权投资的规模变动主要考察两个方面:①投资规模本身的扩大;②会计计量方法导致的增减,比如,可供出售金融资产的期末计量采用公允价值计量方式,因此其资产负债表反应的规模受期末公允价值的影响。

持有至到期投资、可供出售金融资产和长期股权投资占总资产的结构变化往往说明企业近期的整体战略的变化,是通过自主经营还是投资获利来使企业获得相应的利润,另外也要注意会计计量方法导致的结构变动。

根据附录表1资产负债表的资料,编制ZSY金融资产和长期股权投资规模变动情况表,见表5-18。

表5-18　　　　　　ZSY公司金融资产和长期股权投资

金额单位:百万元

项目	2012年	2011年	变动额	变动率
可供出售金融资产	1 253	439	814	185.42%
长期股权投资	265 939	228 742	37 197	16.26%

仅看表5-18可知,ZSY公司2012年年末与2011年年末相比可供出售金融资产的规模增加了814百万元,其增长幅度为185.42%,通过对其附注及其他综合收益项目进行分析,发现由于2012年年末股票市场受利好消息影响,大盘整体飘红,且提升幅度较大,因此公允价值计量模型的应用促进了可供出售金融资产规模的增加。因此,我们应当注意在进行财务报表分析时,如此增长要重点关注。此外,长期股权投资也取得了较大增加,增加额为37 197百万元,增加幅度为16.26%。可见,ZSY公司较为注重外部优势资源的整合,通过加大长期持有相关公司的股权来实现其对目标公司的控制,以更好地实现

资产优化配置。

（二）金融资产和长期股权投资分类合理性的分析

1. 金融资产内部分类合理性的分析

新企业会计准则规定，金融资产的分类一经确定，不得随意改变。一方面，企业在初始确认时将某金融资产划分为以公允价值计量且其变动计入当期损益的金融资产后不能重分类为其他类金融资产；其他类金融资产也不能重分类为以公允价值计量且其变动计入当期损益的金融资产。另一方面，持有至到期投资、贷款和应收款项、可供出售金融资产等三类金融资产之间，也不得随意重分类。因此，在分析金融资产的规模变动时要注意观察在不同会计期间是否发生了重分类，企业是否通过重分类来对当期收益进行调节。

2. 金融资产与长期股权投资之间分类合理性的分析

对于金融资产和长期股权投资的分类，应该抓住三个关键点：一是投资企业对被投资企业是否具有控制；二是是否具有重大影响；三是该投资是否具有市价。前两点是区分长期股权投资计量方法的依据，而有无市价主要是用来区分金融资产和长期股权投资的依据。我们可以通过图5-1来说明金融资产和长期股权投资的分类情况。

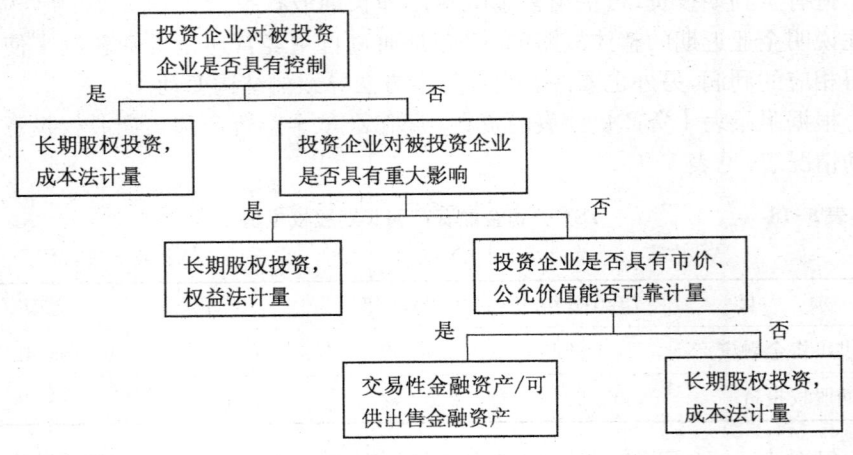

图 5-1 投资分类情况图

由图 5-1 可知，当投资企业对被投资企业不具有控制且不具有重大影响时，如果投资企业具有市价、公允价值能够可靠计量的情况下，将投资分类为交易性金融资产或者可供出售金融资产；否则，则将其分类为长期股权投资。因此，在对金融资产和长期股权投资的规模变化进行分析时，要特别注意可供出售金融资产和长期股权投资的分类是否合理，是否存在乱分类的现象。

本章小结

资产是企业拥有或者控制的能以货币计量的经济资源,包括企业的各种财产、债权和其他权利。资产按其流动性状况,一般分为流动资产和非流动资产。各类资产的特点和组成项目是不同的,在企业生产经营中的作用也是不同的。资产负债表中的资产项目按上述分类,为财务分析提供了丰富的信息,起到了重要作用。

接着本章阐述了关于资产质量的相关内容,资产质量是指预期效用和实际效用的吻合程度,通过对资产质量特征的认识,有利于对资产质量做出评价。同时,资产减值作为资产质量优化的重要途径,反映了会计政策对资产项目的影响。

资产项目进行分析的目的在于了解资产项目如何反映企业的财务状况,以及其所提供的会计信息的质量。通过资产要素的分析,了解和掌握了相关项目的内涵;了解资产要素变动情况及变动原因;评价会计政策变更对资产项目的影响。

对资产项目进行分析,首先对其整体规模和结构进行了解,有利于对公司资产规模的变动情况和影响其变动的重要项目进行重要关注,及时发现异常项目,以及了解公司的资产结构是否符合一般的行业特性以及其资产结构的稳定性等;其次,按照资产的流动性进行分类,介绍了货币资金、应收账款、其他应收款、存货、固定资产、无形资产、可供出售金融资产、持有至到期投资和长期股权投资等资产项目。运用资产项目的水平分析、垂直分析方法,围绕:①分析评价总资产的变动情况和各类、各项资产的变动情况;②发现变动幅度较大或对总资产影响较大的重点类别或项目;③分析评价资产变动的合理性与效率性;④分析评价会计政策和会计估计变更的影响。

资产项目并不是单个存在的,最好的管理是对资产项目的组合利用,实现其协同效应,因此,本章分析了以存货为中心的价值管理,通过对存货的采购付款安排和销售收款安排能力分析企业的竞争力。

主要术语

资产 水平分析 垂直分析 资产质量 资产减值 流动资产 货币资金 应收账款 其他应收款 坏账准备 存货 可变现净值孰低法 固定资产 折旧和摊销 无形资产 持有至到期投资 可供出售金融资产 长期股权投资

思考与练习题

5.1 资产分析的目的是什么?
5.2 坏账准备计提方法的变化对资产和损益的影响?
5.3 以存货为中心的价值管理如何从资产负债表项目中体现?
5.4 资产质量的定义及特征是什么?
5.5 资产减值处理与资产质量的关系?
5.6 金融资产和长期股权投资分类的依据是什么?

案 例 分 析

同"业"不同"构"

自 2003 年以来,关于房地产的话题就不绝于耳,随着房价的逐步攀升,越来越多的房地产企业受到了大众的关注。为此,我们精选了三家房地产企业(万科、浦东金桥、世联地产)对其资产负债表进行了分析,结果显示,虽然它们身处同一行业,但其资产结构却大相径庭,这是为什么?详细资料如下:

三家房地产企业资产结构的重要数据比较

	货币资金	存货	应收、预付	非流动资产			
				投资性房地产	长期股权投资	固定资产	其他各项
万科A	13.80%	67.36%	9.31%	4.23%			
浦东金桥	3.49%	22.15%	1.08%	42.27%	3.49%	24.51%	—
世联地产	43.60%	0%	18.32%	1.76%	—	9.57%	—

房地产企业大致可以分为三类,分别为从事住宅地产开发项目、房地产中介服务、商业地产项目,从事不同的项目,所需要的资源是不同的,因此,在其资产结构和资本上形成了较大的差异。

请思考:
1. 描述出上述三家房地产企业的经营方式。
2. 就资产结构而言,三家企业的资产质量如何?

第六章 负债与所有者权益分析

本章讲述资产负债表右方负债与所有者权益的分析。通过本章学习首先了解负债与所有者权益的内涵,明确负债与所有者权益分析的作用和内容,以及负债与所有者权益整体状况分析;然后分别重点分析了负债与所有者权益中的具体重点项目,其中负债按照流动性分为流动负债和非流动负债,所有者权益按照积累方式不同分为投入资本和留存收益;最后对资本结构进行了分析,并结合上一章资产分析的内容阐述了资本结构与资产结构的适应性。

本章建议课时为4学时。

第一节 负债与所有者权益分析概述

一、负债与所有者权益的内涵

负债与所有者权益列示在资产负债表的右方,反映的是企业债权人和所有者对企业资产资源的索取权。企业得以设立、经营和发展离不开资金或资本的支持。其中,一部分资金或资本来源于债权人,称为负债,另一部分资金或资本来源于所有者,称为所有者权益。

(一)负债的内涵

根据我国会计准则对负债的定义,负债是指企业过去的交易或者事项形成的、预期会导致经济利益流出企业的现时义务。

根据负债的定义,负债具有以下特征:①负债是企业承担的现时义务,这是负债的一个基本特征。其中,现时义务是指企业在现行条件下已承担的义务。未来发生的交易或者事项形成的义务,不属于现时义务,不应当确认为负债。②负债预期会导致经济利益流出企业。这也是负债的一个本质特征,只有企业在履行义务时会导致经济利益流出企业的,才符合负债的定义,如果不会导致企业经济利益流出,就不符合负债的定义。③负债是由企业过去的交易或者事项形成的。换句话说,只有过去的交易或者事项才形成负债,企业将在未来发生的承诺、签订的合同等交易或者事项,不形成负债。

在符合负债定义的条件下,只有同时满足以下两个条件,才确认为负债:①与该义务有关的经济利益很可能流出企业。②未来流出的经济利益的金额能够可靠地计量。符合负债定义和负债确认条件的项目,应当列入资产负债表;符合负债定义,但不符合负债确认条件的项目,不应当列入资产负债表。列入资产负债表的负债,按照流动性的顺序进行列示,包括流动负债和非流动负债。流动负债的判断标准与流动资产的判断标准相类似。

(二)所有者权益的内涵

所有者权益是指扣除负债后由所有者所享有的剩余权益。公司的所有者权益又称为股东权益。所有者权益是一种剩余索取权,它可反映所有者投入资本的保值增值情况。

所有者权益的来源包括所有者投入的资本、直接计入所有者权益的利得和损失、留存收益等。所有者投入的资本是指所有者投入企业的资本部分,它既包括构成企业注册资本或者股本部分的金额,也包括投入资本超过注册资本或者股本部分的金额,即资本溢价或者股本溢价。直接计入所有者权益的利得和损失,是指不应计入当期损益、会导致所有者权益发生增减变动的、与所有者投入资本或者向所有者分配利润无关的利得或者损失。其中,利得是指由企业非日常活动所形成的、会导致所有者权益增加的、与所有者投入资本无关的经济利益的流入。损失是指由企业非日常活动所发生的、会导致所有者权益减少的、与向所有者分配利润无关的经济利益的流出。留存收益是企业历年实现的净利润留存于企业的部分,主要包括盈余公积和未分配利润。

所有者权益的确认和计量主要取决于资产、负债、收入、费用等其他会计要素的确认和计量。所有者权益即为企业的净资产,是企业资产总额中扣除债权人权益后的净额,反映所有者(股东)财富的净增加额。通常企业收入增加时,会导致资产的增加,相应地会增加所有者权益;企业发生费用时,会导致负债增加,相应地会减少所有者权益。因此,企业日常经营的好坏和资产负债的质量直接决定着企业所有者权益的增减变化和资本的保值增值。所有者权益项目列在资产负债表的右下方,一般分为:实收资本(或股本)、资本公积(含资本溢价或股本溢价、其他资本公积)、盈余公积、未分配利润等。

二、负债与所有者权益分析的作用

从资本运动过程来看,负债与所有者权益分析直接反应企业筹资活动,包括从不同渠道、不同方式获得的资金或资本。同时,负债与所有者权益分析也能够反应投资活动的最终成效,以及分配活动带来所有者资本的变化。具体来说,负债与所有者权益分析具有以下作用:

(1)提供资本来源的信息。不同资本来源对于其补偿的要求程度和顺序是不同的。举债的资本对于收益拥有优先受偿权,但只能按照其约定的额度进行补偿;所有者投入的资本享有收益扣除负债补偿后的全部剩余收益。负债与所有者权益分析有利于企业管理者和外部投资者对企业经营发展所需资本来源进行了解,对企业资本成本、融资能力做出判断。

(2) 提供负债与所有者权益具体项目的信息。确认在资产负债表中的负债与所有者权益相关信息,有时仅仅表现为一个会计科目,其背后所蕴含的经济含义并未直观体现,这就需要根据信息需求对其进行深入分析,以充分揭示具体项目的变化原因。

(3) 提供企业资本结构及财务风险的相关信息。由于不同资本的求偿权不同,企业不同权益结构下面临的风险因素是不同的。如果负债占权益总额比例较高,一般来说,企业具有较大的财务风险。同时,企业资本结构也受资产结构的影响。

(4) 提供企业发展的推动力信息。企业的发展靠资产,资产的产生靠资本,企业设立后,可以依靠自身经营成果为其提供发展动力,称为利润增值性增长。当然,也存在公司经营发展不善时,股东投入资本支持公司发展,称为输血式增长。

三、负债与所有者权益分析的内容

负债与所有者权益对于分析企业未来的财务风险和成长能力具有重要作用,据此可以得出企业基本发展情况的相关信息。负债与所有者权益分析应当关注以下方面:

(1) 分析负债与所有者权益总额的变动状况以及各类、各项筹资的变动状况,揭示出其总额变动的主要方面,从总体上了解企业经过一定时期经营后的财务状况。

(2) 分析变动幅度较大,或对负债与所有者权益总额变动影响较大的重点类别和重点项目,以进一步明确具体项目相关信息。

(3) 注意分析评价表外业务的影响。例如,按目前会计准则规定,资产负债表仅反映了企业按历史成本原则核算的现实负债,一个企业所承担的或有负债并不反映在资产负债表上,而这种可能成为企业现实负债的事项及对企业财务状况可能产生的影响,也是分析评价时要特别关注的。

(4) 从静态角度观察资本的构成,衡量企业的财务实力,评价企业的财务风险,同时结合企业的盈利能力和经营风险,评价其资本结构的合理性。

(5) 从动态角度分析企业资本结构的变动情况,对资本结构的调整情况及对股东收益可能产生的影响做出评价。

四、负债与所有者权益的总体分析

(一) 水平分析

根据附录表1资产负债表的资料,编制 ZSY 公司负债与所有者权益项目水平分析简表,见表 6-1。

表 6-1　　ZSY 公司负债与所有者权益项目水平分析简表

金额单位:百万元

项目	2012年	2011年	变动情况		对总资产影响(%)
			变动额	变动率(%)	
短期借款	181 974	110 562	71 412	64.59	4.63
应付账款	155 420	129 183	26 237	20.31	1.70
流动负债总计	439 824	402 340	37 484	9.32	2.43
长期借款	170 536	87 140	83 396	95.70	5.40
应付债券	86 000	67 500	18 500	27.41	1.20
非流动负债总计	320 780	207 439	113 341	54.64	7.34
负债总计	760 604	609 779	150 825	24.73	9.77
股本	183 021	183 021	0	0	0
资本公积	128 136	128 019	117	0.09	0.00
盈余公积	150 523	140 180	10 343	7.38	0.67
未分配利润	511 270	476 103	35 167	7.39	2.28
股东权益总计	980 030	933 797	46 233	4.95	3.00
负债与股东权益总计	1 740 634	1 543 576	197 058	12.77	12.77

由表 6-1 可知,ZSY 公司权益总额 2012 年年末与 2011 年年末相比增加了 197 058 百万元,增长幅度为 12.77%,其中负债总额变动对总资产的影响为 9.77%,所有者权益变动对总资产的影响为 3%。因此,本年总资产的增长主要来源于负债。

对于负债,流动负债总额 2012 年年末与 2011 年年末相比增加了 37 484 百万元,增长幅度为 2.43%,其中短期借款变动对总资产的影响额达到了 4.63%;非流动负债 2012 年年末与 2011 年年末相比增加了 113 341 百万元,增长幅度为 7.34%,其中长期借款变动对总资产的影响为 5.4%,应付债券变动对总资产的影响为 1.2%。结合流动负债和非流动负债的分析可知,其短期借款、长期借款和应付债券占据了负债变动额的绝大部分,说明公司本年度主要通过负债筹资获得资本。对于所有者权益,股本没有发生变化,即企业当年度没有发行新股,且资本公积也只有相当微弱的变动;所有者权益变动中主要来源于盈余公积和未分配利润,盈余公积变动对总资产的影响为 0.67%,未分配利润变动对总资产的影响为 2.28%,说明所有者权益的增长来源于企业自身的利润性积累增长。

(二) 垂直分析

同样,根据附录表 1 资产负债表的资料,编制 ZSY 公司负债与所有者权益项目垂直分析简表,见表 6-2。

表 6-2　　ZSY 公司负债与所有者权益项目垂直分析简表

金额单位:百万元

项　　　目	2012 年	2011 年	2012 年比率	2011 年比率	差异
短期借款	181 974	110 562	10.45	7.16	3.29
应付账款	155 420	129 183	8.93	8.37	0.56
流动负债总计	439 824	402 340	25.27	26.07	−0.80
长期借款	170 536	87 140	9.80	5.65	4.15
应付债券	86 000	67 500	4.94	4.37	0.57
非流动负债总计	320 780	207 439	18.43	13.44	4.99
负债总计	760 604	609 779	43.70	39.50	4.19
股本	183 021	183 021	10.51	11.86	−1.34
资本公积	128 136	128 019	7.36	8.29	−0.93
盈余公积	150 523	140 180	8.65	9.08	−0.43
未分配利润	511 270	476 103	29.37	30.84	−1.47
股东权益总计	980 030	933 797	56.30	60.50	−4.19
负债与股东权益总计	1 740 634	1 543 576	100.00	100.00	0.00

由表 6-2 可知,从静态角度看,ZSY 公司 2012 年年末负债总额所占的比例为 43.70%,股东权益总额所占的比例为 56.30%。负债项目中,流动负债在负债总额中所占的比例为 57.83%,但考虑到流动负债中自发性负债较多,公司的外部筹资中长期负债较多,可以缓解短期的财务风险。股东权益项目中,未分配利润占比达到了 52.17%,留存收益(盈余公积与未分配利润)合计占比达到了 67.53%,这是该公司自身经营实现所有者权益的积累,表示公司在不断的成长。从动态角度看,ZSY 公司 2012 年末与 2011 年相比,负债比率增长了 4.19%,主要是因为公司的举债筹资 2012 年度增长较多,股东权益比率则相应减少了 4.19%。

第二节　负　债　分　析

一、流动负债

(一)流动负债的含义及特点

流动负债主要是在正常的营业周期中发生的期限在一年以内(含一年)的负

债,主要包括短期借款、应付账款、应付票据、预收账款、应付职工薪酬、应交税费、应付股利等。

根据我国会计准则,负债满足下列条件之一的,应当归类为流动负债:①预计在一个正常营业周期中清偿。②主要为交易目的而持有。③自资产负债表日起一年内到期应予以清偿。④企业无权自主地将清偿推迟至资产负债表日后一年以上。值得注意的是,有些流动负债,如应付账款、应付职工薪酬等,属于企业正常营业周期中使用的营运资金的一部分。尽管有时超过一年才到期清偿,但是它们仍应划分为流动负债。

流动负债的特点包括:①预计在一个正常营业周期内清偿。②融资成本较低。短期借款的融资成本一般低于长期借款,其他的一般属于自发性负债。③风险大。流动负债偿付期限较短,如果短期内资金出现紧张状态,有可能危及企业生存。

流动负债按照其形成原因,可以分为自发性负债和融资性负债。自发性负债是指由于企业的日常经营活动中自发形成的,比如由于购货付款安排形成的应付账款和应付票据,权责发生制下职工薪酬计提与实际发放的时间差异产生的应付职工薪酬。自发性负债是在企业有组织、有计划的活动中逐渐产生的,具有周期性的特点,同时不需要直接付出资金成本。融资性负债是指为了资金流动性的需求或者项目资金需求而向银行借款形成的。融资性负债具有到期一次清偿的特点,数额较大,且需要支付资金的使用成本。

(二)短期借款

短期借款数额的多少,往往取决于企业生产经营和业务活动对货币资金的需要量、现有流动资产的沉淀和短缺情况等。企业应结合短期借款的使用情况和使用效果分析该项目。为了满足流动资产的资金需求,一定数额的短期借款是必要的,但如果数额过大,超过企业的实际需要,不仅会影响资金利用效果,还会因超出企业的偿债能力而给企业的持续发展带来不利影响。短期借款适度与否,可以根据流动负债的总量、当前的现金流量状况和对未来会计期间现金流量的预期来确定。

短期借款发生变化,其原因不外乎两大方面:生产经营需要;企业负债筹资政策变化。其具体变动的原因可归纳为:

(1)流动性需要,特别是临时性占用流动资产需要发生变化。当季节性或临时性需要产生时,企业就可能通过举借短期借款来满足其资金需要,当这种季节性或临时性需要消除时,企业就会偿还这部分短期借款,从而造成短期借款的变化。

(2)节约利息支出。一般来讲,短期借款的利率低于长期借款和长期债券的利率,举借短期借款相对于长期借款来说,可以减少利息支出。

(3)调整负债结构和财务风险。企业增加短期借款,就可以相对减少对长期负债的需求,使企业负债结构发生变化。相对于长期负债而言,短期借款具有风险大、利率低的特点,负债结构变化将会引起负债成本和财务风险发生相应的变化。

(4) 增加企业资金弹性。短期借款可以随借随还,有利于企业对资金存量进行调整。

根据附录表 1 资产负债表的资料,编制 ZSY 公司短期借款水平及垂直分析表,见表 6-3。

表 6-3　　　　　ZSY 公司短期借款水平及垂直分析　　　　金额单位:百万元

水平分析	2012 年	2011 年	变动额	变动率(%)	对总资产影响(%)
短期借款	181 974	110 562	71 412	64.59	4.63
垂直分析	2012 年	2011 年	2012 年(%)	2011 年(%)	差异(%)
短期借款	181 974	110 562	10.45	7.16	3.29

由表 6-3 可知,ZSY 公司短期借款有较大幅度增加,对总资产的影响率为 4.63%,其在总资产中的占比也由 2011 年的 7.16% 上升到 10.45%。虽然短期借款可以降低资本成本,有助于利润的增加,但偿债压力的加大和财务风险的增加应引起公司的注意。

(三) 应付票据及应付账款

应付票据是指企业采用商业汇票支付方式购买材料、商品或者接受劳务等而开出的商业汇票。应付账款是指企业因购买材料、商品或接受劳务等经营活动应支付的款项。

应付票据和应付账款是基于企业在供需关系中角色的转变而产生的。如果应付票据较多,说明企业在指定日期向收款人或持票人付款的强制约束性较强,不利于资金的灵活调配。由于第五章中针对应收票据和应收账款的区别进行了阐述,因此便不再赘述。

应付票据及应付账款因商品交易而产生,其变动原因有:

(1) 企业销售规模的变动。当企业销售规模扩大时,会增加存货需求,使应付票据及应付账款等债务规模扩大;反之,会使其降低。

(2) 充分利用无使用成本资金。应付票据及应付账款是因商业信用产生的一种无资本成本或资本成本极低的资本来源,企业在遵守财务制度、维护企业信誉的条件下对其充分加以利用,可以减少其他筹资方式筹资数额,节约利息支出。

(3) 提供商业信用企业的信用政策发生变化。如果其他企业放宽信用政策和收账政策,企业应付账款和应付票据的规模就会大些;反之,就会小些。

(4) 企业资金的充裕程度。企业资金相对充裕,应付账款和应付票据规模就小些,当企业资金比较紧张时,就会影响到应付账款和应付票据的清偿。

根据附录表1资产负债表的资料,编制ZSY公司商业债务水平及垂直分析表,见表6-4。

表6-4　　　　　　　　　ZSY商业债务水平及垂直分析　　　　　金额单位:百万元

水平分析	2012年	2011年	变动额	变动率(%)	对总资产影响(%)
应付票据	0	0	0	0	0
应付账款	155 420	129 183	26 237	20.31	1.70
垂直分析	2012年	2011年	2012年(%)	2011年(%)	差异(%)
应付票据	0	0	0	0	0.00
应付账款	155 420	129 183	8.93	8.37	0.56

表6-4中显示,公司商业债务的结构较好,不存在应付票据。应付账款在本年增加了26 237百万元,增长率为20.31%,从资金利用角度看,降低了企业的资金利用成本,从偿付角度看,应当注意其偿付时间,以便做好资金方面的准备,避免出现到期支付能力不足而影响公司信誉的情况发生。在市场经济条件下,企业之间相互提供商业信用是正常的。利用应付票据和应付账款进行资金融通,基本上可以说是无代价的融资方式,但企业应注意合理使用,以避免造成企业信誉损失。

(四) 预收账款

预收账款反映的是企业按照合同规定预收的款项,也可以是不符合会计准则要求的收入确认标准而提前收取的款项。预收账款并不属于一般意义上的负债,它的偿还一般并不需要支付相应的货币资产或者其他资产,而是以收入确认作为其偿还的途径。预收账款的变动具有以下意义:

(1) 提前获取相应的资金使用权。企业销售方式有三种:①预收。购货方需要提前支付部分或者全部的资金,在没有将相应的货物支付给购货方前,企业就在免费占有该部分资金。②现销。也就是"一手交钱一手交货",对双方来说不存在无偿占有行为。③赊销。企业为了扩大销售规模,往往会采取赊销的方法,产生的后果将是购货方无偿占有企业的资金,甚至可能会出现无法回款的情况。

(2) 缓解企业资金流动性压力。一般来说,应收账款属于企业的流动资产,但是对于应收账款的变现能力一直备受质疑。如果企业的预收账款较多,可以补充货币资金,对应收账款产生抵消效应,缓解企业资金流动性的压力。

(3) 彰显企业竞争力。预收账款特殊的性质和优势决定了不是所有企业都有能力通过预收账款来实现销售,如果企业的负债中存在较多的预收账款,说明企业处于行业中的核心地位,具有极强的竞争力。

（五）其他流动负债

其他流动负债还包括应付职工薪酬、应交税费、应付股利、其他应付款、一年内到期的非流动负债等，在此不再分别详述。

二、非流动负债

（一）非流动负债的含义及特点

非流动负债是指流动负债以外的负债，一般指偿还期在一年或者超过一年的一个营业周期以上的债务。非流动负债主要是企业为筹集长期投资项目所需资金而发生的，比如企业为购买大型设备而向银行借入的中长期贷款等。非流动负债主要包括长期借款、应付债券、长期应付款、预计负债等。一般来说，非流动负债的数额较大，占负债的比重较高。

非流动负债的特点包括：①偿债期限较长。非流动负债一般偿还期限都大于一年或一个营业周期。②资本成本稳定，但成本较高。由于其偿债期限较长，一般在签订合同时，便会确定相应的利率，未来一般不存在变动，同时，债权人要求的回报较高。

企业非流动负债大多为非经营性债务，是企业融资的主要渠道。非流动负债融资具有以下优点：一是可以保持企业原有的股权结构不变和股票价格稳定；二是不影响原有股东对企业的控制权；三是举借债务具有杠杆作用，可以增加股东的收益；四是非流动负债支付的利息具有抵税功能。但是，非流动负债也有其缺点，一方面非流动负债具有较高的成本，企业经营收益一部分会被债权人占有，从而减少股东的收益；另一方面，非流动负债必须按规定到期偿还，可能会给企业带来较大的财务风险。

（二）长期借款

长期借款是指企业向银行或其他金融机构借入的期限在一年以上（不含一年）或超过一个营业周期以上的各项借款。长期借款是企业对外筹资的重要来源，长期借款有信用借款和担保借款之分，不同的借款方式，说明了企业的信誉和融资能力。

长期借款的变动是内外部因素共同作用，外部因素包括：①银行信贷政策及资金市场的供需情况。比如央行降低存款准备金率实行宽松的货币政策，那么企业获得长期借款相对比较容易。②行业的整体情况。银行提供贷款均会考虑行业的情况，比如对于产能过剩的钢铁行业、化工行业等均保持慎入态度。

内部因素包括：①满足资金的长期需要。如果企业需要推动一项长期项目，且其经济利益实现周期较长，便可能会选择长期借款的形式。②调整负债结构和财务风险。企业需要综合考虑资产结构与资本结构的具体适应情况。③保持企业权益结构的稳定性。

单纯对长期借款的变动进行分析，虽然可以对其融资能力及偿债能力进行简单评价,但是随着收购和兼并浪潮的兴起,集团性的筹资,需要重点关注谁是筹资主体,谁是资金的主要使用方。筹资主体和资金的主要使用方并不一定是同一家公司,有可能是以集团内的优质上市公司作为筹资主体,然后再向集团内的其他公司进行分配,另外,结合公司的对外股权投资战略,可以考察公司集权、分权情况。

根据 ZSY 公司合并报表和母公司报表中相关项目数据,可以编制表 6-5。

表 6-5　ZSY 公司 2012 年末和 2011 年末合并报表和母公司报表相关内容比较

金额单位:百万元

项目	2012 年 12 月 31 日		2011 年 12 月 31 日	
	合并	母公司	合并	母公司
短期借款	143 409	181 974	99 827	110 562
长期借款	207 540	170 536	112 928	87 140
财务费用	16 824	18 038	9 816	10 519

由表 6-5,将 ZSY 公司短期借款 2012 年末合并报表与母公司报表比较后发现,两者之间有一定的差异,且母公司报表中短期借款金额高于合并报表,说明集团公司短期借款主要来源于母公司;将长期借款 2012 年末合并报表与母公司报表比较后发现,两者之间差异与短期借款不同,母公司报表中长期借款金额低于合并报表,说明除母公司外,集团内其他公司也有一定数量的长期借款,或者集团公司内部存在内部拆借的情况。再对比分析财务费用科目,可知母公司报表中财务费用的金额高于合并报表,说明 ZSY 公司母公司是最主要的筹资主体,且短期借款比长期借款的比重更大。

(三) 预计负债

企业在生产经营活动中有时会面临诉讼、债务担保、产品质量保证等具有较大不确定性的经济事项,这些不确定性的或有事项可能会对企业的财务状况和经营成果产生较大影响。对符合条件的或有事项可以确认为预计负债。

由于预计负债并不是企业日常经营活动中的经常性项目,所以对其进行水平和垂直分析的意义不大。对于预计负债,应当关注其两点:①预计负债是否应当予以确认;②其入账价值是否恰当。与或有事项相关的义务同时满足下列条件的,应当确认为预计负债:该义务是企业承担的现时义务;履行该义务很可能导致经济利益流出企业;该义务的金额能够可靠地计量。由于预计负债的计提将直接影响到损益,因此应当对公司计提的预计负债进行重点关注。

根据 ZSY 公司财务报表附注,可以编制 ZSY 该公司预计负债变动情况表 6-6。

表6-6　　　　　　　　ZSY公司预计负债计提情况　　　　　金额单位：百万元

项目	2011年年末	本年增加	本年减少	2012年年末
资产弃置义务	68 702	15 756	530	83 928

注：资产弃置义务是指特定企业在取得相关固定资产时根据相关法律规定所承担的现时义务。

由表6-6可知，ZSY公司的预计负债只有资产弃置义务一项内容，这是由其所从事的行业的特殊性产生的，但是其使用年限、弃置费用以及折旧率是否合理需要进行关注。

（四）其他非流动负债

其他非流动负债还包括应付债券、递延所得税负债等。

应付债券是指企业为筹集长期资金而实际发行的债券及应付的利息，它是企业筹集长期资金的一种重要方式。企业发行债券的价格受同期银行存款利率的影响较大，一般情况下，企业可以按面值发行、溢价发行和折价发行债券。

递延所得税负债是指根据应纳税暂时性差异计算的未来期间应付所得税的金额。并且，除直接计入所有者权益的交易或事项以及企业合并外，在确认递延所得税负债的同时，应增加利润表中的所得税费用。

第三节　所有者权益分析

一、投入资本

（一）投入资本的含义及特点

投入资本是投资者提供给公司的资本，它是由实收资本（或股本）和资本公积两部分构成。投入资本所导致的所有者权益的增长也称为输血式增长。

投入资本的特点包括：①提供企业发展的原始动力。②无需偿还。公司法规定，股东出资后不允许抽逃出资，只能转让其股份。③享有公司的所有权。

（二）实收资本（或股本）

实收资本（或股本）是投资者按照公司章程或合同、协议的约定，实际投入公司并依法进行注册的资本，它体现了公司所有者对公司的基本产权关系。实收资本（或股本）的构成比例是确定所有者参与公司财务经营决策的基础，也是公司进行利润分配或股利分配的依据，同时还是公司清算时确定所有者对净资产要求权的依据。

根据ZSY公司财务报表（资产负债表或所有者权益变动表）可知，2012年其股本科目没有发生变化，即没有进行增资。

（三）资本公积

资本公积是企业收到的投资者超出其在企业注册资本（或股本）中所占份额

的投资，以及直接计入所有者权益的利得和损失。所有者投入资本在相关法规和市场环境的双重约束下，发生并不频繁。以下将重点关注直接计入到所有者权益的利得和损失。

直接计入所有者权益的利得和损失，是指不应计入当期损益、会导致所有者权益发生增减变动的、与所有者投入资本或者向所有者（或股东）分配利润无关的经济利益的流入（或流出）。一般而言，已实现的利得与损失在发生当年记入利润表，未实现确认的利得与损失在资产负债表所有者权益科目中予以确认，同时，所有者权益变动表应该涵盖这些信息。

利润表不予披露的未实现损益通常包括：固定资产重估产生的未实现损益、货币折算价差产生的未实现损益以及长期商业投资重估产生的未实现损益等。

（1）固定资产重估产生的未实现损益。公司对固定资产（比如房地产）的价值进行重估时，资产负债表中资产的价值就会增减，资本公积也会随之增减。除非公司后来将该资产出售，否则这笔重估损益就一直无法实现，也不在利润表中体现。

（2）货币折算价差产生的未实现损益。若美国某公司拥有一家英国子公司，在合并报表时，就要将该子公司的资产价值折成等值的美元。不同报表日的汇率不同，就会造成资产价值的升降。这种由于货币折算而产生的资产价值的增减变化也是一种未实现损益。

（3）长期商业投资重估产生的未实现损益。对非子公司、非联营企业和合资企业的其他公司的股权投资，若股票市场上被投资方的股价发生变化，那么商业投资的价值就会发生变化，因此将出现未实现损益。

按照会计准则的要求，直接计入所有者权益的利得和损失内容通常包括：①可供出售金融资产公允价值变动净额；②权益法下被投资单位其他所有者权益变动的影响；③自用房地产转换为投资性房地产时的计价差额；④权益结算的股份支付；⑤套期金融工具有效套期部分产生的利得或损失；⑥与计入所有者权益项目相关的所得税影响等。

根据 ZSY 公司 2012 年度财务报告附注资料，我们编制了表 6-7：

表 6-7　　ZSY 公司 2012 年度直接计入所有者权益的利得与损失

金额单位：百万元

项　　目	2012 年	2011 年
可供出售金融资产产生的利得	－18	－130
按照权益法核算的在被投资企业其他综合收益中所享有的份额	127	132
外币报表折算差额	－151	－5 408
直接计入所有者权益的利得与损失合计	－42	－5 406

从表 6-7 中可以发现，ZSY 公司 2012 年度直接计入所有者权益的利得和损失与 2011 年度相比发生了较大变化。其中，外币报表折算差额的金额变化最大，因可供出售金融资产公允价值变动产生的损失也有显著变化，按照权益法核算的在被投资企业其他综合收益中所享有的份额则几乎没有变化。

二、留存收益

（一）留存收益的含义及特点

留存收益是股东权益的一个重要项目，是企业历年剩余的净收益累积而成的资本。虽然留存收益与投资者投入的资本属性一致，即均为股东权益，但与投入资本不同的是，投入资本是由所有者从外部投入公司的，它构成了公司股东权益的基本部分，而留存收益不是投资者从外部投入的，而是依靠公司经营所得的盈利累积而形成的。

留存收益包括盈余公积和未分配利润。其中，盈余公积包括法定盈余公积和任意盈余公积。法定盈余公积是指企业按规定从净利润中提取的积累资金。法定，意味着提取时由国家法规强制规定。我国《公司法》规定，公司制企业的法定盈余公积按照税后利润的 10% 提取，法定盈余公积的累计额已达到注册资本的 50% 时可以不再提取。任意盈余公积是公司出于实际需要或采取审慎经营策略，从税后利润中提取的一部分留存利润，这是出于自愿，而不是强制。未分配利润是企业留待以后年度用作他用或进行分配的结存利润，也是企业股东权益的组成部分。未分配利润有两层含义：一是留待以后年度处理的利润；二是未指定特定用途的利润。由以上的分析我们可以看出企业留存收益的金额与其实现的净利润紧密相关。其具体的关系如下：

年末留存收益 ＝ 年初留存收益 ＋ 净利润 － 向普通股股东支付的股利 － 优先股股利

留存收益的特点包括：①它是公司发展的根本动力。公司股东和债权人不可能一直向公司注入资金或者提供贷款，只有通过公司自身的经营，才能实现公司的发展壮大。②它的影响因素较多。留存收益来源于公司的经营成果分配后的收益，公司的经营成果受会计政策选择的影响，公司经营成果的分配取决于公司的股利政策。

根据附录表 4 所有者权益变动表的资料，编制 ZSY 公司所有者权益变动分析表，见表 6-8。

表 6-8　　ZSY 公司 2012 年所有者权益变动分析表　　金额单位：百万元

项　目	股本	资本公积	专项储备	盈余公积	未分配利润	股东权益合计
一、本年年初余额	183 021	128 019	6 474	140 180	476 103	933 797

(续表)

项　目	股本	资本公积	专项储备	盈余公积	未分配利润	股东权益合计
二、本年增减变动额						
（一）综合收益总额		117			103 429	103 546
（二）专项储备——安全生产费						
1. 本期提取			5 611			5 611
2. 本期使用			－5 005		122	－4 883
（三）利润分配						
1. 提取盈余公积				10 343	－10 343	
2. 对股东的分配					－58 041	－58 041
三、本年年末余额	183 021	128 136	7 080	150 523	511 270	980 030

从表 6-8 中可以发现，ZSY 公司 2012 年度股本没有发生变化，资本公积占较小比例，当年结转的利润金额为 103 429 百万元，是导致所有者权益增加的主要因素。当年计提的盈余公积所占税后净利润比例为 10%，且 ZSY 公司同时提取了一定数额的专项储备（安全生产费）。同时，ZSY 公司 2012 年度对股东进行了利润分配，分配金额占当年税后净利润的 5.57%。总的来看，盈余公积和未分配利润较年初还是保持一定数额的增加。

（二）股利政策对留存收益的影响

目前我国上市公司分红主要采用的是派现和送股这两种形式。不同形式的股利决策对公司财务状况的影响是不同的：派现使公司的资产和所有者权益同时减少，股东手中的现金增加；送股使流通在外的股份数增加，公司账面的未分配利润减少，股本增加，影响每股账面价值和每股收益。

1. 派现

（1）派现的含义。派现即现金股利，是指公司以现金向股东支付股利的形式，是公司最常见的、最易被投资者接受的股利支付方式。这种形式能够满足大多数投资者希望得到稳定投资回报的要求。公司是否支付现金股利，既取决于公司是否有足额的可供分配的利润，还取决于公司的投资需要、现金流量和股东意愿等因素。

一般而言，公司派现决策的动机如下：

第一，消除不确定性动机。投资者对股利和资本利得有不同的偏好，大多数投资者认为，现金股利是在本期收到的实惠，而未来的资本利得则具有很大的不确定性，公司通过派现将消除投资者期望收益的不确定性，树立良好的市场形象。

第二,传递优势信息动机。根据股利传播信息论,在非完善资本市场中,派现常常被管理者用做传递公司未来前景的信息。当管理者对公司未来发展前景看好时,就会通过一定的派现向市场传递公司的绩优信息,从而提高公司的股票价格。

第三,减少代理成本动机。将剩余的现金流量以股利的形式发放给股东,可以降低经营者控制企业资源的能力,从而降低因所有者和经营者之间的冲突而产生的代理成本。

第四,返还现金动机。每个公司都会走向成熟期,在这个阶段,公司很难找到投资收益率超过投资者要求的必要收益率的项目,这时就应该考虑向投资者派现,以稳定投资者的心态。

(2) 派现对所有者权益的影响。派现会导致公司现金流出,减少公司的资产和所有者权益规模,降低公司内部筹资的总量,既影响所有者权益内部结构,也影响整体资本结构。

派现将减少公司的资产和留存收益规模,降低公司的财务弹性,并影响公司整体的投资与筹资决策。所以,管理层在决定派现时,应当权衡各方面的因素。

2. 送股

(1) 送股的含义。送股即股票股利,是指公司以股票形式向投资者发放股利的方式。其具体做法是:在公司注册资本尚未足额时,以股东认购的股票作为股利支付,也可以发行新股支付股利。实际操作过程中,有的公司增发新股时,预先扣除当年应分配股利,减价配售给老股东;也有的公司发行新股时进行无偿增资配股,即股东无须缴纳任何现金和实物即可取得公司发行的股票。

一般而言,公司选择送股的动因如下:

第一,送股固然不会增加股票的内在价值,但是对股东来说将收益作为本金留存公司是一种再投资行为,只要公司经营长线看好,股票红利就很诱人。

第二,从市场评价来看,送股也会传递一种积极的信号,表明公司对盈利增长有信心。

第三,公司送股决策的动因也是为了更多地筹资,即企业通过先送红股将盘子做大,然后配股,这样配股价不致太高,还可以多筹资。

第四,送股还有避税、降低交易成本等优点。

(2) 送股对所有者权益的影响。送股是一种比较特殊的股利形式,它不直接增加股东的财富,不会导致企业资产的流出或负债的增加,不影响公司的资产、负债及所有者权益总额的变化。送股只对所有者权益内部有关各项目及其结构产生影响,即将未分配利润转为股本(面值)或资本公积(超面值溢价)。同时,送股后,普通股股数的增加会引起每股收益和每股市价的下降;但每位股东所持股票的市场价值总额仍保持不变。

假定 ZSY 公司 2013 年的净利润为 500 百万元,公司董事会讨论股利分配方案。方案一,直接派发净利润扣除法定留存后金额50%的现金;方案二,将方案一派发现金的一半作为股东投入资本,转增为股本。如表6-9所示。

表6-9　　　　股利分配后所有者权益变动分析　　　金额单位:百万元

项目	2011年年末	股利政策影响		2012年年末	
		方案一	方案二	方案一	方案二
股本	500	0	112.5	500	612.5
留存收益	400	225	225	625	625

由表6-9可知,不同股利政策下对留存收益的金额是一样的,但是对于股本的影响是不同的。采用送股的方式,可以避免公司的资金流出,特别是在公司现金流比较紧张的时候,采用此种方法进行分配更为合理。

第四节　资本结构分析

一、资本结构的内涵与原则

(一)资本结构的内涵

资本结构是指企业各种资本的价值构成及其比例。广义的资本结构是指企业全部资本价值的构成及其比例关系。狭义的资本结构是指企业各种长期资本价值的构成及其比例关系,尤其是指长期的股权资本与债权资本的构成及其比例关系。因此,资本结构除表现为负债和所有者权益的关系外,还可以作进一步的层次分类。

企业负债由流动负债、长期负债构成,相应形成流动负债结构和长期负债结构。负债项目按照其形成方式又可以分为自发性负债和筹资性负债。对于自发性负债,由于其形成主要是由于企业日常的经营活动,其规模主要受企业与供应商的谈判能力、税务环境、人力资源管理和股利政策等影响;对于筹资性负债,主要是由于企业投资建设相应项目需要资金,其能否得到偿还与资产是否能带来预期的经济利益直接相关。

所有者权益由投入资本和企业积累资本构成,相应形成投入资本结构和积累资本结构。投入资本实质上反应的是股权结构,大股东或控股股东对企业的未来发展方向产生重要的影响。因此,在对投入资本项目进行评价时,要考虑其控股股东的能力,同时关注控股股东利用控制权谋取私利的行为。

(二)优化资本结构的原则

合理安排企业的资本结构具有重要的意义,包括降低企业的综合资本成本、获得财务杠杆利益、增强企业治理效果,最终增加公司的价值。因此,企业有必

要对其资本结构进行优化。企业在对其资本结构进行优化时,应遵循以下基本原则:

(1) 资金成本最低原则。企业最优的资本结构首先应先使企业价值最大的结构,而企业价值最大的资本结构应满足加权平均资金成本最低的要求。从一定意义上讲,最优的资本结构,就是在不降低经营企业的条件下使整个企业的平均资金成本最低。

(2) 风险最小原则。一般来说,权益融资风险低于负债融资风险,长期负债风险低于短期负债风险。企业建立资本结构所追求的目标应是在取得既定的资金成本下,尽可能获得风险最小的资本结构。具体说来,就是要求在企业筹资保持内外结合的策略,充分协调企业资产结构与资本结构的适应性,在偿还方式上选择最佳方案,在偿还期限上采取分散化方式,在资金形态上坚持长短期相结合的方针等。

(3) 筹资时机适宜原则。时机是企业筹资时必须考虑的因素。如发行股票增资时,最好选择股价上涨时期。一方面可以顺利发行;另一方面可以使企业获得溢价收入。企业在筹资时,也必须根据自身的实际情况,随时调查国内外政治经济环境,以及国家的财税政策、金融政策和主业政策的变化,捕捉到适宜的时机筹措资金。

二、资本结构变动分析

企业经营规模变动的直接表现形式是企业资产规模的变动,当企业资产规模变动时,必然要有相应的资本来源满足其需求。无论何种类型的企业,都可以通过增加或减少负债、追加或收回投资、留存收益积累这三种方式解决其资本来源。不同的资本来源方式会影响到企业的未来经营、财务状况及财务成果,因此,要注意分析评价不同资本来源方式可能产生的影响,以便对企业未来发展做出推断。

(一) 举债

在企业资产规模发生变动时,如果企业通过举债方式满足其资本需求,这是一种外延型扩大再生产,对企业未来经营的影响可能是:

(1) 负债比重提高,债务负担加重。在其他权益资本项目不变时,企业举债必然会提高资产负债率,企业的资本结构因此而发生变化,财务风险会提高。由于企业债务负担加重,会加大企业的偿债压力,对企业资产流动性要求更高。资金安全是债权人进行信贷决策时要考虑的最重要的因素,当企业不断地通过举债扩大其经营规模时,债权人会采取减少贷款或停止贷款等相应措施以保证其资金的安全性。如果一个企业单纯地依靠举债扩大其经营规模,一旦资金链断裂,企业的经营会受到严重影响甚至威胁到企业的生存。

(2) 利息支出增加,财务成果减少。企业使用债权人的资金进行经营是要付出代价的,其利息支出会随着负债规模的扩大而增加,从而减少企业的利润。这对企业经营提出了更高的要求,如果企业不能使其利润维持在一个较高水平上,就可能出现企业收益不能满足利息的支付而导致亏损的局面。

(3) 财务杠杆作用加大。负债经营必然会产生相应的财务杠杆作用,负债比率越高,财务杠杆作用越大。企业获取财务杠杆利益的基本前提是总资产报酬率大于负债利息率,企业在进行负债筹资决策时,应充分考虑其盈利水平,以避免造成财务杠杆损失。

(二) 追加投资

企业经营规模的扩张,也可以通过投资者追加投资来实现,从本质上讲,这也是一种外延型扩大再生产,可能对企业未来经营产生如下影响:

(1) 资本制约。企业的投资者数量是有限的,这些投资者所拥有的资本也是有限的,任何一个企业,其经营规模的扩张不可能完全依赖投资者的不断追加投资来实现。

(2) 运用不当会失去投资者的支持。通过投资者追加投资满足企业规模扩张的资本需求,是企业普遍使用的筹资策略,但若运用不当,会产生消极作用,因为这种策略通常与投资者的最佳利益相悖。投资者将其拥有的资本投资于企业,是期望通过企业的经营活动在保值的基础上增值。若企业一味地要求投资者追加投资来满足企业规模扩张的资本需求,把投资者当成提款机,就会引起投资者的反感,甚至失去投资者的支持。

(3) 有助于企业财务实力的提升。投资者投资是企业成立的基本前提,其投资规模是企业财务实力的直观表现。投资者追加投资,可以增强企业的财务实力,减轻债务负担,为企业进行资本结构调整、资本筹集、降低财务风险等奠定物质基础。

(三) 留存收益

留存收益由盈余公积和未分配利润两部分组成,留存收益的数量取决于企业的盈利、盈余公积的提取比例和企业的利润分配政策,它对企业有如下影响:

(1) 为企业可持续发展提供源源不断的资本来源。企业经营规模的扩张依靠举债和投资者追加投资都会受到资本制约,而留存收益来源于企业经营所得,是企业主观努力的结果,属于内涵型扩大再生产,是一种滚雪球式的增长。

(2) 促进企业经营步入良性循环。任何一个企业要想健康发展,单纯依赖外部"输血"是不行的,必须提高自身"造血"功能。通过企业卓有成效的经营,增加自身积累,才能从根本上为企业提高偿债能力、改善财务状况、满足各方利益要求、树立企业形象和争取投资者支持等方面提供保障,从而使企业步入良性循环的轨道。

三、资本结构质量分析

资本结构质量是指企业资本结构与企业当前以及未来经营和发展相适应的质量。由于不同来源、不同结构的资本产生的效益不一样,我们在选择融资方式时不能仅仅关注资本成本,一定要进行成本与效益间的对比分析。有时,即使采用很高的成本融资用以经营,但是如果该项融资能最终为企业带来良好的利润,那么在财务上就是可以接受的。

分析资本结构质量时,不仅要通过定量的方式考察成本与效益的关系,还应从定性的角度对其进行深入分析。具体来说,企业资本结构质量分析应关注以下几个主要方面:

(1) 企业资本成本与企业资产报酬率的对比关系。从成本效益关系的角度来分析,只有当企业的资产报酬率大于企业的加权平均资本成本时,企业才能在向资金提供者支付报酬以后使企业的净资产得到增加,企业净资产的规模得以扩大。反之,在企业的加权平均资本成本大于企业的资产报酬率时,企业的资本结构将导致企业的净资产逐渐萎缩。

(2) 企业财务杠杆所带来的财务风险情况。企业财务杠杆比率越高,表明企业资源对负债的依赖程度越高。在企业过高的财务杠杆比率的条件下,企业在财务上将面临着两个主要压力:一是不能正常偿还到期债务的本金和利息;二是在企业发生亏损的时候,企业的债权人的利益受到侵害,企业从潜在的债权人那里获得资金的难度大大提高。

(3) 企业股权结构与企业未来发展的适应性。企业具有什么样的股权结构对企业的类型、发展以及组织结构的形成都具有重大的意义。股权结构的动态变化会导致企业组织结构、经营走向和管理方式的变化。因此,在企业的股权结构发生重大变化时,要关注这种变化对企业产生的方向性影响,把握企业未来可能的发展方向。

(4) 企业资金来源的期限构成与企业资产结构的适应性。企业筹集资金的用途,决定筹集资金的类型。企业增加永久性流动资产或增加长期资产,应当通过长期资金来源来解决;企业由于季节性、临时性原因造成的流动资产中的波动部分,则应由短期资金来源来解决。只有企业资金来源的期限构成与企业资产结构相适应时,企业的资本结构才具有较高的质量。企业资本结构与资产结构的适应性是企业日常运营中需要时刻关注的问题,本节在接下来对其进一步具体分析。

四、资本结构与资产结构的适应性

企业的资产结构受制于企业的行业性质,不同的行业性质,其资本融通的方式也有差异。因此,尽管总资产与总资本在总额上一定相等,但由不同投资方式产生的资产结构与不同筹资方式产生的资本结构却不完全相同。虽然资本结构与资产结构的适应形式结构千差万别,但归纳起来可以分为保守结构、稳健结构、平衡结构和风险结构四种类型。

(一) 保守结构

在这一结构形式中,无论资产负债表左方的资产结构如何,资产负债表右方的资本全部是长期资本,包括非流动负债与所有者权益,并且两者比例的高低不影响这种结构形式。其形式见表 6-10。

表 6-10　　　　　　　　　保守结构的资产负债表

流动资产	临时性占用流动资产	非流动负债
	永久性占用流动资产	
非流动资产		所有者权益

从表 6-10 可以看出,保守结构的主要标志是企业全部资产的资本依靠长期资本来源满足。其结果是:①企业的风险极低。在此结构下,企业可以保证有充分的资金来偿还非流动负债,偿债风险极低。由于筹资风险是建立在经营风险的基础上的,只要企业资产经营不存在风险,其偿债风险就相应较低,企业总的风险也相对较低。即使提高长期资产比例,资产风险加大,也不至于导致企业通过清算资产来偿还到期债务。②导致较高的资本成本。由于短期债务成本低于长期债务成本,因此,相对于其他结构形式,这一形式的资本成本最高。③筹资结构弹性弱。一旦企业进入资金使用的淡季,对资金存量不易做出调整,尽管企业可以通过将闲置资金投资于短期证券来调节,但必须以存在完善的证券市场为前提,而且这种投资的收益也不一定能消除这种高成本的差异。

由于后两种的不利情况,实务中这种形式很少被企业普遍采用。

(二) 稳健结构

在这一结构形式中,长期资产的资本需要依靠长期资本来解决,短期资产的资本需要则使用长期资本和短期资本共同解决,长期资本和短期资本在满足短期资产的资本需要方面的比例不影响这一形式。其形式见表 6-11。

表 6-11　　　　　　　　　稳健结构的资产负债表

流动资产	临时性占用流动资产	流动负债
	永久性占用流动资产	非流动负债
非流动资产		所有者权益

从表6-11可以看出，稳健结构的主要标志是企业流动资产的一部分资本需要使用流动负债来满足，另一部分资本需要则由非流动负债来满足。其结果是：①足以使企业保持相当优异的财务信誉，通过流动资产的变现足以满足偿还短期债务的需要，企业风险较小。②企业可以通过调整流动负债与非流动负债的比例，使负债成本达到企业目标标准，相对于保守结构形式而言，这一形式的负债成本相对较低，并具有可调性。③无论是资产结构还是资本结构，都具有一定的弹性，特别是当临时性资产需要降低或消失时，可通过偿还短期债务或进行短期证券投资来调整，一旦临时性资产需要再产生时，又可以重新举借短期债务或出售短期证券来满足其所需。

因此，这是一种能为所有企业普遍采用的资产与权益对称结构。

（三）平衡结构

在这一结构形式中，以流动负债满足流动资产的资本需要，以非流动负债及所有者权益满足长期资产的资本需要，非流动负债与所有者权益之间的比例不是判断这一结构形式的标志。其形式见表6-12。

表6-12　　　　　　　　　　平衡结构的资产负债表

流动资产	流动负债
非流动资产	非流动负债
	所有者权益

这一结构形式的主要标志是流动资产的资本需要全部依靠流动负债来满足。其结果是：①同样高的资产风险与筹资风险中和后，使企业风险均衡。②负债政策要依据资产结构变化进行调整，与其说负债结构制约负债成本，不如说资产结构制约负债成本。③存在潜在的风险。这一形式以资金变现时间和数量与偿债时间和数量相一致为前提，一旦两者出现时间上的差异和数量上的差异，如销售收入未能按期取得现金，应收账款没能足额收回，短期证券以低于购入成本出售等，就会使企业产生资金周转困难，并有可能陷入财务危机。

这一结构形式只适用于经营状况良好、具有较好成长性的企业，但要特别注意这一结构形式的非稳定性特点。

（四）风险结构

在这一结构形式中，流动负债不仅用于满足流动资产的资本需要，而且还用于满足部分长期资产的资本需要。这一结构形式不因流动负债在多大程度上满足长期资产的资本需要而改变。其形式见表6-13。

表 6-13　　　　　　　　　　　风险结构的资产负债表

流动资产	流动负债
非流动资产	非流动负债 所有者权益

这一结构形式的主要标志是以短期资本来满足部分长期资产的资本需要。其结果是：①财务风险较大，较高的资产风险与较高的筹资风险不能匹配。流动负债和长期资产在流动性上并不对称，如果通过长期资产的变现来偿还短期内到期的债务，必然给企业带来沉重的偿债压力，从而需要企业大大提高资产的流动性。②相对于其他结构形式，其负债成本最低。③企业存在"黑字破产"的潜在危险，由于企业时刻面临偿债的压力，一旦市场发生变动，或意外事件发生，就可能引发企业资产经营风险，使企业资金周转不灵而陷入财务困境，造成企业因不能偿还到期债务而"黑字破产"。

这一结构形式只适用于企业处在发展壮大时期，而且只能在短期内采用。

根据 ZSY 公司 2012 年资产负债表相关数据编制了表 6-14，以反映 ZSY 公司的资本结构和资产结构的适应情况。

表 6-14　　　　ZSY 公司 2012 年资本结构与资产结构的适应性

金额单位：百万元

项目	金额	比率(%)	项目	金额	比率(%)
流动资产	283 682	16.29	流动负债	439 824	25.27
非流动资产	1 456 952	83.71	非流动负债 所有者权益	1 300 810	74.73

由表 6-14 可以发现，该公司本年流动资产的比重为 16.29%，流动负债的比重为 25.27%，属于风险性结构。考虑到 ZSY 公司的行业地位以及其上下游关系中的竞争能力，可预见的未来，并不会因此而导致财务困境，反而可以降低企业的资本使用成本，有利于企业的发展。

本 章 小 结

资产负债表右边反映的是资本的来源，一部分来源于债权人，称为负债，一部分来源于所有者，称为所有者权益。负债是企业的一项现时义务，负债的清偿会导致经济利益流出企业，按照流动性可分为流动负债和非流动负债。所有者权益是指资产扣除负债后由所有者所享有的剩余权益,按照所有者权益的积累方式,分为投入资本和留存收益。

负债和所有者权益是资产负债表的重要内容,对其进行分析有利于了解下列信息:第一,提供了资本来源的信息;第二,提供负债与所有者权益具体项目的信息;第三,提供企业资本结构及财务风险的相关信息;第四,提供企业发展的推动力信息。

负债与所有者权益分析应当关注以下方面:第一,分析负债与所有者权益总额的变动状况以及各类、各项筹资的变动状况,揭示出其总额变动的主要方面。第二,分析变动幅度较大,或对负债与所有者权益总额变动影响较大的重点类别和重点项目,以进一步明确具体项目相关信息。第三,注意分析评价表外业务的影响。第四,从静态角度观察资本的构成,评价企业的财务风险,同时结合企业的盈利能力和经营风险,评价其资本结构的合理性。第五,从动态角度分析企业资本结构的变动情况,对资本结构的调整情况及对股东收益可能产生的影响做出评价。负债与所有者权益分析,应首先从整体上进行水平分析和垂直分析。

负债与所有者权益具体项目的分析注重分析权益项目变动的原因和合理性分析。负债分析方面,流动负债分析具体阐述了短期借款、应付票据及应付账款、预收账款等;非流动负债分析具体阐述了长期借款、预计负债等。所有者权益分析方面,重点阐述了投入资本和留存收益,投入资本包括实收资本(或股本)和资本公积,留存收益包括盈余公积和未分配利润,同时分析了股利政策对留存收益的影响。

资本结构是指企业各种资本的价值构成及其比例。本章阐述了优化资本结构的内涵与优化原则、资本结构变动分析和资本结构质量分析等内容。最后,将资产结构与资本结构相结合进行分析评价。资产结构与资本结构的适应形式结构千差万别,归纳起来可以分为保守结构、稳健结构、平衡结构和风险结构四种类型。企业发展的不同阶段,资产结构和资本结构可能存在不同的配比类型,企业应根据具体情况选择适合自己的类型。

主 要 术 语

负债 所有者权益 流动负债 非流动负债 短期借款 应付账款 应付票据 预收账款 长期借款 预计负债 投入资本 实收资本 资本公积 留存收益 盈余公积 未分配利润 资本结构 资产结构 保守结构 稳健结构 平衡结构 风险结构

思考与练习题

6.1 负债与所有者权益的内涵及对其分析的意义。
6.2 预收账款的含义及特点。

6.3 长期借款变动的原因。
6.4 留存收益项目的影响因素。
6.5 资产结构和资本结构有哪些结构形式,特点及其适用情况。

案 例 分 析

净利贡献的"差距"

正泰电气股份有限公司(601877)是一家具备总包服务能力的输配电整体解决方案供应商,世茂股份有限公司(600823)是一家融商业地产开发、运营、百货和影院等多个业务板块于一体的商业地产上市公司。通过查阅两家公司的2012年年报发现,2012年两家公司实现的净利润(合并报表)几乎相同,但是其资产负债表中所有者权益的变动却呈现了不同的变化,具体数据见表6-15。

表 6-15　　　　　　　两家公司数据比较　　　　　金额单位:元

	2012年净利润	2012年末净资产变动净额
正泰电器	1 401 091 863.25	−99 319 377.76
世茂股份	1 401 031 552.71	1 032 174 179.53

由此我们不禁想到,净利润虽然是构成企业净资产变动的主要部分,但是企业的其他业务活动也会导致企业净资产的变动。通过阅读年报,我们发现导致两家公司净资产变动因素的差异见表6-16。

表 6-16　　　　　　　具体项目差异　　　　　金额单位:元

	2012年净利润	其他综合收益	所有者投入资本	所有者分配利润
正泰电器	1 401 091 863.25	−1 027 826.42	−587 597 424.56	−1 095 377 310.00
世茂股份	1 401 031 552.71	1 043 892 417.27	−1 244 830 000.00	−187 295 254.08

由此我们发现,正泰电器和世茂股份虽然2012年的净利润金额大致相同,但是两者的其他综合收益金额和所有者分配利润金额差异巨大。就正泰电器而言,其较低的其他综合收益以及高比例的分红,是导致其所有者权益变动为负的主要原因。

请思考:

1. 上述两家企业处于不同的行业,假如你是一位投资者,从所有者变动角度出发,你一定会选择世茂股份吗?
2. 所有者权益变动受哪些因素的影响?

第七章 利润分析

本章讲述利润分析的基本方法并分析了构成利润的主要项目的影响因素。首先,从利润表主表构成项目的规模、结构及其变动情况等方面对利润表进行综合分析;其次,从销售量、品种构成、销售单价和单位成本四方面对毛利的影响因素进行具体分析;最后,主要从营业收入、成本费用、资产减值损失、投资收益、营业外收支和公允价值变动损益六方面进一步分析了利润表中重要项目的变动情况。本章的重点与难点主要包括:利润与资产负债表、现金流量表项目的关系及其联动;毛利影响因素的理解及其分析模型的构建;各个重要利润指标的理解及其在管理中的作用等。

本章建议课时为 4 学时。

第一节 利润分析概述

一、利润与利润分析的意义

企业利润,通常是指企业在一定会计期间收入减去费用后的净额以及直接计入当期的利得和损失等,亦称为财务成果或经营成果。在市场经济条件下,企业运营的根本目标是企业价值最大化。而企业价值最大化的基础是企业利润的日益积累,因此利润已成为现代企业经营与发展的直接目标。

理解利润表分析的意义与作用,首先要厘清利润本身的意义。利润的意义在于:

第一,利润是企业和社会积累与扩大再生产的重要源泉。企业实现的税后利润,从分配渠道看,一是分给企业所有者,二是留在企业内部。然而,无论利润分配到何处,其用途主要有两个,即积累和消费。从根本上说,没有积累,就没有扩大再生产,或者是说没有利润就没有扩大再生产。用企业留存收益直接进行扩大再生产是如此,采用筹资方式扩大再生产也是如此。因为企业筹资的一部分来自内部积累,而且企业筹资的本金或利息及股息的偿还和支付也离不开利润。

第二,利润是反映企业经营业绩的最重要指标,也是反映企业经营成果的最综合的指标。利润受企业生产经营各环节、各因素的影响。供、产、销各环节,人、财、物各要素等的变动无不影响着利润的增减变动。企业各环节和各因素的状况好,利润就高;反之,某一环节或因素出现问题,会直接或间接影响利润的变动;以至于很多公司在利润"不尽如人意"之时,人为调整,粉饰业绩。因此,基于真实利润的绩效评价对于企业经营者的经营业绩至关重要。

第三,利润是企业投资与经营决策的重要依据。在现代企业制度下,政企职责分开,所有权与经营权分离,企业的经营自主权扩大,企业的各种决策关系到企业经营与管理的方向与成败,也是投资者、债权人等企业的利益相关者十分关心的问题。无论何种决策,都离不开创利增效这一重要的依据或标准。

阐明利润本身的意义,为我们明确利润分析的意义奠定了基础。利润分析,正是实现上述创利增效作用的手段或途径。

第一,利润分析有利于正确评价企业综合经营业绩。由于利润受各环节和各方面的影响,因此,通过不同环节的利润要素分析,可准确呈现各环节的业绩。如通过毛利分析,不仅可以发现毛利的影响因素以及影响程度,还可判断是主观影响还是客观影响,是有利影响还是不利影响等,这对于准确评价各部门和环节的经营管理业绩是十分必要的。

第二,利润分析可及时发现利润实现的优势与短板,为决策服务。现代管理中找出优势并不难,但是及时准确地发现企业实现利润中存在的问题并非易事,通过利润分析不仅能凸显成绩,而且能发现问题克服不足,为进一步提升企业运营效率服务;同时受企业产权性质及其归属制约,企业的利益相关者需要关注企业的创利行为和效果,以制定有效地决策。企业经营者、股东、潜在投资者、债权者、上下游等都会对企业利润十分敏感,利益相关者通过对企业利润的分析,将明确该企业的经营潜力及发展前景,从而做出正确决策。

第三,通过利润表与现金流量表对应数据的比较,可以判断利润质量。利润质量是指企业利润的形成过程以及利润结果的合规性、效益性、公允性及其现金支撑度。高质量的企业利润,应当表现为资产运转状况良好,企业业务运行具有较好的市场发展前景,利润与当期同口径现金流量相匹配,企业有良好的购买能力、偿债能力、交纳税金及支付股利的能力。高质量的企业利润能够为企业未来的发展奠定良好的资产基础;反之,低质量的企业利润,则表现为资产运转不畅,有利润无现金流,企业支付能力、偿债能力减弱,甚至影响企业的生存能力。

二、利润分析的内容

在明确利润分析意义的基础上,利润分析应依据利润表及相关信息进行递进式分析。前面章节我们已对利润表的格式、内容及附注所提供的信息进行了阐述,本章的利润分析内容主要包括三方面。

（一）利润表综合分析

利润表综合分析，主要对利润表主表构成项目的规模、结构及其变动情况进行分析。

（1）利润规模及其变动分析。利润规模变动分析，是通过对利润表的水平分析，从利润的形成角度出发，观测利润额的变动情况，揭示企业在利润形成过程中的管理业绩及存在的问题。

（2）利润结构及其变动分析。利润结构变动分析，是在对利润表进行垂直分析的基础上，揭示各项利润及成本费用项目与收入的占比关系，发现异常揭示问题予以评价的过程。

（3）利润变动趋势与联动分析。利润变动趋势分析，是通过对多个期间利润表的分析或者引入行业均值以及可比样本进行比较说明，揭示利润额在不同期间的变动趋势；利润联动分析，是通过对资产负债表、利润表以及现金流量表的综合分析，揭示企业发展的连续性。

（二）毛利的影响因素分析

毛利为营业收入与营业成本之差，是利润表的重要组成部分，是利润表各类绩效指标的基础和来源。毛利影响因素分析的内容包括：毛利的影响因素及其影响机理、销售量、品种构成、销售单价、单位成本的变动对毛利影响的方式模型以及具体应用。

（三）利润表主要项目分析

利润表主要项目分析主要是根据利润表附注所提供的详细信息，进一步分析说明企业利润表中重要项目的变动情况，深入揭示利润形成的主观原因与客观原因。具体包括营业收入分析、成本费用分析、资产减值损失分析、投资收益分析、营业外收支变动分析和公允价值变动损益分析等。

（1）营业收入分析。营业收入是影响利润的重要因素，营业收入分析的内容包括：收入的确认与计量分析；影响收入的价格因素与销售量因素分析；收入的构成分析等。

（2）成本费用分析。成本费用分析包括营业成本分析和期间费用分析两部分。营业成本分析包括总成本分析和单位成本分析；期间费用分析包括销售费用分析、财务费用分析和管理费用分析等。

（3）资产减值损失分析。资产减值损失分析包括资产减值损失的构成分析以及资产减值损失变动原因分析。

（4）投资收益分析。投资收益分析包括投资收益的构成分析以及投资收益变动原因分析。

此外，还可以根据企业利润构成项目的异常变动，对异常变动项目或者重要项目进行深入分析，如本章对营业外收支以及公允价值变动损益项目及其变动情况进行分析等。

第二节 利润表综合分析

一、利润规模及其变动分析

(一)分析资料与方法选择

分析资料见附录表2利润表的资料,分析方法采用水平分析法。

(二)编制利润表水平分析表

水平分析表的编制采用增减变动额和增减变动百分比两种方式,主要目的在于从整体规模看企业各项利润指标增减变动的原因。根据附录表2利润表的资料,编制利润表水平分析表,见表7-1。

表7-1　　　　　　　　ZSY公司利润表水平分析表　　　　金额单位:百万元

项　　目	2012年	2011年	变动额	变动(%)
一、营业收入	1 337 157	1 287 823	49 334	3.83
减:营业成本	1 000 217	938 968	61 249	6.52
营业税金及附加	181 984	188 683	−6 699	−3.55
销售费用	40 848	39 767	1 081	2.72
管理费用	61 665	57 045	4 620	8.10
财务费用	18 038	10 519	7 519	71.48
资产减值损失	1 218	8 536	−7 318	−85.73
加:投资收益	69 354	85 551	−16 197	−18.93
二、营业利润	102 541	129 856	−27 315	−21.03
加:营业外收入	10 175	7 344	2 831	38.55
减:营业外支出	8 668	7 777	891	11.46
三、利润总额	104 048	129 423	−25 375	−19.61
减:所得税费用	619	2 994	−2 375	−79.33
四、净利润	103 429	126 429	−23 000	−18.19
归属于母公司股东的净利润	103 429	126 429	−23 000	−18.19
少数股东损益	0	0	0	0
五、每股收益				
(一)基本每股收益	人民币0.57元	人民币0.69元	−0.12	−17.39
(二)稀释每股收益	人民币0.57元	人民币0.69元	−0.12	−17.39

(三)利润规模变动的分析评价

利润表分析应抓关键利润指标的变动予以分析。在利润表中,我们应关注五个关键性利润指标:毛利(营业收入-营业成本)、核心利润(毛利-营业税金及附加-期间费用)、营业利润(核心利润+投资收益)、利润总额(营业利润+营业外收支净额)、净利润(利润总额-所得税费用)。

(1)毛利分析。毛利可界定为营业收入与营业成本的差额。毛利反映了企业的基本竞争状况和成本控制水平,是企业生存和发展的基本前提。如果毛利或毛利率(毛利/营业收入)很薄,代表企业所在行业的竞争程度较高,同时企业在竞争中处于相对劣势。本例中ZSY公司毛利本期为336 940百万元,毛利率为25%;上期为348 855百万元,毛利率为27%,毛利额差异-11 915百万元,毛利率差异-2%。毛利的降低原因在于营业成本的增加大于营业收入的增加。

(2)核心利润分析。核心利润=营业收入-营业成本-营业税金及附加-销售费用-管理费用-财务费用[1],核心利润主要源自毛利扣除营业税金及附加以及三项期间费用,反映企业市场市场竞争能力和成本费用的控制水平,反映企业的基本盈利实力,在利润总额和净利润中占有重要地位。ZSY公司本期核心利润为34 405百万元,上期为52 841百万元,比上期减少18 436百万元,差异率为34.89%,主要原因是,在营业收入增加的同时,营业成本和期间费用的增加规模更大所致。其中:营业收入增加(49 334百万元,3.83%),营业成本增加(61 249百万元,6.52%),营业税金及附加减少(6 699百万元,3.55%),销售费用的增加(1 081百万元,2.72%),管理费用增加(4 620百万元,8.10%),财务费用增加(7 519百万元,71.48%)。

(3)营业利润分析。营业利润是指企业营业收入与营业成本、营业税金及附加、期间费用、资产减值损失、投资收益之间的差额。它既包括企业核心利润和其他业务利润,又包括企业公允价值变动净收益和对外投资的净收益,营业利润反映企业两大部分主体利润:一是自主生产经营的收益称之为核心利润;二是对外投资的回报称之为投资收益,这两部分是企业正常运营效益的重要组成。本例中ZSY公司营业利润减少主要是核心利润和投资收益两部分降低所致。营业利润比上期减少27 315百万元,降低率为21.03%,其主要原因是核心利润的降低(变动情况:-18436百万元;-34.89%)和投资收益的降低(变动情况:-16 197百万元;-18.93%)。

(4)利润总额分析。利润总额是反映企业全部财务成果的指标,它不仅反映企业的营业利润,而且反映企业的营业外收支情况。本例中ZSY公司利润总额降低25 375百万元,关键原因是公司营业利润降低27 315百万元,另外营

---

[1] 张新民等,《企业财务质量与管理质量关系的研究》,对外经济贸易出版社,2009年9月第一版。

外收入增加 2 831 百万元,营业外支出增加 891 百万元,营业外收支净额 1 490 百万元会递减一部分利润的降低。一般来说,营业外收支应该不是利润总额的内在动因和可持续增长的支撑;但是,少数情况下营业外收支可能在很大程度上影响企业的利润总额,比如税收返还等在内的大额补贴收入,可能会掩盖一部分企业经营业绩疲态的现象。

(5)净利润或税后利润分析。净利润是指企业所有者最终取得的财务成果,或可供企业所有者分配或享有的财务成果。本例中 ZSY 公司 2012 年实现净利润 103 429 百万元,比上期降低了 23 000 百万元,变动率为 -18.19%。公司净利润降低主要是利润总额或税前利润比上期降低 25 375 百万元所致;所得税费用虽然比上期降低 2 375 百万元,但由于数额较小,对净利润的影响相对较小。①

二、利润构成及其变动分析

(一)分析资料与方法选择

分析资料见附录表 2 利润表的相关资料。分析方法可采用垂直分析法,即通过计算各因素或各种财务成果在营业收入中所占的比重,分析说明财务成果的结构及其增减变动的合理程度。

(二)利润垂直分析表编制

需要说明的是,利润表的构成是指利润表各项目与营业收入的占比关系。根据附录表 2 利润表的资料,编制利润垂直分析表,见表 7-2。

表 7-2   ZSY 公司利润表垂直分析

项 目	2012 年	2011 年
一、营业收入	100%	100%
减:营业成本	74.80%	72.91%
营业税金及附加	13.61%	14.65%
销售费用	3.05%	3.09%
管理费用	4.61%	4.43%
财务费用	1.35%	0.82%
资产减值损失	0.09%	0.66%

---

① 需要说明的是,根据《企业会计准则解释第 3 号》,企业应当在利润表"每股收益"项下增列"其他综合收益"项目和"综合收益总额"项目。"其他综合收益"项目,反映企业根据企业会计准则规定未在损益中确认的各项利得和损失扣除所得税影响后的净额。"综合收益总额"项目,反映企业净利润与其他综合收益的合计金额。

(续表)

项　　目	2012 年	2011 年
加：投资收益	5.19%	6.64%
二、营业利润	7.67%	10.08%
加：营业外收入	0.76%	0.57%
减：营业外支出	0.65%	0.60%
三、利润总额	7.78%	10.05%
减：所得税费用	0.05%	0.23%
四、净利润	7.73%	9.82%

（三）利润结构变动分析评价

从表 7-2 可看出 ZSY 公司本期各项财务成果的构成情况。其中，营业利润占营业收入的比重为 7.67%，比上期的 10.08% 下降了 2.41%；本期利润总额的比重为 7.78%，比上期的 10.05% 下降了 2.27%；本期净利润的比重为 7.73%，比上期的 9.82% 下降了 2.09%。可见，从利润的构成情况上看，ZSY 公司盈利能力比上期整体下滑。ZSY 公司各项财务成果结构变化的原因，从营业利润结构看，主要是营业成本、管理费用、财务费用结构比上升以及投资收益结构比下降所致。其中，营业成本的结构比上升 1.89% 很说明问题，在 ZSY 公司实现利润过程中的软肋之一是营业成本，营业成本等项目的影响因素分析将在后续进行。公司投资净收益比重从 6.64% 下降至 5.19%，也需要重点关注。此外，营业外收支净额占比增加，营业税金及附加、销售费用、资产减值损失占比下降，对营业利润、利润总额和净利润结构都带来一定的有利影响。

三、利润变动趋势与联动分析

（一）利润的变动趋势分析

利润指标的变动是否正常合理，就某一期评价显然相对简单与片面，为了更有效地分析企业利润规模与结构，应该引入趋势分析法就某一企业发展的连续性做综合判断，或者引入行业均值以及可比样本进行比较说明。

以下就 ZSY 公司连续 5 年利润构成的重要指标及其盈余现金能力进行趋势统计，具体见表 7-3 和图 7-1。

表 7-3　　　　ZSY 公司核心利润与经营活动现金流关系　　金额单位：百万元

项　　目	2008 年	2009 年	2010 年	2011 年	2012 年
营业收入	771 025	722 571	982 797	1 287 823	1 337 157
营业成本	587 821	447 958	648 705	938 968	1 000 217

(续表)

项 目	2008年	2009年	2010年	2011年	2012年
营业税金及附加	67 810	107 386	138 754	188 683	181 984
销售费用	37 235	39 607	46 126	39 767	40 848
管理费用	39 924	42 212	46 123	57 045	61 665
财务费用	903	4 207	5 477	10 519	18 038
核心利润	37 332	81 201	97 612	52 841	34 405
经营NCF(净现金流)	49 140	168 300	206 229	157 771	93 899
经营NCF/核心利润	1.32	2.07	2.11	2.99	2.73

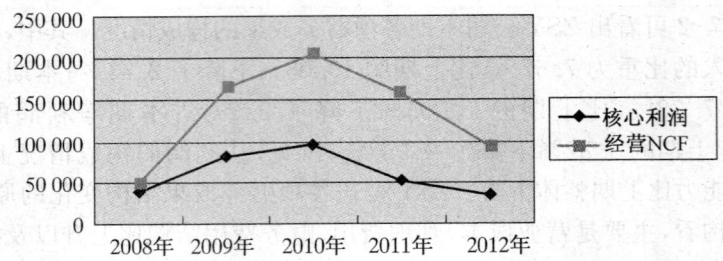

图7-1 ZSY公司利润和现金流趋势图

从表7-3中可以看出,ZSY公司的经营净现金流与核心利润的比值除了2008年以外,近四年来都是在2~3之间,大于经验值1.2~1.5倍,中说明中石油的核心利润有大量的现金流的支持,盈利质量较好。但从图7-1可以看出,近年来,中石油的核心利润和经营NCF都呈先升后降的趋势,特别是2010年以来一直下降。营业成本及各项期间费用大幅增加是导致这一结果的主要原因。

(二) 利润的联动分析

按照资产对利润的贡献方式可以将资产分为经营资产和投资资产,经营资产是自主经营去谋求核心利润而投入的资产,投资资产是对外扩张去谋求投资收益而投入的资产。当企业做不同的资源投入时,其盈利模式也会有所差异。无论如何,经营资产资源投入都会带来效益的联动,即:通过存货、应收周转而实现营业收入,不断刷新企业的毛利和核心利润的规模。我们将资源、周转、市场、效益、质量之间的关系视为联动,它们之间的联动也是财务报表之间的内在相关点,即有资源是否有周转,有周转是否有市场,有市场是否有效益,有效益是否有质量。

实务中到底联动及其效应如何,根据下表数据予以分析,见表7-4。

表 7-4　　　　　　　ZSY 公司联动效应分析表　　　　金额单位：百万元

项目	2008年	2009年	2010年	2011年	2012年
固定资产	204 532	262 421	325 278	360 843	438 504
平均存货	75 736.5	87 464.5	100 140	125 019	154 786
营业成本	587 821	447 958	648 705	938 968	1 000 217
存货周转率	7.76	5.12	6.48	7.51	6.46
营业收入	771 025	722 571	982 797	1 287 823	1 337 157
核心利润	37 332	81 201	97 612	52 841	34 405
核心利润率(%)	4.8	11.2	9.9	4.1	2.6
经营 NCF	49 140	168 300	206 229	157 771	93 899

根据表 7-4，连续 5 年联动效应略见一斑。ZSY 公司在经营资产（在此以固定资产为代表）连续 5 年放大情况下，不断助推了存货规模；同时存货周转率在 5～7 次，存货的逐年增加伴随着营业成本的大幅增加，从存货和营业成本变化趋势的一致性可以看出，公司应该不存在通过存货积压来虚增利润的行为；同期，市场不断扩容，营业收入放大速度在近三年显著，核心利润、核心利润率（核心利润/营业收入）呈倒 U 型，在近两年有市场但效益相对较低；核心利润与经营活动净现金流有相关性，相应的经营活动现金流量变化对核心利润同步支撑，相对而言，利润质量良好。

第三节　毛利的影响因素分析

毛利等于营业收入减去营业成本，是企业一切利润指标的基础，反映企业在市场中的基本竞争实力和比较优势，毛利高源于两个方面：一是营业收入高；二是营业成本低。将营业收入和营业成本细分，就形成了影响毛利的最基本的因素。

毛利变化受销售量、品种构成、销售单价、单位成本等多因素影响。以下对此四个因素逐一阐述。

一、影响毛利的因素

进行毛利的影响因素分析，首先应找出影响毛利的基本因素。企业外部和内部众多因素都会影响毛利的变化，这些因素最后都将通过影响销售量、单价、单位成本等基本因素来影响毛利。即：

$$毛利 = \sum [销售量 \times (单价 - 单位成本)]$$

在营销两种或者两种以上产品或业务的企业,毛利还受到销售品种构成的影响。

二、毛利额的基本因素分析

首先说明的是,毛利额的影响因素分析方法是基于因素分析法的基本原理进行。根据分析顺序,以下将依次对销售量、品种构成、单价、单位成本对毛利的影响进行分析。因此,在分析某一因素时,应该注意的是:某因素在分析顺序的位置决定了具体分析模型。

1. 销售量变动对毛利的影响分析

产品销售量是影响毛利的第一个因素。在其他因素(品种构成、单价、单位成本)不变的情况下,毛利变动额只受销售量影响,并且销售量变动与毛利额变动同比例,不影响毛利率变动。因此,销售量变动对毛利的影响,可用下式计算:

$$销售量变动对毛利的影响 = 毛利基期数 \times (销售量完成率 - 1)$$

其中,销售量完成率首先是营业额(销售额)完成率,其次由于单价假设不变,因此销售量完成率的分子是单价不变的本期营业额,具体计算公式是:

$$产品销售量完成率 = \frac{\sum[产品本期销售量 \times 基期单价(或单位成本)]}{\sum[产品基期销售量 \times 基期单价(或单位成本)]} \times 100\%$$

产品销售量完成率主要考察销售量的完成情况,因此,企业在生产一种产品时,可直接用实物量进行计算,但在生产多种产品时,实物量不能直接相加,通常可以以价值量为参数,以便于汇总;至于用单价还是单位成本,理论与实践中有不同做法,一般按单价计算较多,但在各种产品比价不合理时,用单位成本计算可能更好。

2. 销售品种构成变动对毛利的影响分析

企业生产多种产品时,必然存在着产品品种构成问题。所谓产品品种构成,是指某种产品的产量或销售量在全部产品的产量或销售量中所占的比重。研究品种构成变动对利润的影响,是利润分析评价中的一个难点问题。为什么品种构成变动会引起利润额变动呢?主要是因为各种产品的营业毛利率高低不同。企业多营销毛利率水平高的产品,少营销毛利率水平低的产品,必然引起综合毛利率或企业平均利润率的提高,使企业毛利额增加;反之,则会使综合毛利率和毛利额下降。确定品种构成变动对毛利额影响的方法较多,下面就几种主要方法进行说明。

第一种方法:

$$品种构成变动对毛利的影响 = \sum \left(产品本期销售量 \times 产品基期单位毛利 \right) - 基期产品销售毛利 \times 产品销售量完成率$$

第二种方法：

$$\text{品种构成变动对毛利的影响} = \sum\left[\sum\left(\begin{array}{c}\text{产品本期}\\\text{销售量}\end{array}\times\begin{array}{c}\text{产品基期}\\\text{单价}\end{array}\right)\times\left(\begin{array}{c}\text{本期品种}\\\text{构成}\end{array}-\begin{array}{c}\text{基期品种}\\\text{构成}\end{array}\right)\times\begin{array}{c}\text{基期销售}\\\text{毛利率}\end{array}\right]$$

第三种方法：

$$\text{品种构成变动对毛利的影响} = \sum\Big[\sum(\text{产品本期销售量}\times\text{产品基期单价})\times$$
$$(\text{本期品种构成}-\text{基期品种构成})\times$$
$$(\text{基期销售毛利率}-\text{基期综合销售毛利率})\Big]$$

上述三个公式计算的品种构成变动对毛利影响程度应当是一致的。第一个公式可计算出品种构成变动对毛利影响的总额，但不能说明各产品的影响情况。而第二个公式与第三个公式则既能说明品种构成毛利总影响额，又能说明各产品的影响额。但第一个公式相对于第二个公式和第三个公式在计算上要简单。第二个公式和第三个公式虽然都试图说明各产品品种构成变动对毛利的影响，但两者有明显的区别。按第二个公式计算，凡是品种构成提高，就会使毛利增加；凡是品种构成下降，就会使毛利减少。而按第三个公式计算，如果某产品毛利率高于综合毛利率，那么该产品品种构成与毛利润变动成正向；如果某产品毛利率低于综合毛利率，那么产品品种构成与毛利变动成反向。应当说，第三个公式比第二个公式更合理地反映品种构成对毛利的影响程度。

3. 单位价格变动对毛利的影响分析

单位价格与毛利成正向影响，即在其他条件不变的情况下，单位售价越高，毛利则越高。随着价格体制改革，国家定价范围逐渐减少，市场调节价范围不断扩大，价格将成为影响企业产品毛利的重要因素。价格变动对毛利的影响一般可用下式计算：

$$\text{单位价格变动对毛利的影响} = \sum[\text{产品本期销售量}\times(\text{本期销售单价}-\text{基期销售单价})]$$

实践中，单价变动的原因有客观与主观两方面，如国家调整价格、地区差价、批零差价、质量差价等。因此，分析单位价格变动对利润的影响，可分不同情况加以计算与评价。但是，概括地说，单位价格变动无非是产品质量差价和供求差价或政策差价两种情况。如果存在产品质量通过影响单价进而对毛利产生的影响，我们还可在单价价格变动对毛利的影响的分析中，分析等级构成和单价两个因素变动对毛利的影响。

4. 营业成本变动对毛利的影响分析

营业成本变动对毛利有着直接影响，在其他因素不变的情况下，单位营业成本降低多少，毛利就会增加多少，即营业成本与毛利成反向变动。因此，计算单位成本变动对毛利的影响的公式是：

单位成本变动对毛利的影响 $= \sum[产品本期销售量\times(基期单位成本-本期单位成本)]$

三、因素分析案例

ZSY 公司业务类型包括勘探与生产业务，炼油与化工业务，成品油销售业务和天然气与管道业务。以下仅对其一部分成品油销售业务的毛利进行因素分析。以 ZSY 公司 2012 年和 2011 年主要产品毛利明细资料为例进行分析，见表 7-5 和表 7-6。

1. 确定分析对象

表 7-5   ZSY 公司 2012 年产品销售利润明细表

产品名称	销售数量（万吨）	单位价格（元/吨）	单位成本（元/吨）	单位产品毛利(元/吨)	毛利总额（百万元）
汽油	4 740.7	8 007	7 725.19	281.81	13 359.96
柴油	9 451.5	7 046	6 798.01	247.99	23 438.85
煤油	1 135.5	6 399	6 173.78	225.22	2 557.36
总计	—	—	—	—	39 356.17

表 7-6   ZSY 公司 2011 年产品销售利润明细表

产品名称	销售数量（万吨）	单位价格（元/吨）	单位成本（元/吨）	单位产品毛利（元/吨）	毛利总额（百万元）
汽油	4 396.7	7 804	7 482.40	321.60	14 139.87
柴油	9 178.7	6 952	6 665.51	286.49	26 296.16
煤油	977.8	6 206	5 950.25	255.75	2 500.71
总计	—	—	—	—	42 936.74

分析对象为毛利的变化：$39\,356.17 - 42\,936.74 = -3\,580.57$（百万元）

2. 确定各因素变动的影响程度

1）销售量变动对毛利的影响：

$$销售量完成率 = \frac{\sum(产品本期销售量\times 单位成本)}{\sum(产品基期销售量\times 单位成本)}\times 100\%$$

$$= \frac{47\,407\,000\times 7\,804 + 99\,515\,000\times 6\,952 + 1\,135\,500\times 6\,206}{43\,967\,000\times 7\,804 + 91\,787\,000\times 6\,952 + 9\,778\,000\times 6\,206}\times 100\%$$

$= 107.32\%$

销售量变动对毛利的影响 $= 42\,936.74\times 107.32\% - 42\,936.74 = 3\,144.20$（百万元）

2) 销售品种构成变动对毛利的影响：

品种构成变动对毛利的影响 $=\sum$（本期销售量×基期单位毛利）－基期毛利×销售量完成率

$= (4\,740.7 \times 321.60 + 9\,451.5 \times 286.49 + 1\,135.5 \times 255.75) - 42\,936.74 \times 107.32\% = -853.03$（百万元）

3) 单位价格变动对毛利的影响：

价格变动对销售毛利的影响 $=\sum[$本期销售量×（本期销售单价－基期销售单价）$]$

$= 4\,740.7 \times (8\,007 - 7\,804) + 9\,451.5 \times (7\,046 - 6\,952) + 1\,135.5 \times (6\,399 - 6\,206) = 20\,699.55$（百万元）

4) 单位成本变动对毛利的影响：

成本变动对毛利的影响 $=\sum[$本期销售量×（基期单位成本－本期单位成本）$]$

$= 4\,740.7 \times (7\,482.4 - 7\,725.19) + 9\,451.5 \times (6\,665.51 - 6\,798.01) + 1\,135.5 \times (5\,950.25 - 6\,173.78) = -26\,571.29$（百万元）

ZSY 公司毛利因素分析结果参见各因素影响图示，见图 7-2。

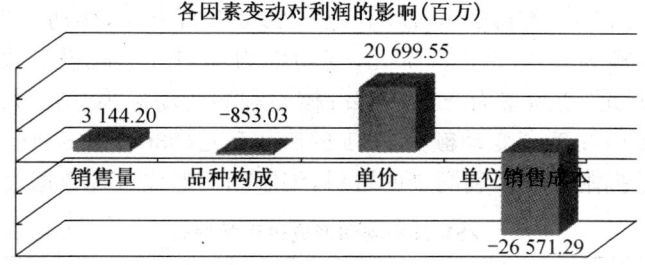

图 7-2　各因素对毛利影响图

可见，ZSY 公司部分成品油销售业务毛利比上期降低 3 580.57 百万元，是各因素共同作用的结果，其中，销量和单价是有利因素，使毛利上升；品种构成和单位成本是不利因素，使毛利下降。

由此折射出高油价、低增速、政策性亏损是 ZSY 公司部分成品油销售业务毛利的外部影响因素。提高毛利的对策：市场放开，优化原油采购战略，避高就低，调整油种结构，加快产品质量升级，进一步提高原油利用效率等。

四、毛利影响因素评价

毛利影响因素分析，应在确定各因素对毛利影响程度的基础上，从以下几方面进行：

第一，分清影响毛利的有利因素与不利因素。一般地说，凡是使毛利增加的因素都被看做是有利因素,使毛利减少的因素都被看做是不利因素。

第二,分清影响毛利的主观因素与客观因素。通常,把销售量、成本、质量因素等看成是主观因素,如果企业自行安排产品品种生产,那么,品种构成因素也属于主观因素。价格因素要具体分析,除国家政策调价等客观原因外,在市场经济条件下,价格因素也可看成是主观因素。税率因素属于客观因素。当然,对具体情况要具体分析。评价中,应排除客观因素,抓住主观因素。

第三,分清生产经营中的成绩与问题。一般地说,企业的成绩与问题都应从主观因素来看。凡是经过主观努力产生的对毛利的有利影响,属于企业成绩;凡主观的对毛利的不利影响属于企业的问题。上例中,销售量增加、成本下降、质量和价格提高等使毛利增加,应看成是企业的成绩;对于品种构成,要结合具体情况具体分析:一要考虑宏观协调与合同的完成情况;二要将品种构成与其相应的资源投入结合分析。

第四节 利润表主要项目分析

企业利润取决于收入和费用、直接计入当期利润的利得和损失项目等。从总体看,ZSY 公司利润比上期有较大下滑,如净利润变动额为－23 000 百万元,变动率为－18.19％;利润总额变动额为－25 375 百万元,变动率为－19.61％;营业利润变动额为－27 315 百万元,变动率为－21.03％;投资收益变动额为－16 197 百万元,变动率为－18.93％;核心利润变动额为－18 436 百万元,变动率为－34.88％;毛利变动额为－11 915 百万元(336 940－348 855),变动率为－3.4％。根据附录表 2 利润表的资料,编制利润形成过程数据表,见表 7-7。

表 7-7　　　　　　ZSY 公司利润形成过程数据表　　　　金额单位:百万元

项目	2012 年	2011 年	变动额	变动率(%)
一、营业毛利	336 940	348 855	－11 915	－3.4
二、核心利润	34 405	52 841	－18 436	－34.88
三、投资收益	69 354	85 551	－16 197	－18.93
四、营业利润	102 541	129 856	－27 315	－21.03
五、利润总额	104 048	129 423	－25 375	－19.61
六、净利润	103 429	126 429	－23 000	－18.19

由于各类利润构成不同,则利润降低各有其因:ZSY 公司在营业收入增加的同时,我们不难看出很多负面影响;营业成本、期间费用不同程度的增加,投资收益的大幅度下降,营业外支出增加都是减利的主要原因。特别引以注意的是核心利润的形成过程中三项期间费用的增长 13 220 百万元(120 551－107 331)

(三项期间费用也可以是:核心利润－营业税金及附加－营业毛利),增长率为 12.31%(13 220/107 331)。上述费用增长在对 ZSY 公司实现利润造成极大压力。

为此,我们应根据利润表及其附注提供的资料进一步对影响利润的各项主要项目进行分析。

一、营业收入分析

(一)营业收入确认与计量分析

1. 营业收入确认分析

我国《企业会计准则——基本准则》对收入的定义是:收入是指企业在日常活动中形成的、会导致所有者权益增加的、与所有者投入资本无关的经济利益的总流入。其中"日常活动"是指企业为完成其经营目标所从事的经常性活动以及与之相关的活动。收入具体包括销售商品收入、提供劳务收入和让渡资产使用权收入。比如,工业企业制造并销售产品、商品流通企业销售商品、保险公司签发保单、咨询公司提供咨询服务、软件企业为客户开发软件、安装公司提供安装服务、商业银行对外贷款、租赁公司出租资产等,均属于企业为完成其经营目标所从事的经常性活动,由此产生的经济利益的总流入构成收入。工业企业转让无形资产使用权、出售不需用原材料等,属于与经常性活动相关的活动,由此产生的经济利益的总流入也构成收入。企业代第三方收取的款项,应当作为负债处理,不应当确认为收入。

营业收入的确认在明确收入内涵的基础上,应着重进行以下几方面分析:

(1)收入确认时间合法性分析,即分析本期收入与前期收入或后期收入的界线是否分清。

(2)特殊情况下企业收入确认的分析,如商品需要安装或检验时收入的确认;买主有退货权时的收入的确认;建造合同收入的确认等,其收入的确认与一般性收入确认不同。

(3)收入确认方法合理性的分析,如对采用完工百分比法的条件与估计方法是否合理等的分析。

2. 营业收入确认原则

(1)销售商品。当商品所有权的主要风险和报酬转移给购货方,且企业不再对该商品实施继续管理权和实际有效控制权时,相关的收入已经收到或取得了收款凭证,并且与销售该商品相关的已发生或将发生的成本能够可靠地计量时,确认销售收入的实现。

(2)提供劳务。企业在资产负债表日提供劳务交易的结果能够可靠估计时,应按完工百分比法确认收入的实现;当交易的结果不能可靠估计时,按预计能够获得补偿的劳务成本金额确认收入,并将已经发生的成本计入当期损益。

（3）让渡资产使用权。企业因让渡资产使用权而发生的利息收入、使用费收入和现金股利收入按有关合同或协议规定的收费时间和方法确认，并同时满足相关的经济利益很可能流入企业及收入的金额能够可靠计量时才予以确认收入这两个条件。

3. 营业收入计量分析

营业收入是指全部营业收入减去销售退回、折扣与折让后的余额。因此，营业收入计量分析，关键在于确认销售退回、折扣与折让的计量是否准确。根据会计准则规定，销售退回与折让的计量比较简单，而销售折扣问题相对较复杂，应作为分析重点。分析时应根据商业折扣与现金折扣的特点，分别分析折扣的合理性与准确性以及对企业收入的影响。

无论是收入确认分析，还是收入计量分析，关键在于确认收入的正确性与合理性，其关键在于分析时选择的会计原则、会计政策、会计方法的准确性与合理性。

（二）销售数量与销售价格分析

企业营业收入的多少主要受销售数量和销售价格影响。因此，营业收入分析，应在分析收入总量变动的基础上，应该进一步确认销售量和单价对收入影响程度。具体分析的步骤如下：

第一，计算营业收入增长额和增长率。

$$营业收入增长额 = 本期营业收入 - 基期营业收入$$

$$营业收入增长率 = \frac{营业收入增长额}{基期营业收入} \times 100\%$$

第二，计算销售量变动对营业收入的影响。

$$销售量变动对营业收入的影响 = 基期营业收入 \times 销售量增长率$$

$$销售量增长率 = \left(\frac{\sum (产品实际销售量 \times 基期单价)}{\sum (产品基期销售量 \times 基期单价)} - 1 \right) \times 100\%$$

第三，计算单价变动对收入的影响。

$$单价变动对收入的影响 = 营业收入增长额 - 销售量变动对营业收入的影响$$

通过销售量与价格对收入的影响分析，不仅可明确企业销售量及价格对收入的影响程度，而且可了解企业的竞争战略选择及其效果。

（三）收入构成分析

收入分析不仅要研究其规模，而且应分析其结构及其变动情况，以了解企业的经营方向和会计政策选择。收入构成分析可主要从主营业务收入与其他业务收入、现销收入与赊销收入的结构进行。

1. 主营业务收入与其他业务收入分析

企业收入包括主营业务收入和其他业务收入。通过对主营业务收入与其他业务收入的构成情况分析,可以了解与判断企业的经营方针、方向及效果,进而可分析预测企业的可持续发展能力。如果一个企业的主营业务收入结构较低或不断下降,其发展潜力和前景显然是值得怀疑的。

2. 现销收入与赊销收入分析

企业收入中现销收入与赊销收入的构成受企业的产品适销程度、企业竞争战略、会计政策选择等多个因素影响。通过对两者结构及其变动情况分析,可了解与掌握企业产品销售情况及其战略选择,分析判断其合理性。当然,在市场经济条件下,赊销作为商业秘密并不要求企业披露其赊销收入情况,所以,这种分析方法更适用于企业内部分析。

尽管收入确认的会计规范日臻完善,但上市公司对收入的操纵仍然屡禁不止。为此,我们选取一些典型的案例进行剖析。

【案例 7-1】 琼民源伪装收入性质夸大营业收入①

1998 年 4 月 29 日,中国证监会公布了对"琼民源"案的调查结果和处理意见。调查发现,"琼民源"1996 年年报中所称 5.71 亿元利润中,有 5.66 亿元是虚构的,并已虚增了 6.57 亿元资本公积金。鉴于"琼民源"原董事长兼总经理马玉和等人制造虚假财务数据的行为涉嫌犯罪,中国证监会旋即将有关材料移交司法机关。

中国证监会在公布的"琼民源"案调查结果中提出三项重大违规问题:虚报利润、虚增资本公积金、操纵市场。

其中,关于虚报利润。公诉人认定,"琼民源"在未取得土地使用权的情况下,通过与关联公司及他人签订的未经国家有关部门批准的合作建房、权益转让等无效合同,编造了 5.66 亿元的虚假收入,这些虚假收入均来自于北京民源大厦。

第一笔:将合作方投入的股本及合作建房资金 1.92 亿元确认为收入;

第二笔:通过三次循环转账手法,虚构收到转让北京民源大厦部分开发权和商场经营权的款项 2.7 亿元,从而确认收入 3.2 亿元;

第三笔:将收到的合作方民源大厦的建设补偿费 5 100 万元确认为收入。

二、成本费用分析

成本费用是指营业成本、销售费用、管理费用及财务费用的统称。从各项财务成果的分析可以看出,成本费用对财务成果有着十分重要的影响,降低成本费用是增加财务成果的重要途径。因此,进行财务成果分析,应在揭示财务成果完成情况的基础上,进一步对影响财务成果的基本要素——成本费用进行分析,以

---

① 根据 http://www.docin.com/p-26006376.html 资料选编。

找出影响成本升降的原因,为降低成本费用、促进财务成果的增长指明方向。

（一）营业成本分析

营业成本分析包括全部营业成本分析和单位营业成本分析两部分。

1. 全部营业成本完成情况分析

全部营业成本分析,是根据产品生产、营业成本表的资料,对企业全部营业成本的本期实际完成情况与上期实际情况进行对比分析,从产品类别角度找出各类产品或各主要产品营业成本升降的幅度,以及对全部营业成本的影响程度。全部营业成本分析的一般步骤是:

第一,将本期全部产品营业总成本与按本期实际销售量计算的上期营业总成本进行对比,求出营业成本的增减额和增减率。计算公式是:

全部营业成本降低额 ＝ 本期营业总成本 － 按本期实际销售量计算的上期营业总成本

$$全部营业成本降低率 = \frac{全部营业成本降低额}{按本期实际销售量计算的上期营业总成本} \times 100\%$$

第二,计算主要产品和非主要产品的营业成本降低额和降低率,以及对全部营业成本降低率的影响。主要产品和非主要产品营业成本降低额和降低率的计算可依据上式进行,只是产品的范围不同。它们对全部营业成本降低率影响的计算公式是:

主要产品营业成本降低对全部营业成本降低率的影响

$$= \frac{主要产品营业成本降低额}{按本年实销量计算的上期营业总成本} \times 100\%$$

非主要产品营业成本降低对全部营业成本降低率的影响

$$= \frac{非主要产品营业成本降低额}{按本年实销量计算的上期营业总成本} \times 100\%$$

第三,计算各主要产品成本降低额和降低率,以及它们对全部营业成本降低率的影响。计算方法可参照上述全部成本降低额和降低率的计算公式,以及主要产品降低对全部成本降低率影响的公式。只是产品的口径和范围不同。

通过以上三个步骤,不仅可以分析全部成本的完成情况,而且可以从产品类别上找出总成本的不利变动焦点和关键。

为简化分析内容,以下仅对其成品油销售业务的成本进行因素分析。ZSY公司产品营业成本表见表7-8。

表7-8　　　　　　　　ZSY公司产品营业成本表　　　　金额单位:百万元

产品名称	本期销售量（万吨）	本期单位成本		本期营业总成本	
		上期	本期	上期	本期
主要产品				1 284 756	1 464 057

(续表)

产品名称	本期销售量（万吨）	本期单位成本		本期营业总成本	
		上期	本期	上期	本期
甲	4 740	7.24	7.72	343 176	365 928
乙	9 450	6.85	6.80	647 325	642 600
……					
非主要产品				140 528	170 762
丙	1 135	5.96	6.13	67 646	69 575.50
……					
全部产品				1 425 284	1 634 819

根据表 7-8 的数据,按照全部产品营业成本完成情况分析的步骤,可对该企业全部营业成本分析如下:

第一步,计算全部营业成本增减变动额和变动率:

全部营业成本增减额 = 1 634 819 − 1 425 284 = 209 535(百万元)
全部营业成本增减率 = 209 535 ÷ 1 425 284 = 14.70%

可见,企业全部营业成本比上年有所增加,增加额为 209 535 百万元,增加率为 14.70%。

第二步,确定主要产品和非主要产品成本变动情况及全部营业成本的影响:

主要产品营业成本增减额 = 1 464 057 − 1 284 756 = 179 301(百万元)
主要产品营业成本增减率 = 179 301 ÷ 1 284 756 = 13.96%
主要产品营业变动对全部营业成本增减率的影响 = 179 301 ÷ 1 425 284 = 12.58%
非主要产品营业成本增减额 = 170 762 − 140 528 = 30 234(百万元)
非主要产品营业成本增减率 = 30 234 ÷ 140 528 = 21.51%
非主要产品营业变动对全部营业成本增减率的影响 = 30 234 ÷ 1 425 284 = 2.12%

从第二个步骤分析可看出,全部营业成本之所以比上年有所增加,是由主要产品和非主要产品营业成本上升共同引起的。主要产品营业成本比去年增加了 13.96%,使全部营业成本增加了 12.58%;非主要产品的营业成本比去年增加了 21.51%,使全部营业成本增加了 2.12%。

第三步,分析各主要产品营业成本完成情况及对全部营业成本的影响:

比如:

甲产品营业成本增减额 = 365 928 − 343 176 = 22 752(百万元)
甲产品营业成本增减率 = 22 752 ÷ 343 176 = 6.63%
甲产品对全部营业成本增减率的影响 = 22 752 ÷ 1 425 284 = 1.60%
乙产品营业成本增减额 = 642 600 − 647 325 = − 4 725(百万元)

乙产品营业成本增减率 = -4 725 ÷ 647 325 = -0.73%

乙产品对全部营业成本增减率的影响 = -4 725 ÷ 1 425 284 = -0.33%

可见,公司全部营业成本比上年上升受到甲产品和乙产品的影响较小,影响率分别为1.60%和-0.33%。受ZSY公司业务规模和品种规模较大制约,本部分仅对成品油销售业务做了成本分析,其他业务板块营业成本的变动对本期全部营业成本影响可以参照;可以推断,其他业务板块营业成本的增加可能对本期营业总成本增加产生了较大影响。

2. 主要产品单位成本分析

从上述产品营业成本分析可看出,无论是全部营业成本分析,还是百元销售收入营业成本分析,单位成本都是其重要的影响因素,因此对单位成本进行深入分析是十分必要的。对单位成本进行分析,首先应明确单位销售成本与单位生产成本的关系,它们之间的关系可通过以下关系式反映出来:

某产品单位销售成本 = 某产品销售总成本 ÷ 该产品销售量

某产品销售总成本 = 本期生产总成本 + 期初结存成本 - 期末结存成本

某产品单位生产成本 = 该产品本期生产总成本 ÷ 该产品当期生产量

可见,当期单位销售成本与单位生产成本的差异主要受期初和期末结存成本变动的影响,如果企业当期生产产品当期全部销售出去,则当期单位销售成本与当期单位生产成本可能是相同的,或差异较小。在这种情况下,对单位销售成本的分析与对单位生产成本的分析是一致的,可利用主要产品单位成本表的资料进行分析。假设ZSY公司某子公司的丙产品期初无库存,且当期生产的产品当期全部销售,其产品单位成本简表,见表7-8。

结合上文ZSY公司产品营业成本分析的情况,可以看出,成品油销售业务中甲产品的单位成本出现上升状况。以下根据主要产品单位成本表的资料,分析甲产品成本上升的原因,见表7-9。

表7-9　　　ZSY公司甲产品2012年度单位成本简表　　　金额单位:元

成本项目	2011年		2012年	
直接材料	4 500		4 400	
直接人工	2 240		2 200	
制造费用	500		1 120	
产品单位成本	7 240		7 720	
补充明细项目	单位用量	金额	单位用量	金额
直接材料	30	150	40	110
直接人工工时	120		108	
产品产销量	80		100	

根据表 7-9 的资料,运用水平分析法对 ZSY 公司甲产品单位成本完成情况进行分析,见表 7-10。

表 7-10　　　　　　ZSY 公司甲产品单位成本分析表　　　　金额单位:元

成本项目	2011 年	2012 年	增减变动情况		项目变动对单位成本的影响(%)
			增减额	增减(%)	
直接材料	4 500	4 400	−100	−2.22	−1.38
直接人工	2 240	2 200	−40	−1.78	−0.55
制造费用	500	1 120	+620	+124.00	+8.56
合计	7 240	7 720	+480	+6.63	+6.63

从表 7-10 的分析可以看出,公司甲产品单位销售成本比上年增加了 480 元,增长率 6.63%,主要原因是由于制造费用的增加,使甲产品单位成本增加了 620 元,但直接材料和直接人工的下降,又使单位成本降低 140 元。

为了进一步分析单位成本中直接材料、直接人工和制造费用变化的原因,将对各项目进行因素分析,具体分析过程如下:

分析对象 = 7 720 − 7 240 = 480(元)
材料耗用量差异的影响 = (40 − 30) × 150 = 1 500(元)
材料价格差异的影响 = 40 × (110 − 150) = −1 600(元)
单位产品生产工时差异的影响 = (108 − 120) × 2 240 ÷ 120 = −224(元)
小时工资率差异的影响 = 108 × (2 200 ÷ 108 − 2 240 ÷ 120) = 184(元)
单位产品生产工时差异的影响 = (108 − 120) × 500 ÷ 120 = −50(元)
小时费用率差异的影响 = 108 × (1 120 ÷ 108 − 500 ÷ 120) = 670(元)

根据以上分析结果,可以发现,材料耗用量、小时工资率和小时费月率三因素上升使甲产品单位成本分别增加了 1 500 元、184 元和 670 元;材料价格差异、单位产品生产工时差异和效率差异使甲产品单位成本降低了 1 600 元、224 元和 50 元。找出影响单位成本变动的因素后,应当对具体情况予以对策跟进。

(二)各项费用完成情况的分析

与财务成果直接相关的费用,包括销售费用、管理费用和财务费用等。对各项费用进行分析可采用水平分析法和垂直分析法。运用水平分析法可将各费用项目的实际数与上期数或预算数进行对比,以揭示各项费用的完成情况及产生差异的原因。运用垂直分析法则可揭示各项费用的构成变动,说明费用构成变动的特点。

从上述 ZSY 公司某子公司的实际情况看,销售费用在各项费用总额中的比例最大,下面通过对该子公司销售费用的分析,说明企业费用分析的方法。该公司 2012 年度和 2011 年度销售费用资料,见表 7-11。

表 7-11　　　　　　　　　销售费用明细表　　　　　金额单位:万元

项目	2012 年	2011 年
1. 工资	500	420
2. 职工福利费	70	58.8
3. 业务费	120	135
4. 运输费	248	480
5. 装卸费	32	30
6. 包装费	—	—
7. 保险费	—	—
8. 展览费	—	—
9. 广告费	820	620
10. 差旅费	315	386.2
11. 租赁费	—	—
12. 低值易耗品摊销	—	—
13. 物料消耗	—	—
14. 其他	—	—
销售费用总计	2 130	2 105

根据表 7-11 的资料,运用水平分析法分析销售费用的完成情况,见表 7-12。

表 7-12　　　　　　　销售费用完成情况分析表　　　　　金额单位:万元

项目	2011 年	2012 年	增减额	增减率(%)
1. 工资	420	500	80	19.05
2. 职工福利费	58.8	70	11.2	19.05
3. 业务费	135	120	−15	−11.11
4. 运输费	480	248	−232	−48.33
5. 装卸费	30	32	2	6.67
6. 广告费	620	820	200	32.26
7. 差旅费	386.2	315	−71.2	−18.44
销售费用总计	2 130	2 105	−25	−1.17

从销售费用分析表可看出,企业销售费用比上期降低了 25 万元,降低率为 1.17%;销售费用变动的主要原因:一是广告费用有较大增长,比上期增长了 32.26%;二是工资及福利费均比上期增长了 19.05%。但应当看到,企业在运输费、差旅费和业务费等方面的开支却有较大幅度下降。

为了深入说明销售费用变动情况及其合理性,还应进一步从结构方面及百元销售收入销售费用方面进行分析。分析指标和方法,见表 7-13。

表 7-13　　　　　　　　销售费用结构分析表

项目	产品销售费用构成(%)			百元收入销售费用(元)		
	2011年	2012年	差异	2011年	2012年	差异
1. 工资	19.72	23.75	4.03	2.46	2.77	0.31
2. 职工福利费	2.76	3.33	0.57	0.34	0.39	0.05
3. 业务费	6.34	5.70	−0.64	0.79	0.66	−0.13
4. 运输费	22.54	11.78	−10.76	2.82	1.37	−1.45
5. 装卸费	1.41	1.52	0.11	0.18	0.18	0.00
6. 广告费	29.11	38.95	9.84	3.64	4.53	0.89
7. 差旅费	18.13	14.97	−3.16	2.26	1.74	−0.52
销售费用总计	100	100	0.00	12.49	11.64	−0.85

从表 7-13 可看出,2012 年产品销售费用结构中广告费及工资占的比重最大,超过销售费用的 60%。另外,差旅费和运输费也占较大比重。从动态上看,本期广告费比重上升较快,增长了 9.84%,而运输费、差旅费和业务费比重则有所下降。从百元销售收入的销售费用看,本期比上期降低了 0.85 元,降低幅度最大的是运输费用,百元销售收入运输费用降低了 1.45 元;其次差旅费用降低了 0.52 元;而百元收入的广告费用、工资和职工福利费却有所增加,分别增加 0.89 元、0.31 元和 0.05 元。至于各项销售费用增减变动的具体原因,应结合实际进一步分析。

关于其他期间费用分析可采用相同的分析思路。

三、资产减值损失分析

利润表中资产减值损失项目的构成以及增减变动情况,通常在财务报表附注中,以编制资产减值准备明细表的形式加以说明。具体包括坏账准备、存货跌价准备、可供出售金融资产减值准备、持有至到期投资减值准备、长期股权投资减值准备、固定资产减值准备、在建工程减值准备、工程物资减值准备、无形资产减值准备、商誉减值准备等。

根据 ZSY 公司下属某公司会计报表附注中有关资产减值损失的资料,编制资产减值损失分析表,见表 7-14。

表 7-14　　　　ZSY 公司某公司资产减值损失分析表　　　金额单位:百万元

项　　目	2012 年	2011 年	增减额
坏账损失	(30)	(137)	107
存货跌价损失	543	478	65
可供出售金融资产减值损失	5	—	5
固定资产及油气资产减值损失	1 439	8 412	−6 973
在建工程减值损失	2	6	−4
长期股权投资减值损失	4		4
总　　计	1 963	8 759	−6 796

根据表 7-14 数据可见,ZSY 公司下属该公司 2012 年度资产减值损失减少 6 796 百万元,主要是 2012 年度公司固定资产及油气资产减值损失减少 6 973 百万元,坏账损失比上期少核销 107 百万元,存货跌价损失比上期增加 65 百万元,可供出售金融资产减值损失多计提 5 百万元,等等。关于固定资产及油气资产减值损失减少近 70 亿元,有可能是公司上期乃至以前计提此项损失到位,账面净值以得到公允反映的结果;也有可能调整会计政策中的减值政策,是当期利润表中的资产减值损失项目少计的结果。

四、投资收益分析

利润表中的投资收益,是指企业在一定的会计期间对外投资所取得的回报,反映企业除了自主经营之外的投资活动的收益。投资收益包括对外投资所分得的股利和收到的债券利息、投资到期收回或到期前转让所得款项高于账面价值的差额,以及按权益法核算的股权投资在被投资单位增加的净资产中所拥有的数额等。投资也可能遭受损失,投资收益减去投资损失则为投资净收益。利润表中反映的就是投资净收益,是企业营业利润的重要组成部分。

根据 ZSY 公司会计报表附注中有关投资收益的资料,可编制投资净收益分析表,见表 7-15。

表 7-15　　　　　ZSY 公司投资净收益分析表　　　　　金额单位:百万元

项　　目	2012 年	2011 年	增减额
可供出售金融资产收益	32	28	4
按权益法享有或分担的被投资公司净损益的份额	2 636	2 051	585

(续表)

项　目	2012年	2011年	增减额
子公司宣布分派的股利	66 569	71 763	－5 194
处置联营企业及合营企业损失	(2)	(3)	1
处置子公司收益	102	11 714	－11 612
其他	17	(2)	19
总　计	69 354	85 551	－16 197

从表7-15可看出，ZSY公司投资净收益本期比上期降低16 197百万元，其主要是处置子公司收益降低11 612百万元所致；同时，子公司宣布分派的股利比上期减少5 194百万元；按权益法享有或分担的被投资公司净损益的份额、可供出售金融资产收益等比上期增加，递减了投资收益过渡下滑的趋势。

五、营业外收支变动分析

根据ZSY公司的会计附表资料，我们进一步对营业外收支进行分析。

1. 营业外收入分析

从利润表主表分析可看出，ZSY公司本期营业外收入变动较大，根据会计报表附注中关于营业外收入变动的资料，编制营业外收入分析表，见表7-16。

表7-16　　　　ZSY公司营业外收入变动分析表　　　　金额单位：百万元

项　目	2012年	2011年	计入2012年度非经常性损益的金额	变动额
处置固定资产及油气资产收益	368	383	368	－15
政府补助	9 406	6 734	2 330	2 672
其他	1 804	2 363	1 804	－559
总　计	11 578	9 480	4 502	2 098

从表7-16中可以看出，公司2012年营业外收入增加2 098百万元，主要是政府补助比上年增加2 672百万元的结果，前已述及，如果核心利润与投资收益不是利润的关键增长点，靠营业外收入支撑利润，可持续发展会受到影响。

2. 营业外支出分析

从利润表主表分析可看出，ZSY公司本期营业外支出变也在放大，根据会计报表附注中关于营业外支出变动的资料，编制营业外支出分析表，见表7-17。

表 7-17　　　　　ZSY 公司营业外支出变动分析表　　　金额单位：百万元

项　目	2012 年	2011 年	计入 2012 年度非经常性损益的金额	变动额
处置固定资产及油气资产损失	3 855	3 430	3 855	425
罚款支出	262	687	262	−425
捐赠支出	263	278	263	−15
非常损失	902	640	902	262
其他	4 917	4 686	4 917	231
总计	10 199	9 721	10 199	478

从表 7-17 可看出，公司 2012 年度营业外支出增加 478 百万元，主要原因是处置固定资产及油气资产损失比上期增加 425 百万元，非常损失和其他损失分别比上期增加 262 百万元、231 百万元。此外，罚款支出比上期减少 425 百万元，捐赠支出比上期略有减少，罚款支出和捐赠支出的减少在一定程度上抑制了营业外支出增加的趋势。

六、公允价值变动损益分析

公允价值变动损益是指企业以各种资产，如投资性房地产、债务重组、非货币交换、交易性金融资产等公允价值变动形成的应计入当期损益的利得或损失。即公允价值与账面价值之间的差额。该项目反映了资产在持有期间因公允价值变动而产生的损益，是利润表上的项目"公允价值变动收益"填列依据。

对利润表此项进行分析时应注意：此项目是比较虚的利润，如果此项目在利润增加规模中占比较大，则类似于营业外收支净额，在一定角度说明企业主体经营盈利水平较弱；同时，公允价值变动损益在现实中不能给企业带来相应的现金流量。

本 章 小 结

企业利润，通常是指企业在一定会计期间收入减去费用后的净额以及直接计入当期的利得和损失等，亦称为财务成果或经营成果。在商品经济条件下，企业追求的根本目标是企业价值最大化或股东权益最大化。而无论是企业价值最大化，还是股东权益最大化，其基础都是企业利润，利润已成为现代企业经营与发展的直接目标。企业的各项工作，最终都与利润的多少相关。利润分析可正确评价企业各方面的经营业绩，及时、准确地发现企业经营管理中存在的问题，为投资者、债权者的投资与信贷决策提供正确信息。利润表分析主要包括利润表综合分析、利润表毛利分析以及利润表主要项目分析。

利润表综合分析包括利润额增减变动分析、利润总额分析和营业利润分析。通过对利润表的水平分析，从利润的形成角度，反映利润额的变动情况，揭示企业在利润形成过程中的管理业绩及存在的问题。利润结构变动分析，主要是在对利润表进行垂直分析的基础上，揭示各项利润及成本费用与收入的关系，以反映企业的各环节的利润构成、利润及成本费用水平。通过营业利润水平分析，反映企业营业利润数量的增减变动，揭示影响营业利润的主要因素。

毛利等于营业收入减去营业成本，是企业一切利润指标的基础，反映企业在市场中的基本竞争实力和比较优势，毛利高源于两个方面：一是营业收入高；二是营业成本低。将营业收入和营业成本细分，就形成了影响毛利的最基本的因素。毛利变化受销售量、品种构成、销售单价、单位成本等多因素影响。

利润表主要项目分析包括企业收入分析、成本费用分析、资产减值损失分析、投资收益分析、营业外收支变动分析和公允价值变动损益分析等内容。收入是影响利润的重要因素，企业收入分析的内容具体包括收入的确认与计量分析；影响收入的价格因素与销售量因素分析；企业收入的构成分析等。成本费用分析包括产品销售成本分析和期间费用分析两部分，产品销售成本分析包括销售总成本分析和单位销售成本分析，期间费用分析包括销售费用分析、财务费用分析和管理费用分析。资产减值损失分析包括资产减值损失的构成分析以及资产减值损失变动原因分析。投资收益分析包括投资收益的构成分析以及投资收益变动原因分析。营业外收支变动分析包括营业外收入变动分析和营业外支出变动分析。公允价值变动损益分析主要是对交易性金融资产等公允价值变动形成的应计入当期损益的利得或损失进行分析。

主 要 术 语

利润　核心利润　营业利润　利润总额　净利润　营业收入　营业成本　销售费用　管理费用　财务费用　投资收益　成本降低额　成本降低率　生产成本　单位成本　直接材料　直接人工　制造费用　资产减值损失　投资收益　营业外收入　营业外支出　公允价值变动损益

思考与练习题

7.1　利润分析的作用与内容。

7.2 对利润水平分析表应如何进行分析评价?
7.3 利润影响因素分析的公式及其应用。
7.4 对利润表分析评价为什么要进行会计调整?
7.5 成本费用分析的内容。
7.6 如何进行全部营业成本完成情况分析?
7.7 单位产品成本的因素分析的步骤。
7.8 营业成本与当期存货的关系。

案 例 分 析

中国神华:勿需用会计手段增加利润[①]

中国神华(601088)2013年第1季度实现归属于上市公司股东的净利润(以下简称净利润)110.65亿元,同比下降1.3%;实现营业利润164.74亿元,同比下降2.58%。在煤价一路下跌的情况下,这一成绩在行业内实属难得,因为据Wind数据,1季度煤炭开采行业(申万三级行业标准)营业利润平均下降37.30%。

一体化模式业内称雄

中国神华之所以能取得上述佳绩,主要要归功于其煤电路港航一体化的经营模式。1季度,公司煤炭业务营业收入同比下降3.4%,且毛利率下降——煤炭平均生产成本在上升,而平均售价下跌了6.9%;但与此同时,发电业务营业收入增长了3.0%,且毛利率有所提高——平均售电电价虽说下降了0.4%,可平均售电成本下降的更多,为5.7%。

有趣的是,单从数据来看,居然还有5家同行业上市公司1季度营业利润大幅增长。难道,这些公司拥有比一体化更能抵御煤价下跌的经营模式?答案是否定的。

(1)国创能源,全名为贵州国创能源控股(集团)股份有限公司,公司也确有进军煤炭行业的计划,但从2012年年报来看,公司的主营业务是建材,产品为陶瓷洁具。公司期待2013年实施非公开增发,实施产业转型。由此来看,国创能源还不是煤炭公司。

(2)通宝能源,与国创能源一样,也不是煤炭公司,按公司年报的说法,"公司所属电力行业,拥有发电和配电两大主业。"

---
① 据孙旭东:《证券市场周刊》2013年第17期整理。

(3) 永泰能源, 1 季度营业利润增长, 发生在 2012 年的一起并购是主要功臣。公司 2012 年净利润增长了 181.23%, 年报中对"公司利润构成或利润来源发生重大变动的详细说明"是"报告期内公司收购山西康伟集团有限公司并将其纳入合并范围使公司煤炭产、销量和利润相应增加"。永泰能源将康伟集团纳入合并范围的时间为 2012 年 4 月 1 日, 因此, 今年 1 季度利润继续增长不足为奇。

(4) 金瑞矿业, 情况较特殊。一方面, 公司所在的青海省"煤炭供需缺口大、市场封闭性强, 需求集中度高, 煤炭资源基本在省内消化。青海省长期处于煤炭供给不足状况。"另一方面,"近三年, 公司每年向关联方桥头铝电销售的原煤占公司煤炭销售总额的 70%左右。桥头铝电每年的煤炭需求量远超过(公司全资子公司)西海煤炭的供应能力。"在这种情况下, 金瑞矿业 1 季度营业利润仍能增长似乎也不是难事。不过, 即便在利润大幅增长后, 公司的盈利能力仍然不够强大, 1 季度扣除非经常性损益后的加权平均净资产收益率只有 1.04%。

(5) 靖远煤电, 在营业利润增长中会计因素可能起到了相当大的作用。1季度, 公司实现营业收入 9.31 亿元, 同比下降 10.22%, 按常理营业利润不可能增长很多。然而, 由于公司的管理费用降幅达 78.23%, 营业利润终于不降反升。对管理费用下降, 季报中的解释是"核算口径变化, 生产人员绩效工资在制造成本中核算。"这就是说, 生产人员的绩效工资原先是计入管理费用的, 而现在计入煤炭的生产成本。可是, 1 季度靖远煤业的管理费用减少了 2.83 亿元, 营业成本却只增加了 1.43 亿元。详见表 7-18。

表 7-18　　　　　　　靖远煤电第 1 季度经营情况　　　　　单位:亿元

项　目	2012 年第 1 季度	2013 年第 1 季度	增加
营业收入	10.37	9.31	-1.06
营业成本	5.32	6.75	1.43
管理费用	3.62	0.79	-2.83
营业收入—营业成本—管理费用	1.43	1.77	0.34

事实上, 今年 1 季度靖远煤电的人工成本同比有增无减。根据现金流量表,"支付给职工以及为职工支付的现金"为 4.10 亿元, 而 2012 年同期只有 3.34 亿元。再看资产负债表, 应付职工薪酬由上年末的 6.94 亿元上升至 8.01 亿元, 表明支付现金多并非是因为兑现去年的年终奖。

再看靖远煤电的会计核算口径变化,将生产人员的绩效工资计入管理费用意味着直接影响损益,而计入生产成本则未必——如果生产出的产品没有售出,则不会影响损益。1季度末,靖远煤电的存货由上年末的 3.73 亿元增至 5.18 亿元,增幅高达 39.11%,而存货增加的原因就是"库存煤炭增加"。

根据年报对成本的披露,靖远煤电的煤炭生产成本中人工成本可能比较高,若非如此,改变核算方法也不会对公司损益造成较大影响,"公司煤炭单位生产成本 302.08 元/吨……生产成本中,材料成本 22.82 元/吨,同比下降 8.47%;电力成本 11.7 元/吨,同比下降 10.77%;折旧费 8.94 元/吨,同比下降 11.68%;提取安全生产费 22.39 元/吨,同比下降 5.76%;维简费 10.5 元/吨,与上年持平。"汇总上面列出的明细成本项目,只有 76.35 元/吨,只占总成本的四分之一稍多。

综上所述,只有永泰能源的利润增长含金量稍高,但随着公司规模日益扩大,通过并购来获得增长将越来越困难。引人注意的是永泰能源对一体化的态度,年报中称公司制定了"煤、电、气"一体化的发展战略,正在稳步实施与推进。由此可见,中国神华开创的一体化经营模式确实是公司取得竞争优势的利器。

会计估计变更令人无语

利用会计手段使得账面利润增长是在行业景气低迷时一些公司常用的做法,但这种做法很难说会对公司价值产生积极的影响,甚至有可能会因为要多交企业所得税而使得公司价值受损。因此,在发现中国神华可能也在这样做时,令人惊讶。

在一季报中,中国神华称,"为提高固定资产管理标准化水平,公司制订并实行了《固定资产价值与实物协同管理办法》及《固定资产目录》,使固定资产折旧年限与其预计使用寿命更加接近,财务状况和经营成果反映更加公允。此次变动不会对公司已经披露的财务报表产生影响,同时经评估认为对本集团当前会计期间的整体运营表现和财务状况不产生重大影响。"

于是,我们看到1季度中国神华煤炭生产成本中折旧及摊销明显下降。详见表 7-19。

表 7-19　　中国神华连续 7 年第 1 季度自产煤单位生产成本　　单位:元/吨

	2007 年	2008 年	2009 年	2010 年	2011 年	2012 年	2013 年
成本	71.3	75.7	81.2	110.5	115.2	121.5	122.2
其中:原材料、燃料及动力	14.1	15.7	20.9	19.4	20.3	23.7	24.2
人工成本	9.7	9.2	11.0	10.9	16.0	15.8	14.8
折旧及摊销	21.1	21.1	19.1	21.7	19.0	20.4	16.9
其他	26.4	29.6	30.2	58.5	59.9	61.6	66.3

表 7-19 中的数据除 2007 年外均来自于当年年报,由于中国神华不时收购集团资产,合并报表范围的变化使得煤炭单位生产成本中折旧及摊销有时比上年降低一点不是不可以理解,但像今年这样的降幅(17.16%)则是前所未有。

根据数据和分析,中国神华的一体化经营模式使得公司能够比行业内其他公司更好地应对煤价下跌的局面。在这种情况下,还要求助于会计手段降低成本、增加利润令人无语,甚至会有投资者认为公司管理层这样做是对未来业绩没有信心。

与借助会计手段相比,我们更希望的神华盈利模式为:控制管理费用。

2012 年,公司营业收入增长 19.6%,管理费用增长 25.9%,增幅超过收入。对此,公司方面的解释是"主要是固定资产修理费增加以及经营规模扩大导致相关经费增加。"

2013 年 1 季度,公司营业收入增长 0.1%,管理费用增长 13.4%,增幅仍然超过收入。对此,公司仍然是那个解释。

另据年报披露的 2013 年经营目标,中国神华营业收入增长 8.4%,销售、管理、财务费用合计增长 19.8%。这是一个令人吃惊的数字,2012 年,尽管管理费用增长,但销售费用和财务费用分别下降了 23.54% 和 12.21%,且这两项费用的金额远低于管理费用。这表明,管理费用的增幅仍将远超收入增长,这恐怕很难用经营规模扩大来解释,也不该总是因为固定资产修理费增加。

请思考:
1. 公司绩效除了观测利润表绩效之外,还有那些观测切入点?
2. 案例中通过哪些数据发现神华进行利润调整,利润调整动机是什么?
3. 当期存货的增加,会带来哪些财务联动效应?

第八章 现金流量分析

本章讲述了现金流量表的分析。通过本章的学习,首先了解现金流量和现金流量表的内涵,掌握现金流量表分析的作用、内容和方法;然后分别从现金流量变动情况分析、现金流量项目分析和现金流量与利润综合分析三个方面展开学习。本章的重点与难点是:运用财务分析的基本程序与方法对现金流量进行分析,将现金流量表信息与利润表和资产负债表信息结合来对企业的财务状况进行综合评价与分析。

本章建议课时为 3 学时。

第一节 现金流量分析概述

一、现金流量与现金流量表

(一)现金流量的内涵与分类

现金流量和现金流量表中的现金都是一个广义的概念,它包括现金和现金等价物。现金,是指企业库存现金以及可以随时用于支取的存款。不能随时用于支取的存款不属于现金。现金等价物,是指企业持有的期限短、流动性强、易于转换为已知金额现金、价值变动风险很小的投资。期限短,一般是指从购买日起 3 个月内到期。现金等价物通常包括 3 个月内到期的短期债券投资。权益性投资变现的金额通常不确定,因而不属于现金等价物。企业可以根据具体情况,确定现金等价物的范围,一经确定不得随意变更。

现金流,是指企业现金和现金等价物的流入和流出。现金及现金等价物的增加被称为现金流入量,现金及现金等价物的减少被称为现金流出量。企业从银行提取现金、用现金购买短期的国库券等现金和现金等价物之间的转换不属于现金流量。

现金流量根据企业经济活动的性质,通常可分为经营活动现金流量、投资活动现金流量和筹资活动现金流量。现金流量根据现金的流程,又可分为现金流入量、现金流出量和净现金流量。

(二)现金流量表的内涵与准则要求

现金流量表是以收付实现制为基础编制的,反映企业一定会计期间内现金及现金等价物流入和流出信息的一张动态报表。现金流量表能够系统反映企业在一定时期内的现金变化过程,为会计信息使用者的相关预测和决策分析提供帮助。我国企业会计准则规定现金流量表主表按经营活动、投资活动和筹资活动产生的现金流量分别归集其流入量、流出量和净流量,最后得出企业净现金流量。现金流量表补充资料的编制格式为以净利润为基础调整相关项目,得出经营活动净现金流量。

二、现金流量表与资产负债表、利润表的关系

现金流量表与资产负债表和利润表并不是相互脱离、彼此独立的,它们之间有着内在的勾稽关系。根据资产负债表的平衡式分析影响现金净流量的因素:

资产 = 负债 + 所有者权益
现金 + 非现金流动资产 + 非流动资产 = 流动负债 + 非流动负债 + 所有者权益
现金 = 流动负债 + 非流动负债 + 所有者权益 − 非现金流动资产 − 非流动资产

其中:

所有者权益 = 实收资本(或股本) + 资本公积 + 盈余公积 + 未分配利润
年末未分配利润 = 年初未分配利润 + 净利润 − 支付给股东的股利 − 优先股股利

以上分析表明,影响公司净现金流量的因素与资产负债表和利润表有关,非现金资产类项目变化与净现金流量的变化呈反方向;负债与所有者权益类项目变化与净现金流量呈同方向变化。在其他因素不变的条件下,所有者权益的变化主要与留存收益有关,而后者主要取决于公司经营活动创造的净利润以及公司的股利政策。

公司在一定时期创造的净现金流量是经营活动、投资活动和筹资活动净现金流量的总和。根据现金流量表和资产负债表的关系(见图 8-1),现金流量表分析的对象为:

分析对象 = 期末现金及现金等价物 − 期初现金及现金等价物

比较资产负债表期末货币资金(包括现金等价物)与期初货币资金的差额,其目的在于分析公司一定时期净现金流量变动的动因。

图 8-1 也反映了现金流量表与利润表的关系,以及从净利润到经营活动净现金流量的调整过程。在净利润的基础上,加上非经营活动损失(筹资和投资活动的损益),如处置固定资产、无形资产、其他长期资产损失、固定资产报废损失、财务费用、投资损失(减收益);加上不支付现金的费用,如计提的减值准备、计提固定资产折旧、无形资产摊销、长期待摊费用摊销、待摊费用减少和预提费用增加;加上非现金流动资产减少,减去非现金流动资产增加;加上经营性应付项目增加,减去经营性应付项目的减少等。

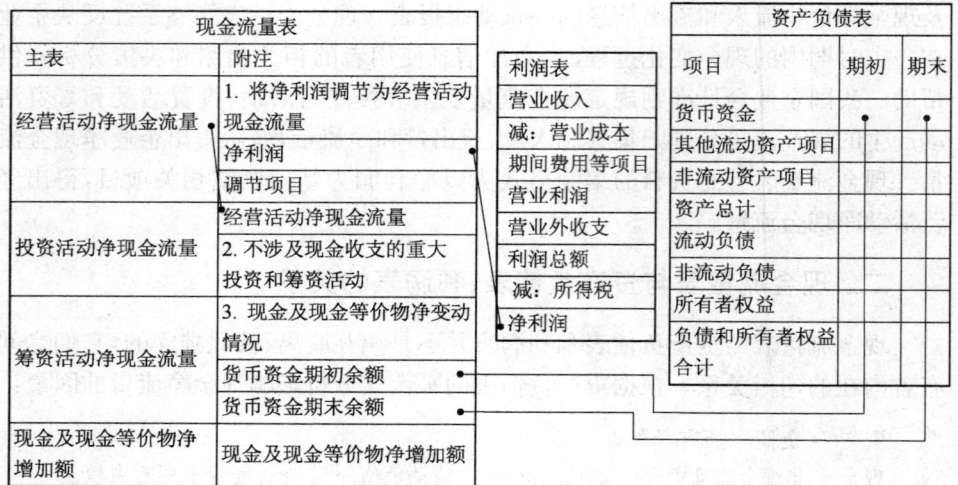

图 8-1　现金流量表、利润表、资产负债表之间的关系

三、现金流量表分析的作用

现金流量表反映了企业在一定时期内创造的现金数额,揭示了在一定时期内现金流动的状况,通过现金流量表分析,可以达到以下作用:

(1) 有助于会计信息使用者预测企业未来现金流量。股东、债权人等企业利益相关者均关注企业价值,而企业价值取决于企业的未来现金流量及其风险。因此,企业的各利益相关者无不重视企业的未来现金流量。过去能够预测未来,企业过去年度的现金流量状况,显然是预测未来现金流量的一个很好的参照。

(2) 有助于评价企业管理者获取和运用现金的途径。为了判断企业价值和投资风险,投资者和债权人不仅需要了解企业在过去年度创造的现金流量,还需要更具体的了解企业管理者获取和运用现金的途径。因为,现金获取途径的不同,其未来的可持续性不同;现金使用方法的不同,则能够反映管理者资金运用的合理性和有效性。

(3) 有助于衡量企业到期偿债能力和股利支付能力。企业的还本付息和股利发放,是债权人和股东所关心的核心问题之一。虽然,盈利能力对企业未来的支付能力影响很大,但是企业的现金流量变化不仅仅取决于经营盈利状况,还受到筹资和投资活动的影响。因此,很有必要使用现金流量表提供的信息来衡量企业到期偿债能力和股利支付能力。

四、现金流量表分析的内容

(1) 现金流量变动情况分析。现金流量变动情况分析包括现金流量表水平分析和现金流量表结构分析。

(2) 现金流量主要项目分析。现金流量主要项目分析包括经营现金流量项目分析、投资现金流量项目分析和筹资现金流量项目分析。

(3) 现金流量与利润综合分析。它包括经营活动现金流量与利润关系分析、现金流量表补充资料水平分析、现金流量表补充资料主要项目分析和经营活动净现金流量阶段性分析。

第二节 现金流量变动情况分析

一、现金流量总量变动情况分析

现金流量总量变动情况分析主要是通过水平分析法揭示本期现金流量与前期现金流量的差异。根据附录表3现金流量表的资料，编制ZSY公司现金流量水平分析表，见表8-1。

表8-1　　　　ZSY公司现金流量表水平分析表　　　金额单位：百万元

项　目	2012年	2011年	增减额	增减(%)
一、经营活动产生的现金流量				
销售商品、提供劳务收到的现金	1 560 613	1 507 374	53 239	3.53
收到的税费返还	3 585	3 761	−176	−4.68
收到的其他与经营活动有关的现金	17 308	16 148	1 160	7.18
经营活动现金流入小计	1 581 506	1 527 283	54 223	3.55
购买商品、接受劳务支付的现金	1 020 730	1 005 531	15 199	1.51
支付给职工以及为职工支付的现金	80 518	72 464	8 054	11.11
支付的各项税费	290 401	230 611	59 790	25.93
支付的其他与经营活动有关的现金	95 958	60 906	35 052	57.55
经营活动现金流出小计	1 487 607	1 369 512	118 095	8.62
经营活动产生的现金流量净额	93 899	157 771	−63 872	−40.48
二、投资活动产生的现金流量				
收回投资所收到的现金	11	5 398	−5 387	−99.80
全资子公司注销为分公司	0	18	−18	−100
取得投资收益所收到的现金	69 347	72 404	−3 057	−4.22
处置固定资产、无形资产和其他长期资产收回的现金净额	235	320	−85	−26.56
投资活动现金流入小计	69 593	78 140	−8 547	−10.94
购建固定资产、无形资产和其他长期资产支付的现金	227 634	214 427	13 207	6.16

(续表)

项　　目	2012年	2011年	增减额	增减(%)
投资支付的现金	31 637	15 831	15 806	99.84
投资活动现金流出小计	259 271	230 258	29 013	12.60
投资活动产生的现金流量净额	-189 678	-152 118	-37 560	24.69
三、筹资活动产生的现金流量				
吸收投资收到的现金	0	0	0	0
其中:子公司吸收少数股东投资收到的现金	0	0	0	0
取得借款收到的现金	397 619	311 497	86122	27.65
收到其他与筹资活动有关的现金	307	267	40	14.98
筹资活动现金流入小计	397 926	311 764	86 162	27.64
偿还债务支付的现金	252 910	230 167	22 743	9.88
分配股利、利润或偿付利息支付的现金	76 239	73 660	2 579	3.50
其中:子公司支付给少数股东的股利、利润	0	0	0	0
子公司资本减少	0	0	0	0
支付其他与筹资活动有关的现金	218	132	86	65.15
筹资活动现金流出小计	329 367	303 959	25 408	8.36
筹资活动产生的现金流量净额	68 559	7 805	60 754	778.40
四、汇率变动对现金及现金等价物的影响	0	0	0	0
五、现金及现金等价物净增加额	-27 220	13 458	-40 678	-302.26
加:年初现金及现金等价物余额	38 794	25 336	13 458	53.12
六、年末现金及现金等价物余额	11 574	38 794	-27 220	-70.17

从表8-2可以看出,ZSY公司2012年净现金流量比2011年减少了40 678百万元。经营活动、投资活动和筹资活动产生的净现金流量较上年的变动额分别是-63 872百万元、-37 560百万元和60 754百万元。

经营活动净现金流量比上年减少了63 872百万元,增长率为-40.48%。经营活动现金流入量与流出量分别比上年增长3.55%和8.62%,增长额分别为54 223亿元和118 095百万元。经营活动现金流入量的增长慢于经营活动现金流出量的增长,致使经营活动现金净流量有了大额减少。经营活动现金流入量的增加主要因为销售商品、提供劳务收到的现金增加了 53 239 百万元,增长率为 3.53%。根据利润表信息,2012 年营业收入增长率为 3.83%,高于销售商品、提供劳务收到的现金的增长率,说明企业的销售收现情况有待改善。经营活动现金流出量的增加因为购买商品、接受劳务支付的现金增加 15 199 百万元,增长率为 1.51%;支付给职工以及为职工支付的现金增加了 8 054 百万元,增长率为 11.11%。

投资活动净现金流量比上年减少了 37 560 百万元,增长率为 24.69%。投资活动现金净流入量比上年减少了 8 547 百万元,增长率为 10.94%。投资活动现金净流量减少的原因主要是收回投资收到的现金减少了 5 387 百万元以及取得投资收益所收到的现金减少了 3 057 百万元。投资活动现金净流出量比上年增加了 29 013 百万元,增长率为 12.6%。投资活动现金流出量的减少主要源于购建固定资产、无形资产和其他长期资产支付的现金和投资支付的现金的增加,增加额分别为 13 207 百万元和 15 806 百万元,增长率分别为 6.16%、99.34%。结合资产负债表可供出售金融资产项目分析,可知本年公司增加了对该项目的投资。

筹资活动净现金流量本年比上年增加了 60 754 百万元,主要是因为筹资活动现金流出的增加额小于筹资活动现金流入的增加额。具体来看,取得借款收到的现金比上年增加了 86 122 百万元,而偿还债务支付的现金增加了 22 743 百万元。

二、现金流量结构分析

现金流量表结构分析,目的在于揭示现金流入量和现金流出量的结构情况,从而抓住企业现金流量管理的重点。现金流量结构分析通常采用垂直分析法,使用直接法编制的现金流量表进行分析。根据附录表 3 现金流量表的资料,编制 ZSY 公司现金流量表结构分析表,见表 8-2。

表 8-2　　　　ZSY 公司 2012 年现金流量表结构分析表　　金额单位:百万元

项　目	2012 年	流入结构(%)	流出结构(%)	内部结构(%)
一、经营活动产生的现金流量				
销售商品、提供劳务收到的现金	1 560 613	76.16		98.68
收到的税费返还	3 585	0.17		0.23
收到的其他与经营活动有关的现金	17 308	0.84		1.09
经营活动现金流入小计	1 581 506	77.18		100.00
购买商品、接受劳务支付的现金	1 020 730		49.16	68.62

(续表)

项　　目	2012年	流入结构（%）	流出结构（%）	内部结构（%）
支付给职工以及为职工支付的现金	80 518		3.88	5.41
支付的各项税费	290 401		13.99	19.52
支付的其他与经营活动有关的现金	95 958		4.62	6.45
经营活动现金流出小计	1 487 607		71.65	100.00
经营活动产生的现金流量净额	93 899			
二、投资活动产生的现金流量				
收回投资所收到的现金	11	0.00		0.02
全资子公司注销为分公司	0	0.00		0.00
取得投资收益所收到的现金	69 347	3.38		99.65
处置固定资产、无形资产和其他长期资产收回的现金净额	235	0.01		0.34
投资活动现金流入小计	69 593	3.40		100.00
购建固定资产、无形资产和其他长期资产支付的现金	227 634		10.96	87.80
投资支付的现金	31 637		1.52	12.20
投资活动现金流出小计	259 271		12.49	100.00
投资活动产生的现金流量净额	−189 678			
三、筹资活动产生的现金流量				
吸收投资收到的现金	0	0.00		0.00
其中:子公司吸收少数股东投资收到的现金	0	0.00		0.00
取得借款收到的现金	397 619	19.41		99.92
收到其他与筹资活动有关的现金	307	0.01		0.08
筹资活动现金流入小计	397 926	19.42		100.00
偿还债务支付的现金	252 910		12.18	76.79
分配股利、利润或偿付利息支付的现金	76 239		3.67	23.15
其中:子公司支付给少数股东的股利、利润	0		0.00	0.00
子公司资本减少	0		0.00	0.00
支付其他与筹资活动有关的现金	218		0.01	0.07

(续表)

项　　目	2012年	流入结构(%)	流出结构(%)	内部结构(%)
筹资活动现金流出小计	329 367		15.86	100.00
筹资活动产生的现金流量净额	68 559			
现金流入总额	2 049 025	100.00		
现金流出总额	2 076 245		100.00	
四、汇率变动对现金及现金等价物的影响	0			
五、现金及现金等价物净增加额	−27 220			
加:年初现金及现金等价物余额	38 794			
六、年末现金及现金等价物余额	11 574			

（一）现金流入结构分析

现金流入结构分为总流入结构和内部流入结构。总流入结构是反映企业经营活动的现金流入量、投资活动的现金流入量和筹资活动的现金流入量分别占现金总流入量的比重。内部流入结构反映的是经营活动、投资活动和筹资活动等各项业务活动现金流入中具体项目的构成情况。现金流入结构分析可以明确企业的现金究竟来自何方，增加现金流入应在哪些方面采取措施等。

从总流入结构来看，ZSY公司2012年现金流入总量为2 049 025百万元，其中经营活动现金流入量、投资活动现金流入量和筹资活动现金流入量所占比重分别为77.18%、3.4%和19.42%。可见，企业的现金流入量主要是由经营活动产生的。经营活动的现金流入量中销售商品、提供劳务收到的现金占76.16%，投资活动的现金流入量中取得投资收益收到的现金和处置长期资产收回的现金分别为3.38%和0.01%，筹资活动的现金流入量中取得借款收到的现金占各类现金流入量的19.41%。

从内部流入结构来看，ZSY公司经营活动现金流入量中销售商品、提供劳务收到的现金、收到的税费返还、收到的其他与经营活动有关的现金所占比重分别为98.68%、0.23%和1.09%，可见销售商品、提供劳务收到的现金占据了经营活动现金流入的绝对主体。投资活动现金流入量中收回投入所收到的现金、取得投资收益所收到的现金、处置固定资产、无形资产和其他长期资产收回的现金净额所占比重分别为0.02%、99.65%和0.34%，可见投资活动现金流入主要来自于取得投资收益所收到的现金。筹资活动现金流入量中取得借款收到的现金、收到其他与筹资活动有关的现金所占比重分别为99.92%和0.08%。可见筹资活动现金流入主要来自于取得借款收到的现金。

总体来说，企业的现金流入量中，经营活动的现金流入量应当占大部分的比例,特别是其销售商品、提供劳务收到的现金应明显高于其他业务活动流入的现金。但是对于不同性质的企业,这个比例也可能有较大的差异。如某单一型经营企业,专心于某一特定经营业务,不愿意进行其他投资,筹资政策保守,不愿意举债经营的,该比例可能尤其高。

(二) 现金流出结构分析

现金流出结构分为总流出结构和内部流出结构。现金总流出结构是反映企业经营活动的现金流出量、投资活动的现金流出量和筹资活动的现金流出量分别在全部现金流出量中所占的比重。内部现金流出结构反映的是经营活动、投资活动和筹资活动等各项业务活动现金流出中具体项目的构成情况。现金流出结构可以表明企业的现金究竟流向何方,要节约开支应从哪些方面入手等。

从总流出结构来看,ZSY 公司 2012 年现金流出总量为 2 076 245 百万元,其中经营活动现金流出量、投资活动现金流出量和筹资活动现金流出量所占比重分别为 71.65%、12.49%和 15.86%。可见,在现金流出总量中经营活动现金流出量所占的比重最大,筹资活动现金流出量所占比重次之。在经营活动现金流出量当中购买商品、接受劳务支付的现金占 49.16%,比重最大,是现金流出的主要项目。在投资活动的现金流出量中购建固定资产、无形资产和其他长期资产支付的现金占 10.96%,比例较大。筹资活动的现金流出量主要用于偿还债务。当期偿还债务支付的现金占全部现金流出量的比重为 12.18 %。

从内部流出结构来看,ZSY 公司 2012 年经营活动现金流出量中购买商品、接受劳务支付的现金、支付给职工以及为职工支付的现金、支付的各项税费、支付的其他与经营活动有关的现金所占比重分别为 68.62%、5.41%、19.52%和 6.45%,购买商品、接受劳务支付的现金占据经营活动现金流出量的主体。投资活动现金流出量中购买固定资产、无形资产和其他长期资产支付的现金、投资支付的现金所占比重分别为 87.8%和 12.2%,可见长期资产的构建是投资现金流出的主要原因。筹资活动现金流出量中偿还债务支付的现金、分配股利、利润或偿付利息支付的现金、支付其他与筹资活动有关的现金所占比例分别为 76.79%、23.15%和 0.07%,可见筹资活动现金流出主要源于偿还债务支付的现金。

一般情况下,购买商品、接受劳务支付的现金往往占有较大的比重,投资活动和筹资活动的现金流出比重则因企业的投资政策和筹资政策和状况不同而存在很大的差异。

为了掌握现金流量结构的变动情况,可将不同时期的现金流量结构进行对比分析。

第三节 现金流量主要项目分析

现金流量表主要项目分析的目的在于充分了解现金流量各项目的内容与作

用,掌握企业现金流入和流出的具体动因,将现金管理真正落到实处。现金作为企业流动性最强的资产,其管理对全面性和细致性提出了更高的要求,因此,现金流量表主要项目分析要求能够满足现金管理的要求,实现现金的有效管理。

一、经营活动现金流量项目分析

(一) 销售商品、提供劳务收到的现金

该项目反映企业本期销售商品、提供劳务收到的现金,以及前期销售商品、提供劳务本期收到的现金(包括销售收入和应向购买者收取的增值税销项税额)和本期预收的款项,减去本期销售本期退回的商品和前期销售本期退回的商品支付的现金。

此项目是企业现金流入的主要来源,通常具有数额大、所占比例高的特点。从以上分析可知,ZSY 公司 2012 年销售商品、提供劳务收到的现金无论是在总的现金流入、流出结构还是经营活动现金流量、投资活动现金流量、筹资活动现金流量等内部结构均占有重要比例。其与利润表中的营业收入项目相对比,可以判断企业销售收现情况。计算销售收现率指标时需要注意,销售商品、提供劳务收到的现金项目当中包含了向购买者收取的增值税销项税额,而营业收入项目当中却不包含销项税,所以建议对参考报表附注当中所披露的税率进行调整。较高的收现率表明企业产品定位正确,适销对路,并已形成卖方市场的良好经营环境。但应注意也有例外的情况,如某公司曾将证券买卖收益的现金流入量包装成销售商品、提供劳务收到的现金,美化现金流量表,给投资者的决策带来误导。

(二) 收到的税费返还

该项目反映企业收到返还的增值税、营业税、所得税、消费税、关税和教育费附加等各种税费。此项目通常数额不大,对经营活动现金流入量影响也不大。ZSY 公司 2012 年收到的税费返还金额为 3 585 百万元,占现金流入量比重为 0.17%。

(三) 收到其他与经营活动有关的现金

该项目反映企业收到的罚款收入、经营租赁收到的租金等其他与经营活动有关的现金流入金额,金额较大的应当单独列示。此项目具有不稳定性,数额不应过多。ZSY 公司 2012 年收到的其他与经营活动有关的现金为 17 308 百万元。

(四) 购买商品、接受劳务支付的现金

该项目反映企业本期购买商品、接受劳务实际支付的现金(包括增值税进项税额),以及本期支付前期购买商品、接受劳务的未付款项和本期预付款项,减去本期发生的购货退回收到的现金。

此项目应是企业现金流出的主要方向,通常具有数额大,所占比重大的特

点。将其与利润表的营业成本相比较,可以判断企业购买商品付现率的情况,借此可以了解企业资金的紧缺程度或企业的商业信用情况,从而可以更加清楚地了解企业目前所面临的财务状况。ZSY 公司 2012 年为购买商品、接受劳务支付现金 1 020 730 百万元,占现金流出总量的比重为 49.16%。

（五）支付给职工以及为职工支付的现金

该项目反映企业本期实际支付给职工的工资、奖金、各种津贴和补贴等职工薪酬,但是应由在建工程、无形资产负担的职工薪酬以及支付给离退休人员的职工薪酬除外,两者分别在"购建固定资产、无形资产和其他长期资产支付的现金"和"支付其他与经营活动有关的现金"项目反映。此项目也是企业现金流出的主要方向,金额波动不大。ZSY 公司 2012 年支付给职工以及为职工支付的现金额为 80 518 百万元,占现金流出总量的比重为 3.88%。

（六）支付的各项税费

该项目反映企业本期发生并支付的、本期支付以前各期发生的以及预交的教育费附加、矿产资源补偿费、印花税、房产税、土地增值税、车船使用税、预交的营业税等税费,计入固定资产价值、实际支付的耕地占用税、本期退回的增值税和所得税等税费除外。此项目会随着企业销售规模的变化而变动。ZSY 公司 2012 年支付的各项税费金额 290 401 百万元,占现金流出总量的比重为 13.99%。

（七）支付其他与经营活动有关的现金

该项目反映企业支付的罚款支出,支付的差旅费、业务招待费、保险费,经营租赁支付的现金等其他与经营活动有关的现金流出,金额较大的应当单独列示。该项目主要与利润表的销售费用以及管理费用项目相对应。ZSY 公司 2012 年支付的其他与经营活动有关的现金为 95 958 百万元,占现金流出总量的比重为 4.62%。根据利润表信息,当年销售费用、管理费用和研发费用三个项目的合计金额为 102 513 百万元,与该项目存在差异的原因主要是支付给职工以及为职工支付的现金还有折旧费用未含在支付其他与经营活动有关的现金当中。

二、投资活动现金流量项目分析

（一）收回投资所收到的现金

该项目反映企业出售、转让或到期收回除现金等价物以外的交易性金融资产、长期股权投资而收到的现金,以及收回长期债权投资本金而收到的现金,但长期债权投资收回的利息除外。此项目不能绝对地追求数额过大。投资扩张是企业未来创造利润的增长点,缩小投资可能意味着企业规避投资风险、改变投资战略或者企业存在资金紧张的问题。ZSY 公司 2012 年收回投资所收到的现金为 11 百万元,占现金流入量比重极小,可见公司当年并未大规模收回投资。

(二) 取得投资收益收到的现金

该项目反映企业因股权性投资而分得的现金股利,从子公司、联营企业或合营企业分回利润而收到的现金,以及因债权性投资而取得的现金利息收入,但股票股利除外。此项目存在发生额说明企业进入投资回收期。该项目金额同利润表当中的投资收益项目进行对比分析,可以考察投资收益的收现状况,同资产负债表当中的投资资产金额进行对比分析,可以考察投资资产的现金回报情况。ZSY公司2012年取得投资收益收到的现金额为69 347百万元,占现金流入总量的比重为3.38%。

(三) 处置固定资产、无形资产和其他长期资产收回的现金净额

该项目反映企业出售、报废固定资产、无形资产和其他长期资产所取得的现金(包括因资产毁损而收到的保险赔偿收入),减去为处置这些资产而支付的有关费用后的净额,但现金净额为负数的除外。此项目一般金额不大,如果数额较大,表明企业产业、产品结构将有所调整,或者表明企业未来的生产能力将受到严重的影响、已经陷入深度的债务危机之中,靠出售设备来维持经营。ZSY公司2012年由于处置固定资产、无形资产和其他长期资产收回的现金净额为235百万元,占现金流入总量的比重为0.01%。

(四) 处置子公司及其他营业单位收到的现金净额

该项目反映企业处置子公司及其他营业单位所取得的现金减去相关处置费用后的净额。

(五) 购建固定资产、无形资产和其他长期资产支付的现金

该项目反映企业购买、建造固定资产、取得无形资产和其他长期资产所支付的现金及增值税款、应由在建工程和无形资产负担的职工薪酬现金支出,但为购建固定资产而发生的借款利息资本化部分、融资租入固定资产所支付的租赁费除外。此项目表明企业扩大再生产能力的强弱,可以了解企业未来的经营方向和获利能力,揭示企业未来经营方式和经营战略的发展变化。ZSY公司2012年由于购建固定资产、无形资产和其他长期资产支付的现金额为227 634百万元,比2011年增加了13 207百万元。可见,公司生产规模将进一步扩大,生产能力将进一步增强。

(六) 投资支付的现金

该项目反映企业取得的除现金等价物以外的权益性投资和债权性投资所支付的现金以及支付的佣金、手续费等附加费用。此项目表明企业参与资本市场运作、实施股权及债权投资能力的强弱,有助于分析投资方向与企业的战略目标是否一致。ZSY公司2012年因投资支付的现金金额为31 637百万元,比2011年增加了15 806百万元,可见,ZSY公司增强了资本市场的参与程度。

(七) 取得子公司及其他营业单位支付的现金净额

该项目反映企业购买子公司及其他营业单位购买出价中以现金支付的部

分,减去子公司或其他营业单位持有的现金和现金等价物后的净额。

(八)收到其他与投资活动有关的现金、支付其他与投资活动有关的现金

反映企业除上述(一)～(七)项各项目外收到或支付的其他与投资活动有关的现金流入或流出,金额较大的应当单独列示。

三、筹资活动现金流量项目分析

(一)吸收投资收到的现金

该项目反映企业以发行股票、债券等方式筹集资金实际收到的款项,减去直接支付给金融企业的佣金、手续费、宣传费、咨询费、印刷费等发行费用后的净额。此项目能够表明企业通过资本市场进行筹资的能力。

(二)取得借款收到的现金

该项目反映企业举借各种短期、长期借款而收到的现金。此项目数额的大小,表明企业通过银行筹集资金能力的强弱,在一定程度上代表了企业商业信用的高低。ZSY 公司 2012 年因取得借款收到现金 397 619 百万元,占现金流入总量的 19.41%,说明借款是公司当年所采取的主要筹资方式。

(三)偿还债务支付的现金

该项目反映企业以现金偿还债务的本金。此项目有助于分析企业资金周转是否已经达到良性循环状态。ZSY 公司 2012 年偿还债务支付的现金额为 252 910 百万元,占现金流出总量的比重为 12.18%。

(四)分配股利、利润或偿付利息支付的现金

该项目反映企业实际支付的现金股利、支付给其他投资单位的利润或用现金支付的借款利息、债券利息。利润的分配情况可以反映企业现金的充裕程度。ZSY 公司 2012 年该项目的现金流出额为 76 239 百万元,占现金流出总量的比重为 3.67%。

(五)收到其他与筹资活动有关的现金、支付其他与筹资活动有关的现金

反映企业除上述(一)～(四)项外,收到或支付的其他与筹资活动有关的现金流入或流出,包括以发行股票、债券等方式筹集资金而由企业直接支付的审计和咨询等费用、为购建固定资产而发生的借款利息资本化部分、融资租入固定资产所支付的租赁费、以分期付款方式购建固定资产以后各期支付的现金等。一般数额较小,如果数额较大,应注意分析其合理性。

四、汇率变动对现金的影响分析

汇率变动对现金的影响反映于下列项目的差额。

(一)汇率调整差异

企业外币现金流量及境外子公司的现金流量折算为记账本位币时,所采用的现金流量发生日的即期汇率或按照系统合理的方法确定的、与现金流量发生

日即期汇率近似的汇率折算的金额。

(二)"现金及现金等价物净增加额"中外币现金净增加额按期末汇率折算的金额

此项目如果数额较大,需要借助会计报表附注的相关内容分析其原因及其合理性。

第四节 现金流量与利润质量综合分析

一、经营活动净现金流量与净利润关系分析

利润表的编制含有公司管理层大量的主观判断,容易被操纵。现金流量表的编制较为客观,不容易被操纵。因此,通过对经营活动净现金流量与净利润关系的分析,有助于分析企业的利润质量。

利润表是按照权责发生制来归集企业的收入和支出,而现金流量表是按照收付实现制来归集企业的收入和支出。它们所反映的经济活动是相同的,只是反映的角度不同。在长期范围内,两者反映的累计结果应该趋于一致,即净利润和经营活动产生的现金流量在很长一段时间内的累计结果应该趋于一致。但是在某个会计期间内,净利润和经营活动产生的现金流量净额却往往不一致。可用公式表示经营活动净现金流量与净利润之间的关系如下:

经营活动的净现金流量 = 本期净利润 + 不减少现金的经营性费用 + 非经营性活动费用 − 非经营性活动收入 + 非现金流动资产的减少 − 非现金流动资产的增加 + 流动负债的增加 − 流动负债的减少

通过对这一关系式的分析,我们可以揭示出从净利润到经营活动净现金流量的变化过程,反映经营活动净现金流量与净利润的区别与联系。财务报表附注之中披露了根据此原理编制的将净利润调节为经营活动的现金流量的资料,见表8-3。

表8-3　　　　ZSY公司2012年现金流量表附注　　　　金额单位:百万元

项目	2012年	2011年
净利润	103 429	126 429
加:资产减值损失	1 218	8 536
固定资产折旧、油气资产折耗	98 684	89 230
无形资产摊销	2 478	2 100
长期待摊费用摊销	2 888	2 570

(续表)

项　目	2012 年	2011 年
处置固定资产、油气资产、无形资产和其他长期资产的损失(减:收益)	2 997	2 831
干井费用	10 499	10 414
安全生产费	3 191	2 978
财务费用(减:收益)	17 879	9 981
投资损失(减:收益)	−69 354	−85 551
递延所得税增加(减:减少)	468	−2 541
存货的减少(减:增加)	−22 803	−37 314
经营性应收项目的减少(减:增加)	−33 551	−6 161
经营性应付项目的增加(减:减少)	−24 124	34 269
经营活动产生的现金流量净额	93 899	157 771

ZSY 公司 2012 年净利润约为 103 429 百万元,而其在这一期间内的经营活动净现金流量约为 93 899 百万元。形成这种差距的主要原因在于当期发生:①不减少现金的经营性费用包括资产减值准备、固定资产折旧、无形资产及开发支出摊销还有长期递延资产摊销共计 105 268 百万元;②非经营性费用包括财务费用共计 17 879 百万元;③非经营性收入包括投资收益−69 354 百万元;④非现金流动资产的增加包括递延所得税资产增加、存货的增加和经营性应收项目的增加共计 56 822 百万元;⑤流动负债的增加包括经营性应付项目的增加−24 123百万元。

二、现金流量表附注资料的水平分析

根据附件表财务报表附注的资料,编制 ZSY 公司现金流量表附注资料水平分析表,见表 8-4。

表 8-4　　　　ZSY 公司现金流量表附注资料水平分析表　　金额单位:百万元

项　目	2012 年	2011 年	增减额	增减(%)
净利润	103 429	126 429	−23 000	−0.18
加:资产减值损失	1 218	8 536	−7 318	−0.86
固定资产折旧、油气资产折耗	98 684	89 230	9 454	0.11
无形资产摊销	2 478	2 100	378	0.18
长期待摊费用摊销	2 888	2 570	318	0.12

(续表)

项 目	2012年	2011年	增减额	增减(%)
处置固定资产、油气资产、无形资产和其他长期资产的损失(减:收益)	2 997	2 831	166	0.06
干井费用	10 499	10 414	85	0.01
安全生产费	3 191	2 978	213	0.07
财务费用(减:收益)	17 879	9 981	7 898	0.79
投资损失(减:收益)	−69 354	−85 551	16 197	−0.19
递延所得税增加(减:减少)	468	−2 541	3 009	−1.18
存货的减少(减:增加)	−22 803	−37 314	14 511	−0.39
经营性应收项目的减少(减:增加)	−33 551	−6 161	−27 390	4.45
经营性应付项目的增加(减:减少)	−24 124	34 269	−58 393	−1.7
经营活动产生的现金流量净额	93 899	157 771	−63 872	−0.40

根据表8-7可知,ZSY公司2012年净利润比2011年减少了23 000百万元,而经营活动产生的现金流量净额则减少了63 872百万元,可见净利润的变动与经营活动产生的现金流量净额的变动存在差异。差异产生的主要原因在于经营性应收项目的减少和经营性应付项目的增加,两者的变动额分别为−27 390百万元、−58 393百万元。可见,ZSY公司应付项目的大量减少造成了两者的差异,应对其与供应商的讨价还价能力予以重点关注。

三、现金流量表附注主要项目分析

补充资料是采用间接法报告经营活动产生的现金流量,在企业当期净利润的基础上进行某些项目的调整,从而得到经营活动的现金流量净额。

(一)资产减值准备

该项目反映企业本期计提的坏账准备、存货跌价准备、短期投资跌价准备、长期股权投资减值准备、持有至到期投资减值准备、投资性房地产减值准备、固定资产减值准备、在建工程减值准备、无形资产减值准备、商誉减值准备、生产性生物资产减值准备、油气资产减值准备等资产减值准备。本期计提资产减值准备时,减值损失已计入本期利润表中的相关损益项目,但实际上与经营活动现金流量无关。因此,在净利润的基础上进行调整计算时,应将其加回到净利润中。

(二) 固定资产折旧、油气资产折耗、生产性生物资产折旧

该项目分别反映企业本期计提的固定资产折旧、油气资产折耗、生产性生物资产折旧。由于资产折旧、折耗并不影响经营活动现金流量，因此在净利润基础上调整计算时，应将其全部加回到净利润中。

(三) 无形资产摊销、长期待摊费用摊销

这两个项目分别反映企业本期计提的无形资产摊销、长期待摊费用摊销。无形资产、长期待摊费用的摊销，增加了成本费用，并在计算净利润时从中扣除，由于没有发生现金流出，所以在将净利润调节为经营活动现金流量时应加回。

以上三个项目都未涉及现金的成本费用项目，在计量过程中需要运用会计职业判断比较多，会计灵活性也比较大。所以对于金额较大，变化显著的项目应结合会计报表附注中的相关项目及相关会计政策进行详细分析，以发现操纵会计利润的行为。

(四) 待摊费用减少、预提费用增加

它们分别反映企业资产负债表"待摊费用"项目和"预提费用"项目的期初余额与期末余额的差额。待摊费用发生时，减少现金，不影响利润；待摊费用摊销时，不影响现金，减少利润。由此就导致了现金流量与利润的不平衡。所以如果该科目本期增加，其减少现金的数额大于减少利润的数额，应调节利润以得到现金流量金额；如果该科目本期减少，其对利润的负影响大于对现金的负影响，应在利润的基础上加上减少的金额，以得到现金流量金额。预提费用的情况恰好与待摊费用相反。预提费用计提时，减少利润，不影响现金；预提费用使用时，不影响利润，减少现金。由此就导致了现金流量与利润的不平衡。所以应在利润的基础上加上预提费用的增加（或减去预提费用的减少）以得到现金流量金额。

这两个项目受人为因素影响较大，如有异动需要结合其他报表资料详细分析。

(五) 处置固定资产、无形资产和其他长期资产的损失和固定资产报废损失

这两个项目属于投资活动产生的损益，所以在将净利润调节为经营活动现金流量时需要予以调节。

(六) 公允价值变动损失

该项目反映持有的金融资产、金融负债以及采用公允价值计量模式的投资性房地产的公允价值变动损益。属于投资活动损益，应予调整。

(七) 财务费用

企业发生的财务费用可以分别归属于经营活动、投资活动和筹资活动。对于属于经营活动产生的财务费用，若既影响净利润又影响经营活动现金流量，如到期支付应付票据的利息，则不需要调整；对属于投资活动和筹资活动产生的财

务费用,如长期借款利息,则只影响净利润,不影响经营活动现金流量,应在净利润的基础上进行调整。

（八）投资损益

投资损益是由投资活动所引起的,与经营活动无关。因此无论是否有现金流量,该项目都应全额调节净利润,但不包括计提的减值准备。

（九）递延所得税资产减少和递延所得税负债增加

它们分别反映企业资产负债表"递延所得税资产"和"递延所得税负债"项目的期初余额与期末余额的差额。递延所得税在计提和缴纳时间上的不一致性导致了其对利润和现金流量影响时间上的不一致性。因此应在净利润的基础上进行调整。

（十）存货的减少、经营性应收项目的减少和经营性应付项目的增加

它们分别反映了企业资产负债表"存货"项目、企业本期经营性应收项目（包括应收票据、应收账款、预付账款、长期应收款和其他应收款中与经营活动有关的部分及应收的增值税销项税额等）和企业本期经营性应付项目（包括应付票据、应付账款、预收账款、应付职工薪酬、应交税费、应付利息、应付股利、长期应付款、其他应付款中与经营活动有关的部分及应付的增值税进项税额等）的期初余额与期末余额的差额。

存货的增加,说明现金减少或经营性应付项目增加;存货减少,说明非付现销售成本增加。所以在调节净利润时,应减去存货的净增加数,或加上存货的净减少数。至于赊购增加的存货,通过同时调整经营性应付项目的增减变动而进行自动抵销。若存货的增减变动不属于经营活动,则不作调整,如接受投资者投入的存货应作扣除。

经营性应收项目增加,说明企业未收到现金的收入增加,即利润增加但现金流量未增加。经营性应收项目减少,说明应收款项收回,现金增加,但不影响利润。所以要对由此引起的净利润与现金流量的差异进行调整。经营性应付项目的情况与此相反。

四、经营活动净现金流量阶段性分析

从企业的成长过程来看,在企业从事经营活动的萌芽期,由于其生产阶段的各个环节都处于"磨合"状态,设备、人力资源的利用率相对较低,材料的投入相对较大,导致企业的成本消耗较高。同时,为了开拓市场,企业有可能投入大量资金,采用各种手段将自己的产品推向市场（包括采用渗透法定价、加大广告支出、放宽收账期等）,从而有可能使企业在这一时期的经营活动现金流量表现为"入不敷出"的状态。如果是由于上述原因导致经营活动产生的现金流量小于零,则应该认为这是企业在发展过程中不可避免的正常状态。如果企业在成长期和成熟期仍然出现这种状态,应当具体分析形成这种状态的具体原因,如果是

由于企业的季节性生产或一些特殊原因(如:正赶上原材料低价销售而大量用现金购入原材料)而出现的暂时或短期的经营活动产生的现金流入小于流出的状态,则不能草率地得出经营活动产生的现金流量质量不高的结论。如果处在成长期和成熟期的企业长期持续呈现这种状态,应该认为企业经营活动回笼现金的能力较弱。处于衰退期的企业,经营活动产生的现金流量往往呈现流入长期持续小于流出的状态,这是企业经营活动严重萎缩和萧条的预警。

经营活动净流量阶段性分析及其评价结果,可以参照表8-5。

表8-5　　　　　　　　经营活动净流量阶段性分析评价表

经营周期现金流量	萌芽期	成长期	成熟期	衰退期
经营活动产生的现金流量小于零	正常	长期持续状态 说明回笼现金的能力很差		很差
经营活动产生的现金流量等于零	中等	长期持续状态 说明回笼现金的能力很差		一般
经营活动产生的现金流量大于零但不足以补偿当期的非现金消耗性成本	较好	长期持续状态 仍然不能给予较高评价		较好
经营活动产生的现金流量大于零并恰能补偿当期的非现金消耗性成本	好	较好	好	好
经营活动产生的现金流量大于零并在补偿当期的非现金消耗性成本后仍有剩余	很好	很好	很好	很好

本 章 小 结

现金流量表是以收付实现制为基础编制的,是反映企业一定会计期间内现金及现金等价物流入和流出信息的一张动态报表。现金流量表能够系统反映企业在一定时期内的现金变化过程,为会计信息使用者的相关预测和决策分析提供帮助。我国企业会计准则规定现金流量表主表按经营活动、投资活动和筹资活动产生的现金流量分别归集其流入量、流出量和净流量,最后得出企业净现金流量。现金流量表补充资料的编制格式为以净利润为基础调整相关项目,得出经营活动净现金流量。

现金流量表分析有助于会计信息使用者预测企业未来现金流量,有助于评价企业管理者获取和运用现金的途径,有助于衡量企业到期偿债能力和股利支付能力。

现金流量分析包括三方面内容:现金流量规模与结构分析、现金流量主要项目分析、现金流量与利润综合分析。现金流量规模或变动情况分析主要应用水平分析法进行,现金流量表结构分析运用垂直分析法进行分析,现金流量主要项目分析则根据各项目的变动情况进行分析,现金流量与利润综合分析包括经营活动现金流量与净利润关系分析、现金流量表补充资料水平分析、现金流量表补充资料主要项目分析和经营活动净现金流量阶段性分析。

现金流量水平分析可以揭示本期现金流量与前期或预计现金流量的差异。现金流量表结构分析的目的在于揭示现金流入量和现金流出量的结构情况,从而抓住企业现金流量管理的重点。现金流入结构分为总流入结构和内部流入结构。总流入结构是反映企业经营活动的现金流入量、投资活动的现金流入量和筹资活动的现金流入量分别占现金总流入量的比重。内部流入结构反映的是经营活动、投资活动和筹资活动等各项业务活动现金流入中具体项目的构成情况。现金流入结构分析可以明确企业的现金究竟来自何方,增加现金流入应在哪些方面采取措施等。

利润表的编制含有公司管理层大量的主观判断,容易被操纵。现金流量表的编制较为客观,不容易被操纵。因此,通过对经营活动净现金流量与利润关系的分析,有助于分析企业的利润质量。利润表是按照权责发生制来归集企业的收入和支出,而现金流量表是按照收付实现制来归集企业的收入和支出。它们所反映的经济活动是相同的,只是反映的角度不同。在长期范围内,两者反映的累计结果应该趋于一致,即净利润和经营活动产生的现金流量在一段很长时间内的累计结果应该趋于一致。但是在某个会计期间内,净利润和经营活动产生的现金流量净额却往往不一致。可用公式表示经营活动净现金流量与净利润之间的关系如下:

经营活动的净现金流量＝本期净利润＋不减少现金的经营性费用＋非经营性活动费用－非经营性活动收入非现金流动资产的减少－非现金流动资产的增加＋流动负债的增加－流动负债的减少

主 要 术 语

现金流量　经营活动现金流量　现金流量表　盈利质量　经营现金流入与企业流入　经营现金流出与企业成本费用　权责发生制　收付实现制

思考与练习题

8.1　现金流量表与资产负债表、利润表有何关系?
8.2　现金流量表的内涵及编制基础。
8.3　现金流量的分类及其所包含的项目。
8.4　经营现金流量与净利润差异的具体原因。

8.5 如何评价经营活动净现金流量的变化?
8.6 现金流量表结构分析的意义何在?

案例分析

中兴通讯的隐患

一个企业战略的关键是现金流能不能支撑未来的发展。有句广告词叫"有健康就有将来",没有健康了,就只能做梦。同理,在企业经营中,有现金未必能盈利,但至少可能变成盈利;如果没有现金流,就连可能都没有。

在2014 MWC移动世界大会上,中兴通讯首席财务官韦在胜接受南都采访时表示,中兴已改变过去"规模当先"的策略,当下首先强调现金流,"现金流首先是我们的血液,然后是利润,最后才是规模"。

表8-6是中兴通讯近两年的经营活动现金流状况的相关数据:

表8-6 中兴通讯2011—2012年经营活动现金流状况

金额单位:亿元

	2012年	2011年
存货周转率	11.93	7.67
核心利润	−42.55	−22.91
经营活动净现金流量	−0.81	20.56
应收票据	37.63	29.92
应收账款	349.7	331.36
预收款项	17.66	16.08
销售商品、提供劳务收到的现金	712.27	725.15

请思考:
1. 从表中的数据中我们可以看出企业哪些信息,企业的现金流量是否健康?
2. 企业可以通过改进那些方面来提高企业现金流量的质量?

第三篇

财务报告效率及应用分析

第九章 投资回报与盈利能力分析

本章讲述投资回报与盈利能力分析。首先对投资回报和盈利能力的相关概念进行界定，详细介绍资本经营、资产经营和商品经营的内涵及其相互关系；然后依次对资本经营能力、资产经营能力和商品经营能力进行分析，具体包括净资产收益率、总资产报酬率、成本利润率以及收入利润率等盈利能力指标的计算与分析；本章最后分析了上市公司常用的盈利能力评价指标。本章的重点和难点是各种盈利能力指标的计算和分析，并要求学生能够初步掌握搜集公司数据的能力。

本章建议课时为 4 学时。

第一节 投资回报与盈利能力分析概述

一、投资回报与盈利能力的内涵

广义的投资指经济主体为获取预期收益，投入经济要素以形成资产的经济活动。根据投资主体和层次的不同，投资可以分为所有者投资（出资）、公司投资和项目投资。

所有者投资，是指出资者向企业投入资本金的一种行为，并按其投入企业的资本金额享有所有者权益，即资产受益、重大决策和选择管理者等权利。所有者投资是企业之所以存在的先决条件，它也从根本上决定着企业的发展方向。

公司投资，是指为实现其目标或发展战略，公司投入人力、物力、财力等，以期望在未来获取收益的一种行为。按其与企业生产经营的关系，可分为直接投资和间接投资。直接投资是指把资金投放于生产经营环节中，以期获取利益的投资。间接投资又称证券投资，是指把资金投放于证券等金融性资产，以期获得股利或利息收入的投资。随着我国证券市场的完善和多渠道筹资的形成，企业的间接投资变得越来越广泛。公司投资还有其他分类，按投资的方向和范围，可分为对内投资和对外投资；按投资回收时间的长短，可分为短期投资和长期投资；按对企业未来生产经营前景的影响，可以分为发展性投资和维持性投资。

项目投资,是一种以特定项目为对象,与新建项目或更新改造项目有关的长期投资行为。按其涉及的内容,项目投资可以进一步细分为单纯固定资产投资和完整工业投资项目。完整工业投资项目是指以新增工业生产能力为主的投资项目,其投资内容不仅包括固定资产投资,而且还包括流动资金投资的建设项目。按项目之间的相互关系,项目投资还可以分为独立投资和互斥投资。项目投资是公司投资的重点核心内容。

不同层次投资的内涵不同,但其投资目的是相同的,即获取相应的投资回报。投资回报是指通过投资而返回的经济回报或价值,通常可以用投资回报率来衡量一个公司的投资回报水平,即收益与投入资本的比值。计算公式如下:

$$投资回报率 = \frac{收益}{投入资本} \times 100\%$$

投资回报的首要决定因素是盈利能力。盈利能力通常是指企业在一定时期内赚取利润的能力。盈利能力的大小是一个相对的概念,即利润与一定的资源投入或一定的收入相比较而获得的一个相对的概念。利润率越高,盈利能力越强;利润率越低,盈利能力越差。公司经营业绩的好坏最终可通过公司的盈利能力来反映。无论是公司的经理人员、债权人,还是股东,都非常关心公司的盈利能力,并重视对利润率及其变动趋势的分析与预测。

二、投资回报与盈利能力的联系

投资回报与盈利能力是密切相关的两个相近概念。一方面,盈利能力是决定投资回报水平的最重要因素,只有企业不断盈利,投资才会得到相应的回报。另一方面,企业实现盈利本身也是投资回报的过程,投资回报能够反映一个企业的盈利水平。

如上所述,投资回报率是收益与投入资本的比值,但公式中的收益与投入资本都没有统一的说法。原因在于不同的投入资本与收益比值,从不同的角度反映企业盈利能力水平。根据投资不同层次的内涵,投资回报与盈利能力的关系可以从投资回报率的计算过程反映。

对于所有者投资,通常计算投资回报率的核心指标为净资产收益率,即税后净利润与净资产的比值。净资产收益率是一个综合指标,能够反映企业的盈利能力、营运能力和借助财务杠杆提升经营绩效的能力。显然,对于投资者来说,在其他因素相同的条件下,盈利能力越强,他们预期得到的投资回报越高。

对于公司投资,通常计算投资回报率的核心指标为总资产收益率,即税前利润与总资产的比值。总资产收益率集中体现了资产运用效率和资金利用效果之间的关系,在企业资产总额一定的情况下,它不仅可以反映企业盈利的稳定性和持久性,还可反映企业综合经营管理水平的高低。显然,对于企业管理者来说,盈利能力是提升投资回报的关键。

对于项目投资,通常用项目利润与投资总额的比值代表其投资回报率。它也涵盖了企业项目的获利目标,并集中反映了投资中心的综合盈利能力。

在使用投资回报率评价企业盈利能力时,要注意收益与投入资本的配比原则,否则两者比值会失去评价意义。一般地,企业投资首先会产生一系列费用,通过销售产品或提供服务获得收入,收入与费用的差额即为企业所得利润。企业产生的利润最终以资产形式实现,具体包括货币资金、存货、应收账款等。企业盈利的过程和结果不只体现在利润表,要结合多张报表信息计算投资回报率,更全面地分析企业盈利能力。

三、盈利能力分析的意义

无论从股东和债权人的角度,还是从公司的角度,或项目经理的角度,盈利能力分析对于相关主体决策与控制、评价与考核等都具有重要意义。

对于出资者(股东)而言,公司盈利能力的强弱更是至关重要的。股东们的直接目的就是获得更多的利润,因为对于信用相同或相近的几个公司,人们总是会将资金投向盈利能力较强的公司。股东们关心公司赚取利润的多少并重视对利润率的分析,是因为他们的股息与公司的盈利能力是紧密相关的;此外,公司盈利能力的增加还会使股票价格上升,从而使股东们获得资本收益。

对于债权人来讲,利润是公司偿债的重要来源,特别是对长期债务而言。盈利能力的强弱直接影响公司的偿债能力。公司举债时,债权人势必审查公司的偿债能力,而偿债能力的强弱最终取决于公司的盈利能力。

从公司的角度来看,公司从事经营活动,其直接目的是最大限度地赚取利润并维持公司持续稳定地经营和发展。只有在不断地获取利润的基础上,公司才可能发展;同样,盈利能力较强的公司比盈利能力较弱的公司具有更大的活力和更好的发展前景。对于公司经理人员来说,盈利能力相关指标反映公司经营业绩高低、衡量经理人员工作业绩优劣;通过盈利能力分析可以发现经营管理中存在的问题,进而采取措施解决问题,提高公司收益水平。

而对于项目经理,盈利能力分析同样重要,它不仅能够反映项目经营的成果,同时,也是项目经理绩效评价、职位晋升的重要参考。

四、盈利能力分析的基础

不同层次、不同性质的企业经营方式不同,进而反映企业盈利能力的指标形式也会有所不同。经营方式是盈利能力分析的基础。按照经营方式划分,可以分为资本经营、资产经营和商品经营三种类型。

(一) 资本经营及其盈利能力

资本经营是与资本经营型的企业经营方式紧密相连的。所谓资本经营型,其特点是围绕资本保值增值进行经营管理,把资本收益作为管理的核心,资产经营、商品经营和产品经营都服从于资本经营目标。资本经营型企业的管理目标是资本保值与增值或追求资本盈利能力最大化。因此,资本经营的内涵是指企业以资本为基础,通过优化配置来提高资本经营效益的经营活动,其活动领域包括资本流动、收购、重组、参股和控股等能实现资本增值的领域,从而使企业以一定的资本投入,取得尽可能多的资本收益。

(二) 资产经营及其盈利能力

资产经营是与资产经营型的企业经营方式紧密相连的。所谓资产经营型,其基本特点是把资产作为企业资源投入,并围绕资产的配置、重组、使用等进行管理。在资产经营情况下,产品经营或商品经营要以资产经营为基础,即围绕资产经营进行商品经营和产品经营。资产经营型企业的管理目标是追求资产的增值和资产盈利能力的最大化。因此,资产经营的基本内涵是合理配置与使用资产,以一定的资产投入,取得尽可能多的收益。

(三) 商品经营及其盈利能力

商品经营是与生产经营型的企业经营方式紧密相连的。所谓生产经营型,其基本的特点是围绕产品生产进行经营管理,包括供应、生产和销售各环节的管理及相应的筹资与投资管理。生产经营型企业管理的目标是追求供产销的衔接及商品的盈利性。因此,商品经营的基本内涵是企业以市场为导向,组织供产销活动,以一定的人力、物力消耗生产与销售尽可能多的社会需要的商品。

(四) 资本经营、资产经营与商品经营之间的联系

1. 资本经营与资产经营

资本经营与资产经营具有一定的区别与联系。首先应搞清资本与资产的内涵,从经济学角度看,资本的内涵与我们通常所说的资产的内涵是基本相同的,它侧重于揭示企业所拥有的经济资源,而不考虑这些资源的来源特征。从这个角度,资本经营实际上等同于资产经营。从会计学角度看,狭义的资本通常是指企业所有者投入资本或自有资本,它与资产是不同的。广义的资本是由狭义资本(自有资本)和负债(他人资本)构成的。会计学资本实质上在于揭示企业经济资源的来源及特征。从这个角度看,资本经营与资产经营是不同的。研究资产经营与资本经营的关系,正应从这个角度或在这个前提条件下进行。它们之间的区别主要表现在:第一,经营内容不同,资产经营主要强调资产的配置、重组及有效使用;资本经营主要强调资本流动、收购、重组、参股和控股等。第二,经营出发点不同,资产经营从整个企业出发,强调全部资源的运营,而不考虑资源的产权问题;资本经营则在产权清晰基础上从企业所有者出发,强调资本(主要指

自有资本)的运营,把资产经营看做是资本经营的环节或组成部分。它们之间的联系主要表现在:第一,资本与资产的关系决定了两者之间相互依存、相互作用,资本经营要以资产经营为依托,资本经营不能离开资产经营而孤立存在;第二,资本经营是企业经营的最高层次,资本经营是对资产经营的进步。

2. 资产经营与商品经营

资产经营与商品经营是既相互联系,又相互区别的。第一,资产经营不能离开商品经营而独立存在,没有有效的商品经营是不能取得好的资产经营效果的。第二,资产经营是对商品经营的进一步发展,它不仅考虑商品本身的消耗与收益,而且将资产的投入与产出及周转速度作为经营的核心。第三,资产经营目标比商品经营目标更综合。商品经营目标是实现资产经营目标的基础,但不是全部。要实现资产经营目标,应在商品经营基础上,进一步搞好资产的重组与有效使用,加快资产周转速度。

五、盈利能力分析的具体内容

我们对企业盈利能力的分析,将按照前文的划分,分别从资本经营、资产经营与商品经营三个方面进行。同时,由于上市公司股权流通、股票价格公开等因素,而具有一些特殊的指标,因而还有必要对上市公司的盈利能力指标进行专门分析。

(1) 资本经营盈利能力分析主要对净资产收益率指标进行分析与评价。进一步探讨对净资产收益率产生影响的指标,主要有总资产报酬率、负债利息率、公司资本结构和所得税率等。

(2) 资产经营盈利能力分析主要对总资产报酬率指标进行分析和评价。进一步探讨对总资产报酬率产生影响的指标,主要有总资产周转率和销售息税前利润率。

(3) 商品经营盈利能力分析,即利用利润表资料进行利润率分析,包括收入利润率分析和成本利润率分析两方面内容。

(4) 上市公司盈利能力分析主要是对每股收益(基本与稀释)指标、普通股权益报酬率指标、股利发放率指标、市盈率指标、托宾Q指标、现金分配率以及每股经营现金流量等指标进行分析。

第二节 资本经营盈利能力分析

一、资本经营盈利能力的内涵与指标

资本经营盈利能力,是指企业的所有者通过投入资本经营而取得利润的能力。反映资本经营盈利能力的基本指标是净资产收益率,即企业本期净利润与

净资产的比率。净资产收益率从净资产角度计量投资回报率;投入资本为净资产的平均额,即企业所有者投入的资产;与之对应的收益为净利润,即为企业所有者支配的剩余收益。净资产收益率反映企业所有者获取投资回报的能力,直接体现所有者能够获得投资收益的水平。

净资产收益率计算公式如下:

$$净资产收益率 = \frac{净利润}{平均净资产} \times 100\%$$

上式中,净利润是指企业当期税后利润;净资产是指企业资产减去负债后的余额,包括实收资本、资本公积、盈余公积和未分配利润等,也就是资产负债表中的所有者权益部分。对于平均净资产,一般取期初与期末的平均值,但是,如果要通过该指标观察分配能力,则取年度末的净资产更为恰当。

净资产收益率是反映盈利能力的核心指标。因为企业的根本目标是所有者权益或股东价值最大化,而净资产收益率既可直接反映资本的增值能力,又影响着公司股东价值的大小。该指标越高,反映公司盈利能力越好。对其的评价标准通常包括社会平均利润率、行业平均利润率和资本成本率等。

二、净资产收益率的因素分解

影响净资产收益率的因素主要有总资产报酬率、负债利息率、企业资本结构和所得税率等。

(一)总资产报酬率

净资产是企业全部资产的一部分,因此,净资产收益率必然受企业总资产报酬率的影响。在负债利息率和资本构成等条件不变的情况下,总资产报酬率越高,净资产收益率就越高。

(二)负债利息率

负债利息率之所以影响净资产收益率,是因为在资本结构一定的情况下,当负债率变动使总资产报酬率高于负债利息率时,将对净资产收益率产生有利影响;反之,在总资产报酬率低于负债利息率时,将对净资产收益率产生不利影响。

(三)资本结构或负债与所有者权益之比

当总资产报酬率高于负债利息率时,提高负债与所有者权益之比,将使净资产收益率提高;反之降低负债与所有者权益之比,将使净资产收益率降低。

(四)所得税税率

因为净资产收益率的分子是净利润即税后利润,因此,所得税税率的变动必然引起净资产收益率的变动。通常,所得税税率提高,净资产收益率下降,反之,净资产收益率上升。

下式可反映出净资产收益率与各影响因素之间的关系:

$$\text{净资产收益率} = \left[\text{总资产报酬率} + \left(\text{总资产报酬率} - \text{负债利息率}\right) \times \frac{\text{负债}}{\text{净资产}}\right] \times (1 - \text{所得税税率})① \times 100\%$$

三、资本经营盈利能力因素分析

明确了净资产收益率与其影响因素之间的关系,运用连环替代法或差额计算法,可分析各因素变动对净资产收益率的影响。下面以 ZSY 公司 2012 年和 2011 年公司报表数据为基础,对资本经营能力因素分析进行简要说明,见表9-1。

表 9-1 资本经营盈利能力因素分析 金额单位:百万元

项 目	2012 年	2011 年
利息支出	18 038	10 519
平均负债	685 191.5	548 288.5
平均总资产	1 642 105	14 501 134
平均净资产	956 913.5	901 825
净利润	103 429	126 429
利润总额	104 048	129 423
营业收入	1 337 157	1 287 823
总资产报酬率=(利润总额+利息支出)/平均总资产	7.43%	9.65%
负债利息率=利息支出/平均负债	2.63%	1.92%
平均负债/平均净资产	71.6%	60.8%
所得税税率	25%	25%
净资产收益率=(利润总额/净资产)×(1-所得税税率)	8.15%	10.76%

注:利息支出按照财务费用计算。净资产收益率按"净资产收益率=(利润总额/净资产)×(1-所得税税率)"计算,且所得税税率假定为 25%不变,因此计算净资产收益率的数值与本书其他地方略有差别。

---

① 公式推导过程如下:净资产收益率 =(利润总额/净资产)×(1-所得税税率)=(利润总额+利息支出-利息支出)/净资产×(1-所得税税率)=[(利润总额+利息支出)/总资产×(总资产/净资产)-利息支出/净资产]×(1-所得税税率)=[(利润总额+利息支出)/总资产×(1+负债/净资产)-利息支出/净资产]×(1-所得税税率)=[(利润总额+利息支出)/总资产+(利润总额+利息支出)/总资产×(负债/净资产)-利息支出/净资产)×(负债/负债)]×(1-所得税税率)=[(利润总额+利息支出)/总资产+(负债/净资产)×(利润总额+利息支出)/总资产-(负债/净资产)×(利息支出/负债)]×(1-所得税税率)=[总资产报酬率+(总资产报酬率-负债利息率)×(负债/净资产)]×(1-所得税税率)

结合表 9-1 的信息，进行连环替代分析：

2011 年净资产收益率=[9.65%+(9.65%-1.92%)×60.8%]×(1-25%)
=10.76%

第一次替代（总资产报酬率）：

[7.43%+(7.43%-1.92%)×60.8%]×(1-25%)=8.09%

第二次替代（负债利息率）：

[7.43%+(7.43%-2.63%)×60.8%]×(1-25%)=7.76%

第三次替代（负债/平均净资产）：

[7.43%+(7.43%-2.63%)×71.6%]×(1-25%)=8.15%

2012 年净资产收益率=[7.43%+(7.43%-2.63%)×71.6%]×(1-25%)
=8.15%

总资产报酬率变动的影响为：8.09%-10.76%=-2.67%
负债利息率变动的影响为：7.76%-8.09%=-0.33%
负债/净资产变动的影响为：8.15%-7.76%=0.39%

可见，ZSY 公司 2012 年净资产收益率比 2011 年净资产收益率下降 2.61%，主要是由于总资产报酬率下降引起的，总资产报酬率的贡献为-2.67%；其次，企业负债筹资成本上升对净资产收益率影响是负面的，但影响较小；负债与净资产比率的上升发挥了一定的财务杠杆作用，促进净资产收益率上升，但影响较小，使净资产收益率上升 0.39%；两年所得税税率相同，故忽略所得税税率的影响。

四、现金流量指标对资本经营能力的补充

对资本经营盈利能力发挥补充作用的现金流量指标主要有净资产现金回收率和盈利现金比率。

净资产现金回收率是经营活动净现金流量与平均净资产之间的比率。该指标是对净资产收益率的有效补充，对那些提前确认收益，而长期未收现的公司，可以用净资产现金回收率与净资产收益率进行对比，从而可以补充观察净资产收益率的盈利质量。其计算公式是：

$$净资产现金回收率 = \frac{经营活动净现金流量}{平均净资产} \times 100\%$$

根据附录表 1 和表 3 资产负债表和现金流量表的资料，计算得出 ZSY 公司 2012 年和 2011 年净资产现金回收率指标，见表 9-2。

表 9-2　　　　　　　净资产现金回收率指标表　　　　金额单位：百万元

项　目	2012 年	2011 年
经营活动净现金流量	93 899	157 771
平均净资产	956 913.5	901 825
净资产现金回收率(%)	9.81	17.49

从表 9-2 看出，ZSY 公司的净资产现金回收率显著下降，主要是因为 2012 年经营活动产生的净现金流较少。尽管与 2011 年相比，2012 年平均净资产小幅上升，会拉低净资产现金回收率，但 2012 年经营活动净现金流量的下降对净资产现金回收率指标影响更明显。ZSY 净资产现金回收率降低，说明公司的盈利能力质量有所下降。

盈利现金比率，也称盈余现金保障倍数，这一比率反映公司本期经营活动产生的现金净流量与净利润之间的比率关系。

$$盈利现金比率 = \frac{经营活动净现金流量}{净利润} \times 100\%$$

一般情况下，盈利现金比率越大，公司盈利质量就越高。如果该比率小于 1，说明本期净利润中存在尚未实现的现金收入。在这种情况下，即使公司盈利，也可能发生现金短缺。诚然，应收账款的增加，可能有以下三方面原因：为了扩大市场份额而导致赊销增加；公司规模扩大（资产增加）而带来的应收账款（票据）增加；盈余管理促成虚列收入，应收加大。第一种原因可以借助于指标——销售商品提供劳务收到的现金/经营活动现金流入量，若该指标持续上升，应收账款（票据）的增加尚属正常；第二种原因可以借助于指标——[期末总资产－期末应收账款（票据）]/[期初总资产－期初应收账款（票据）]，若该指标上升，说明公司规模壮大，债权资产增加也属正常；若非前两种原因，则有利用应收账款操纵利润之嫌。

在进行盈利质量分析时，仅仅靠一年的数据未必能说明问题，需要进行连续的盈利现金比率的比较，若公司盈利现金比率一直小于 1 甚至为负数，则公司盈利质量相当低下，严重时会导致公司破产。

第三节　资产经营盈利能力分析

一、资产经营盈利能力的内涵与指标

资产经营盈利能力，是指企业运营资产而产生利润的能力。反映资产经营盈利能力的指标是总资产报酬率，即息税前利润与平均总资产之间的比率。总

资产报酬率从资产总额的角度来考虑投资回报率:投入资本为总资产,从资产构成看,包括各种有形资产和无形资产,从资产来源看,包括所有者投入和举债所得;收益为息税前利润,包括利润总额和利息支出,即所有资产所产生的收益总和。其中利息支出是企业支付给债权人的费用,本质上是企业总资产产生利润的一部分。

运用资产负债表和利润表的资料,可计算总资产报酬率,计算公式为:

$$总资产报酬率 = \frac{利润总额 + 利息支出}{平均总资产} \times 100\%$$

$$平均总资产 = (期初资产总额 + 期末资产总额) \div 2$$

为什么计算总资产报酬率指标包括利息支出?因为,既然占用总资产资源带来的报酬,包括:给股东的报酬和给债权人的报酬;从利润中没有扣除股东投资的等价报酬——红利,那么,也不能扣除借入资本的等价报酬——利息。何况从企业对社会的贡献来看,利息和利润都是企业在一定时期占用资源创造的支付给权益方的报酬。

总资产报酬率高,说明企业资产的运用效率好,也意味着企业的资产盈利能力强,所以,这个比率越高越好。评价总资产报酬率时,需要与企业前期的比率、同行业其他企业的这一比率等进行比较,并进一步找出影响该指标的不利因素,以利于企业加强经营管理。

二、总资产报酬率的因素分解

根据总资产报酬率指标的经济内容,可将其做如下分解:

$$总资产报酬率 = \frac{营业收入}{平均总资产} \times \frac{利润总额 + 利息支出}{营业收入} \times 100\%$$
$$= 总资产周转率 \times 营业息税前利润率 \times 100\%$$

影响总资产报酬率的因素有两个:一是总资产的周转率,另一个是营业息税前利润率。总资产周转率表示的是企业的每一元资产所能够带来的收入,该指标作为反映企业资本运营能力的指标,可用于说明企业资产的运用效率,是企业资产经营效果的直接体现。有时,这一指标也可以用它倒数表示;就是平均总资产/营业收入,表示的是企业每产生一元的营业收入所需要投入的资产。营业息税前利润率反映的是每一元的营业收入所能带来的利润额,该指标反映了企业商品生产经营的盈利能力,产品盈利能力越强,营业利润率越高。可见资产经营盈利能力受商品经营盈利能力和资产运营效率两方面影响。

三、资产经营盈利能力因素分析

在上述总资产报酬率因素分解式的基础上,运用连环替代法或差额计算法可以分析总资产周转率和营业息税前利润率变动对总资产报酬率的影响。

根据附录表 1 和表 2 资产负债表和利润表的资料，编制 ZSY 公司 2012 年和 2011 年相关指标，见表 9-3。

表 9-3　　　　　　　　　资产经营盈利能力分析表　　　　金额单位：百万元

项　目	2012 年	2011 年	差异
营业收入	1 337 157	1 287 823	—
利润总额	104 048	129 423	—
利息支出	18 038	10 519	—
息税前利润	122 086	139 942	—
平均总资产	1 642 105	1 450 114	—
总资产周转率（次）	0.81	0.89	−0.08
营业息税前利润率（%）	9.13	10.87	−1.74
总资产报酬率（%）	7.43	9.65	−2.22

根据表中的资料，可分析确定总资产周转率和营业息税前利润率变动对总资产报酬率的影响。

$$分析对象 = 7.43\% - 9.65\% = -2.22\%$$

因素分析：

(1) 总资产周转率变动的影响 $= (0.814\ 3 - 0.888\ 1) \times 10.87\% = -0.80\%$

(2) 营业息税前利润率的影响 $= (9.13\% - 10.87\%) \times 0.814\ 3 = -1.42\%$

分析结果表明，该公司本年全部资产报酬率比上年下降了 2.22%，是由于总资产周转率下降使总资产报酬率下降了 0.80%；营业息税前利润率下降使总资产报酬率下降了 1.42%，两个因素都导致了总资产报酬率的降低。由此可见，要提高公司的总资产报酬率，增强公司的盈利能力，就要从提高公司的总资产周转率和营业息税前利润率两方面努力。

四、现金流量指标对资产经营能力的补充

对资产经营盈利能力发挥补充作用的现金流量指标主要是全部资产现金回收率。

全部资产现金回收率是指经营活动产生的净现金流量与平均总资产之间的比率。该指标可以作为对总资产报酬率的补充，反映企业利用资产获取现金的能力，可以衡量企业资产获现能力的强弱。其计算公式为：

$$全部资产现金回收率 = \frac{经营活动净现金流量}{平均总资产} \times 100\%$$

根据附录表1和表3资产负债表和现金流量表的资料，计算ZSY公司2012年和2011年全部资产现金回收率，见表9-4。

表9-4　　　　　　全部资产现金回收率指标表　　　　金额单位：百万元

项　目	2012年	2011年
经营活动净现金流量	93 899	157 771
平均总资产	1 642 105	1 450 114
全部资产现金回收率(%)	5.72	10.88

与该公司2011年全部资产现金回收率指标相比，2012年该指标显著较低，产生的经营活动净现金流支撑盈利能力的质量有所降低，说明盈利质量出现一定问题。

通过现金流量指标的计算来修正和补充盈利能力指标，更有利于对公司盈利状况进行多视角、全方位综合分析，从而反映公司获取利润的现金保障。

第四节　商品经营盈利能力分析

一、商品经营盈利能力分析的内涵与指标

商品经营盈利能力分析从成本或收入与利润的关系反映投资回报关系。商品经营是企业盈利的基本过程，也是企业投资回报的基本表现形式。商品经营是相对资产经营和资本经营而言的。商品经营盈利能力不考虑企业的筹资或投资问题，只研究利润与收入或成本之间的比率关系。因此，反映商品经营盈利能力的指标可分为两类：一类是各种利润额与成本之间的比率，统称成本利润率；另一类是各种利润额与收入之间的比率，统称收入利润率。因此，本节将商品经营能力分析分为成本利润率分析与收入利润率分析两类。

二、成本利润率分析

反映成本利润率的指标有许多形式，其主要形式有：营业成本利润率、营业费用利润率、全部成本费用利润率等。运用各种成本利润率指标评价盈利能力时，注意成本与利润的配比，即不同成本支撑哪些利润。

1. 营业成本利润率，指营业利润与营业成本之间的比率。其计算公式是：

$$营业成本利润率 = \frac{营业利润}{营业成本} \times 100\%$$

2. 营业费用利润率，指营业利润与营业费用总额的比率。营业费用总额包括营业成本、营业税金及附加、期间费用和资产减值损失等。期间费用包括销售

费用、管理费用、财务费用等。其计算公式是：

$$营业费用利润率 = \frac{营业利润}{营业费用} \times 100\%$$

3. 全部成本费用利润率，该指标可分为全部成本费用总利润率和全部成本费用净利润率两种形式。

（1）全部成本费用总利润率的计算公式是：

$$全部成本费用总利润率 = \frac{利润总额}{营业成本 + 营业费用 + 营业外支出} \times 100\%$$

（2）全部成本费用净利润率的计算公式是：

$$全部成本费用净利润率 = \frac{净利润}{营业成本 + 营业费用 + 营业外支出} \times 100\%$$

以上各种利润率指标反映企业投入产出水平，即所得与所费的比率，体现了增加利润是以降低成本及费用为基础的。这些指标的数值越高，表明生产和销售产品的每一元成本及费用取得的利润越多，劳动耗费的效益越高，反之，则说明每耗费一元成本及费用实现的利润越少，劳动耗费的效益越低。所以，成本利润率是综合反映企业成本效益的重要指标。

成本费用利润率是正指标，即指标值越高越好。分析评价时，可将各指标实际值与标准值进行对比。标准值可根据分析的目的与管理要求确定。

下面结合附录表 2 利润表的资料，根据上述公司成本利润率计算公式，可计算 ZSY 公司 2012 年成本利润率及与 2011 年对比的变动情况，见表 9-5。

表 9-5　　　　　　　　ZSY 公司成本利润率分析表　　　　　　　单位：%

项　目	2012 年	2011 年	差异
营业成本利润率	10.25	13.83	-3.58
营业费用利润率	7.86	10.44	-2.58
全部成本费用总利润率	7.93	10.34	-2.41
全部成本费用净利润率	7.89	10.10	-2.21

从表 9-5 可看出，2012 年与 2011 年相比，ZSY 公司营业成本利润率、营业费用利润率、全部成本费用总利润率以及全部成本费用净利润率均下降，下降幅度分别为 3.58%、2.58%、2.41% 和 2.21%。初步说明公司盈利能力有所下降，每一元成本费用能够带来的利润所有减少。引起成本利润率下降的原因可能是多方面的，除公司自身原因，国家政策引导、总体经济发展水平、行业周期性变化、原材料价格等都会影响成本利润率。成本利润率的下降为 ZSY 公司管理层发出预警信号，应找出日常经营管理中的不足，提高利润率，及时调整公司战

略,避免遭受不必要的损失。对成本利润率的进一步分析,也可以从各成本利润率之间的关系角度进行。

三、收入利润率分析

反映收入利润率的指标主要有营业收入利润率、营业收入毛利率、总收入利润率、营业净利润率、营业息税前利润率等。不同的收入利润率,其内涵不同,揭示的收入与利润关系不同,在分析评价中的作用也不同。

(1) 营业收入毛利率(毛利率),指营业收入与营业成本的差额与营业收入之间的比率。

(2) 营业收入核心利润率(核心利润率),核心利润与营业收入之间的比率。核心利润是营业收入减去营业成本、销售费用、管理费用、财务费用、营业税金及附加后的余额。

(3) 营业收入利润率(营业利润率),指营业利润与营业收入之间的比率。

(4) 总收入利润率,指利润总额与企业总收入之间的比率,企业总收入包括营业收入、投资净收益和营业外收入。

(5) 营业收入净利润率(营业净利润率),指净利润与营业收入之间的比率。

(6) 营业收入息税前利润率(营业息税前利润率),指息税前利润与企业营业收入之间的比率,息税前利润指利润总额与利息支出之和。

收入利润率指标是正指标,指标值越高代表盈利能力越强。分析时应根据分析的目的与要求,确定适当的标准值,如可用行业平均值、全国平均值、企业目标值等。

结合附录2利润表的资料,根据上述公司收入利润率计算公式,可计算ZSY公司2012年的收入利润率及与2011年对比的变动情况,见表9-6。

表9-6　　　　　　公司收入利润率分析表　　　　　金额单位:百万元

项　　目	2012年	2011年	差异
营业收入	1 337 157	1 287 823	—
营业成本	1 000 217	938 968	
销售费用	40 848	39 767	—
管理费用	61 665	57 045	
财务费用	18 038	10 519	
营业税金及附加	181 984	188 683	
营业利润	102 541	129 856	
利润总额	104 048	129 423	—
净利润	103 429	126 429	—

(续表)

项　目	2012年	2011年	差异
利息支出	18 038	10 519	—
总收入	1 416 686	1 380 718	—
毛利率(%)	25.20	27.09	−1.89
核心利润率(%)	2.57	4.10	−1.53
营业利润率(%)	7.67	10.08	−2.41
总收入利润率(%)	7.34	9.37	−2.03
营业净利润率(%)	7.73	9.82	−2.09
营业息税前利润率(%)	9.13	10.87	−1.74

从表 9-6 可以看出，2012 年与 2011 年相比，ZSY 公司毛利率、核心利润率、营业利润率、总收入利润率、营业净利润率、营业息税前利润率均有所下降。与 2011 年相比，核心利润率 2012 年下降近 40%，幅度较大，应给予额外的关注。核心利润是公司经营活动盈利能力分析的核心，核心利润率下降表明 ZSY 公司经营资产的盈利水平有所下滑，即依靠核心经营业务获取利润的能力减弱。另外，ZSY 公司收入虽然有所增加，但费用增长幅度更大，进而导致多种收入利润率下降。对收入利润率的分析，还可在此基础上，进一步研究各收入利润率之间的关系，从而找出某种利润率受其他利润率的影响状况。

四、现金流量指标对商品经营能力的补充

销售获现比率是对商品经营盈利能力的补充，反映企业通过销售获取现金的能力。销售获现比率是销售商品、提供劳务收到的现金与营业收入之比。

其计算公式为：

$$销售获现比率 = \frac{销售商品、提供劳务收到的现金}{营业收入} \times 100\%$$

根据附录 2 和附录 3 利润表及现金流量表相关资料，计算并分析 ZSY 公司 2012 年和 2011 年的销售获现比率，见表 9-7。

表 9-7　　销售获现比率分析表　　金额单位：百万元

项　目	2012年	2011年
销售商品、提供劳务收到的现金	1 560 613	1 507 374
营业收入	1 337 157	1 287 823
销售获现比率(%)	116.71	117.05

从表 9-7 可知，2012 年和 2011 年相比销售获现比率均超过 100% 且相差很小，表明公司通过销售获取现金的能力基本保持不变。可以初步判定公司产品销售形势好，信用政策合理，能及时收回货款，收款工作得力。使用该指标进行分析时，应注意当期收到的预收账款和收回前期的应收账款的影响。

五、盈利能力的行业比较分析

同行业比较分析是指将企业指标的实际值与同行业的平均标准值所进行的比较分析。盈利能力的行业比较分析，则以本章前面所述的盈利能力指标为主，选择行业目标企业标准，或者行业平均或先进标准进行比较。为便于对企业进行评估，以下选取与 ZSY 极为相近的同行业公司 ZSH 进行行业比较分析。

根据 ZSY 和 ZSH 公司 2012 年母公司资产负债表及利润表相关资料，对同行业公司资本经营、资产经营和商品经营盈利能力的核心指标进行比较分析，见表 9-8。

表 9-8　　盈利能力指标的行业比较分析

	净资产收益率	总资产报酬率	营业费用利润率	营业收入利润率
ZSY	10.81%	7.43%	7.86%	7.67%
ZSH	14.02%	8.78%	4.90%	4.72%

由表 9-8 可以看出，ZSY 公司的净资产收益率与 ZSH 相比较低，其资本经营盈利能力与同行业公司相比，具有一定的劣势；ZSY 公司的总资产报酬率与 ZSH 相比也较低，其资产经营盈利能力同样相对较弱；而 ZSY 公司营业费用利润率和营业收入利润率均高于可比公司 ZSH，说明 ZSY 单位费用和单位收入带来的利润较高，其商品经营盈利能力则相对好一些。总的来看，虽然 ZSY 公司的净利润大于 ZSH，但考虑到 ZSY 公司总资产和净资产的规模远大于 ZSH，即考虑投入资本数额的情况下，ZSY 的投资回报率则相对较低。

第五节　上市公司盈利能力分析

由上市公司自身特点所决定，其盈利能力除了可以通过一般企业盈利能力的指标分析外，还应进行一些特殊指标的分析，特别是一些与股票价格或市场价值相关的指标分析，如普通股权益报酬率、股利发放率、价格和收益比率，以及每股经营现金流量等指标的分析。

第九章 投资回报与盈利能力分析

一、每股收益分析

每股收益的基本含义是指每股发行在外的普通股所能分摊到的净收益额。这一指标与普通股股东的利益关系极大,他们往往根据它来进行投资决策。每股收益又分为基本每股收益与稀释每股收益。

1. 基本每股收益

基本每股收益是指归属于普通股股东的当期净利润与发行在外的普通股加权平均数之比。

$$基本每股收益 = \frac{净利润 - 优先股股息}{发行在外的普通股加权平均数(流通股权)}$$

由于优先股股东对股利的受领权优于普通股股东,因此在计算普通股股东所能享有的收益额时,应将优先股股利扣除。公式中分母采用加权平均数,是因为本期内发行在外的普通股股数只能在增加以后的这一段时期内产生权益,减少的普通股股数在减少以前的期间内仍产生收益,所以必须采用加权平均数,以正确反映本期内发行在外的股份数额。发行在外的普通股加权平均数按下列公式计算:

$$发行在外的普通股加权平均数 = 期初发行在外普通股股数 + 当期新发行普通股股数 \times \frac{已发行时间}{报告期时间} - 当期回购普通股股数 \times \frac{已回购时间}{报告期时间}$$

已发行时间、报告期时间和已回购时间一般按照天数计算;在不影响计算结果合理性的前提下,也可以采用简化的计算方法。

例如,假设 ZSY 公司于某年年初发行在外的普通股份 20 万股,该年 7 月 1 日又增发了 6 万股,并且该年内未发行其他股票,亦无退股事项,则该年度普通股流通在外的平均数应为 23 万股[即 20+(6×6/12)]。

2. 稀释每股收益

稀释每股收益是指当企业存在稀释性潜在普通股时,应当分别调整归属于普通股股东的当期净利润和发行在外的普通股加权平均数,并据此计算稀释每股收益。

所谓稀释性潜在普通股,是指假设当期转换为普通股会减少每股收益的潜在普通股,例如可转换公司债券、认股权证和股份期权。

(1) 计算稀释每股收益时,对归属于普通股股东的当期净利润的调整,应当根据下列事项对归属于普通股股东的当期净利润进行调整:当期已确认为费用的稀释性潜在普通股的利息;稀释性潜在普通股转换时将产生的收益或费用。同时应当考虑相关的所得税影响。

(2) 计算稀释每股收益时,对当期发行在外普通股的加权平均数的调整。调整后的股数应当为计算基本每股收益时普通股的加权平均数与假定稀释性潜在普通股转换为已发行普通股而增加的普通股股数的加权平均数之和。计算稀释性潜在普通股转换为已发行普通股而增加的普通股股数的加权平均数时,以前期间发行的稀释性潜在普通股,应当假设在当期期初转换;当期发行的稀释性潜在普通股,应当假设在发行日转换。

对于基本每股收益和稀释每股收益的计算,可以参见以下两例:

假设 ZSY 公司于某年 1 月 1 日发行 100 万份认股权证,行权价格 3.5 元,该年度净利润 200 万元,发行在外普通股加权平均数为 500 万股,普通股平均市场价格为 4 元,则其:

基本每股收益 = 200/500 = 0.4(元)
调整增加的普通股股数 = 100 − 100 × 3.5/4 = 12.5(万股)
稀释的每股收益 = 200/(500 + 12.5) = 0.39(元)

假设 ZSY 公司于某年 1 月 1 日发行利率为 4% 的可转换债券,面值 800 万元,每 100 元债券可转换为 1 元面值普通股 90 股。2012 年净利润 4 500 万元,该年发行在外的普通股加权平均数为 4 000 万股,所得税税率 25%,则其:

基本每股收益 = 4 500 ÷ 4 000 = 1.125(元)
净利润的增加 = 800 × 4% × (1 − 25%) = 24(万元)
普通股股数的增加 = 800 ÷ 100 × 90 = 720(万股)
稀释的每股收益 = (4 500 + 24) ÷ (4 000 + 720) = 0.96(元)

下面,我们仍然利用 ZSY 公司的信息进行每股收益分析。根据 ZSY 母公司会计报表及附注等资料,可以得到 ZSY 母公司的信息见表 9-9。

表 9-9　　　　　　　　　　ZSY 公司每股收益分析表　　　　　金额单位:百万元

项目	2012 年	2011 年	差异
净利润	103 429	126 429	—
优先股股息	0	0	—
发行在外的普通股加权平均股数(百万股)	183 021	183 021	—
稀释效应——普通股的加权平均数: 股权激励计划限制性股票	0	0	—
调整后发行在外普通股的加权平均数	183 021	183 021	—
基本每股收益(元)	0.57	0.69	−0.12
稀释每股收益(元)	0.57	0.69	−0.12

由表 9-9 中的信息可知，ZSY 公司 2012 年度的每股收益比 2011 年度降低了 0.12 元，表明企业的盈利能力有所减弱。当然，在运用每股收益判断企业盈利能力强弱时，应将几家不同企业或者同一企业不同时期的每股收益进行比较，才能得出正确的认识。比较 ZSY 和 ZSH 公司的每股收益可知，ZSY 公司的基本每股收益略低于 ZSH 公司。

二、普通股权益报酬率分析

普通股权益报酬率是指净利润扣除应发放的优先股股利后的余额与普通股权益之比。普通股权益报酬直接反映公司流通股所有者的投入获取公司经营收益的水平，从普通股所有者角度计量投资回报率，其计算公式如下：

$$普通股权益报酬率 = \frac{净利润 - 优先股股息}{普通股权平均额} \times 100\%$$

该指标从普通股股东的角度反映公司的盈利能力，指标值越高，说明盈利能力越强，普通股股东可得收益也越多。普通股权益报酬率应作为独立指标对公司盈利能力、投资收益水平进行分析。

从计算公式可知，普通股权益报酬率的变化受净利润、优先股股息和普通股权益平均额三个因素影响。一般情况下，优先股股息比较固定，因此应着重分析其他两个因素，尤其是在 ZSY 公司中没有优先股股息，普通股权益报酬率的变化仅受净利润和普通股权益平均额的影响。对此也可参照前述净资产收益率因素分解分析，在此不作详述。

三、股利发放率分析

股利发放率是普通股股利与每股收益的比值，反映普通股股东从每股的全部获利中分到多少。其计算公式如下：

$$股利发放率 = \frac{每股股利}{每股收益} \times 100\%$$

公式中每股股利是指实际发放给普通股股东的股利总额与流通股数的比值。股利发放率反映了公司的股利政策，其高低要根据公司对资金需要量的具体情况而定，没有一个固定的衡量标准。

为了进一步分析股利发放率变动的原因，可按下式进行分解：

$$股利发放率 = \frac{每股股利}{每股收益} \times 100\% = \frac{每股市价}{每股收益} \times \frac{每股股利}{每股市价} \times 100\%$$
$$= 价格与收益比率 \times 股利报偿率$$

从公式可以看出，股利发放率主要取决于价格与收益比率和股利报偿率。一般来说，长期投资者比较注重价格与收益比率，而短期投资者则比较注重股利报偿率。

四、市盈率分析

市盈率亦称价格与收益比率,反映普通股的市场价格与当期每股收益之间的关系,可用来判断公司股票与其他公司股票相比较潜在的价值。其计算公式如下:

$$市盈率 = \frac{每股市价}{每股收益} \times 100\%$$

该指标在一个公司内的数值能够表明公司盈利能力的稳定性,可在一定程度上反映公司管理部门的经营能力和公司盈利能力及潜在的成长能力。同时,该指标还反映此股票市价是否具有吸引力,把多个公司的股票市盈率进行比较,并结合对其所属行业的经营前景的了解,可以作为选择投资目标的参考。

一般情况下,发展前景较好的公司通常都有较高的市盈率,发展前景不佳的公司,这个比率较低。但是必须注意,当全部资产利润率很低或公司发生亏损时,每股收益可能为零或负数,因此价格与收益比率很高。在这一特殊情况下,仅仅利用这一指标来分析公司的盈利能力,常常会错误地估计公司的发展前景,所以还必须结合其他指标,予以综合考虑。

下面仍以 ZSY 公司相关资料进行分析:

2011 年度市盈率为:

$$9.74 \div 0.73 = 13.34$$

2012 年度市盈率为:

$$9.04 \div 0.63 = 14.35$$

可见,2012 年度市盈率比 2011 年度升高了 1.01,降低的原因用差额分析法分析如下:

(1) 由于每股市价的变动对市盈率的影响

$$(9.04 - 9.74) \div 0.73 = -0.96$$

(2) 由于每股收益的变动对市盈率的影响

$$9.04 \div 0.63 - 9.04 \div 0.73 = 1.97$$

两因素共同作用的结果使市盈率上升了 1.01。

从股利发放指标来看,ZSY 公司的盈利能力和分配状况比较稳定。而其他涉及股票价格的指标则要根据具体市场情况来进行判断。

五、托宾 Q 分析

托宾 Q(Tobin Q)指标是指公司的市场价值与其重置成本之比。若某公司的托宾 Q 值大于 1,表明市场上对该公司的估价水平高于其自身的重置成本,该公司的市场价值较高;若某公司的托宾 Q 值小于 1,则表明市场上对该公司的估价水平低于其自身的重置成本,该公司的市场价值较低。

通常,人们用总资产的账面价值替代重置成本,普通股的市场价格和债务的账面价值之和表示市场价值,则:

$$\text{托宾 Q 值} = \frac{\text{股权市场价格} + \text{长、短期债务账面价值合计}}{\text{总资产账面价值}}$$

其中,要说明的是,之所以债务用账面价值而非市场价值,是因为一般来讲,公司债务的市场价值较难衡量,不过若可以衡量或估计其市场价值,则应当使用市场价值。如公司发行有公司债券,则债务的账面价值应当采用债券的市场价值。

根据 ZSY 公司 2012 年公司有关资料,见表 9-10,相关分析如下。

表 9-10　　　　　　　　财务分析信息表　　　　金额单位:百万元

项　　目	数　　额
流通在外普通股股数(百万股)	183 021
股票价格(元)	9.04
长、短期债务账面价值	760 604
所有者权益账面价值	980 030
总资产账面价值	1 740 634

托宾 Q=(9.04×183 021+760 604)÷1 740 634=1.39(倍)

由计算结果可知,该公司的托宾 Q 值大于 1,表明市场上对该公司的估价水平高于其自身的重置成本,该公司的市场价值较高。

不过,在运用托宾 Q 值判断公司盈利能力和市场价值时,由于股票价格影响因素的多样性,有可能导致托宾 Q 值不能真实反映公司的价值,如有市场投机性炒作时,市场在乐观情绪以及资金的推动下往往会出现非理性上涨。因而在用托宾 Q 值判断公司盈利能力和市场价值时,要根据资本市场的现实状况做出一定的判断或调整。

六、现金分配率分析

现金分配率是指现金股利与经营活动净现金流量之间的比率。反映经营活动取得的现金中现金股利的占比。其计算公式为：

$$现金分配率 = \frac{现金股利}{经营活动净现金流量} \times 100\%$$

以 ZSY 公司 2012 年母公司数据为例，

$$现金分配率 = \frac{23\,985}{93\,899} = 25.54\%$$

ZSY 公司 2012 年的现金股利支付率为 25.54%，说明公司经营活动产生的净现金流量对现金股利的分配具有较强保障，并且分配股利后有一定剩余用于扩大生产规模或者归还债务。

七、每股经营现金流量分析

每股经营现金流量是指经营活动净现金流量与发行在外的普通股股数的比率。反映每股发行在外的普通股所平均占有的经营净现金流量。这个指标越大说明公司进行资本支出和支付股利的能力越强。其计算公式为：

$$每股经营现金流量 = \frac{经营活动净现金流量}{发行在外的普通股股数}$$

该指标的分母是发行在外的普通股股数，与其在前述每股收益指标中的计算相同，指的是全年发行在外的加权平均普通股股数。

根据 ZSY 公司 2012 年母公司相关资料，每股经营现金流量计算：

$$2012 年每股经营现金流量 = \frac{93\,899}{183\,021} = 0.51(元)$$

而同行业可比公司 ZSH 的每股经营现金流量为 1.66 元，可见 ZSY 公司 2012 年每股经营现金流量较差，其可用于资本支出和股利支付的资金相对不足。

本 章 小 结

不同层次投资的内涵不同，但其投资目的是相同的，即获取相应的投资回报。通常可以用投资回报率来衡量一个企业的投资回报水平。投资回报的首要决定因素是盈利能力。盈利能力通常是指企业在一定时期内赚取利润的能力。盈利能力分析对于相关主体决策与控制、评价与考核等都具有重要意义。盈利能力分析的内容主要包括三个方面：资本经营盈利能力分析、资产经营盈利能力分析、商品经营盈利能力分析。同时，还应对上市公司的盈利能力进行分析，并对相关盈利能力指标进行行业比较分析。

资本经营盈利能力分析。资本经营的内涵是指企业以资本为基础，通过优化配置来提高资本经营效益的经营活动,其活动领域包括资本流动、收购、重组、参股和控股等能实现资本增值的领域,从而使企业以一定的资本投入,取得尽可能多的资本收益。资本经营盈利能力分析主要对净资产收益率指标进行分析与评价。对净资产收益率产生影响的指标主要有总资产报酬率、负债利息率、企业资本结构和所得税税率等。

资产经营盈利能力分析。资产经营的基本内涵是合理配置与使用资产,以一定的资产投入,取得尽可能多的收益。资产经营盈利能力分析主要是对总资产报酬率指标进行分析和评价。进一步探讨对总资产报酬率产生影响的指标主要有总资产周转率和营业息税前利润率。

商品经营盈利能力分析。商品经营的基本内涵是企业以市场为导向,组织供产销活动,以一定的人力、物力消耗生产与销售尽可能多的社会需要的商品。商品经营盈利能力分析,即利用利润表资料进行利润率分析,包括收入利润率分析和成本利润率分析两方面内容。

上市公司盈利能力分析。由于上市公司因为股权流通、股票价格公开等因素,而具有一些特殊的指标,因而还应对上市公司的盈利能力指标进行分析。上市公司盈利能力分析主要是对每股收益指标、普通股权益报酬率指标、股利发放率指标、市盈率指标、托宾Q指标、现金分配率指标以及每股经营现金流量指标等进行分析。

对不同的指标还应结合因素分析法进行具体因素的分解,并结合现金流量表进行综合全面分析。同时要参照历史标准和行业标准做出合理的分析判断。

主 要 术 语

投资回报　盈利能力　资本经营　资产经营　商品经营　净资产收益率　负债利息率　资本结构　总资产报酬率　营业息税前利润率　成本利润率　收入利润率　每股收益　稀释每股收益　普通股权益报酬率　股利发放率　市盈率　托宾Q　现金分配率　每股经营现金流量　行业比较分析

思考与练习题

9.1　简述资本经营与资产经营的区别与联系。
9.2　简述资产经营与商品经营的区别与联系。
9.3　影响资本经营盈利能力的因素有哪些?
9.4　如何对总资产报酬率指标进行评价?
9.5　商品经营盈利能力计算时应注意哪些问题?
9.6　简要评价某行业或某公司的市盈率。

案 例 分 析

净资产收益率分析

净资产收益率是评价上市公司盈利能力的核心指标。杜邦分析法又将净资产收益率分解为营业净利率、总资产周转率与权益乘数三者乘积,这种分解有利于投资者对上市公司盈利能力状况进一步剖析。先回顾下这三个指标的含义:营业净利率说明销售商品获得净利润的高低,是判断一个公司成长能力强弱的主要依据;总资产周转率说明公司对资产的利用效率,代表公司的营销水平和管理水平;权益乘数则代表一个公司对杠杆的利用程度,公司财务杠杆保持适中为宜。

以上市公司 QDPJ 和 YJPJ 为例简要说明。

QDPJ 公司 2010—2012 年主要会计数据,见表 9-12:

表 9-12　　　　QDPJ 公司 2010—2012 年度主要会计数据　金额单位:百万元

年度	营业收入	扣除非经常性损益的营业净利润	总资产	净资产年末	净资产年初
2012	25 782	1 470	23 661	12 468	11 110
2011	23 158	1 490	21 634	11 110	9 603
2010	19 898	1 373	17 777	9 603	8 388

下面以 YJPJ 作为对照公司,比较两家公司的净资产收益率。根据 YJPJ 公司 2010—2012 年合并资产负债表及利润表相关资料,计算得出净资产收益率,见表 9-13。

表 9-13　　　YJPJ 公司 2010—2012 年度净资产收益率　　　单位:%

年度	扣除非经常性损益的营业净利率	总资产周转率(次)	权益乘数(倍)	扣除非经常性损益的净资产收益率
2012	3.45	0.715 2	1.969 6	4.86
2011	5.14	0.719 7	1.992 5	7.37
2010	6.69	0.702 0	1.889 3	8.87

请思考:

1. 根据表 9-12 的信息,对 QDPJ 公司净资产收益率及其影响因素进行纵向分析。

2. 结合表 9-13,简要比较分析 QDPJ 和 YJPJ 公司的净资产收益率。

第十章 资产管理与营运能力分析

本章主要讲述资产管理与营运能力分析。首先对资产管理和营运能力的内涵与联系进行阐述,并说明营运能力分析的目的和意义;然后重点进行了总资产营运能力、流动资产营运能力和固定资产营运能力指标的计算与分析;同时,本章重点介绍了相关指标的因素分析,并结合上市公司进行了行业比较分析。在本章中,应掌握企业营运能力指标的计算方法;熟练地运用因素分析法对企业营运能力指标进行因素分析;能够在总资产、流动资产和固定资产营运能力指标对比分析和因素分析的基础上,对资产的利用效率做出综合评价。

本章建议课时为 4 学时。

第一节 资产管理与营运能力分析概述

一、资产管理与营运能力的内涵

企业资产管理,是指通过管理企业各种资产的规模、配比、消耗、组合,进而形成企业的产能,形成一定比较优势的过程。资产管理的对象为资产,主要指企业拥有或者控制的能以货币计量的经济资源。企业资产管理的职能,是使企业的效益最优,资产能够得到合理的利用。

资产管理是财务管理的重要内容。在企业财务活动中,投资活动的过程与结果都与资产的形成和资产的使用状况紧密相关;经营活动中的成本与收入也与资产的消耗与资产增值相关。因此,通过对企业资产的管理,对有效组织财务活动,正确处理财务关系,搞好企业财务管理是十分重要和有益的。

资产管理与企业生产管理、营销管理、会计管理、人力资源管理密切相关。企业的存货管理、固定资产管理与生产技术管理和采购管理关系紧密;企业的现金管理、应收账款管理与企业的营销管理直接相关;企业的无形资产管理与人力资源管理密切关联。因此,搞好企业资产管理,对提升企业管理整体水平是有着重要价值的。

营运能力主要指企业营运资产的效率与效益。营运资产,主体是流动资产和固定资产。尽管无形资产是企业资产的重要组成部分,并随着工业经济时代向知识经济时代转化,在企业资产中所占比重越来越高,而且在提高企业经济效益方面发挥巨大的作用,但无形资产的作用必须通过或依附于有形资产才能发挥出来。

二、资产管理与营运能力的联系

资产管理与营运能力是紧密联系的。一方面,企业资产管理以提高企业资产的营运能力为核心,提升资产获利能力的关键在于增强企业营运资产的效率与效益。另一方面,营运能力的增强是资产管理水平提升的集中体现,企业应该对营运能力进行综合全面的分析,以更好地实现资产管理目标。

提高资产配置与使用的效率与效果是资产管理的根本目标所在。资产配置与使用效率是资产投入与产出之间的比率。资产的投入表现为资产的占用,资产的产出表现为资产经营的回报,即息税前利润。反映资产管理核心目标的指标可以用总资产报酬率来表示,即:

$$总资产报酬率 = \frac{息税前利润}{总资产}$$

从总资产报酬率的计算公式可推导出以下关系式:

$$总资产报酬率 = \frac{总收入}{总资产} \times \frac{息税前利润}{总收入} = 总资产周转率 \times 销售利润率$$

根据上述关系式,可以更直接地看出资产管理与营运能力的关系,即企业要搞好资产管理,提高总资产报酬率,一方面要搞好资产配置与使用,提高总资产的周转速度,即营运能力,另一方面要搞好商品经营,提高销售利润率或商品的盈利能力。

总之,资产的有效管理形成了企业良好的营运能力,营运能力反映资产管理的水平,分析企业的营运能力可以得知企业资产的运用和管理情况。

三、营运能力分析的意义

企业营运能力分析就是要通过对反映企业资产营运效率与效益的指标进行计算与分析,评价企业的营运能力,为企业提高经济效益指明方向。对企业进行营运能力分析,主要有以下几个目的:

(1) 评价资产的流动性。资产的两大基本特征是收益性和流动性。企业经营的基本动机就是获取预期的收益。从一定意义上讲,流动性是比收益性更重要的概念。当企业的资产处在静止状态时,根本就谈不上什么收益;当企业运用这些资产进行经营时,才可能有收益的产生。企业的营运能力越强,资产的流动性越高,企业获得预期收益的可能性越大。流动性是企业营运能力的具体体现,通过对企业营运能力的分析,就可以对企业资产的流动性做出评价。

(2) 评价资产利用的效益。提高企业资产流动性是企业利用资产进行经营活动的手段,其目的在于提高企业资产利用的效益。企业资产营运能力的实质,就是以尽可能少的资产占用,尽可能短的时间周转,生产出尽可能多的产品,实现尽可能多的销售收入,创造出尽可能多的利润。通过企业产出额与资产占用额的对比分析,可以评价企业资产利用的效益,为提高企业经济效益指明方向。

(3) 挖掘资产利用的潜力。企业营运能力的高低,取决于多种因素,通过企业营运能力分析,可以了解企业资产利用方面存在哪些问题,尚有多大的潜力,进而采取有效措施,提高企业资产营运能力。

总之,通过对企业营运能力的分析,可以评价企业资产管理的水平,发现企业在资产营运中存在的问题,这也是对盈利能力分析的补充,是偿债能力分析的基础。

四、营运能力分析的具体内容

具体地看,企业营运能力分析的主要内容包括:

(1) 总资产营运能力分析。通过对总资产产值率、总资产收入率和总资产周转率的分析,揭示总资产周转速度和利用效率变动的原因,评价总资产营运能力。

(2) 流动资产营运能力分析。通过对流动资产周转率、流动资产垫支周转率、存货周转率和应收账款周转率的分析,揭示流动资产周转速度变动的原因,评价流动资产的利用效率和资产的流动性。

(3) 固定资产营运能力分析。通过固定资产产值率和固定资产周转率的分析,揭示固定资产利用效果变动的原因,评价资产的效益。

另外,在具体营运能力指标分析过程中,同样需要对于总体资产或者单项资产形成营运能力的原因进行因素分析。以找到资产管理中存在的结构问题,找出其配置不合理的资产,从而促进资产的优化配置,提高资产的利用效率。

第二节　总资产营运能力分析

一、营运能力指标的一般计算

资产周转速度是衡量企业营运能力的主要指标。资产周转速度越快,表明资产可供运用的机会越多,使用效率越高;反之,则表示资产利用效率越差。资产周转速度,通常使用资产周转率(次数)和资产周转期(天数)两个指标来衡量。该指标是一定时期资产平均占用额与周转额的比率,是用资产的占用量与运用资产所完成的工作量之间的关系来表示营运效率的指标。

资产周转速度的计算方法如下:

$$\text{周转率(次数)} = \frac{\text{资产周转额}}{\text{资产平均余额}}$$

$$\text{周转期(天数)} = \frac{\text{计算期天数}}{\text{周转率(次数)}} = \frac{\text{计算期天数} \times \text{资产平均余额}}{\text{资产周转额}}$$

资产周转次数和周转天数从两个不同的方面表示资产的周转速度。资产周转次数表示在一定时期内完成几个从资产投入到资产收回的循环,而周转天数则表示完成一个从资产投入到资产收回的循环需要多长时间。资产周转次数和周转天数成相反方向变动,在一定时期内,资产周转次数越多,周转天数越少,周转速度就越快,营运效率就越高;反之,则周转速度就越慢,营运效率越低。

虽然以上两种形式均可以表示资产周转速度,但在实务上则更多地使用周转天数这一形式。这是因为,当企业为提高生产技术水平、改善生产组织等而使资产周转速度加快时,明显地表现为资产占用时间的缩短,用周转天数来表示,易于看出资产周转对生产技术和生产组织的依存关系。此外,如果采用周转次数,不同时期(如年度、季度和月度)的周转速度不能直接加以比较。而采用周转天数则可以消除期限长短对周转速度的影响,可以使不同计算期间的周转速度直接进行比较。

以上计算公式中的有关数据说明如下:

(1) 计算期天数,从理论上说应使用计算期间的实际天数,但为了计算方便,全年可以按 360 天计算,季度按 90 天计算,月度按 30 天计算。

(2) 资产平均占用,也称资产平均余额或平均运用额。资产平均余额是反映企业一定时期资产占用的动态指标,从理论上说,应是计算期内每日资产余额的平均数,但为了计算方便,通常按资产负债表上的资产平均余额计算。具体计算公式是:

$$\text{某月份某项资产平均余额} = \frac{\text{该项资产月初余额} + \text{该项资产月末余额}}{2}$$

$$\text{某季度某项资产平均余额} = \frac{\text{该季度三个月份该资产平均余额之和}}{3}$$

$$\text{某年某项资产平均余额} = \frac{\text{该项资产一至四季度平均余额之和}}{4}$$

$$\text{或} = \frac{\text{该项资产全年各月份月末余额之和}}{12}$$

(3) 资产周转额,是指计算期内企业有多少资产完成了周转。不同资产周转率的计算所使用的周转额是不同的,即存在对不同周转额的选择问题。以流动资产为例,其周转额是指从货币到商品再回到货币形态这一循环过程的数额。计算存货周转率时,使用营业成本作为周转额是用来说明垫支的流动资产周转速度;使用营业收入作为周转额则既反映了存货的周转速度,又反映了资产的利用效果。而计算应收账款周转率时,周转额应选择一定时期的赊销收入,以反映应收账款的周转速度。在实际选择资产周转额时,应根据对资产的具体分析目的而选择合适的指标。

二、总资产营运能力指标的计算与理解

企业总资产营运能力主要指企业总资产的效率和效益。总资产周转率可以反映出企业总资产的效率,即总资产的周转速度。总资产产值率可以反映出企业总资产的效益,即投入或使用总资产所取得的产出能力。

（一）总资产产值率

总资产产值率反映了企业总资产与总产值之间的对比关系。其计算公式是：

$$总资产产值率 = \frac{总产值}{平均总资产} \times 100\%$$

该指标数值越高,说明企业资产的投入产出率越高,企业总资产运营状况越好。在利用该指标评价企业总资产利用效果时应该注意到,企业总产值在按不变价格计算时,可以把总产值理解为企业在一定时期内生产的按价值计算的全部产品总量,是企业利用全部资产为社会创造的物质产品。但由于总产值中既包括完工产品,又包括在产品,所以总产值仅仅表示出本期生产了多少,并不表明是否得到了社会的承认。企业生产出来的产品如果得不到社会的承认,那么,生产出来的产品再多,也没有任何价值。分析时,要将该指标与固定资产收入率结合起来,才能做出正确的评价。

企业产出与总资产之间的关系,还可以从另一角度来反映,即百元产值资金占用,该指标本质上是总资产产值率的倒数,反映每百元产值占用的资产。其计算公式是：

$$百元产值占用资金 = \frac{平均总资产}{总产值} \times 100$$

（注：总产值＝当期营业收入＋期末存货余额－期初存货余额,反映企业一定期间内的总的产出水平。）

（二）总资产收入率

总资产收入率反映了企业总资产与总收入之间的对比关系。其计算公式是：

$$总资产收入率 = \frac{营业收入}{平均总资产} \times 100\%$$

该指标越高,说明企业总资产营运能力越强。如果说总资产产值率仅仅反映了企业生产过程中资产的利用效果,总资产收入率则反映出整个经营过程中资产的利用效率。收入的实现,表明企业的产品得到了社会的承认,满足了社会

的某种需要,是企业资产的真正有效利用。因而,该指标能比总资产产值率更准确、更真实地反映出企业总资产营运能力。

(三) 总资产周转率

总资产收入率从资产周转角度看,亦称总资产周转率(次数)。尽管这两个指标的计算方法相同,但总资产周转率却是从资产流动性方面反映总资产的利用效率。其计算公式是:

$$总资产周转率 = \frac{总周转额(营业收入)}{平均总资产} \times 100\%$$

该指标越高,说明企业总资产营运能力越强。如果说总资产产值率仅仅反映了企业生产过程中资产的利用效果,总资产周转率则反映出企业整个经营过程中资产的利用效率。收入的实现,表明企业的产品得到了社会的承认,满足了社会的某种需要,是企业资产的真正有效产出。因而,该指标能比总资产产值率更准确、更真实地反映出企业总资产的营运能力。

三、总资产营运能力的因素分析

用因素分析法,能够准确计算各个影响因素对分析指标的影响方向和影响程度,有利于企业进行事前计划、事中控制和事后监督,提高企业经营管理水平。

(一) 总资产产值率的因素分析

由前面关于总资产产值率的计算可知,百元产值占用资金本质上是总资产产值率的倒数,即:

$$百元产值占用资金 = \frac{平均总资产}{总产值} \times 100\%$$

该指标越低,说明每一单位产出所占用的资产越少,表明企业资产营运能力越高。对该指标的具体变动原因的分析可依据以下分解式进行。

$$百元产值占用资金 = \left(\frac{流动资产}{总产值} + \frac{固定资产}{总产值} + \frac{其他资产}{总产值}\right) \times 100\%$$

从以上分解式中可以看出,百元产值占用资金受各类资产营运效率的影响,分析时可采用连环替代法,分别说明各类资产营运效率变动对百元产值占用资金的影响。

(二) 总资产收入率的因素分析

同样,根据总资产收入率的计算公式,可将其作如下分解:

$$总资产收入率 = (营业收入 / 平均总资产) \times 100\%$$
$$= (总产值 / 平均总资产) \times (营业收入 / 总产值) \times 100\%$$
$$= 总资产产值率 \times 产品销售率$$

从以上分解式可以看出,提高总资产收入率取决于两大方面:一是要提高资产的生产效率,这是提高企业资产营运能力的基础,没有产品,就谈不上销售,更谈不上效益;二是要提高产品销售率,把生产出来的产品尽快、尽可能多地销售出去。

(三)总资产周转率的因素分析

企业资金循环包括短期资金循环和长期资金循环,长期资金循环必须依赖短期资金循环,因此,流动资产周转速度的快慢是决定企业总资产周转速度的关键性因素,下面的分解式可以反映出这种关系,也为进行总资产周转率分析,提高总资产周转速度指明了方向。

$$总资产周转率 = \frac{营业收入}{流动资产平均余额} \times \frac{流动资产平均余额}{总资产平均余额}$$
$$= 流动资产周转率 \times 流动资产占总资产的比重$$

上面的分解式表明,总资产周转速度的快慢取决于两大因素:一是流动资产周转率。流动资产的周转速度要高于其他类资产的周转速度,加速流动资产周转,就会使总资产周转速度加快;反之,则会使总资产周转速度减慢。二是流动资产占总资产的比重。由于流动资产周转速度快于其他类资产周转速度,所以,企业流动资产所占比例越大,总资产周转速度越快;反之,则越慢。

根据 ZSY 公司财务报表的有关资料,计算该公司总资产周转率有关指标,见表 10-1。

表 10-1　　　　　总资产周转率分析资料表　　　金额单位:百万元

	2012 年	2011 年	差异
营业收入	1 337 157	1 287 823	49 334
平均流动资产	271 328	235 479	35 849
流动资产周转率(次)	4.928 2	5.469	−0.540 8
总资产平均余额	1 642 105	1 450 113.5	191 991.5
流动资产占总资产比重	0.165 2	0.162 4	0.002 8
总资产周转率(次)	0.814 3	0.888 1	−0.073 8

根据表 10-1 可知,ZSY 公司本年总资产周转速度比上年慢了 0.073 8 次,其原因是:

因为流动资产周转速度下降,使总资产周转速度下降:

$$(4.928\ 2 - 5.469) \times 16.24\% = -0.087\ 8(次)$$

因为流动资产占总资产比率提高,使总资产周转加速:

$$4.928\ 2 \times (16.52\% - 16.24\%) = 0.013\ 8(次)$$

计算结果表明，ZSY公司本年总资产周转速度下降，主要原因是流动资产周转速度下降的影响。流动资产周转速度下降的分析将在后文说明，其次是资产结构变动，由于提高了流动资产在总资产中的比率，使资产流动性增强了，促进了总资产周转速度加快。

四、总资产营运能力综合对比分析

总资产营运能力综合对比分析，就是将反映总资产营运能力的指标与反映流动资产和固定资产营运能力的指标结合起来进行分析。依据各类指标之间的相互关系进行综合对比分析，主要包括以下内容：

(1) 综合对比分析反映资产占用与总产值之间的关系。反映两者之间关系的有3个指标，即固定资产产值率、流动资产产值率和总资产产值率，这些指标主要说明各类资产在公司生产过程中的利用效果。从静态上分析这3个指标，可分别反映固定资产、流动资产和总资产的利用效果。从动态上进行分析，可分别反映总产值增长与各类资产的关系。

(2) 综合对比分析反映资产占用与收入之间的关系。反映两者之间关系的有3个指标，即固定资产周转率、流动资产周转率和总资产周转率，这些指标主要用于评价各类资产营运效益和周转速度。从静态上分析，可以反映整个公司经营过程中资产营运效率和营运效益。从动态上分析，可以反映销售收入增长与各类资产增长的关系。

(3) 综合对比分析总资产营运能力与盈利能力之间的关系。提高资产营运能力最终要为盈利能力这个目标服务，通过综合对比分析总资产营运能力与盈利能力之间的关系，可以解释总资产盈利能力变动的原因，为提高总资产盈利能力指明方向。因为总资产盈利能力是资产营运能力与产品盈利能力共同作用的结果。

第三节 流动资产营运能力分析

一、流动资产营运能力指标的计算与分析

企业的营运过程，实质上是资产的转换过程，由于流动资产和固定资产的性质和特点不同，决定了它们在这一过程中的作用也不同。企业经营成果的取得，主要依靠流动资产的形态转换。尽管固定资产的整体实物形态都处在企业营运过程之中，但从价值形态上讲，相当于折旧的那部分资金参与企业当期的营运，它的价值实现（或者说是价值回收）要依赖于流动资产的价值实现。一旦流动资产的价值实现（或者说是形态转换）出现问题，不仅固定资产价值不能实现，企业所有的经营活动都会受到影响，因此可以说，流动资产营运能力分析是企业营运

能力分析最重要的组成部分。

(一) 流动资产周转速度指标

流动资产完成从货币到商品,再到货币这一循环过程,表明流动资产周转了1次,以产品实现销售为标志。表示销售实现的指标有两个,即营业收入和营业成本。一般说来,使用营业成本这一指标作为周转额是用来说明垫支的流动资产周转速度,反映出流动资产的纯粹周转速度。如果使用营业收入这一指标,由于营业收入中包括了垫支资金以外的部分,如税金和利润等,因此计算出来的流动资产周转速度是一种扩大形式的周转速度,既反映了流动资产的纯粹周转速度,又反映了流动资产利用的效果。实务中,在计算流动资产周转速度指标时,究竟是使用营业收入还是营业成本,应视分析的具体目的而定。流动资产周转速度指标的具体计算公式如下:

$$流动资产周转率 = \frac{营业收入}{流动资产平均余额}$$

$$流动资产周转期 = \frac{流动资产平均余额 \times 计算期天数}{营业收入}$$

$$流动资产垫支周转率 = \frac{营业成本}{流动资产平均余额}$$

$$流动资产垫支周转期 = \frac{流动资产平均余额 \times 计算期天数}{营业成本}$$

(二) 各项流动资产营运能力指标

1. 存货周转速度

存货周转速度通常用存货平均余额与营业成本的比率来表示,以反映企业存货规模是否合适,周转速度如何。其表示方式有两种:

$$存货周转率 = \frac{营业成本}{存货平均余额}$$

$$存货周转期 = \frac{存货平均余额 \times 计算期天数}{营业成本}$$

当存货周转速度偏低时,可能由以下原因引起:
(1) 经营不善,产品滞销;
(2) 预测存货将升值,而故意囤积居奇,以等待时机获取重利;
(3) 企业销售政策发生变化。

但存货周转速度偏高也不一定代表企业的经营出色,当企业为了扩大销路而降价销售或大量赊销时,营业利润会受到影响或产生大量的应收账款。一个适度的存货周转速度除参考企业的历史水平之外,还应参考同行业的平均水平。

2. 应收账款周转速度

应收账款周转率是指企业一定时期赊销收入净额与应收账款平均余额的比率,用以反映应收账款的收款速度,一般以周转次数来表示。其计算公式是:

$$应收账款周转率 = \frac{赊销收入净额}{应收账款平均余额}$$

应收账款是指因商品购销关系所产生的债权资产,而不是单指会计核算上的应收账款科目,一般包括应收账款和应收票据。

应收账款周转率说明年度内应收账款转化为现金的平均次数,体现了应收账款的变现速度和企业的收账效率,一般认为周转率越高越好,因为它表明:①收款迅速,可节约营运资金;②减少坏账损失;③可减少收账费用;④资产流动性高。

反映应收账款周转速度的另一个指标是应收账款周转期,也称作应收账款账龄或应收账款平均收账期。其计算公式是:

$$应收账款周转期 = \frac{计算期天数}{应收账款周转率}$$

$$或 = \frac{应收账款平均余额 \times 计算期天数}{赊销收入净额} = \frac{应收账款平均余额}{平均每日赊销净额}$$

分析时,通过以上指标本期数与前期数、计划数、同类企业先进水平的比较,可以了解应收账款周转率的变动情况、计划完成情况、与先进水平的差距等。

在分析计算应收账款周转率时,还应注意以下两个问题:

第一,计算公式中所采用的周转额从理论上说应采用赊销净额,不包括现销收入,但赊销净额作为企业的商业秘密并不对外公布,所以,外部分析者难以取得赊销收入的资料,因此一般用营业收入代替。即:

$$应收账款周转率 = \frac{营业收入}{应收账款平均余额}$$

$$应收账款周转期 = \frac{应收账款平均余额 \times 计算期天数}{营业收入}$$

第二,为了消除季节性的影响,最好采用月度应收账款平均余额计算,但企业外界分析人员只能根据资产负债表上的期初、期末数来计算应收账款平均余额,这样就可能造成应收账款周转率的虚增或虚减。

3. 现金周转速度

现金周转期是指企业一定时期从货币资金采购到实现销售收回货币资金所需的天数。现金周转期与存货、应收款项与应付款项周转速度密切相关,具体关系可简单表达为:

$$现金周转期 = 存货周转期 + 应收账款周转期 - 应付账款周转期$$

现金周转期越短,则流动资产中货币资金的周转速度就越快,其营运能力就强。对于现金周转期的理解应注意三个方面:

(1) 公式中的时间要素。在信息技术和网络技术飞速发展的时代,低成本竞争战略逐渐被营运速度战略替代,时间已成为现代企业竞争中的战略要素。

在考虑和实施某个投资项目、产品、新技术时,企业更重要的是关注时间与成本之间的有效均衡,在有效均衡中寻找企业价值最大化实现的有效途径。企业无论是采购材料、加工产品、开发新产品,还是将产品推向市场、提供服务,业务流程越长越复杂,越需要迅速灵敏地对用户的需求做出反应,也就越能形成高附加值的战略竞争优势。产品变现的速度和现金周转速度就是这些能力综合体现。

（2）应收账款周转与存货周转要素。存货周转管理与应收账款周转管理的不同之处在于:存货周转管理存在于企业的内部或可控;应收账款周转管理存在于企业外部或相对不可控,是涉及客户关系的管理。内部管理相对容易和把握,受市场变化影响较小,各种物流管理技术和信息技术的发展为存货周转管理提供了强有力的支撑;如何在物流管理和信息管理方面进行投资,也是企业战略经营的集中体现。现金周转期模式将现金流量与存货管理、销售管理联动,将流动资金投入与流动负债融资结合起来,为企业价值创造提供了战略线索。如何加速存货和应收账款的周转不仅是企业日常管理需要解决的问题,更是企业战略经营的集中体现。

（3）应付账款周转要素。应付账款周转管理属于企业如何应用供应商商业信用管理,获得更长时间的免费信用而需要其他企业资源支持的问题,如市场品牌、竞争地位、核心能力、财务实力等这些是企业长期战略经营所形成的,有了这些强有力的资源支撑,企业在与供货商的博弈中就可以处于优势地位,从而可以延长付款时间,以致可以对存货实现零库存管理,甚至达到现金周转期的负数管理。

二、流动资产营运能力的因素分析

（一）流动资产周转率的因素分析

为了分析流动资产周转速度变动的原因,找出加速流动资产周转的途径,根据流动资产周转速度指标的经济内容和内在联系,可将流动资产周转速度指标作如下分解:

$$流动资产周转率 = \frac{营业收入}{流动资产平均余额} = \frac{营业成本}{流动资产平均余额} \times \frac{营业收入}{营业成本}$$

$$= 流动资产垫支周转率 \times 成本收入率$$

以上分解式表明,影响流动资产周转率的因素,一是流动资产垫支周转率,二是成本收入率。流动资产垫支周转率反映了流动资产的真正周转速度,成本收入率说明了所费与所得之间的关系,反映出流动资产的利用效果。加速流动资产垫支周转速度是手段,提高流动资产利用效果才是目的,因此,加速流动资产垫支周转速度必须以提高成本收入率为前提。当成本收入率大于1时,流动资产垫支周转速度越快,流动资产营运能力越强。反之,如果成本收入率小于1,企业所得补偿不了所费,流动资产垫支周转速度越快,企业亏损越多。

根据上面的分解式,采用差额计算法,可以分别确定这两个因素变动对流动资产周转率的影响程度。分析公式是：

流动资产垫支周转率的影响 =（报告期流动资产垫支周转率 — 基期流动资产垫支周转率）
　　　　　　　　　　　　×基期成本收入率

成本收入率的影响 = 报告期流动资产垫支周转率×（报告期成本收入率 — 基期成本收入率）

根据相关资料，计算 ZSY 公司流动资产周转率，见表 10-2。

表 10-2　　　　　　　流动资产周转率分析资料表　　　　金额单位：百万元

	2012 年	2011 年	差异
营业成本	1 000 217	938 968	61 249
平均流动资产	271 328	235 479	35 849
流动资产垫支周转率（次数）	3.686 4	3.987 5	−0.301 1
营业收入	1 337 157	1 287 823	49 334
成本收入率(%)	1.336 9	1.371 5	−0.034 7
流动资产周转率（次数）	4.928 2	5.469	−0.540 8

根据表 10-2，对流动资产周转率作如下分析：

分析对象：　　　4.928 2−5.469 0＝−0.540 8（次）

因素分析：

流动资产垫支周转率的影响 =(3.686 4−3.987 5)×137.15%＝−0.413（次）

成本收入率的影响＝3.686 4×(133.69%−137.15%)＝−0.127 5（次）

计算结果表明，本期流动资产周转速度下降是流动资产垫支周转速度下降和成本收入率下降的结果，流动资产垫支周转速度下降是主要原因。而垫支流动资产周转率下降的原因在于营业成本的相对上升，这是公司管理者应该特别关注的地方。

（二）流动资产周转期的因素分析

对流动资产周转速度的分析，还可以根据流动资产周转期进行。其分解式如下：

$$流动资产周转期 = \frac{流动资产平均余额 \times 计算期天数}{营业收入}$$

$$= \frac{流动资产平均余额 \times 计算期天数}{营业成本} \times \frac{营业成本}{营业收入}$$

$$= 流动资产垫支周转期 \times 营业收入成本率$$

下面以存货为例，对其进行周转期的因素分析：

存货按其性质可以分为材料存货、在产品存货和产成品存货。所以，存货周转期又可以分为材料周转期、在产品周转期和产成品周转期三项分指标。其计算公式分别为：

$$材料周转天数 = \frac{库存材料平均余额 \times 计算期天数}{本期材料费用}$$

$$在产品周转天数 = \frac{在产品平均余额 \times 计算期天数}{本期生产成本}$$

$$产成品周转天数 = \frac{产成品平均余额 \times 计算期天数}{本期营业成本}$$

企业存货的周转是从投入货币资金购入生产经营所需的材料物资开始,形成材料存货;然后投入到生产经营过程中进行加工,形成在产品存货;当加工结束之后则形成产成品存货,通过销售取得货币资金,表示存货的一个循环完成。当存货从一种形态转化为另一种形态的速度较快时,存货的周转速度就快。此外,各类存货周转额占存货周转额的比重大小也会对存货周转速度产生影响。各类存货周转期和各类存货周转额占存货周转额的比重之间的关系可表示为:

$$存货周转天数 = \frac{(材料平均余额 + 在产品平均余额 + 产成品平均余额) \times 计算期天数}{营业成本}$$

$$= \left(材料周转天数 \times \frac{材料费用}{生产成本} + 在产品周转天数\right) \times \frac{生产成本}{营业成本} + \frac{产成品}{周转天数}$$

上述分解式中的 $\frac{材料费用}{生产成本}$、$\frac{生产成本}{营业成本}$ 分别表示企业生产均衡状态和产销平衡状态。上述分解式表明,存货周转速度的快慢除受到三个阶段周转速度影响外,材料耗用额的比重、生产均衡状态和产销平衡状态也会对其产生影响。在企业产销平衡情况下,存货周转期与三个阶段周转期之间的关系可表示为:

$$存货周转天数 = 材料周转天数 \times \frac{当期材料费用}{生产成本} + 在产品周转天数 + 产成品周转天数$$

假设有关资料见表10-3。

表 10-3　　　　　　存货周转率分析资料表　　　　　金额单位:万元

项目	上年	本年
存货平均余额	3 486 745	3 674 850
其中:材料存货平均余额	1 917 710	2 204 910
在产品存货平均余额	976 290	955 460
产成品存货平均余额	592 745	514 480
材料费用	4 072 194	4 150 412
产品生产成本	6 786 990	6 826 356
营业成本	7 541 100	7 419 930

根据表 10-3 的资料,计算有关指标见表 10-4。

表 10-4　　　　　　　　　相关指标计算表　　　　　金额单位:万元

项　目	上　年	本　年
材料周转天数	169.5	191.3
在产品周转天数	51.8	50.4
产成品周转天数	28.3	25
材料费占产品生产成本比重(%)	60	60.8
产品生产成本占营业成本比重(%)	90	92
存货周转天数	166.45	178.3

根据表 10-4 可知,本年存货周转天数比上年慢了 11.85 天(178.3－166.45),运用连环替代法对其变动原因分析如下:

上年指标:

$$(169.5 \times 0.6 + 51.8) \times 0.9 + 28.3 = 166.45$$

第一次替代:

$$(191.5 \times 0.6 + 51.8) \times 0.9 + 28.3 = 178.33$$

第二次替代:

$$(191.3 \times 0.608 + 51.8) \times 0.9 + 28.3 = 179.60$$

第三次替代:

$$(191.3 \times 0.608 + 50.4) \times 0.9 + 28.3 = 178.34$$

第四次替代:

$$(191.3 \times 0.608 + 50.4) \times 0.92 + 28.3 = 181.67$$

本年指标:

$$(191.3 \times 0.608 + 50.4) \times 0.92 + 25 = 178.3$$

由于原材料周转天数的影响:

$$178.33 - 166.45 = 11.88(天)$$

由于材料费用占生产成本比重的影响:

$$179.60 - 178.33 = 1.27(天)$$

由于在产品周转天数的影响:

$$178.34 - 179.60 = -1.26(天)$$

由于产品生产成本占营业成本比重的影响：

$$181.67 - 178.34 = 3.33(天)$$

由于产成品周转天数的影响：

$$178.3 - 181.67 = -3.37(天)$$

各因素影响额合计：

$$11.88 + 1.27 - 1.26 + 3.33 - 3.37 = 11.85(天)$$

(三) 流动资产垫支周转速度的因素分析

在流动资产周转速度分析的基础上，进一步分析流动资产垫支周转速度，可将流动资产垫支周转率作如下分解：

$$流动资产垫支周转率 = \frac{营业成本}{流动资产平均余额} = \frac{营业成本}{平均存货} \times \frac{平均存货}{流动资产平均余额}$$

$$= 存货周转率 \times 存货构成率$$

根据表10-2的资料，运用连环替代法，对流动资产垫支周转率变动原因做如下分析：

存货周转率：

$$报告期 = 6.46$$
$$基期 = 7.51$$

存货构成率：

$$报告期 = 57.05\%$$
$$基期 = 53.09\%$$
$$分析对象 = 3.69 - 3.99 = -0.3(次)$$

基期：$7.51 \times 53.09\% = 3.99$

报告期：$6.46 \times 57.05\% = 3.69$

第一次替代：

$$6.46 \times 53.09\% = 3.43$$

由于存货周转速度下降对流动资产垫支周转率的影响：

$$3.43 - 3.99 = -0.56(次)$$

由于存货构成率上升对流动资产垫支周转率的影响：

$$3.69 - 3.43 = 0.26(次)$$

计算结果表明，流动资产垫支周转率下降主要是存货周转率下降所致。

流动资产垫支周转速度的分析也可能依据流动资产垫支周转期进行。

三、流动资产周转加速效果分析

流动资产周转加速的效果体现在：①一定的产出需要的流动资产减少；②一定的流动资产取得更多的收入。

1. 流动资产周转加速对流动资产的影响

加快流动资产周转，可以使企业在销售规模不变的条件下，运用更少的流动资产，形成流动资产节约款。其计算公式是：

$$\text{流动资产节约额} = \text{报告期营业收入} \times \left(\frac{1}{\text{报告期流动资产周转次数}} - \frac{1}{\text{基期流动资产周转次数}}\right)$$

当报告期流动资产周转次数大于基期流动资产周转次数时，说明流动资产周转速度加快，计算结果为负数，表示因周转加速而节约的流动资金数；反之，则结果为正数，说明因流动资产周转速度缓慢而浪费的流动资金数。

流动资产周转速度加快所形成的节约额，可以区分为绝对节约额和相对节约额两种形式。流动资金绝对节约额是指企业由于流动资产周转加速，可以减少流动资产占用额，因而可能腾出一部分资金。流动资金相对节约额是指企业由于流动资产周转加速，在不增资或少增资的条件下扩大企业的生产规模。流动资金的绝对节约额和相对节约额的区别只在于运用情况的不同，前者是在生产规模不变的情况下减少资产占用额，后者是将其节约额用于自身的扩大再生产。

区别与计算流动资金绝对节约额和相对节约额可分三种情况进行：

（1）由于加速周转所形成的节约额都是绝对节约额。如果企业流动资产周转加快而营业收入不变，这种情况下形成的节约额就是绝对节约额。

（2）由于加速周转所形成的节约额都是相对节约额。当企业流动资产周转加速，而流动资产实际存量大于或等于基期流动资产存量时，这种情况下形成的节约额就是相对节约额。

（3）由于加速周转所形成的节约额既包括绝对节约额，又包括相对节约额。当企业流动资产周转加快，同时营业收入增加，流动资产占用量减少，这种情况下形成的节约额既包括绝对节约额，又包括相对节约额。可以按下式将两者加以区分：

$$\text{绝对节约额} = \text{报告期流动资产占用额} - \text{基期流动资产占用额}$$
$$\text{相对节约额} = \text{流动资产总节约额} - \text{绝对节约额}$$

如果以上条件相反，则为资金浪费额。

根据表 10-2 可以计算流动资产周转加速的效果如下：

$$\text{流动资产节约额} = 1\,337\,157 \times \left(\frac{1}{4.93} - \frac{1}{5.47}\right) = 26\,775.77(\text{百万元})$$

计算结果表明,由于 ZSY 公司本年流动资产周转速度下降,形成流动资产浪费额 26 775.77 百万元。

2. 流动资产周转加速对收入的影响

流动资产周转加速,可以使企业在流动资产规模不变的条件下,增加企业的收入。其计算公式是:

$$\frac{营业收入}{增加额} = 基期流动资产平均余额 \times (报告期流动资产周转率 - 基期流动资产周转率)$$

当报告期流动资产周转率慢于基期流动资产周转率时,计算结果为负数,是营业收入的减少数。

根据 ZSY 公司有关资料可计算出:

$$营业收入增加额 = 271\ 328 \times (4.93 - 5.47) = -146\ 517.12(百万元)$$

加速流动资产周转形成的资产节约额或营业收入增加额是从两个不同侧面对流动资产周转加快的效果所作的分析,具有相同的经济意义。

四、营运能力的行业比较分析

营运能力的行业比较分析,则以本章前面所述的营运能力指标为主,选择行业目标企业标准,或者行业平均或先进标准进行比较。为便于对企业进行评估,以下选取与 ZSY 极为相近的同行业公司 ZSH 进行行业比较分析。

根据 ZSY 和 ZSH 公司 2012 年公司资产负债表及利润表相关资料,对同行业公司营运能力的核心指标进行比较分析,见表 10-5。

表 10-5 2012 年营运能力的同行业比较分析

	ZSY	ZSH
总资产产值率	0.83	1.64
总资产周转率(次)	0.81	1.63
流动资产周转率(次)	4.93	7.10
存货周转率(次)	6.46	8.84
应收账款周转率(次)	1.01	4.14

由表 10-5 的信息可知,ZSY 公司的总资产产值率和总资产周转率都明显低于对比公司 ZSH 公司,且其周转速度几乎只有 ZSH 公司的一半,说明公司的资产周转速度明显偏低,需要提高公司的资产利用效率,以提高公司的运营效率。具体来看各项资产,可知,ZSY 公司流动资产周转率、存货周转率以及应收

账款周转率都明显低于同行业的 ZSY 公司。总的来看,ZSY 公司的资产管理水平相对较低,其资产利用效果有待进一步提升。

第四节 固定资产营运能力分析

一、固定资产营运能力指标的计算与分析

企业资产利用的直接成果是产品产量或销售量,通过产量(产值)和销售量(营业收入)与资产的对比,可以反映出企业资产的利用效率。这种对比,可以产生许多有价值的指标,其中固定资产产值率和固定资产收入率是比较重要的指标,将是本节分析的重点。

(一)固定资产产值率

固定资产是企业主要的劳动手段,固定资产的利用效率可以直接通过所生产的产品(产值)表现出来,将一定时期按不变价格计算的产值与固定资产平均总值进行对比,就可以计算出固定资产产值率。其具体计算公式是:

$$固定资产产值率 = \frac{总产值}{固定资产平均总值} \times 100\%$$

公式中的分母既可以使用固定资产原值,也可以使用固定资产净值,究竟采用什么数值取决于分析的目的和要求。如果从固定资产规模和生产能力方面来分析,应使用原值指标,如果从固定资产资金占用方面分析,则以净值为宜。该指标意味着每一元的固定资产可以创造出多少元的产品。不同的行业,由于技术装备不同,每元固定资产创造的产值也有很大差别,所以该指标在不同行业不具可比性。

固定资产产值率由于计算基础的不同,有以下三种不同的表达方式:

$$生产设备产值率 = \frac{总产值}{生产设备平均总值} \times 100\%$$

$$生产用固定资产产值率 = \frac{总产值}{生产用固定资产平均总值} \times 100\%$$

$$全部固定资产产值率 = \frac{总产值}{全部固定资产平均总产值} \times 100\%$$

(二)固定资产收入率分析

固定资产收入率是指一定时期实现的营业收入与固定资产平均总值的比率。其计算公式是:

$$固定资产收入率 = \frac{营业收入}{固定资产平均总值} \times 100\%$$

该指标同固定资产产值率一样,其分母既可用原值表示,也可以用净值表示。该指标意味着每一元的固定资产所产生的收入。由于营业收入反映产品的数量和质量已得到社会承认,避免了总产值计算中存在的问题,所以该指标能比固定资产产值率更好地反映固定资产的利用效率。

二、固定资产营运能力的因素分析

(一)固定资产产值率的因素分析

固定资产产值率由于计算基础的不同,有三种不同的表达方式:生产设备产值率、生产用固定资产产值率、全部固定资产产值率。三者之间的相互关系如下:

$$生产用固定资产产值率 = \frac{总产值}{生产设备平均总值} \times \frac{生产设备平均总值}{生产用固定资产平均总值}$$

$$= 生产设备产值率 \times 生产设备占固定资产的比重$$

从以上分解式可以看出,影响生产用固定资产产值率的因素有两个:①生产设备产值率的高低。除人的因素外,生产设备的利用效率是决定产品产量的最根本原因,只有提高设备利用率,才能创造出更多的产品,提高生产用固定资产产值率。②生产设备占生产用固定资产的比重。该因素反映了固定资产的结构,生产设备的利用效率再高,如果固定资产结构不合理,生产设备所占比重低,生产用固定资产产值率也不会高。所以要想提高生产用固定资产的利用效率,应在提高生产设备利用效率的同时,优化固定资产内部结构。

$$全部固定资产产值率 = \frac{总产值}{生产用固定资产平均总值} \times \frac{生产用固定资产总值}{全部固定资产平均总值}$$

$$= \frac{总产值}{生产设备平均总值} \times \frac{生产设备平均总值}{生产用固定资产平均总值}$$

$$\times \frac{生产用固定资产总值}{全部固定资产平均总值}$$

$$= 生产设备产值率 \times 生产设备占生产用固定资产的比重$$

$$\times 生产用固定资产占全部固定资产的比重$$

从以上分解式可以看出,全部固定资产产值率的变动原因有两方面:生产设备的利用效率和固定资产结构状况。其中固定资产结构通过生产设备占生产用固定资产比重和生产用固定资产占全部固定资产比重两个指标来表示,这说明在全部固定资产中,应首先提高生产用固定资产比重,降低非生产用固定资产比例,使企业的固定资产大部分用于生产经营。其次要注意在提高生产用固定资产比重时,重点放在增加生产设备方面。

假定 ZSY 下属分公司有关资料见表 10-6。

表 10-6　　　　　　　固定资产产值率分析资料表　　　　　金额单位：元

项目	上年	本年	差异
总产值	14 536 253	14 751 595	
全部固定资产平均总值	4 236 700	4 842 650	
生产用固定资产平均总值	3 287 679	3 845 047	
生产设备平均总值	2 118 350	2 566 600	
全部固定资产产值率(%)	343.1	304.6	−38.5
生产用固定资产产值率(%)	442.14	383.65	−58.49
生产设备产值率(%)	686.2	574.75	111.45
生产设备占生产用固定资产比重(%)	64.43	66.75	2.32
生产用固定资产占全部固定资产比重(%)	77.6	79.4	1.8

上述资料中，全部固定资产产值率本年比上年下降 38.5%，具体原因分析如下：

由于设备利用效率下降，使全部固定资产产值率下降：

$$(574.75\% - 686.2\%) \times 64.43\% \times 77.6\% = -55.7\%$$

由于设备比重增加，使全部固定资产产值率上升：

$$574.75\% \times (66.75\% - 64.43\%) \times 77.6\% = 10.34\%$$

由于生产用固定资产比重增加，使全部固定资产产值率上升：

$$574.75\% \times 66.75\% \times (79.4\% - 77.6\%) = 6.91\%$$

（二）固定资产收入率的因素分析

固定资产收入率变动原因的分析，可依据下面的分解式进行：

$$固定资产收入率 = \frac{总产值}{固定资产平均总值} \times \frac{营业收入}{总产值}$$
$$= 固定资产产值率 \times 产品销售率$$

由此可见，要想提高固定资产收入率，在提高固定资产产值率的基础上，还要做到产销均衡。

根据相关资料，计算 ZSY 公司固定资产收入率因素分析，见表 10-7。

表 10-7　　　　　　　　固定资产收入率分析资料表金额　　　　金额单位：百万元

项　　目	2012 年	2011 年
营业收入	1 337 157	1 287 823
总产值	1 359 733	1 324 781
固定资产平均余额	399 674	418 247
固定资产收入率	334.56%	307.91%
固定资产产值率	340.21%	316.75%
产品销售率	98.34%	97.21%

由表 10-7 可知，ZSY 公司固定资产收入率下降 26.65%，其原因是：
固定资产产值率下降使固定资产收入率下降：

$$(340.21\% - 316.75\%) \times 97.21\% = 22.81\%$$

产品销售率上升使固定资产收入率上升：

$$334.56\% \times (98.34\% - 97.21\%) = 3.84\%$$

分析表明，在固定资产收入率上升 26.65% 的情况下，固定资产产值率上升造成的影响为 22.81%，而产品销售率上升的影响仅为 3.84%，由此可见，固定资产收入率上升主要是由于固定资产的生产能力上升引起，而销售影响的程度并不大。

本 章 小 结

企业营运能力主要指企业营运资产的效率与效益。资产的有效管理形成了企业良好的营运能力，营运能力反映资产管理的水平，分析企业的营运能力可以得知企业资产的运用和管理情况。营运能力分析的目的是评价企业资产的流动性；评价企业资产的利用效益；挖掘企业资产利用的潜力。企业营运能力分析的主要内容包括总资产营运能力分析、流动资产营运能力分析和固定资产营运能力分析。

反映总资产营运能力的指标包括总资产产值率、总资产收入率和总资产周转率。总资产产值率反映了企业生产过程中资产的利用效果，总资产收入率反映出企业整个经营过程中资产的利用效率，总资产收入率受总资产产值率和产品销售率两个因素的影响。总资产周转率是从周转速度角度反映总资产利用效率的指标，总资产周转速度取决于流动资产周转的快慢和流动资产比重的高低。通过以上指标的分析，可以评价企业总资产的营运能力。

反映流动资产周转速度的主要指标是流动资产周转率、存货周转率、应收账款周转率和现金周转期。流动资产周转速度指标既可以按营业收入计算,也可以按营业成本计算,为了区别,按营业收入计算时,称之为流动资产周转率;按营业成本计算时,称之为流动资产垫支周转率。流动资产周转率受流动资产垫支周转率和成本收入率两个因素影响,流动资产垫支周转率则受存货周转率和存货构成率两个因素影响。存货周转率的快慢取决于供、产、销三个阶段的周转速度,此外,材料费用的比重、生产均衡状态和产销均衡状态也会影响存货的周转速度。应收账款周转率反映出企业回收赊销货款的平均速度,应收账款周转率高,表明企业收款迅速,可以减少坏账损失,节约收账费用,提高资产流动性。现金周转期与存货、应收款项与应付款项周转速度密切相关,现金周转期越短,则流动资产中货币资金的周转速度就越快,其营运能力就强。流动资产加速周转可以节约流动资产的占用,也可以扩大营业收入规模。流动资产周转加速所形成的节约可以区分为绝对节约和相对节约。通过以上指标的分析,可以评价企业流动资产的营运效率。

固定资产的利用效果主要通过固定资产产值率和固定资产收入率来表示。影响固定资产产值率的核心因素是机器设备的利用效率,此外是固定资产的内部结构。固定资产收入率的高低受固定资产产值率和产品销售率两个因素影响。通过以上指标的分析,可以评价企业固定资产的利用效果。

主 要 术 语

资产管理　营运能力　总资产营运能力　流动资产营运能力　固定资产营运能力　总资产产值率　总资产收入率　总资产周转率　流动资产周转率　流动资产垫支周转率　流动资产周转期　成本收入率　存货周转率　存货周转期　应收账款周转率　应收账款周转期　现金周转期　流动资产节约额　固定资产产值率　固定资产收入率

思考与练习题

10.1　反映总资产营运能力的指标有哪些?
10.2　简述总资产周转率与流动资产周转率的相互关系。
10.3　简述总资产营运能力综合对比分析的内容。
10.4　怎样进行存货周转速度指标的分析?
10.5　固定资产产值率应如何计算与分析?
10.6　营运能力与其他能力的关系如何?

案 例 分 析

营运能力的行业比较评价

在评价某一家公司的营运能力时,要结合行业特点,不能想当然地侵用统一的标准对所有公司进行评价。因为各个行业由于业务性质、政策法规等的不同,其周转情况会存在很大的差异。表10-8列示了几个行业的经验周转率。

表 10-8　　　　资产周转率的行业比较分析　　　　　　单位:次

	应收账款周转率	流动资产周转率	总资产周转率
人力资源服务业	21.3	5.2	3.8
石油石化工业	21.0	2.8	0.7
航空运输业	15.0	2.0	0.4
食品工业	12.6	2.0	1.3
电信业	7.7	1.5	0.3
建筑安装业	4.5	1.6	1.0

请思考:

1. 在网上搜索相关行业中某些公司报表并计算营运能力指标,根据上表评价其营运能力。

2. 分别评价这些公司的营运能力与盈利能力,并简述两者之间的关系。

第十一章 财务实力与偿债能力分析

本章主要讲述财务实力与偿债能力分析。首先介绍财务实力与偿债能力的内涵及其联系,以及偿债能力分析的意义和内容;其次对短期偿债能力进行详细分析,具体包括偿债能力的影响因素分析、比率计算及分析、行业分析等;然后主要从资产规模和资本结构、盈利能力、现金流量三个角度对长期偿债能力进行分析。本章的重点难点是掌握各种偿债能力指标的计算、比较和分析,并结合多方面因素评价企业的偿债能力。

本章建议课时为3学时。

第一节 财务实力与偿债能力分析概述

一、财务实力与偿债能力的内涵

财务实力是一个相对笼统的概念,在广义上泛指企业在财务方面所具备的能力或优势。从财务活动的角度看,主要包括筹资能力、投资能力、资金运用能力和分配能力;从财务关系的角度看,则主要指企业平衡相关利益者财务关系的能力及其财务网络。狭义的财务实力主要指企业拥有或控制的财务资源,以及通过各种途径获得资金的能力。

财务实力是企业综合实力的重要体现,它能够为企业创造持续的竞争优势。雄厚的财务实力能够为企业创造更多的价值,进而提升企业核心竞争力。

偿债能力是指企业用其资产偿还各种债务的能力。企业的负债按偿还期的长短,可以分为流动负债和非流动负债两大类。其中,反映企业偿付流动负债能力的是短期偿债能力;反映企业偿付非流动负债能力的是长期偿债能力。

企业偿债能力是反映企业财务状况和经营能力的重要标志。静态的讲,就是用企业资产清偿企业债务的能力;动态的讲,就是用企业资产和经营过程创造的收益偿还债务的能力。企业有无支付现金的能力和偿还债务的能力,是企业能否生存和健康发展的关键。

二、财务实力与偿债能力的联系

财务实力与偿债能力关系十分密切。一方面,财务实力是企业能够及时偿付债务的保障，企业的可持续发展以稳定的资金流为支撑，如果企业的资金流动不能正常进行，有可能导致企业的破产倒闭；另一方面，偿债能力本身又是企业财务实力的体现，较强的偿债能力进一步促使企业更容易获得资金，进而使企业更好地把握各种获利投资机会。

财务实力直接表现在对财务可控资源的作用力上，对财务可控资源的合理配置，不仅可以大大缓解企业在偿债方面的压力，还将直接推动企业持续竞争优势的形成和核心能力的提升。财务报告是反映企业在某一特定日期财务状况和某一会计期间经营成果、现金流量的文件，企业财务实力可以通过企业财务会计报表反映出来，包括盈利能力、偿债能力、营运能力和发展能力等，偿债能力是企业财务实力的重要体现。

偿债能力与企业多个方面的因素紧密相关，其中，资产的规模和结构、资本结构、盈利能力和现金流量的影响最为明显。资产负债表呈现企业资产的规模和构成情况，反映企业资产的流动性强弱和企业长期资产的价值。资产流动性在一定程度上决定企业短期偿还债务的能力，而长期资产是维持企业长期偿债能力的保障。结合其他报表，我们可以判断企业的盈利性，盈利能力一定程度上决定了企业偿还长期债务的能力，良好的盈利性能够在未来产生现金流，为将来支付到期债务提供保证。企业偿债能力也受资本结构的影响，负债与所有者权益的比例与具体构成反映了企业资产的来源情况，决定了企业的基本支付义务，对其进行分析可以全面地判断企业的偿债能力。

总之，财务实力是维持企业偿债能力的保障，偿债能力是财务实力的集中体现。应结合企业各个方面分析评价企业的偿债能力，以做出相关合理决策。

三、偿债能力分析的意义

偿债能力是企业经营者、投资者、债权人等都十分关心的重要问题。站在不同的角度，分析目的也有区别。

投资者重视企业的盈利能力，同时他们也认为良好的财务环境和较强的偿债能力更有助于提高企业的盈利能力。因此，他们同样会关注企业的偿债能力。对于投资者来说，如果企业的偿债能力发生问题，就会使企业的经营者花费大量精力去筹措资金以应付还债，这不仅会增加筹资难度，加大临时性紧急筹资的成本，还会使企业管理者难以全神贯注地进行企业经营管理，使企业盈利受到影响，最终影响到投资者的利益。

债权人对企业偿债能力的分析，目的在于做出正确的借贷决策，保证其资金安全。债权人更会从他们的切身利益出发来研究企业的偿债能力，只有企业有较强的偿债能力，才能使他们的债权及时收回，并能按期取得利息。通过对企业资金的主要来源和用途以及资本结构的分析，再加上对企业过去盈利能力的分析和未来盈利能力的预测，来判断企业的偿债能力。

商品和劳务供应商主要是指赊销商品或劳务给企业的单位和个人。商品和劳务供应商最关心的是能否尽快安全地收回资金。因此,他们必须判断企业能否及时支付商品和劳务的价款。从这个角度来说,商品和劳务供应商对企业偿债能力的分析与债权人类似。

对于公司来说,任何一家公司要想维持正常的生产经营活动,手中必须持有足够的现金或者随时变现的流动资产,以支付各种到期的费用账单和其他债务。其分析目的在于:

(1) 了解公司的财务状况。公司偿债能力的强弱是反映公司财务状况的重要标志。对于小规模公司而言,投资者和经营者对公司的财务状况可以做到了如指掌,而银行和其他债权人则需要通过分析公司的财务资料,了解公司的偿债能力,判断公司的财务状况。大公司由于经营业务繁杂多样,就更加突出了偿债能力分析的重要性。

(2) 揭示公司所承担的财务风险程度。公司所承担的财务风险与负债筹资直接相关,负债必须按期归还,而且要支付利息。任何公司,只要通过举债筹集资金,就等于承担了一项契约性质的责任或义务,不管公司的经营是盈是亏,其义务必须履行。这就是说,当公司举债时,就可能会出现债务到期不能按时偿付的可能,这就是财务风险。而且,公司的负债比率越高,到期不能按时偿付的可能性越大,公司所承担的财务风险越大。

(3) 预测公司筹资前景。公司生产经营所需的资金,通常需要从不同渠道,以各种方式取得,当公司偿债能力强时,说明公司财务状况较好,信誉较高,债权人就愿意将资金借给公司。否则,债权人就不愿意将资金借给公司,在这种情况下,将资金借给公司,其债权得不到保障。因此,当公司偿债能力较弱时,公司筹资前景不容乐观,只有公司愿付出较高的代价,才有可能举借到生产经营所需的资金。

(4) 为公司进行各种理财活动提供重要参考。公司的理财活动集中表现在筹资、用资和资金分配三个方面,公司在什么时候取得资金,其数额多少,取决于生产经营活动的需要,这里也包括偿还债务的需要。如果公司偿债能力不强,特别是近期内有需要偿付的债务时,公司就必须及早地筹措资金,以便在债务到期时能够偿付,使公司信誉得以维护。如果公司偿债能力较强,则可能表明公司有充裕的现金或其他能随时变现的资产,在这种情况下,公司就可以利用暂时闲置的资金进行其他投资活动,以提高资产的利用效果。

四、偿债能力分析的具体内容

企业偿债能力分析是企业财务分析的重要组成部分,主要包括以下两方面内容:

(1) 短期偿债能力分析。在分析短期偿债能力影响因素的基础上,结合企业资产和负债的结构、现金流量等,计算并分析反应企业短期偿债能力的主要指标和辅助指标,了解企业短期偿债能力的高低及其变化情况,揭示企业的财务状况和风险程度。

(2) 长期偿债能力分析。结合企业资产规模和资本结构、盈利能力和现金流量等,计算并分析反映企业长期偿债能力指标,了解企业长期偿债能力的高低及其变动情况,说明企业整体财务状况和债务负担,以及企业偿债能力的保障程度。

第二节 短期偿债能力分析

一、短期偿债能力的影响因素

短期偿债能力一般也称为支付能力,主要是通过流动资产的变现来偿还到期的短期债务。短期偿债能力的高低对企业的生产经营活动、财务状况、企业信誉等具有重要影响。影响短期偿债能力的因素可以分为企业外部因素和企业内部因素。企业外部因素指与企业所处经济环境相关的因素,如经济形势、证券市场的发育情况和银行的信贷政策等,这些外部因素会影响企业的长期偿债能力;企业内部因素指企业自身的经营业绩、资金结构、资产结构和融资能力等,下面分别加以说明。

(一) 企业外部因素

1. 宏观经济形势

宏观经济形势是影响企业短期偿债能力的重要外部因素。当一国经济持续稳定增长时,社会的有效需求也会随之稳定增长,产品畅销。由于市场条件良好,企业的产品和存货可以较容易地通过销售转化为货币资金,从而提高企业短期偿债能力。如果国民经济进入迟滞阶段,国民购买力不足,就会使企业产品积压,企业资金周转不灵,企业间货款相互拖欠,形成所谓的"三角债",企业的偿债能力就会受到影响,反映短期偿债能力的指标也不实。

2. 证券市场的发育与完善程度

在企业的流动资产中,常常会包括一定比例的有价证券,在分析企业偿债能力时,有价证券被视为等量现金。事实上,这样计算的偿债能力指标与企业的实际偿债能力是有区别的。这是因为,有价证券是按其历史成本列示在资产负债表中的,与转让价格必然有一定的差异,且转让有价证券时,要支付一定的转让费用。证券市场的发育和完善程度对企业短期偿债能力的影响还表现在,如果证券市场发达,企业随时可将手中持有的有价证券转换为现金;如果证券市场不发达,企业转让有价证券就很困难,或者不得不以较低的价格出售。这些都会对企业的短期偿债能力产生影响,特别是当企业把投资有价证券作为资金调度手段时,证券市场的发育和完善程度对企业的短期偿债能力的影响就更大。

3. 银行的信贷政策

国家为保证整个国民经济的健康发展,必然要采取宏观调控方法,利用金融、税收等宏观经济政策的制定,调整国家的产业结构和经济发展速度。一个企业,如果其产品是国民经济急需的,发展方向是属于国家政策鼓励的,就会较容易地取得银行借款,其偿债能力也会提高。此外,当国家采取较宽松的信贷政策时,所有的企业都会在需要资金时较容易地取得银行信贷资金,其实际偿债能力就会提高。

(二) 企业内部因素

1. 企业的资产结构

在企业的资产结构中,如果流动资产所占比重较大,则企业短期偿债能力相对大些,因为流动负债一般要通过流动资产变现来偿还。如果流动资产所占比重较高,但其内部结构不合理,其实际偿债能力也会受到影响。在流动资产中,如果存货资产占较大比重,而存货资产的变现速度通常又低于其他类流动资产,则其偿债能力是要打折扣的。从这个意义上讲,流动资产中应收账款、存货资产的周转速度也是反映企业偿债能力强弱的辅助性指标。

2. 流动负债的结构

企业的流动负债有些必须以现金偿付,如短期借款、应缴款项等,有些则用商品或劳务来偿还,如预收货款等。需要用现金偿付的流动负债对资产的流动性要求更高,企业只有拥有足够的现金才能保证其偿债能力。如果在流动负债中预收货款的比重较大,则企业只要拥有充足的存货就可以保证其清偿能力。此外,流动负债中各种负债的偿还期限是否集中,都会对企业偿债能力产生影响。分析时,不仅要看各种反映偿债能力指标的数值,还要根据各种因素考察其实际的偿债能力。

3. 企业的融资能力

单凭各种偿债能力指标还不足以判断企业的实际偿债能力。有些企业各种偿债能力指标都较好,但却不能按期偿付到期的债务;而另一些企业因为有较强的融资能力,如与银行等金融机构保持良好的信用关系,随时能够筹集到大量的资金,即使各种偿债能力指标不高,却总能按期偿付其债务和支付利息。可见,企业的融资能力也是影响偿债能力的一个重要因素。

4. 企业的经营现金流量水平

企业的短期债务通常是用现金进行偿还的,因此,现金流量是决定企业短期偿债能力的重要因素。企业现金流量状况如何,主要受企业的经营状况和融资能力两方面影响。如果没有充足的现金流量,即使是盈利企业也可能因无法及时偿还到期债务而导致信用危机甚至被迫破产。海尔公司在内部确定了一个原则:"没有现金流支持的利润就不算利润,没有利润支持的销售额就不算销售额。"现金流是企业短期偿债能力的"生命线"。

二、短期偿债能力的静态分析

短期偿债能力的静态分析,主要指根据资产负债表计算相应的指标,并对其进行分析与评价。根据资产负债表,可以了解一个公司的流动资产和流动负债规模。但资产规模仅仅表现公司资产的流动性,流动负债规模也只能表明公司目前所承担的债务和资金的流动性,不能说明公司偿债能力。最能反映公司短期偿债能力的指标,是建立在对公司流动资产和流动负债关系的分析之上的,主要有流动比率、速动比率和现金比率。

(一) 流动比率的计算与分析

流动比率是指流动资产与流动负债的比率,表示每一元的流动负债,有多少流动资产作为偿还保证。计算公式是:

$$流动比率 = \frac{流动资产}{流动负债}$$

一般认为,该指标应达到2:1以上。该指标越高,表示企业的偿债能力越强,企业所面临的短期流动性风险越小,债权人安全程度越高。20世纪初,美国某些银行在向公司提供贷款时,均以流动比率作为判断公司信用的标准,认为流动比率达到2:1以上,公司的偿债能力才是充足的。理由是:当流动比率达到2:1以上时,流动资产不致发生呆账和降价的危险,即使公司解散,大约仍有账面一半的价值能取得现金。因此也把流动比率叫做银行家比率。由于流动资产减去流动负债后的余额就是公司的营运资本①,所以该指标还可以反映出公司在目前及今后的生产经营中提供现金,偿还短期债务,维护正常经营活动的能力。

需要强调的是,随着时间的推移,影响公司经营的主、客观因素可能会发生较大的变化。人们的认识也在不断深入,公司对资产的流动性及资产的利用效果更加重视,任何公司都不会牺牲资产的流动性和利用效果来维护较高的偿债能力。因此,近年来流动比率已呈下降的趋势,是否仍以2:1的水平作为判断公司偿债能力高低的标准,值得探讨。如果这一标准发生变化,对公司的评价也会随之改变。

1. 流动比率指标的优缺点

流动比率能被普遍采用,作为衡量企业短期偿债能力高低的标准,主要是因为该指标有以下优点:

---

① 营运资本是指流动资产总额减流动负债总额后的剩余部分,也称净营运资本,表示企业的流动资产在偿还全部流动负债后还有多少剩余,它是一个绝对数指标。

(1) 流动比率可以揭示企业用流动资产抵补流动负债的程度，流动比率越大，对流动负债的保证程度越高，就越能保证债权人的权益。

(2) 流动比率可以指出一个企业所拥有的营运资本与短期负债之间的关系，可以使指标的使用者了解企业的营运资本是否充足，也可据以判断企业抵抗经营中发生意外风险的能力，判断企业一旦发生风险，其营运资本是否足以抵偿其损失，而保证按期偿还债务。

(3) 流动比率超过1的部分，可以对流动负债的偿还提供一项特殊的保证，显示出债权人安全边际的大小。由于交易性金融资产和存货资产等在变现时可能会发生损失，所以，流动比率超过1的部分越多，债权人的安全边际越大，全额收回债权的可靠程度就越高。

(4) 流动比率的计算方法简单，资料来源比较可靠。即使是企业外部关系人也能很容易地计算出企业的流动比率，以对企业的偿债能力做出判断。

但该指标也不可避免地存在一些问题，主要是：

(1) 流动比率所反映的是企业某一时点上可以动用的流动资产存量与流动负债的比率关系，而这种静止状态的资产与未来的资金流量并没有必然联系。流动负债是企业今后短时期内要偿还的债务，而企业现存的流动资产能否在较短时期内变成现金却难以保证。所以，流动比率只反映了企业短期内由流动资产和流动负债产生的现金流入量与流出量的可能途径，企业的经营、销售、利润的取得与分配又与现金流入和流出有直接关系，这些因素在计算流动比率时未加以考虑。

(2) 企业应收账款规模的大小，受企业销售政策和信用条件的影响，信用条件越宽松，销量越大，应收账款规模就越大，发生坏账损失的可能性就越大。因此，不同的主观管理方法，会影响应收账款的规模和变现程度，使指标计算的客观性受到制约，容易导致计算结果的误差。

(3) 企业现金储备的目的在于防范出现现金流入量小于现金流出量的现象，而现金是不能带来收益的资产，故企业应尽可能减少现金持有量，至于其他存货也应尽可能降低到保证生产正常需要的最低水平。显然，增强企业的偿债能力与节约使用资金、减少流动资产上的资金占用的要求相矛盾。

(4) 存货资产在流动资产中占较大比重，而存货的计价方法企业又可以随意选择，不同的计价方式，对存货规模的影响也不同，也会使流动比率的计算带有主观色彩。同时，如果企业存货积压或在管理方面存在问题，反而会表现出较高的流动比率。

(5) 企业的债务并不是全部反映在资产负债表上，如企业支付的职工薪酬，是经常发生的，但却没有列入资产负债表中，只以资产负债表上的流动资产与流动负债相比较，来判断企业的偿债能力是不全面的。

尽管流动比率存在上述缺点，但在没有更好的指标取代它时，它仍是目前最重要的判断企业短期偿债能力的指标。

2. 分析评价时应注意的问题

运用流动比率指标分析评价企业的短期偿债能力时,应注意以下几个问题:

(1) 企业短期偿债能力取决于流动负债与流动资产的相互关系,而与企业规模无关。如果仅以流动比率作为偿债能力的评价标准,企业规模大、流动资产多,并不表明企业短期偿债能力强;反之,企业规模小、流动资产少也不等于说偿债能力弱。能从根本上决定企业短期偿债能力强弱的应该是流动资产与流动负债的相互关系,流动资产与流动负债的变动决定了流动比率的变动。

(2) 对企业偿债能力的判断必须结合所在行业的平均标准。不同行业因其资产、负债占用情况不同,流动比率会有较大差别,有些行业其流动比率达到1∶1时就可能表示其有足够的偿债能力,而有些行业的流动比率达到或超过2∶1时,也不一定表明其偿债能力很强。例如,商业企业销售商品的绝大部分可以收回现金,其应收账款和存货相对较小,而负债绝大部分的可能是赊购债务,所以比率就很低,但不能因此说其偿债能力不强。而工业企业有较多存货,其应收账款也占相当大的比例,所以流动资产规模较大,流动比率就会高一些。

(3) 对企业偿债能力的判断必须结合其他有关因素。即使在同行业内,一些流动比率较低的企业,也不一定表明其偿债能力较低,债权人的利益因此不能保障。如果企业有大量充裕的现金,或随时能变现的有价证券,或具有相当强的融资能力等,企业实际的偿债能力要比流动比率指标所表示的偿债能力强得多,债权人的利益还是相当有保障的;反之,一个企业的流动比率超过2∶1的标准,但流动资产中存货占相当大比例,也不能说明其偿债能力很强。所以,分析时一定要结合各种因素做出综合评价。

(4) 要注意人为因素对流动比率指标的影响。流动比率是根据资产负债表的资料计算出来的,体现的仅仅是账面上的支付能力,企业管理人员出于某种目的,可以运用各种方式进行调整,使以流动比率表现出来的偿债能力与实际偿债能力有较大差异。例如,企业可以以本期末还贷,下期初再举债的方式调低期末流动负债余额,或举借长期借款增加流动资产等方式达到调整流动比率,掩盖企业真实财务状况的目的。分析时应注意联系流动资产和流动负债的变动情况及原因,对企业偿债能力的真实性做出判断。

根据 ZSY 公司 2012 年公司资产负债表资料,可以计算出 ZSY 公司的流动比率指标。

$$期初流动比率 = \frac{258\,973}{402\,340} = 0.64$$

$$期末流动比率 = \frac{283\,682}{439\,824} = 0.64$$

ZSY 公司期初流动比率为 0.64,即 ZSY 公司没有足够的流动资产支撑流动负债，短期偿债能力具有一定的压力。这种现象在期末并没有得到缓解，流动比率相比期初持平。按照经验标准来判断，该公司无论是期初，还是期末，流动比率都低于2∶1的水平，表明该公司的偿债能力较弱。

具体看流动负债的构成，其中预收款项年初年末分别为24 033百万元和27 099百万元，夸大了流动负债的规模。短期借款和应付款项占流动负债比重最大，分别为181 974百万元和155 420百万元。相比之下，流动资产相对不足，比重最大的资产项目是存货和货币资金，期末金额分别为166 074百万元和11 574百万元，用流动资产直接支付流动负债存在压力。期末其他应付款增幅较大，可能存在关联方占用ZSY公司资金的情况，进一步影响ZSY的偿债能力。

同时，还应考虑公司的融资能力，融资能力强的公司，即使流动比率较低，公司的短期偿债能力仍然较强。尤其是国有性质的大型公司，信用能力普遍较强。此外，还需要结合行业标准，对公司的流动比率作进一步的分析。因为行业不同，资产结构有所区别，2∶1的经验标准并不适合于所有行业。

（二）速动比率的计算与分析

速动比率又称酸性试验比率，是指公司的速动资产与流动负债的比率，用来衡量企业流动资产中可以立即变现偿付流动负债的能力。该指标是从流动比率演化而来的，所以常常和流动比率一起使用，用来判断和评价企业的短期偿债能力。该指标的计算公式是：

$$速动比率 = \frac{速动资产}{流动负债}$$

速动资产是指可以立即变现用来偿付流动负债的流动资产。多数研究将速动资产的范围界定为流动资产减存货。本教材认为应该根据速动资产的内涵分析填列，即质量较高能迅速周转与变现的流动资产应包括在速动资产范畴。例如，卖方市场的存货，供不应求，也应算作速动资产。

由此，速动资产一般包括：货币资金、交易性金融资产、应收票据、应收账款、应收利息、应收股利、其他应收款、一年内到期的非流动资产和其他质量良好的流动资产。计算速动资产之所以要排除存货和预付账款等预付费用，是因为存货是流动资产中变现速度最慢的资产，而且存货在销售时受到市场价格的影响，使其变现价值带有很大的不确定性，在市场萧条的情况下或产品不对路时，又可能成为滞销货而无法转换为现金。至于预付账款，本质上是属于预付费用，只能减少企业未来时期的现金支出，其流动性实际是很低的。

用速动比率来评价企业的短期偿债能力，消除了存货等变现能力较差的流动资产项目的影响，可以部分地弥补流动比率指标存在的缺陷。当企业流动比率较高时，如果流动资产中可以立即变现用来支付债务的资产较少，其偿债能力也是较差的;反之,即使流动比率较低,但流动资产中的大部分都可以在较短的时间内转化为现金,其偿债能力也很强。所以用速动比率来评价企业的短期偿债能力相对更准确一些。

一般认为,在企业的全部流动资产中,存货大约占50%左右。所以,速动比率的一般标准为1:1,就是说,每一元的流动负债,都有一元几乎可以立即变现的资产来偿付。如果速动比率低于1:1,一般认为偿债能力较差,但分析时还要结合其他因素进行评价。

根据ZSY公司2012年公司资产负债表资料,ZSY公司速动比率计算如下:

$$期初速动比率 = \frac{38\ 794 + 9\ 821 + 3\ 297 + 22\ 322 + 17\ 642}{402\ 340} = 0.23$$

$$期末速动比率 = \frac{11\ 574 + 7\ 329 + 4\ 198 + 48\ 324 + 23\ 959}{439\ 824} = 0.22$$

从计算结果可以看出,ZSY公司期末短期偿债能力几乎与期初相当。单从速动比率来看,ZSY公司短期偿债能力较弱,没有充裕的速动资产用于偿还短期债务。与流动比率分析类似,还应结合其他因素,如短期融资能力等,综合分析ZSY公司的短期偿债能力。

对速动比率的分析,还应结合应收账款的收账期进行分析。因为速动比率的计算隐含着一个十分重要的假设条件,即所有的应收账款都能在其回收期内如数转化为现金,即使有坏账损失,其数额也非常小,可以忽略不计。但事实并非如此,企业可能有相当一部分应收账款不能按期收回,当有些应收账款超过回收期一定期限后,其发生坏账损失的可能性会非常大。换言之,按全部应收账款计算的速动比率含有一定的水分,不能真实地反映出企业的偿债能力。为此,有必要将可能形成坏账损失的应收账款金额从速动资产中剔除,对速动比率进行适当调整。

需要特别指出的是,一个企业的流动比率和速动比率较高,虽然能够说明企业有较强的偿债能力,反映企业财务状况良好,但过高的流动比率和速动比率会影响企业的盈利能力。当企业大量储备存货时,特别是有相当比例的超储积压物资时,流动比率就会较高,可是存货的周转速度会降低,形成流动资金的相对固定化,会影响流动资产的利用效率。过高的货币资金存量能使速动比率提高,但货币资金的相对闲置会使企业丧失许多能够获利的投资机会。所以,对流动比率和速动比率必须辩证分析,进行风险和收益的权衡。

(三)现金比率的计算与分析

现金比率是指现金类资产对流动负债的比率,该指标有两种表示方式:

(1)现金类资产仅指货币资金。根据这一定义,现金比率的计算公式是:

$$现金比率 = \frac{货币资金}{流动负债} \times 100\%$$

(2)现金类资产除包括货币资金外,还包括货币资金的等价物,即企业持有的期限短、流动性强、易于转换为已知金额的现金以及价值变动风险很小的投资。其理由是，企业进行短期投资只是企业资金调度的一种手段，当企业有暂时闲置的货币资金时，就会投资于价值变动风险很小的有价证券，以提高资金的盈利水平。一旦企业需要现金时，就可以通过转让有价证券将其转化为现金。所以在管理上，现金和现金等价物并无实质区别。因此把有价证券视为现金的等价物，按这种理解，现金比率的计算公式是：

$$现金比率 = \frac{货币资金 + 有价证券}{流动负债} \times 100\%$$

现金比率可以准确地反映企业的直接偿付能力，当企业面临支付工资日或大宗进货日等需要大量现金时，这一指标更能显示出其重要作用。由于现金比率的两种方式都没有考虑企业流动资产中的存货和应收账款，所以，对于应收账款和存货变现存在问题的企业，这一指标尤为重要。

现金比率越高，表示企业可立即用于支付债务的现金类资产越多。由于企业现金类资产的盈利水平较低，企业不可能也没有必要保留过多的现金类资产。如果这一比率过高，表明企业通过负债方式所筹集的流动资金没有得到充分地利用，所以并不鼓励企业保留更多的现金类资产。一般认为这一比率应在20%左右，在这一水平上，企业的直接支付能力不会有太大的问题。

根据ZSY公司2012年公司资产负债表资料，按第一种方法计算ZSY公司的现金比率如下：

$$期初现金比率 = \frac{38\ 794}{402\ 340} \times 100\% = 9.64\%$$

$$期末现金比率 = \frac{11\ 574}{439\ 824} \times 100\% = 2.63\%$$

从计算结果可以看出，ZSY公司期末现金比率比期初现金比率下降了7.01%，这种变化表明公司的直接支付能力存在一定问题。和经验标准相比，该公司期初、期末现金比率都不足20%。因此，如果按现金比率来评价ZSY公司的短期偿债能力，该公司短期偿债能力比较差。结合该公司的期末流动比率和速动比率综合分析可以发现，该公司流动资产结构中，期末速动资产、现金类资产比例相对较小。尽管ZSY公司流动比率指标并不理想，相对于各指标的评价标准也还存在一定的差距，我们不能单凭以上比率判断ZSY偿债能力强弱。还应结合融资能力、信用水平、行业特征等其他非财务因素，对ZSY公司期末的短期偿债能力进行评价。

（四）流动比率、速动比率、现金比率相互关系分析

流动比率、速动比率、现金比率是以流动资产和流动负债的相互关系为基础的，是反映企业短期偿债能力的主要指标，三者之间的相互关系可以用图11-1来表示。

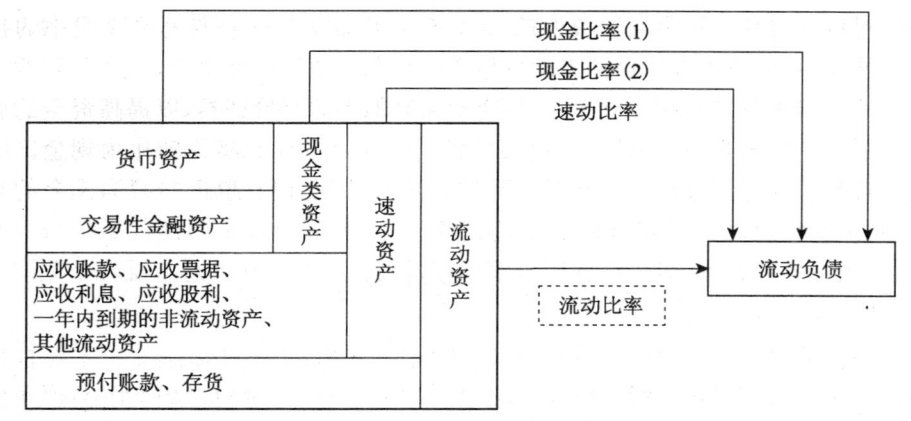

图 11-1 流动比率、速动比率和现金比率的关系

由图 11-1 可以看出：①以全部流动资产作为偿付流动负债的基础，所计算的指标是流动比率。它包括了变现能力较差的存货和基本不能变现的预付费用。如果存货中有超储积压物资时，会造成公司短期偿债能力较强的假象。②速动比率以扣除变现能力较差的存货和预付费用后的流动资产作为偿付流动负债的基础，它弥补了流动比率的不足。③现金比率以现金类资产作为偿付流动负债的基础，但现金持有量过大会对企业资产利用效果产生负作用，所以该比率不宜过大，因此这一指标相对流动比率和速动比率来说，其作用程度较小。

在分析企业短期偿债能力时，流动负债是计算以上三个指标的基础，流动负债的结构、规模对企业流动资产需要程度的影响是不一致的。例如，预收账款比重较大时，对流动比率的要求就相对高些；短期借款和应付账款比重较大时，对速动比率和现金比率的要求就相对高些。从以上三个指标的计算中可以看出，流动负债结构对偿债能力的影响在这三个指标中并没有反映出来，所以分析评价企业偿债能力时，还要结合负债的规模和结构来进行。

三、短期偿债能力的动态分析

企业偿债能力从本质上讲，是衡量企业能否按期归还到期债务的能力，但在计算短期偿债能力的静态指标中所使用的流动负债，是企业某一时点上的债务。它只表明企业在这一时点上仍然承担的流动负债规模，并不表示这些债务已经到期，并且需要在这一时点上偿还，这些债务往往要在这一时点之后的未来某一时点偿还。在计算这些指标时所使用的流动资产或速动资产也只是在这一时点上的资产存量，只是为企业现在承担的债务提供了一份资产保证，反映的是用这些资产偿债的可能性，并不表示这些资产马上就可以用于偿还债务，或一定会在现有负债到期时能转化成现金来偿还这些债务。企业偿还其债务是一个动态过程，其偿债能力也应该是在未来某一时点上的能力。当某一具体债务到期时，企业既可以通过现存资产的变现去偿还,也可以用债务到期前所获得的现金去偿还。所以,对企业短期偿债能力的分析还应该从动态方面进行。

短期偿债能力的动态分析,主要指根据利润表、现金流量表和其他有关资料计算相应的指标,并对其进行分析与评价。从动态方面反映企业短期偿债能力的指标是建立在现金流量表和对经营中现金流量的分析基础之上的,主要有现金流量比率、近期支付能力系数、速动资产够用天数和现金到期债务比率。此外,应收账款周转率、应付账款周转率和存货周转率也是从动态上反映企业短期偿债能力的辅助性指标。

(一)现金流量比率的计算与分析

现金流量比率是指经营活动现金流量净额与平均流动负债的比率,用来衡量企业的流动负债用经营活动所产生的现金来支付的程度。其计算公式是:

$$现金流量比率 = \frac{经营活动现金流量净额}{平均流动负债}$$

经营活动现金流量净额的大小反映出企业某一会计期间生产经营活动产生现金的能力,是偿还企业到期债务的基本资金来源。当该指标等于或大于1时,表示企业有足够的能力以生产经营活动产生的现金来偿还其短期债务,如果该指标小于1,表示企业生产经营活动产生的现金不足以偿还到期债务,必须采取对外筹资或出售资产才能偿还债务。

根据 ZSY 公司 2012 年公司资产负债表、现金流量表的资料,可以计算出该公司的现金流量比率。

$$本期现金流量比率 = \frac{93\,899}{(439\,824 + 402\,340)/2} = 0.22$$

计算结果表明,ZSY 公司的本期现金流量比率仅为 0.22,依靠生产经营活动产生的现金满足不了偿债的需要,公司必须以其他方式取得现金,才能保证债务的及时清偿。

需要说明的是,本期经营活动现金流量净额是当前会计年度的经营结果。而流动负债则是年初和年末需要偿还债务的平均余额,两者的会计期间不同。因此,现金流量比率指标是建立在以上一年的经营活动现金流量来估计下一年经营活动现金流量的假设基础之上的。使用该比率时,需要考虑未来一个会计年度影响经营活动现金流量变动的因素。

(二)近期支付能力系数的计算与分析

近期支付能力系数是反映企业有无足够的支付能力来偿还到期债务的指标。其计算公式是:

$$近期支付能力系数 = \frac{近期内能够用来支付的资金}{近期内需要支付的各种款项} \times 100\%$$

其中,近期内能够用来支付的资金包括企业现有的货币资金、近期内能取得的营业收入、近期内确有把握收回的各种应收款项等。近期内需要支付的各种款项包括:各种到期或逾期应交款项和未付款项,如职工工资、应付账款、银行借款、各项税金、应付利润等。

企业近期支付能力系数应等于或大于100%,且越高说明企业近期支付能力越强。如果小于100%,则说明企业支付能力不足,应采取积极有效的措施,从各种渠道筹集资金,以便按期清偿债务,保证企业生产经营活动的正常进行。

(三)速动资产够用天数的计算与分析

在财务分析中,除了通过以流动负债为基础,说明企业的短期偿债能力之外,还可以以营业开支水平说明企业的短期偿债能力,通常用"速动资产够用天数"来表示企业速动资产维持企业正常生产经营开支水平的程度。该指标可以作为速动比率的补充指标,其计算公式为:

$$速动资产够用天数 = \frac{速动资产}{预计每天营业所需的现金支出}$$

从该指标的计算公式中可以看出,如果速动资产较多,而每天营业所需现金开支较少,速动资产够用天数就多;反之,速动资产够用天数就少。企业速动资产够用天数少,表示企业偿债能力低。

(四)现金到期债务比率的计算与分析

现金到期债务比率是指经营活动现金流量净额与本期到期的债务的比率,用来衡量企业本期到期的债务用经营活动所产生的现金来支付的程度。其计算公式是:

$$现金到期债务比率 = \frac{经营活动现金流量净额}{本期到期的债务}$$

当该指标等于或大于1时,表示企业有足够的能力以生产经营活动产生的现金来偿还当期的短期债务;如果该指标小于1,表示企业生产经营活动产生的现金不足以偿还当期到期的债务,必须采取其他措施才能满足企业当期偿还到期债务的需要。

(五)反映企业短期偿债能力的辅助指标分析

流动比率、速动比率和现金比率都是以企业某一时点上的流动资产存量和流动负债相比较的,是用来来反映企业的短期偿债能力的。而对于各项流动资产和流动负债的流动和周转等动态变化没有加以反映。所以,通过各项流动资产和流动负债周转和流动情况的分析,进一步反映企业短期偿债能力的动态变化,可以弥补流动比率、速动比率和现金比率的不足。

1. 应收账款周转率和应付账款周转率的比较分析

流动资产中的应收账款(包括应收票据),是因为企业赊销商品产生的,其占用额不仅取决于企业的销售政策，而且取决于企业的信用政策和收账政策。在销售政策既定的情况下，企业采取较宽松的信用政策和收账政策，其应收账款占用额就比较大，周转速度就比较缓慢。利用应收账款周转率指标就可以反映企业应收账款转化为现金的速度。

流动负债中的应付账款（包括应付票据），是因为企业赊购商品产生的，其占用额的大小，从主观因素来考察，取决于企业支付货款的速度和企业赊购金额。赊购的金额越大，支付货款的速度越慢，其占用额就越大。利用应付账款周转率指标可以反映企业以现金支付应付账款的速度。

流动比率实际上是企业流动资产和流动负债周转速度的函数。流动资产周转速度越快，企业流动资产规模越小，流动比率越低。流动负债的周转速度越慢，企业的流动负债规模越大，流动比率就越低。在流动资产中，应收账款占有相当的比例；在流动负债中，应付账款也占相当的比例，所以将两者联系起来进行比较分析有重要的意义。

企业购入材料等物资的目的，在于通过企业的加工制成产品，然后通过销售收回现金，并实现价值的增值。从这个意义上讲，由赊购商品所产生的应付账款应用赊销商品回收的现金来偿付，在资金周转上，两者与资金周转期有关，而且必须相互配合。应收账款与应付账款这种相互关系会对企业的短期偿债能力产生如下影响：

（1）应收账款与应付账款的周转期相同，在这种情况下，通过赊销商品所回收的现金恰好能满足偿付因赊购业务而产生的债务，不需动用其他流动资产来偿还，企业的短期偿债能力指标不会因应收账款和应付账款的存在而改变。

（2）应收账款的周转速度快于应付账款的周转速度。假定企业应收账款的平均收账期为30天，而应付账款的平均付款期为60天，在这种情况下，企业的流动比率就会降低，以流动比率反映的企业静态短期偿债能力就相对差一些。但是由于流动资产中的应收账款周转速度快，而流动负债中的应付账款周转速度慢，从动态上看，企业的实际偿债能力是较强的，因为在企业的应收账款回收两次的情况下，才支付现金一次去偿付应付账款。

（3）应收账款的周转速度低于应付账款的周转速度。假定企业的应收账款的平均收账期为60天，应付账款的平均付款期为30天，在这种情况下，企业的流动比率就较高，以流动比率反映的企业静态短期偿债能力就比较强。如果从动态上看，企业的实际短期偿债能力是要低于以流动比率表示的企业短期偿债能力水平的。这是因为，每当企业将其赊销商品所产生的应收账款转化为现金一次，就要两次支付现金去偿付因赊购业务产生的应付账款，这样，只有在动用其他流动资产的情况下，才能按期偿付其因赊购而形成的债务。

以上仅就周转速度进行了分析，当其规模不同时，也会相对增强或减弱因周转速度不同对短期偿债能力的影响。

这种对比不仅可以就流动资产与流动负债之间的对应项目进行分析，也可以按流动资产和流动负债整体进行分析,因为短期偿债能力分析本身就是建立在流动资产与流动负债的关系基础上的。

关于从资产营运能力方面对应收账款周转率所做的分析参见第十章。

2. 存货周转率分析

存货周转率是反映企业存货资产利用效率的一个指标,同时也能从动态方面反映企业的短期偿债能力,第十章已经对存货周转率本身进行了分析,这里仅就存货周转率对短期偿债能力的影响进行分析。

存货周转速度对存货规模有较大影响,当其他条件不变时,存货周转速度越快,存货规模越小;反之,存货规模越大。流动比率是按流动资产在某一时点上的规模计算的,当存货规模较大时,其流动比率指标也较大,从静态方面反映的短期偿债能力也较强,实际上这很可能是因为存货周转速度偏低引起的假象。结合存货周转速度对企业短期偿债能力进行评价,就需要对按流动比率做出的评价加以修正。在流动比率一定的情况下,如果企业预期存货周转速度加快,则企业的短期偿债能力将会因此而提高;相反,如果预期存货周转速度减慢,则企业的短期偿债能力将会出现下降趋势。

流动比率是在某一时点上,按既定的流动资产存量和流动负债计算的,这里也包括了一个隐含条件,即存货周转率也是既定的。存货周转率的变化是指在该时点之后,所以存货周转率变化对短期偿债能力的影响是反映在动态上的,是今后企业短期偿债能力可能会发生的变化。换言之,对短期偿债能力的分析,不仅要从静态上反映企业某一时点上的偿债能力,还要分析可能发生的变化及变化趋势,而应收账款周转率、应付账款周转率和存货周转率的分析就为反映偿债能力的动态变化提供了重要的参考。

四、短期偿债能力的行业比较分析

偿债能力的行业比较分析,则以本章前面所述的偿债能力指标为主,选择行业目标企业标准,或者行业平均或先进标准进行比较。为便于对企业进行评估,以下仍选取与 ZSY 极为相近的同行业公司 ZSH 进行行业比较分析。

对于短期偿债能力的行业分析,我们主要选取流动比率、速动比率、现金比率和现金流量比率指标进行比较分析。根据 ZSY 和 ZSH 公司 2012 年公司资产负债表、现金流量表等相关资料,计算相关指标见表 11-1。

表 11-1　　短期偿债能力指标的行业比较分析

公司名称	流动比率	速动比率	现金比率	现金流量比率
ZSY	0.64	0.22	0.026	0.22
ZSH	0.61	0.19	0.015	0.40

根据表 11-1,从短期偿债能力的静态指标看,ZSY 公司的流动比率和速动比率都稍高于 ZSH 公司,ZSY 公司的现金比率更是显著高于 ZSH 公司,说明与 ZSH 相比,ZSY 的资产变现能力较强、其短期偿债能力相对较强。然而,从动态指标看,ZSY 公司的现金流量比率则小于 ZSH,这表明 ZSY 用经营活动产生的现金偿还债务的能力较低一些。

特别地,ZSY 和 ZSH 两家公司的流动比率都小于 1,速动比率小于 0.3,现金比率更是不到 0.1。这表明两家公司的流动资产均小于流动负债,速动资产和现金的比重均较低。查询 ZSY 和 ZSH 公司 2012 年母公司资产负债表可以发现,两家公司流动资产主要由存货构成,存货占流动资产比例分别为 58.54% 和 66.31%,货币资金所占比重很小,分别为 4.08% 和 2.44%,速动资产都相对较少。一般情况下,公司的流动资产大于流动负债,部分流动资产的筹借来源是长期负债或所有者投入。但行业不同的公司,其资产结构和流动性会出现不同的情况,ZSY 和 ZSH 短期偿债能力的指标较低是由其行业特殊性决定的。因此,单一从比率指标衡量偿债能力是不够的,还应结合其他要素进行分析。

第三节 长期偿债能力分析

一、长期偿债能力的影响因素

长期偿债能力是指企业偿还非流动负债的能力,或者说企业偿还非流动负债的保障程度。企业的非流动负债包括长期借款、应付债券、专项应付款、递延所得税负债及其他非流动负债。影响企业短期偿债能力的外部因素,同样会影响企业的长期偿债能力,在此不作重述。影响公司长期偿债能力的内部因素则主要有资产规模和资产结构,盈利能力及企业现金流量。

1. 资产规模和资本结构

资产规模是影响企业偿债能力的最直接因素,而长期偿债能力主要受企业长期资产规模的影响。资产负债表中的长期资产主要包括固定资产、长期股权投资和无形资产。企业长期资产能够在长期内为企业创造利润或价值,是企业持续经营的基础。长期资产的市场价值最能反映其长期偿债能力。将长期资产作为偿还长期债务的资产保障时,长期资产的计价和摊销方法对长期偿债能力的影响也较大。

狭义的资本结构指长期资本的构成及其比例关系。资本结构对企业长期偿债能力的影响一方面体现在权益资本是承担长期债务的基础;另一方面体现在债务资本的存在可能带给企业财务风险,进而影响企业的偿债能力。权益资本是企业创立和发展最基本的因素,是企业拥有的净资产,也是股东承担民事责任的限度,如果借款不能按时归还,法院可以强制债务人出售财产偿债。因此权益资本就成为借款的基础，权益资本越多，债权人越有保障。同时，企业的债务资本在全部资本中所占的比重越大，财务杠杆发挥的作用就越明显。但是，负债是要偿还本金和利息的，无论企业的经营业绩如何，负债都有可能给企业带来财务风险。

2. 盈利能力

盈利能力指企业在一定时期内赚取利润的能力，以盈利为基础的指标是财务状况重要且可靠的指标。盈利能力是偿付长期借款本息最适宜最可靠的现金来源。从举借债务的目的来看，企业使用资金成本较低的负债资金是为了获取财务杠杆利益，增加企业收益，其利息支出自然要从所融通资金创造的收益中予以偿付。所以说企业的长期偿债能力是与企业的盈利能力密切相关的。就一般情况而言，企业的盈利能力越强，长期偿债能力越强；反之，则长期偿债能力越弱。如果企业长期亏损，则必须通过变卖资产才能清偿债务，否则企业的正常生产经营活动就不能进行，最终要影响投资者和债权人的利益。因此，企业的盈利能力是影响长期偿债能力的最重要因素。而盈利能力直接受企业投资效果的影响。企业所举借的长期债务，主要用于固定资产等长期投资，投资的效果就决定了企业是否有能力偿还长期债务。因此，要全面深入分析企业长期偿债能力，也应关注企业的投资效果。

3. 企业现金流量

企业的债务主要还是要用现金来清偿，虽然说企业的盈利能力是偿还债务的根本保证，但是企业盈利毕竟不等同于企业现金流量充足。企业只有具备较强的变现能力，有充裕的现金，才能保证具有真正的偿债能力。因此，企业的现金流量状况是决定偿债能力保证程度的关键之所在。另外，尽管企业的盈利能力是影响长期偿债能力最重要的因素，但如果企业将绝大部分利润都分配给投资者，权益资金增长很少，就会降低偿还债务的可靠性。对于债权人来说，如果企业将权益资金大部分留在企业，则减少了企业资金外流，这对投资者并没有什么实质的影响，却会增加偿还债务的可靠性，从而提高企业的长期偿债能力。

二、资产规模和资本结构对长期偿债能力的影响分析

负债表明一个企业的债务负担，资产则是偿债的物质保证，单凭负债或资产不能说明一个企业的偿债能力，负债少并不等于说企业偿债能力强，同样，资产规模大也不表明企业偿债能力强。企业的偿债能力体现在资产与负债的对比关系上。由这种对比关系中反映出来的企业整体偿债能力的指标主要有资产负债率、股东权益比率、产权比率（净资产负债率）、固定长期适合率和资产非流动负债率。

（一）资产负债率的计算与分析

资产负债率是综合反映企业偿债能力的重要指标，它通过负债与资产的对

比，反映在企业总资产中，有多少是通过举债获得的。其计算公式是：

$$资产负债率 = \frac{负债总额}{总资产} \times 100\%$$

该指标越大，说明企业的债务负担越重；反之，说明企业的债务负担越轻。对债权人来说，该比率越低越好，因为企业的债务负担越轻，其总体偿债能力越强，债权人权益的保证程度越高。特别是在企业清算时，资产变现价值很可能低于账面价值，而所有者一般只承担有限责任，这一比率越高，债权人蒙受损失的可能性就越大。对企业来说希望该指标大些，虽然这样会使企业债务负担加重，但企业也可以通过扩大举债规模获得较多的财务杠杆利益。如果该指标过高，会影响企业的筹资能力。因为人们认识到，该企业的财务风险较大，当经济衰退或不景气时，企业经营活动所产生的现金收入可能满足不了利息支出开支的需要，所以，人们不会再向该企业提供借款或购买其发行的债券。如果这一比率超过100%，则表明企业已资不抵债，视为达到破产的警戒线。

通过对不同时期该指标的计算和对比分析，可以了解企业债务负担的变化情况。任何企业都必须根据自身的实际情况，确定一个适度的标准，当企业债务负担持续增长并超过这一适度标准时，企业应注意加以调整，不能只顾获取杠杆利益而不考虑可能面临的财务风险。

根据ZSY公司2012年公司资产负债表资料，对ZSY公司的资产负债率计算如下：

$$期初资产负债率 = \frac{609\,779}{1\,543\,576} \times 100\% = 39.5\%$$

$$期末资产负债率 = \frac{760\,604}{1\,740\,634} \times 100\% = 43.7\%$$

通过比较可知，ZSY公司期末资产负债率比期初上升了4.19%，表明该公司债务负担略有增加。但总体来看，ZSY公司的负债水平较低，没有充分利用杠杆，经营风险较小。如果资产负债率相对较高，表明长期偿债能力风险较大，对投资者和债权人都具有一定风险。

从稳健原则出发，特别是考虑到公司在清算时的偿债能力，该指标可以保守些计算，即从资产中扣除无形资产等，计算有形资产负债率。其计算公式是：

$$有形资产负债率 = \frac{负债总额}{总资产 - 无形资产} \times 100\%$$

根据ZSY公司2012年公司资产负债表资料，对ZSY公司的有形资产负债率计算如下：

$$期初有形资产负债率 = \frac{609\,779}{1\,543\,576 - 36\,373} \times 100\% = 40.46\%$$

$$期末有形资产负债率 = \frac{760\ 604}{1\ 740\ 634 - 44\ 159} \times 100\% = 44.83\%$$

通过计算可以看出,该公司期初、期末有形资产负债率与资产负债率相差不大,说明在总资产中未来变现能力较差的无形资产所占比例较小。

(二) 股东权益比率的计算与分析

股东权益比率是所有者权益同资产总额的比率,反映公司全部资产中有多少是投资者投资所形成的。其计算公式是:

$$股东权益比率 = \frac{股东权益}{总资产} \times 100\% = 1 - 资产负债率$$

这是表示长期偿债能力保证程度的重要指标,该指标越高,说明公司资产中由投资者投资所形成的资产越多,偿还债务的保证越大。从"股东权益比率＝1－资产负债率"来看,该指标越大,资产负债率越小,债权人对这一比率是非常感兴趣的。当债权人将其资金借给股东权益比率较高的公司,由于有较多的公司自有资产做偿债保证,债权人全额收回债权就不会有问题,即使公司清算时资产不能按账面价值收回,债权人也不会有太大损失。例如,公司资产50%来源于所有者投资,50%通过负债取得,那么,即使全部资产按一半的价格转换为现金,公司依然能付清所有的负债还有剩余。可见,债权人利益的保障程度是相当高的。再如,如果公司资产80%来源于所有者投资,只有20%是通过负债取得的,那么,只要公司资产价值不暴跌到80%以上,即每1元资产只要转换成0.2元以上的现金,债权人就不会受到任何损失。相反,如果公司资产的80%是通过各种负债资金融通的,只要公司资产价值下跌20%以上,债权人就不能全额收回其债权。由此可见,股东权益比率高低能够明显体现公司对债权人的保护程度。如果公司处于清算状态,该指标对偿债能力的保证程度就显得更重要。

实务中,可将该指标以倒数的形式列示,称为权益乘数。其计算公式是:

$$权益乘数 = \frac{总资产}{股东权益}$$

该指标表示公司的股东权益支撑着多大规模的投资,该指标越大,说明公司对负债经营利用得越充足,财务风险也就越大。

(三) 产权比率(净资产负债率)的计算与分析

将负债与股东权益直接对比,称为产权比率。其计算公式是:

$$产权比率 = \frac{负债总额}{股东权益} \times 100\%$$

如果说资产负债率是反映企业债务负担的指标,股东权益比率是反映偿债保证程度的指标,产权比率就是反映债务负担与偿债保证程度相对关系的指标。它和资产负债率、股东权益比率具有相同的经济意义,但该指标更直观地表示出负债受到股东权益的保护程度。由于股东权益等于净资产,所以,这两个指标的计算结果一样,只是角度不同而已。

考虑有些资产在企业结算时其价值会受到严重影响,如清算时商誉价值可能不存在,该指标可以更保守计算,即计算有形净值负债率。其计算公式是:

$$有形净值负债率 = \frac{负债总额}{净资产 - 无形资产} \times 100\%$$

(四)固定长期适合率的计算与分析

固定长期适合率是指固定资产净值与股东权益和非流动负债之和的比率。其计算公式是:

$$固定长期适合率 = \frac{固定资产净值}{股东权益 + 非流动负债} \times 100\%$$

就大多数企业来说,其固定资产方面的投资都希望用权益资金来解决,这样就不会因为固定资产投资回收期长而影响企业短期偿债能力了。当企业固定资产规模较大,而权益资金规模较小,难以满足固定资产投资的需要时,可以通过举借长期债务来解决。一般的标准认为,该指标必须小于1。就是说,当该指标超过1时,说明企业使用了一部分短期资金进行固定资产投资,而流动资产的投资全部由流动负债来解决,这对企业短期偿债能力是一个十分危险的信号。当企业的固定长期适合率小于1时,表明企业有一部分长期资金用于流动资产投资,这可以减轻企业短期偿债的压力。

根据ZSY公司2012年公司资产负债表资料,ZSY公司的固定长期适合率指标计算如下:

$$期初固定长期适合率 = \frac{360\ 843}{933\ 797 + 207\ 439} \times 100\% = 31.62\%$$

$$期末固定长期适合率 = \frac{438\ 504}{980\ 030 + 320\ 780} \times 100\% = 33.71\%$$

从计算结果上看,ZSY公司的长期资金能够满足固定资产的投资需要,而且回旋余地比较大。从期末来看,有66.29%的长期资金用于其他方面,进而可以推断出,公司除用于固定资产的资金需要外,其他方面的资金需要基本上靠长期资金来满足,短期偿债的压力较小。

与固定长期适合率相配合的指标是固定资产与非流动负债比率,该指标对于反映企业清算状态的偿债能力是很有用的。其计算公式是:

$$固定资产与非流动负债比率 = \frac{固定资产净值}{非流动负债} \times 100\%$$

一般认为该指标应超过100%。其依据是,当公司进入清算状态时,其资产不一定能按账面价值变现,流动负债必须依赖流动资产变现来偿还,非流动负债需依赖固定资产变现来清偿。如果固定资产净值不大于非流动负债,债权人的利益就没有足够的保证。

根据 ZSY 公司 2012 年公司资产负债表资料,ZSY 公司的固定资产与非流动负债比率计算如下：

$$期初固定资产与非流动负债比率 = \frac{360\,843}{207\,439} \times 100\% = 173.95\%$$

$$期末固定资产与非流动负债比率 = \frac{438\,504}{320\,780} \times 100\% = 136.70\%$$

从计算结果可以看出,期初每 1 元的非流动负债有 1.74 元的固定资产作为偿付保证。因此,如果是在清算状态下,长期债务的清偿是具有一定保障的。在期末,每 1 元的非流动负债有 1.37 元的固定资产可以偿付。可见,无论期初还是期末,如果是在清算状态下,该公司长期债务的清偿都具有一定保障。联系固定长期适合率就可以更清楚地知道,如果该公司真正进行清算,债权人和股东的权益都可以得到保障。

（五）资产非流动负债率的计算与分析

资产非流动负债率是非流动负债总额与总资产的比率,反映企业全部资产中有多少是由非流动负债形成的。这是从清算角度计算与分析企业最终清偿能力的保守指标。其计算公式是：

$$资产非流动负债率 = \frac{非流动负债总额}{总资产} \times 100\%$$

该指标越大,说明每 1 元资产中非流动负债所占比重越高,企业主要依赖长期债务进行融资,长期偿债能力风险较大。该指标应结合行业特点进行分析。通常受经济环境变动影响而导致销售额波动较大的企业,一般倾向于避免高负债,因为偿还固定利息会给长期偿债能力带来压力。比如零售业往往通过短期债务进行融资,资产非流动负债率通常较低。

根据 ZSY 公司 2012 年母公司资产负债表资料,ZSY 公司的资产非流动负债率计算如下：

$$期初资产非流动负债率 = \frac{207\,439}{1\,543\,576} \times 100\% = 13.44\%$$

$$期末资产非流动负债率 = \frac{320\,780}{1\,740\,634} \times 100\% = 18.43\%$$

从计算结果可以看出,ZSY 公司的资产非流动负债率较低,期末每 1 元资产中长期债务只占 0.18 元,长期债务负担较轻,长期债权人的保障程度较高。但结合该公司资产负债率,发现短期债务所占比例较大,短期偿债能力风险较大,应根据公司的实际情况适当调整长短期债务比例。

该指标可以更保守计算,即在总资产中剔除未来变现能力较差的无形资产,计算有形资产非流动负债率。其计算公式是：

$$有形资产非流动负债率 = \frac{非流动负债总额}{总资产 - 无形资产} \times 100\%$$

根据 ZSY 公司 2012 年母公司资产负债表资料，ZSY 公司的有形资产非流动负债率计算如下：

$$期初有形资产非流动负债率 = \frac{207\,439}{1\,543\,576 - 36\,373} \times 100\% = 13.76\%$$

$$期末有形资产非流动负债率 = \frac{320\,780}{1\,740\,634 - 44\,159} \times 100\% = 18.91\%$$

通过计算可以看出，该公司期初、期末有形资产非流动负债率和资产非流动负债率相差不大，说明其长期偿债能力基本不受无形资产的影响。

（六）非流动负债营运资本比率的计算与分析

非流动负债营运资本比率是指营运资本与非流动负债的比率。其计算公式是：

$$非流动负债营运资本比率 = \frac{流动资产 - 流动负债}{非流动负债} \times 100\%$$

通常该指标应大于 1，说明企业营运资本可以用于偿还非流动负债。但该指标在一定程度上受企业筹资策略的影响，因为，在资产负债比率一定的情况下，流动负债与非流动负债的结构安排因筹资策略的改变而不同。

三、盈利能力对长期偿债能力的影响分析

资产固然可以作为偿债的保证，但企业取得资产的目的并不是为了偿债，而是通过利用资产进行经营以获取收益，所以债务的清偿要依赖于资产变现，资产的变现更主要的是要通过产品销售来实现。因此，盈利能力对偿债能力的影响更为重要。从盈利能力角度分析，评价企业长期偿债能力的指标主要有销售利息比率、已获利息倍数、债务本息保证倍数和固定费用保证倍数。

（一）销售利息比率的计算与分析

销售利息比率是指一定时期的利息支出与营业收入的比率。其计算公式是：

$$销售利息比率 = \frac{利息支出}{营业收入} \times 100\%$$

这一指标可以反映企业销售状况对偿付债务的保证程度。前已说明，企业的负债最终还是要用其经营所得去偿还，如果经营状况不佳，在其经营期间偿付债务就缺少根本的保证，而公司权益资金的多少对偿债的保证只有在公司处于清算状态时才真正发挥作用。在公司负债规模基本稳定的情况下，销售状况越

好,偿还到期债务可能给公司造成的冲击越小。该指标越小越好,该指标越小,说明通过销售所得现金用于偿付利息的比例越小,公司的偿债压力越小。

(二) 已获利息倍数的计算与分析

任何公司为了保证再生产的顺利进行,在取得营业收入后,都需要首先补偿公司在生产经营中的耗费。所以,营业收入虽然是利息支出的资金来源,但利息支出的真正资金来源是营业收入补偿生产经营中的耗费之后的余额,若其余额不足以支付利息支出,公司的再生产就会受到影响。因此,已获利息倍数比销售利息比率更能反映出公司偿债能力的保证程度。已获利息倍数也称利息保障倍数是指公司息税前利润与利息支出的比率。其计算公式是:

$$已获利息倍数 = \frac{利润总额 + 利息支出}{利息支出}$$

公式中的利息支出,包括财务费用中的利息支出和资本化利息。公式中的分子之所以包括利息支出,是因为利息已经从营业收入中予以扣除,利润总额是扣除了利息之后的余额。

该指标是反映公司偿付债务利息的保证程度指标,该指标越高,说明公司支付利息的能力越强,债权人按期取得利息越有保证。该指标究竟达到什么水平,才能说明支付利息的保证程度强,并没有具体的标准,应根据历史的经验结合行业特点判定,也可以结合同行业标准来评价。

根据 ZSY 公司 2012 年和 2011 年公司利润表有关资料,对 ZSY 公司已获利息倍数进行计算分析,见表 11-2。

表 11-2　　　　　　已获利息倍数计算分析表　　　　　金额单位:百万元

项　　目	2012 年	2011 年	差异
利润总额	104 048	129 423	-25 375
利息支出	18 164	10 886	7 287
息税前利润	122 086	139 942	-17 856
已获利息倍数(倍)	6.73	12.89	-6.16

从表 11-2 中可以看出,ZSY 公司 2011 年生产经营所得能够满足支付利息的需要,是支付利息的 12.89 倍,2012 年已获利息倍数为 6.73 倍,公司支付利息的保证程度有很大程度的下降。本年已获利息倍数下降的主要原因一是短期借款增加,流动负债比率提高,使公司债务成本增加,从而增加利息支出;二是尽管本年生产经营业绩较好,从根本上对支付利息提供了保证,但由于利息支出金额增加过多,导致已获利息倍数下降。

(三) 债务本息保证倍数的计算与分析

根据企业的经营状况来反映偿债能力的保证程度,债务本息保证倍数比利息保证倍数能更精确地体现出企业偿债能力的保证程度。对债权人来说，如果连本金都不能收回，他就不敢奢求利息了。债权人借款给企业，目的虽然是为了获取利息收入，但基本前提是能够按期收回本金。而企业的偿债义务是按期支付利息和到期归还本金，所以其偿债能力的高低不能仅看偿付利息的能力，更重要的是还要看其偿还本金的能力。在企业正常经营条件下，本金的偿还必须以企业经营所赚取的利润来支付。

债务本息保证倍数是指企业一定时期息税前利润与还本付息金额的比率，它是现金流入量对财务需要（现金流出）的保证程度的比率，通常用倍数来表示。其计算公式是：

$$固定费用保证倍数 = \frac{息税前利润}{利息支出 + \frac{年度还本额}{1-所得税率}}$$

企业偿还本金与支付利息是有区别的，利息是所得税前开支项目，支付1元的利息，只需1元的营业收入，或者说是减少1元的利润额，**偿还本金则需动用企业的净收入**，即企业偿还1元钱的本金将需要更多的税前利润，所以要将偿还的本金数还原到所得税前的水平。

该指标最低标准为1，该指标越高，表明企业偿债能力越强。如果该指标低于1，说明企业偿债能力较弱，企业会因为还本付息造成资金周转困难，支付能力下降，使企业信誉受损。

（四）固定费用保证倍数的计算与分析

固定费用是指类似利息支出的固定支出，是企业必需的固定开支。任何企业，如果不能按期支付这些费用，就会发生财务困难。固定费用保证倍数就是企业息税前利润与固定费用的比率，通常用倍数表示，该指标是利息保证倍数的演化，是一个比利息保证倍数更严格的衡量企业偿债能力保证程度的指标。该指标的计算公式是：

$$固定费用保证倍数 = \frac{息税前正常营业利润}{利息 + 租金 + \frac{优先股利}{1-所得税率} + \frac{偿债基金}{1-所得税率}}$$

固定费用包括的内容较多，一般指：

（1）利息支出。在一定的资产负债率条件下，企业总要按期支付相对固定的利息，只要企业采取举债经营的方式，这项支出就不可避免。

（2）偿债基金提取额。企业为了偿还一些长期债券，如发行长期债券，为了确保企业的偿债能力，往往通过设立偿债基金的方法，在长期债务偿还期内，按期提存一定数额用来偿付利息和归还本金的专用款项，这种按期提取的专用款项称为偿债基金。企业这样做的结果就形成一项按期、固定的支出。由于这种支出和利息支出不同，必须是在税后的基础上提存，不能起到减税作用，或者说，每提存1元钱的偿债基金,就需要更多的税前利润,所以,要将其还原到税前利润水平上。

(3)租金费用。企业采取租赁方式租入资产,不管企业的经营成果如何,都必须根据租赁合同按期支付租金。在租赁期内,其租金支出也是相对固定的,和利息支出并没有什么本质区别,而且也属在营业收入中开支的项目。由于租金的支付已抵减了税前利润,所以还应包括在分子之中。

(4)优先股股利。优先股股利虽属利润的分配项目,但优先股股利与普通股股利不同,普通股股利的分配可视企业盈利情况而定,既可以支付,也可以不支付。优先股股利则不管企业经营成果如何,都需要按期支付,就这一意义而言,优先股兼有负债性质,所以说优先股股利也是企业的一项固定支出。优先股股利是用税后利润支出的,不具有减税效应,因此,要将其调整到税前利润水平。

总之,不管固定费用包括多少项内容,其原则是一致的,包括的内容愈多,指标就越保守。

该指标必须超过1,而且越高越好,分析时,可以采用前后期对比的方式,考察其变动情况,也可以同其他同行业企业进行比较,或与同行业的平均水平进行比较,以了解企业偿债能力的保证程度如何。该指标没有一个固定的判断标准,可根据企业的实际情况来掌握,评价时还应结合其他指标进行。

四、现金流量对长期偿债能力的影响分析

企业的盈利质量如何,还要结合现金流量状况进行判断,运用现金流量指标,可以比较真实地反映出企业的偿债能力。因此本章将现金流量与负债相比较,评价企业的长期偿债能力,主要指标有到期债务本息偿付比率、强制性现金支付比率、现金债务总额比率和利息现金流量保证倍数。

(一)到期债务本息偿付比率的计算与分析

到期债务本息偿付比率用来衡量企业到期债务本金及利息可由经营活动创造的现金来支付的程度。其计算公式是:

$$到期债务本息偿付比率 = \frac{经营活动现金流量净额}{本期到期债务本息} \times 100\%$$

经营活动现金流量净额是企业最稳定、经常性的现金来源,是清偿债务的基本保证。如果这一比率小于1,说明企业经营活动产生的现金不足以偿付到期债务和利息支出,企业必须通过其他渠道筹资或通过出售资产才能清偿债务。这一指标数值越大,表明企业长期偿债能力越强。

根据ZSY公司2012年和2011年公司资产负债表及现金流量表相关资料,对ZSY公司的到期债务本息偿付比率进行计算分析,见表11-3。

表 11-3　　　　到期债务本息偿付比率计算分析表金额　　金额单位：百万元

项目	2012年	2011年	差异
经营现金流量净额	93 899	157 771	-63 872
到期本金①	145 683	102 715	42 968
利息支出	18 164	10 886	7 278
到期债务本金及利息	163 847	113 601	50 246
到期债务本息偿付比率(%)	57.31	138.88	-81.57

从表 11-3 中可以看出，ZSY 公司 2011 年到期债务本息偿付比率为 138.88%，说明公司经营活动现金净流量能够满足支付到期的本金和利息的需要。2012 年到期债务本息偿付比率为 57.31%，经营现金净流量不能满足偿债的需要。到期债务本息偿付比率大幅下降的主要原因是本年经营现金净流量的大幅减少。可见，根据现金流量分析所得的结论更符合该公司的实际。

（二）强制性现金支付比率的计算与分析

企业经营中，有些现金流出带有强制性，是必须支付的，如生产经营活动中必须支付的现金，偿还本金、支付利息等必须支付的现金等。企业现金流入必须满足这种需要，才能保证生产经营活动正常进行，保证企业保持良好的信誉。强制性现金支付比率就是反映企业是否有足够的现金履行其偿还债务、支付经营费用等责任的指标。其计算公式是：

$$强制性现金支付比率 = \frac{现金流入量}{经营现金流出量 + 偿还到期本息付现} \times 100\%$$

该指标至少应等于 1，即现金流入量能满足强制性项目的支付需要。这一指标越大，表明企业偿债能力越强，其超过 100% 的部分，可用来满足企业其他方面的现金需求。

根据 ZSY 公司 2012 年和 2011 年公司现金流量表有关资料，对 ZSY 公司强制性现金支付比率进行计算分析，见表 11-4。

表 11-4　　　　强制性现金支付比率计算分析表金额　　金额单位：百万元

项目	2012年	2011年	差异
现金流入	2 049 025	1 917 187	131 838
经营活动现金流入	1 581 506	1 527 283	—

---

① 假设 2012 年到期本金为 145 683 百万元，此数据根据 2011 年末资产负债表中短期借款和一年内到期的非流动负债两项推算求得；2011 年到期本金为 102 715 百万元，此数据根据 2010 年末资产负债表中短期借款和一年内到期的非流动负债两项推算求得。

(续表)

项　目	2012年	2011年	差异
投资活动现金流入	69 593	78 140	—
筹资活动现金流入	397 926	311 764	—
强制性项目现金流出	1 651 454	1 483 113	168 341
经营活动现金流出	1 487 607	1 369 512	—
偿还到期本金	145 683	102 715	—
利息支出	18 164	10 886	—
强制性现金支付比率(%)	124.07%	129.27%	−5.19%

根据表 11-4 可以看出，ZSY 公司 2011 年强制性现金支付比率为 129.27%，表明该公司现金流入总量能够满足经营活动现金流出和偿还债务本息的需要，还有剩余满足其他方面的现金需要。2012 年该指标下降了 5.19%，为 124.07%，说明现金流入总量在满足强制性现金需要之后尚有余额可用来满足其他方面的现金需要。如果将该指标与到期债务本息支付比率结合起来分析就可以看出，该公司到期债务本息支付比率为 57.31%，偿债能力稍弱。而强制性现金支付比率为 124.07%，表明公司在满足偿债需要后还有剩余现金。之所以会产生这样的差异，是因为在经营现金流量不能满足偿债需要时，公司还可以通过其他途径获取现金，比如借款，用借新债还旧债的方式填补偿债能力不足的缺口。

(三) 现金债务总额比率的计算与分析

现金债务总额比率是指经营活动现金流量净额与期初、期末负债平均余额的比率，用来衡量企业的负债总额用经营活动所产生的现金来支付的程度。其计算公式是：

$$现金债务总额比率 = \frac{经营活动现金流量净额}{负债平均余额} \times 100\%$$

企业真正能用于偿还债务的是现金流量，通过现金流量和债务的比较可以更好地反映企业的偿债能力。现金债务总额比率能够反映企业生产经营活动产生的现金流量净额偿还长短期债务的能力。该比率越高，表明企业偿还债务的能力越强。

根据 ZSY 公司 2012 年母公司资产负债表和现金流量表资料，可以计算出该公司的现金债务总额比率。

本期现金债务总额比率 = 93 899/[(760 604 + 609 779) ÷ 2] × 100% = 13.70%

计算结果表明，ZSY 公司本期的现金债务总额比率为 13.70%。可见，单纯依靠生产经营活动产生的现金流量远远不能满足公司偿还债务的需要。结合该公司本期的现金流量比率,可以看出该公司短期偿债能力较弱,现金流量比率仅为 0.22,生产经营活动产生的现金流量不能满足短期偿债的需要,更谈不上偿还长期债务。因此,需要另辟蹊径及早做好偿还债务的准备。

(四)利息现金流量保证倍数的计算与分析

利息现金流量保证倍数是指企业生产经营净现金流量与利息支出的比率。该指标反映生产经营活动产生的现金流量净额是利息支出的多少倍。其计算公式是:

$$利息现金流量保证倍数 = \frac{经营活动现金流量净额}{利息支出}$$

利息现金流量保证倍数比已获利息倍数更能反映企业的偿债能力。当企业息税前利润和经营活动净现金流量变动基本一致时,这两个指标结果相似。但如果企业正处于高速成长期,息税前利润和经营活动净现金流量相差很大时,使用利息现金流量保证倍数指标更稳健、更保守。

根据 ZSY 公司 2012 年公司利润表、现金流量表资料,可以计算出该公司的利息现金流量保障倍数。

$$本期利息现金流量保证倍数 = \frac{93\ 899}{18\ 038} = 5.21$$

计算结果表明,ZSY 公司本期的经营活动现金流量净额是利息支出的 5.21 倍,这一比率对贷款人来说是非常安全的。而且相对于已获利息倍数来看,本期利息现金流量保证倍数所反映的偿债能力更加乐观。

五、长期偿债能力的行业比较分析

对于长期偿债能力的行业分析,我们主要选取了资产规模和资本结构、盈利能力、现金流量三个方面对长期偿债能力影响的代表性指标,即资产负债率、已获利息倍数和现金债务总额比率指标。

根据 ZSY 和 ZSH 公司 2012 年公司资产负债表、利润表和现金流量表等相关资料,计算整理所得的相关指标见表 11-5。

表 11-5　　　　同行业公司资产负债率比较分析　　　金额单位:百万元

	ZSY	ZSH	差异(ZSH/ZSY×100%)
总资产规模	1 740 634	1 030 701	59.21%
总负债规模	760 604	559 014	73.50%
资产负债率	43.70%	54.24%	124.11%

(续表)

	ZSY	ZSH	差异 (ZSH/ZSY×100%)
息税前利润	122 086	101 029	82.75%
利息支出	18 164	10 922	60.13%
已获利息倍数(倍)	6.73	9.25	137.48%
经营活动现金流量净额	93 899	143 757	153.10%
负债平均余额	685 192	544 475	79.46%
现金债务总额比率	0.13	0.26	200.00%

由表11-5可以看出，ZSY的总负债规模高于ZSH，但其总资产规模则相对更高，ZSY的资产负债率比ZSH要低，因此从这个方面看，ZSY公司的长期偿债能力相对好一些，其长期经营风险也相对低一些。从盈利能力的角度看，ZSY的息税前利润高于ZSH，但其利息支出则相对更高，ZSY的已获利息倍数明显低于ZSH，因此从已获利息倍数指标分析看，ZSY公司的长期偿债能力仍然较低。从现金流量的角度看，ZSY的经营活动现金流量净额低于ZSH，而其负债平均余额更好，其现金债务总额比率几乎为ZSH的一半，因此从现金债务总额比率指标分析看，ZSY公司的偿债能力更是显著低于ZSH。

本 章 小 结

偿债能力是指企业偿还各种债务的能力。财务实力是维持企业偿债能力的保障，偿债能力是财务实力的集中体现。企业的负债按偿还期的长短，可以分为流动负债和非流动负债两大类。其中，反映企业偿付流动负债能力的是短期偿债能力；反映企业偿付非流动负债能力的是长期偿债能力。偿债能力是企业经营者、投资者、债权人等都十分关心的重要问题。其分析目的在于，第一，了解企业的财务状况；第二，揭示企业所承担的财务风险程度；第三，预测企业筹资前景；第四，为企业进行各种理财活动提供重要参考。偿债能力分析主要包括两方面的内容，一方面是短期偿债能力分析，另一方面是长期偿债能力分析。

短期偿债能力一般也称为支付能力，主要是通过流动资产的变现来偿还到期的短期债务。影响短期偿债能力的因素，总的来说可以分为企业外部因素和企业内部因素。企业外部因素是指与企业所处经济环境相关的因素，如经济形势、证券市场的发育情况、银行的信贷政策等，这些因素也影响企业的长期偿债能力。企业内部因素是指企业自身的经营业绩、资金结构、资产结构、融资能力等因素。企业短期偿债能力可以从两个方面进行分析评价，一是根据资产负债表进行静态分析评价;二是根据现金流量表和其他有关资料进行动态分析评价。从静态方面最能反映企业短期偿债能力的指标,是根据资产负债表信息建立在对企业流动资产和流动负债关系的分析之上的,主要包括流动比率、速动比率和现金比率。从动态方面反映企业短期偿债能力的指标,主要有现金流量比率、近期支付能力系数、速动资产够用天数和现金到期债务比率。此外,应收账款周转率、应付账款周转率和存货周转率也是从动态上反映企业短期偿债能力的辅助性指标。

长期偿债能力是指企业偿还非流动负债的能力。影响企业长期偿债能力的主要因素有企业资产规模和资本结构、盈利能力和投资效果、企业现金流量等。长期偿债能力分析内容包括三个方面。第一,资产规模和资本结构对长期偿债能力影响的分析。由这种对比关系中反映出来的企业长期偿债能力的指标主要有资产负债率、股东权益比率、产权比率(净资产负债率)、固定长期适合率和资产非流动负债率。第二,盈利能力对长期偿债能力影响的分析。从盈利能力角度分析,评价企业长期偿债能力的指标主要有销售利息比率、已获利息倍数、债务本息保证倍数和固定费用保证倍数。第三,现金流量对长期偿债能力影响的分析。将现金流量与负债相比较,用来评价企业的长期偿债能力,主要指标有到期债务本息偿付比率、强制性现金支付比率、现金债务总额比率和利息现金流量保证倍数。

主 要 术 语

财务实力 偿债能力 短期偿债能力 长期偿债能力 流动比率 速动比率 速动资产 现金比率 现金流量比率 近期支付能力系数 速动资产够用天数 现金到期债务比率 资产负债率 股东权益比率 权益乘数 产权比率 固定长期适合率 资产非流动负债率 销售利息比率 已获利息倍数 债务本息保障倍数 固定费用保证倍数 到期债务本息偿付比率 强制性现金支付比率 现金债务总额比率 利息现金流量保证倍数

思考与练习题

11.1 简述偿债能力分析的目的与内容。
11.2 流动比率的优点与不足是什么?
11.3 简述流动比率、速动比率和现金比率的关系。
11.4 简述资产负债率与权益乘数之间的关系。
11.5 盈利能力如何影响整体偿债能力?
11.6 简述现金流量对企业偿债能力的影响。

案例分析

偿债能力的多角度比较分析

偿债能力分析包括短期偿债能力分析和长期偿债能力分析。短期偿债能力分析主要是了解公司偿还将在一年或一个营业周期内到期债务的能力，以判断公司的财务风险。长期偿债能力分析是要了解公司偿还全部债务的能力，判断公司整体的财务状况、债务负担和公司偿还债务的保障程度。

GLDQ 和 QDHE 公司均属于电器机械及器材制造业上市公司，2012 年 GLDQ 总资产规模为 91 364 百万元。根据 GLDQ 和 QDHE 公司 2010—2012 年母公司资产负债表及现金流量表相关资料，计算部分短期偿债能力指标，见表 11-6。

表 11-6　　　　GLDQ 与 QDHE 部分短期偿债能力指标　　　　单位：无

项目	2010 年		2011 年		2012 年	
	GLDQ	QDHE	GLDQ	QDHE	GLDQ	QDHE
流动比率	1.1	1.26	1.12	1.21	1.08	1.27
速动比率	0.87	1.07	0.85	0.98	0.86	1.04
现金比率(%)	30.53	54.08	24.99	49.7	36.72	51.96
现金流量比率	1.24	29.9	5.23	23.93	23.35	17.61
应收账款周转率	57.19	36.21	68.56	28.21	73.52	21.94
存货周转率	5.45	17.52	4.69	11.81	4.21	9.14

根据 GLDQ 和 QDHE 公司 2010—2012 年母公司资产负债表及利润表相关资料，计算部分长期偿债能力指标，见表 11-7。

表 11-7　　　　GLDQ 与 QDHE 部分长期偿债能力指标　　　　单位：无

项目	2010 年		2011 年		2012 年	
	GLDQ	QDHE	GLDQ	QDHE	GLDQ	QDHE
资产负债率	78.64	67.58	78.43	70.95	74.36	68.95
股东权益比率	21.36	32.42	3.03	29.05	25.64	31.05
产权比率	367.76	196.79	363.36	224.74	289.39	203.56
已获利息倍数	−1 536.51	55 854.85	−1 297.94	3 925.21	−1 799.37	−24 410.06

请思考：

1. 根据表 11-6 的信息，结合家电行业特征，简要分析 GLDQ 公司的短期偿债能力。

2. 根据表 11-7 的信息，选择一家其他行业规模相当的公司，结合不同行业特征，简要分析 GLDQ 公司的长期偿债能力。

第十二章　可持续发展与成长能力分析

　　本章讲述公司的可持续发展与成长能力。通过本章的学习,首先了解可持续发展与成长能力的内涵、目的和内容;然后分别从企业单项发展能力分析和企业整体发展能力分析两个角度展开学习。企业单项发展能力分析的具体内容包括股东权益增长率分析、利润增长率分析、收入增长率分析和资产增长率分析,企业整体发展能力分析主要是将股东权益增长率、利润增长率、收入增长率和资产增长率这四种类型的增长率指标相互联系起来进行综合分析。本章的重点与难点是运用各种增长率指标分析公司单项发展能力,通过企业整体发展能力分析框架对企业的增长能力做出合理的评价。

　　本章建议课时为 2 学时。

第一节　可持续发展与成长能力分析概述

一、可持续发展与成长能力的内涵

　　企业可持续发展能力是指企业在追求长久生存与永续发展的过程中,既能实现经营目标、确保市场地位,又能使企业在已经领先的竞争领域和未来的扩展经营环境中保持优势、持续盈利,并在相当长的时间内稳健成长的能力。可持续发展型企业是以不断变革与创新为依托,市场竞争力具有持续提高趋势的企业。可持续发展能力包括核心知识技术能力、协调整合能力、生产运营能力、市场营销能力、战略管理能力、创新能力等。企业可持续发展能力在财务上一个重要表现就是成长能力。企业可持续发展能力的分析,实质上也是企业如何成长及其怎样提升企业竞争能力的分析。

　　企业成长能力通常是指公司未来生产经营活动的发展趋势和发展潜能,也可以称为企业发展能力。从形成看,企业成长能力主要是通过自身的生产经营活动,依托于不断增加的资金投入、不断增长的营业收入和不断创造的利润等,逐步扩大积累而形成的。从结果看,一个成长能力强的公司,应该是资产规模不断增加,股东财富持续增长。

　　可持续发展与成长能力两者密切相关。从字面意思来看,可持续发展能力包括两个最基本的方面,即发展能力(成长能力)与发展的可持续性。可见,发展能力是可持续发展的前提和基础,没有成长和发展,发展的可持续性也就无从谈起;可持续发展比发展能力的内涵更为广泛,要实现可持续发展不仅要有发展能力,还要保持发展的可持续性,没有持续性,发展能力就将终止。因此,发展能力分析对于企业的可持续发展至关重要,应对发展能力分析予以充分重视。

传统的财务分析仅仅是从静态的角度出发来分析公司的财务状况,也就是只注重分析公司的盈利能力、营运能力、偿债能力,缺乏对于公司发展能力的动态分析,这在日益激烈的市场竞争中显然不够全面,不够充分。理由是:①公司价值在很大程度上取决于公司未来的获利能力,而不是公司过去或者目前所取得的收益情况。对于上市公司而言,股票价格固然受多种因素的影响,但从长远来看,公司的未来增长趋势是决定公司股票价格上升的根本因素;②发展能力是公司目标与财务目标的具体体现,是公司盈利能力、营运能力、偿债能力的综合呈现。无论是增强公司的盈利水平和资产运营效率,还是提高公司的风险控制能力,都是为了公司的未来生存和发展。因此要着眼于从动态的角度分析和预测公司的发展能力。

二、发展能力分析的目的

公司能否持续发展对股东、潜在投资者、经营者、债权人以及其他相关利益团体至关重要,因此有必要对公司的发展能力进行深入分析,目的在于:

(1) 对于股东而言,可以通过发展能力分析衡量公司为股东创造价值的能力,从而为采取下一步战略行动提供依据;

(2) 对于潜在的投资者而言,可以通过发展能力分析评价公司的成长性,从而选择合适的目标公司并做出正确的投资决策;

(3) 对于经营者而言,可以通过发展能力分析发现影响公司未来发展的关键因素,从而采取正确的经营策略和财务策略促进公司可持续增长;

(4) 对于债权人而言,可以通过发展能力分析判断公司未来的盈利能力和到期偿债能力,从而做出正确的信贷决策。

三、发展能力分析的内容

公司价值要获得增长,就必须依赖于股东权益、利润、收入和资产等方面的不断增长。公司发展能力的大小是一个相对概念,即分析期的股东权益、利润、收入和资产是相对于上一期的股东权益、利润、收入和资产而言的。仅仅利用增长额只能说明公司某一方面的增减额度,无法反映公司在某一方面的增减幅度,既不利于不同规模公司之间的横向对比,也不能准确反映公司的发展能力。因此,在实践中通常是使用增长率来进行公司发展能力分析的。当然,公司不同方面的增长率相互作用、相互影响,所以,只有将各方面的增长率交叉比较分析,才能全面分析公司的整体发展能力。

基于以上分析,公司发展能力分析的内容可分为以下两部分。

(一)公司单项发展能力分析

公司价值要获得增长,就必须依赖于股东权益、利润、收入和资产等方面的不断增长。公司单项发展能力分析就是为通过计算和分析股东权益增长率、利润增长率、收入增长率、资产增长率等指标,分别衡量公司在股东权益、利润、收入、资产等方面所具有的发展能力,并对其在股东权益、利润、收入、资产等方面所具有的发展趋势进行评估。

(二)公司整体发展能力分析

公司要获得可持续增长,就必须在股东权益、利润、收入和资产等各方面谋求协调发展。公司整体发展能力分析就是通过对股东权益增长率、利润增长率、收入增长率、资产增长率等指标进行相互比较与全面分析,综合判断公司的整体发展能力。

第二节 企业单项发展能力分析

一、股东权益增长率计算与分析

(一)股东权益增长率内涵和计算

股东权益的增加反映了股东财富的增加。在实践中,也可以采用比率表示股东权益的增加。股东权益的增加就是期初余额到期末余额的变化,利用股东权益增长率能够解释这种变化。股东权益增长率是本期股东权益增加额与股东权益期初余额之比,也叫做资本积累率,其计算公式如下:

$$股东权益增长率 = \frac{本期股东权益总额 - 基期股东权益总额}{基期股东权益总额} \times 100\%$$

股东权益增长率越高,表明公司本期股东权益增加得越多;反之,股东权益增长率越低,表明公司本年度股东权益增加得越少。

(二)股东权益增长率分析

由于股东权益变动表反映了股东权益在会计期间发生增减变化的原因,因此可以结合股东权益变动表对股东权益增长率进行分析。综合而言,股东权益的增加主要来源于经营活动产生的净利润、融资活动产生的股东净支付以及直接计入股东权益的利得和损失。所谓的股东净支付就是股东对公司当年的新增投资扣除当年发放股利。这样股东权益增长率还可以表示为:

$$\begin{aligned}股东权益增长率 &= \frac{本期股东权益增加额}{股东权益期初余额} \times 100\% \\ &= \frac{净利润 + \left(\begin{array}{c}股东新增\\投资\end{array} - \begin{array}{c}支付股东\\股利\end{array}\right) + \begin{array}{c}直接计入股东权益的\\利得和损失\end{array}}{股东权益期初余额} \times 100\% \\ &= \frac{净利润 + 股东净投资 + 直接计入股东权益的净损益}{股东权益期初余额} \times 100\% \\ &= 净资产收益率 + 股东净投资率 + 净损益占股东权益比率\end{aligned}$$

公式中的净资产收益率、股东净投资率和净损益占股东权益比率都是以股东权益期初余额作为分母计算的。从公式中可以看出股东权益增长率是受净资产收益率、股东净投资率、净损益占股东权益比率这三个因素驱动的。其中净资产收益率反映了公司运用股东投入资本创造收益的能力,股东净投资率反映了公司利用股东新投资的程度,净损益占股东权益比率则反映了直接计入股东权益的利得和损失在股东权益中所占的份额。这三个比率的高低都反映了对股东权益增长的影响程度。

从根本上看,一个公司的股东权益增长应主要依赖于公司运用股东投入资本所创造的利润,也就是公式中的净利润,这种净利润已经扣除了非经常性损益。原因在于:其一,利得和损失通常是由于正常经营以外的因素引起的,一般和公司管理者努力程度无关,不能反映公司真实的盈利能力,因此,在计算净资产收益率时也应该将净利润扣除非经常性损益。其二,尽管一个公司的价值在短期内可以通过筹集和投入尽可能多的资本来获得增加,并且这种行为在扩大公司规模的同时也有利于经营者,但是这种策略通常不符合股东的最佳利益,因为它忽视了权益筹资的机会成本。

为正确判断和预测公司股东权益规模的发展趋势和发展水平,应将公司不同时期的股东权益增长率加以比较。这种发展趋势分析的意义除了能够评价公司的发展能力以外,还是进行预测分析和基于预测分析的价值评估的重要参考数据。由于通常预测的股东权益变动表数据来自预测的利润表及资产负债表,这种方式得到的数据对其他预测报表的依赖性非常大,如果其他报表数据预测出现不妥,则会影响该报表及后续的分析和评估,利用股东权益增长率进行不同角度的数据印证,可以减少这种预测失误,也会为之后的价值评估带来正面效果。

下面以 ZSY 公司 2010—2012 年会计报表为基础,分析该公司股东权益发展能力。

根据附录表 1 资产负债表和附录表 2 利润表的资料,计算 ZSY 公司 2010—2012 年股东权益增长率、净资产收益率、股东净投资率和净损益占股东权益比率等指标,见表 12-1。

表 12-1　　　　ZSY 公司股东权益增长率指标计算　　　　金额单位:百万元

项　目	2009 年	2010 年	2011 年	2012 年
股东权益总额	789 844	869 853	933 797	980 030
本年股东权益增加额	—	80 009	63 944	46 233
股东权益增长率(%)	—	10.13	7.35	4.95
净资产收益率(%)	—	16.70	14.53	11.08
股东净投资率(%)	—	−6.58	−7.19	−6.14
净损益占股东权益比率	—	0.01	0.01	0.01

注:净资产收益率和股东净投资率都是以股东权益期初余额作为分母计算的。

从表 12-1 可以看出，ZSY 公司自 2010 年以来，股东权益不断增加，从 2010 年的 869 853 百万元增加到 2012 年的 980 030 百万元；但是该公司的股东权益增长率却是在不断降低的，从 2010 年的 16.70% 降低到了 2012 年的 4.95%，股东权益增加额的规模也是在不断缩小，增加额分别为 63 944 百万元，46 233 百万元。可见，股东权益增长的绝对数和增长的幅度都在降低。

进一步分析 ZSY 公司股东权益增长的原因，可以发现，2010 年到 2012 年的净资产收益率不断降低，且在股东权益中占有较大比重，说明公司股东权益增长率降低的一个主要原因在于净资产收益率的降低，也就是公司的盈利能力在逐步降低。净资产收益率反映了公司运用股东投入资本创造收益的能力，净资产收益率在股权权益增长率中占有较大比重也表明 ZSY 公司的股东权益增长主要是依靠公司自身创造收益的能力，而不是依靠股东新投入的资本，也不是依靠利得和损失。

二、公司利润增长率的计算与分析

（一）利润增长率内涵和计算

利润是衡量公司优劣的一个重要标志，往往是评价公司管理层业绩的一项重要指标，也是投资者等会计信息使用者进行决策时的重要参考。因此，公司的利润增长也是反映公司发展能力的重要方面。由于利润可表现为营业利润、利润总额、净利润等多种指标，因此相应的利润增长率也具有不同的表现形式。由于净利润是公司经营业绩的综合结果，因此净利润的增长是公司成长性的基本表现。净利润增长率是本期净利润增加额与上期净利润之比，其计算公式如下：

$$净利润增长率 = \frac{本期净利润 - 基期净利润}{基期净利润} \times 100\%$$

需要说明的是，如果上期净利润为负值，则计算公式的分母应取其绝对值。该公式反映的是公司净利润增长情况。净利润增长率为正数，则说明公司本期净利润增加，净利润增长率越大，则说明公司收益增长得越多；净利润增长率为负数，则说明公司本期净利润减少，收益降低。

如果一个公司营业收入增长，但利润并未增长，那么从长远看，它并没有增加股东权益。同样，一个公司如果净利润增长，但营业收入并未增长，也就是说净利润的增长并不是来自于营业收入，很可能是来自于非经常性收益项目，如资产重组收益、债务重组收益、财政补贴等项目，那么这样的增长对于公司而言也是无法持续保持的，因为非经常性损益并不代表公司真实的盈利能力，具有较大的偶然性和意外性。因此，利用营业利润增长率这一比率可以更好地考察公司利润的成长性。营业利润增长率是本期营业利润增加额与上期营业利润之比，其计算公式如下：

$$营业利润增长率 = \frac{本期营业利润 - 基期营业利润}{基期营业利润} \times 100\%$$

同样,如果上期营业利润为负值,则计算公式的分母也应取其绝对值。该公式反映的是公司营业利润增长情况。营业利润增长率为正数,则说明公司本期营业利润增加,营业利润增长率越大,则说明公司收益增长得越多;营业利润增长率为负数,则说明公司本期营业利润减少,收益降低。

(二) 利润增长率分析

在进行利润增长率分析时,应首先关注利润增长的来源。从利润表来看,利润增长大致来源于三个方面:一是公司正常经营活动带来的利润增长,这种增长代表公司发展能力具有可持续性。二是不构成公司日常经营活动的投资活动产生的收益,在利润表中常体现在公允价值变动损益、投资收益等项目,我们应对这部分收益带来的营业利润增长的合理性保持警惕,因为公司很可能会通过投资收益操纵利润。三是非经常性收益项目,指那些具有较大偶然性和意外性的收益,例如资产重组收益、债务重组收益、财政补贴等,这些收益会导致净利润增加,但它们并不能代表公司真实的盈利能力,由此带来的增长也是无法持续保持的。

要分析营业利润增长情况,应结合公司的营业收入增长情况一起分析。如果公司的营业利润增长率高于公司的收入增长率,则说明公司正处于成长期,业务不断拓展,公司的盈利能力不断增强;反之,如果公司的营业利润增长率低于营业收入增长率,则反映公司营业成本、营业税费、期间费用等成本费用项目上升超过了营业收入的增长,说明公司的商品经营盈利能力并不强,公司营业利润发展潜力值得怀疑。

为了更正确地反映公司净利润和营业利润的成长趋势,应将公司连续多期的净利润增长率和营业利润增长率指标进行对比分析,这样可以排除个别时期偶然性或特殊性因素的影响,从而更加全面、真实地揭示公司净利润和营业利润的增长情况。

利润增长率分析的意义在于揭示了公司未来获利能力的发展趋势,同时也为预测分析以及价值评估提供了有益的参考数据。考虑公司实际情况后对利润增长率进行适当调整,就能大概地预测公司下一年或者以后多年的利润值,从而为判断预测利润表中计算得出的数值的合理性提供依据,由于预测利润表是预测资产负债表、股东权益变动表以及现金流量表的基础,而这些预测性报表又是价值评估的数据来源,因此,提高预测利润表的准确性对提高后续分析的科学性至关重要。

下面以 ZSY 公司 2010—2012 年会计报表为基础,分析该公司的利润发展能力。

首先,根据附录表 2 利润表的资料,分别计算 ZSY 公司 2010 年、2011 年、

2012年的营业利润增长率和净利润增长率等指标,编制 ZSY 公司利润增长率指标计算表,见表 12-2。

表 12-2　　　　ZSY 公司利润增长率指标计算表　　　金额单位:百万元

项　目	2009 年	2010 年	2011 年	2012 年
营业利润	117 574	149 364	129 856	102 541
本年营业利润增加额	—	31 790	-19 508	-27 315
营业利润增长率(%)	—	27.04	-13.06	-21.03
净利润	99 808	131 897	126 429	103 429
本年净利润增加额	—	32 089	-5 468	-23 000
净利润增长率(%)	—	32.15	-4.15	-18.19

其次,根据表 12-2 分析 ZSY 公司的营业利润增长率。由表 12-2 可以看出,该公司 2010—2012 年的营业利润增长率分别为 27.04%、-13.06%、-21.03%。其中在 2011 年和 2012 年该比率为负,说明 ZSY 公司其营业成本、营业费用和管理费用等增加的幅度远大于其营业收入增加的幅度,故营业利润呈现负增长。在 2010 年营业利润的增长率为正,但是随后两年的增长率都明显为负,这说明公司在成本控制上出现了问题,或者公司在投资或并购上花费了大量的利润。

从公司的净利润增长率分析,可以发现该公司的净利润增长率变化幅度较大,从 2010 年的 32.15% 到 2011 年的 -4.15% 再到 2012 年的 -18.39%,可见 ZSY 公司 2010—2012 年净利润呈递减的趋势。结合公司的营业利润增长率来看,2010 年,无论营业利润还是净利润都有较大幅度增长,并且净利润增长大于营业利润增长,说明存在非经营性收益增加的影响,而 2011 和 2012 年无论净利润还是营业利润都呈现负增长的现象,说明公司的经营水平显著下降,且净利润减幅小于营业利润减幅,说明净利润受到非经营性损益的影响很大。

综合以上分析,ZSY 公司在营业利润和净利润方面的增长能力较差,不仅如此,在这样的发展趋势判断下,我们还可以简单地推测一下 ZSY 公司后续几年的利润额,或者对预测分析中得到的利润额进行合理性检验。

三、公司的收入增长率计算与分析

(一) 收入增长率内涵和计算

收入是利润的源泉,对利润增长的分析还需要结合收入增长的分析。公司的销售情况越好,说明其在市场所占份额越多,实现的营业收入也就越多,公司生存和发展的市场空间也就越大,因此可以用收入增长率来反映公司在销售方面的发展能力。收入增长率就是本期营业收入增加额与上期营业收入之比。其

计算公式如下:

$$收入增长率 = \frac{本期收入额 - 基期收入额}{基期收入额} \times 100\%$$

需要说明的是,如果上期营业收入为负值,则计算公式的分母也应取其绝对值。该公式反映的是公司某期整体销售增长情况。收入增长率为正数,则说明公司本期销售规模增加,收入增长率越大,则说明公司营业收入增长得越快,销售情况越好;收入增长率为负数,则说明公司销售规模减小,销售出现负增长,销售情况较差。

(二) 收入增长率分析

在利用收入增长率来分析公司在销售方面的发展能力时,应该注意以下几个方面:

(1) 要判断公司在销售方面是否具有良好的成长性,必须分析销售增长是否具有效益性。如果营业收入的增加主要依赖于资产的相应增加,也就是收入增长率低于资产增长率,说明这种销售增长不具有效益性,同时也反映公司在销售方面可持续发展能力不强。正常情况下,一个公司的收入增长率应高于其资产增长率,只有在这种情况下,才说明公司在销售方面具有良好的成长性。

(2) 要全面、正确地分析和判断一个公司营业收入的增长趋势和增长水平,必须将一个公司不同时期的收入增长率加以比较和分析。因为收入增长率仅仅就某个时期的销售情况而言,某个时期的收入增长率可能会受到一些偶然的和非正常的因素的影响,而无法反映出公司实际的销售发展能力。

(3) 可以利用某种产品收入增长率指标,来观察公司产品的结构情况,进而也可以分析公司的成长性。其计算公式可这样表示:

$$某种产品收入增长率 = \frac{本期收入额 - 基期收入额}{基期收入额} \times 100\%$$

根据产品生命周期理论,每种产品的生命周期一般可以划分为四个阶段。每种产品在不同的阶段反映出的销售情况也不同:在投放期,某种产品收入增长率往往较低;在成长期,销售量扩大,某种产品收入增长率较高;在成熟期,由于市场已经基本饱和,产品销售将不再有大幅度的增长,即某种产品收入增长率与上一期相比变动不大;在衰退期,由于该产品的市场开始萎缩,某种产品收入增长率较上一期变动非常小,甚至表现为负数。根据这一原理,借助某种产品收入增长率指标,大致可以分析公司生产经营的产品所处的生命周期阶段,据此也可以判断公司发展前景。对一个具有良好发展前景的公司来说,较为理想的产品结构是"成熟一代,生产一代,储备一代,开发一代",如图12-1所示。如果一个公司所有产品都处于成熟期或者衰退期,那么它的发展前景就不容乐观。

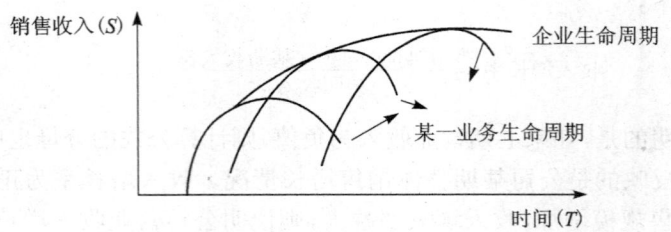

图 12-1　产品生命周期与公司生命周期

（4）注意分析收入增长的来源。仅仅根据财务报表的数字并不能清晰的认识收入增长的源泉，只有分析收入增长的来源，才能断定公司是否具有销售方面的发展能力。公司的收入增长可能源于外汇汇率的变动，也可能源于债务重组产生的利润，还有可能是源于会计政策或会计估计变更引起的变动，如果是由于诸如此类原因引起的收入增加，那这种增长力就是不可持续的，不能说明公司的销售能力。另外，收入的质量也值得关注，有些收入造成的坏账准备数额较大，这种收入并没有给公司带来发展的动力。

分析收入增长率的意义在于收入增长率不仅是分析公司销售发展能力的重要比率，也是进行预测分析时的关键参考数据。预测分析的起点是预测利润表，而该表大多数报表项目的预测都依赖于预计营业收入，因此营业收入预测的合理性对后续的一系列预测分析以及基于预测分析展开的价值评估的有效性可以说起着基础性和决定性的作用。对于某种产品收入增长率的分析应结合公司所处经济环境的定性分析，这样将有助于修正预测的营业收入，使之尽可能接近公司实际发展情况。用类似的方法可以得出之后连续多年的财务预测数据，这也为价值评估奠定了基础。

下面以 ZSY 公司 2010—2012 年会计报表为基础，分析该公司收入发展能力。

第一，根据附件表 2 利润表的资料，编制 ZSY 公司 2010 年、2011 年和 2012 年的收入增长率指标，见表 12-3。

表 12-3　　　　　ZSY 公司收入增长率指标计算表　　　　金额单位：百万元

项　目	2009 年	2010 年	2011 年	2012 年
营业收入	722 571	982 797	1 287 823	1 337 157
本年营业收入增加额	—	260 226	305 026	49 334
收入增长率(%)	—	36.01	31.04	3.83

第二，分析 ZSY 公司营业收入的增长趋势和增长水平。从表 12-3 可以看出，该公司自 2009 年以来，销售规模不断扩大，营业收入从 2009 年的 722 571

百万元提高到2012年的1 337 157百万元;从增长幅度来看,3年均为正值,说明该公司的销售一直在增长,尤其2010年增长幅度较大,但不排除存在一些偶然性或者特殊性的因素。

第三,利用表12-2的利润增长率指标,结合表12-3分析各年销售增长是否具有有效益性。2010年、2011年、2012年这3年的收入增长率分别为36.01%、31.04%、3.83%。2010年的利润增长率与收入增长率基本保持同步,说明2010年的收入增长的同时带来了利润的同步增长,这样的收入增长是有益的。但是,2011的收入增长31.04%,而营业利润和净利润分别降至－13.06%和－4.15%,收入大幅度增长的同时,营业利润和净利润却是负增长,原因可能在于成本的上升或者管理层的经营战略需要。与2011年相比,2012年营业收入增长3.83%,营业利润和净利润分别降至－21.03%和－18.19%,与2011年一样,这样的增长也并非有益增长。

最后,我们还可以进行同行业比较分析,比较结果如表12-4。

表 12-4　　　　　同行业公司2012年收入增长率比较分析　　　单位:百万元

公司	营业收入			收入增长率(%)	差异(%)
	2011年	2012年	增长额		
ZSY	1 287 823	1 337 157	49 334	3.83	100.00
ZSH	1 541 765	1 626 398	84 633	5.49	143.34

由表12-4可以看出,ZSY公司的营业收入增长率与ZSH相比相对较低,不论在营业收入的总规模上还是在收入的增长率上都低于同行业的ZSH公司,说明ZSY公司的营业能力要明显弱于对手ZSH公司。但同时也发现,两家公司的营业收入增长都比较小,这说明在整个行业中的收入增长空间有限,有可能是价格方面的原因,也有可能是销售量方面的原因,具体需要进一步的行业发展状况分析以及宏观经济形势分析。

综合以上分析,可以得出结论,即ZSY公司营业收入增长能力状况一般。

根据这样的增长趋势,我们可以初步推测2013年ZSY公司在外部环境基本稳定的情况下会继续保持较低的增长势头,我们可以依据2011年和2012年数据的平均值作为2013年收入增长率的粗略估计,当然在实际预测分析中还要结合公司具体情况加以调整,或者利用多角度预测进行支持性验证,以便使据此进行的其他预测和价值评估等信息更具参考意义。

四、资产增长率计算与分析

(一)资产增长率内涵和计算

公司收入的增加离不开资产的投入,对收入进行分析的同时也要关注资产的投入情况。为了反映公司在资产投入方面的增长情况,可以利用资产增长率指标。资产增长率就是本期资产增加额与资产期初余额之比,其计算公式如下:

$$资产增长率 = \frac{本期资产增加额}{资产期初余额} \times 100\%$$

资产增长率是用来考核公司资产投入增长幅度的财务指标。资产增长率为正数,则说明公司本期资产规模增加,资产增长率越大,则说明资产规模增加幅度越大;资产增长率为负数,则说明公司本期资产规模缩减,资产出现负增长。

(二)资产增长率分析

在对资产增长率进行具体分析时,应该注意以下几点:

(1)公司资产增长率高并不意味着公司的资产规模增长就一定适当。评价一个公司的资产规模增长是否适当,必须与销售增长、利润增长等情况结合起来分析。只有在一个公司的销售增长、利润增长超过资产规模增长的情况下,这种资产规模增长才属于效益型增长,才是适当的、正常的。

(2)需要正确分析公司资产增长的来源。因为公司的资产来源一般来自于负债和所有者权益,在其他条件不变的情形下,无论是增加负债规模还是增加所有者权益规模,都会提高资产增长率。如果一个公司资产的增长完全依赖于负债的增长,而所有者权益项目在年度里没有发生变动或者变动不大,则说明公司不具备良好的发展潜力。从公司自身的角度来看,公司资产的增加应该主要取决于公司盈利的增加。当然,盈利的增加能带来多大程度的资产增加还要视公司实行的股利政策而定。

(3)为全面认识公司资产规模的增长趋势和增长水平,应将公司不同时期的资产增长率加以比较。因为一个健康的处于成长期的公司,其资产规模应该是不断增长的,如果时增时减,则反映出公司的经营业务并不稳定,同时也说明公司并不具备良好的发展能力。所以只有将一个公司不同时期的资产增长率加以比较,才能正确评价公司资产规模的发展能力。

分析资产增长率的意义在于资产增长率除了能够衡量公司发展能力以外,也是预测分析和价值评估的基础数据之一,在进行必要的定性分析前提下,经过调整的资产增长率一方面可以直接预测公司未来资产规模大小,另一方面可以作为其他预测方法得到结果的验证性数据。

下面以 ZSY 公司 2010—2012 年会计报表为基础,分析该公司资产发展能力。

根据附录表 1 资产附件表的资料,计算 2010 年至 2012 年的资产增长率、股东权益增加额及其占资产增加额的比重,编制 ZSY 公司资产增长率指标计算表,见表 12-5。

表 12-5　　　　　　ZSY 公司资产增长率指标计算表　　　金额单位：百万元

项　目	2009 年	2010 年	2011 年	2012 年
资产总额	1 202 343	1 356 651	1 543 576	1 740 634
本年资产增加额	—	154 308	186 925	197 058
资产增长率(%)	—	12.83	13.78	12.77
股东权益增加额	—	80 009	63 944	46 233
股东权益增加额占资产增加额的比重	—	51.85	34.21	23.46

从表 12-5 可以看出，ZSY 公司自 2009 年以来，其资产规模不断增加，从 2009 年的 1 202 343 百万元增加到 2012 年的 1 740 634 百万元；2010 年以来 3 年的资产增长率均为正值且增幅没有明显大的波动。说明资产投入一直保持增长，增长平稳。

要全面判断 ZSY 公司的资产增长能力，还必须分析该公司资产增长的效益性和资产增长的来源。资产增长的效益性已经在前文的收入增长率分析和利润增长率分析中涉及，故在此只重点分析资产增长的来源。如表 12-5 所示，2010 年、2011 年及 2012 年这 3 年的股东权益增加额占资产增加额的比重分别为 51.85％、34.21％和 23.46％，可看出除了 2010 年，该公司这 3 年股东权益增加在资产增加额中所占的比重较低，可见资产的增长绝大部分来自负债的增加，说明除了 2010 年外资产增加的来源并不理想。2011 年股东权益的增加在资产增加额中所占的比重大幅度下降，达到了 34.21％，且在 2012 年又有所降低，为 23.46％，说明 2011 年和 2012 年资产增长主要靠负债的增加支撑，这样的发展对于公司来说并非良性发展，管理层应注意这样的发展趋势，采取相应的措施调整公司的资产发展战略。

第三节　企业整体发展能力分析

一、企业整体发展能力分析框架

评价企业的发展能力，除了对企业发展能力进行单项分析以外，还需要分析企业的整体发展能力。其原因在于：其一，股东权益增长率、利润增长率、收入增长率和资产增长率等指标，只是从股东权益、利润、收入和资产等不同的侧面考察了企业的发展能力，不足以涵盖企业发展能力的全部；其二，股东权益增长率、利润增长率、收入增长率和资产增长率等指标之间存在相互作用、相互影响的关系，不能截然分开。因此，在实际运用时，只有把四种类型的增长率指标相互联系起来进行综合分析,才能正确评价一个企业的整体发展能力。

那么,应该如何分析企业的整体发展能力呢?具体的思路是:

(1)分别计算股东权益增长率、利润增长率、收入增长率和资产增长率等指标的实际值。

(2)分别将上述增长率指标实际值与以前不同时期增长率数值、同行业平均水平进行比较,分析企业在股东权益、收益、营业收入和资产等方面的发展能力。

(3)比较股东权益增长率、利润增长率、收入增长率和资产增长率等指标之间的关系,判断不同方面增长的效益性以及它们之间的协调性。

(4)根据以上分析结果,运用一定的分析标准,判断企业的整体发展能力。一般而言,只有一个企业的股东权益增长率、资产增长率、收入增长率、利润增长率保持同步增长,且不低于行业平均水平,才可以判断这个企业具有良好的发展能力。

根据上述分析思路可形成企业整体发展能力分析框架,如图12-2所示。

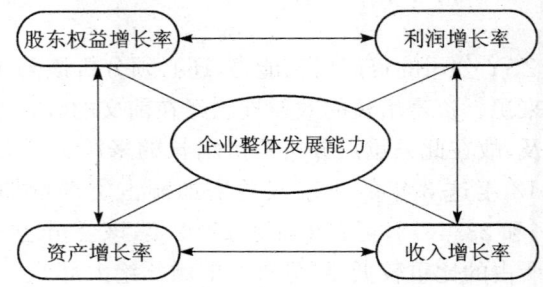

图 12-2　企业整体发展能力分析框架

运用这一分析框架能够比较全面地分析企业发展的影响因素,从而能够比较全面地评价企业的发展能力,但对于各因素的增长与企业发展的关系无法从数量上进行确定。

二、企业整体发展能力分析框架应用

应用企业整体发展能力分析框架分析企业整体发展能力时应该注意以下几方面:

(1)对股东权益增长的分析。股东权益的增长主要来自于两个方面:一方面是来源于净利润,净利润应主要来自于营业利润,营业利润又主要取决于营业收入,并且营业收入的增长在资产使用效率保持一定的前提下要依赖于资产投入的增加;另一方面是来源于股东的净投资,而净投资取决于本期股东投资资本的增加和本期对股东股利的发放。

(2)对利润增长的分析。利润的增长主要表现为净利润的增长,而对于一个持续增长的企业而言,其净利润的增长应该主要来源于营业利润;而营业利润的增长又应该主要来自于营业收入的增加。

(3) 对销售增长的分析。销售增长是企业营业收入的主要来源,也是企业价值增长的源泉。一个企业只有不断开拓市场,保持稳定的市场份额,才能不断扩大营业收入,增加股东权益;同时为企业进一步扩大市场、开发新产品和进行技术改造提供资金来源,最终促进企业的进一步发展。

(4) 对资产增长的分析。企业资产是取得营业收入的保障,要实现营业收入的增长,在资产利用效率一定的条件下就需要扩大资产规模。要扩大资产规模,一方面可以通过负债融资实现,另一方面可以依赖股东权益的增长,即净利润和净投资的增长。

总之,在运用这一框架时需要注意这四种类型增长率之间的相互关系,否则无法对企业的整体发展能力作出正确的判断。

下面根据以上计算得到的 ZSY 公司 2010—2012 年的股东权益增长率、净利润增长率、收入增长率和资产增长率等指标实际值进行分析,并判断该公司整体发展能力。它们的计算结果列示如表 12-6 所示。

表 12-6　　ZSY 公司 2010—2012 年单项增长率一览表

项　目	2010 年	2011 年	2012 年	行业平均值
股东权益增长率(%)	10.13	7.35	4.95	10.96
净利润增长率(%)	32.15	-4.15	-18.19	6.34
收入增长率(%)	36.01	31.04	3.83	28.33
资产增长率(%)	12.83	13.78	12.77	14.1

注:行业平均值取自 wind 数据库,以能源行业相关财务指标 3 年的平均值作为行业平均值。

根据表 12-6,可以发现 ZSY 公司 2010—2012 年股东权益增长率、收入增长率、资产增长率都为正值,这说明该公司近 3 年的股东权益、营业收入、资产规模一直都在增加,而净利润增长率除了 2010 年均为正以外,2011 年、2012 年均为负值,说明该公司 2010 年之后利润一直在下降。

为了更加全面地判断 ZSY 公司的发展能力,在分析时还应将该公司增长率水平与行业标准值进行比较。根据对表 12-6 的观察,ZSY 公司 2010—2012 年的股东权益增长率、资产增长率均低于行业平均值;净利润增长率除 2010 年显著高于行业平均值,其余两年则明显低于行业平均值;收入增长率在 2010 和 2011 年高于行业平均值,而在 2012 年则显著低于行业平均值。这样,综合起来看,与同行业相比,ZSY 公司近 3 年股东权益、净利润、收入和资产增长情况基本都低于行业平均水平,这反映出其各方面的增长状况并不乐观。

通过表 12-6 还可以发现,ZSY 公司在 2010—2012 年间除资产增长率先增后降,变化不大外,股权权益增长率、净利润增长率、收入增长率均逐年下降,净利润增长率甚至呈现负增长。这种趋势属于暂时性的还是持续性的需要进一步深入分析。问题的焦点集中在 2011 年，可以观察到该公司 2011 年的净利润增长率明显降低，而其他增长率指标下降趋势相对较小，不排除 2011 年存在一些偶然性或特殊性的原因。

再比较各种类型的增长率之间的关系。首先看收入增长率和资产增长率，可以看出 ZSY 公司 2010 年和 2011 年的收入增长率均高于资产增长率，而 2012 年明显低于资产增长率，说明从近期看公司的销售增长并不是主要依赖于资产投入的增加，因此具有较好的效益性。

其次比较收入增长率与净利润增长率。可以看出，ZSY 公司近 3 年的净利润增长率均大大低于当年的收入增长率，这一方面说明 ZSY 公司这 3 年营业费用增长的幅度大于营业利润增长的幅度，应进一步分析营业费用出现较大增长的原因，加强对于费用的管理和控制。

再次，比较股东权益增长率与净利润增长率。可以看出，除 2010 年外，ZSY 公司的股东权益增长率均大于净利润增长率，而且差异逐年增大。一般来讲，一个企业的股东权益增长应主要依赖于企业运用股东投入资本所创造的利润，说明 ZSY 公司股东权益的增长并非主要来自净利润，股东投入的资本并没有取得有效地保值增值。

通过以上分析，对 ZSY 公司的发展能力可以得出一个初步的结论，即该公司除了个别年份发展能力指标的增长较好，大多数方面均未达到行业平均水平。因而总体而言，ZSY 公司的整体发展能力需要增强。当然，考虑到影响企业增长能力还受到许多其他复杂因素的影响，要得到关于企业增长能力的更为准确的结论，还需要利用更多的资料进行更加深入的分析。

本 章 小 结

企业所追求的目标通常被概括为生存、发展与获利，从中可以窥见发展对于企业的重要性，它是企业实现盈利的根本途径。成长能力通常是指企业未来生产经营活动的发展趋势和发展潜能，也可以称为发展能力。企业应该追求健康的可持续的增长，这需要管理者利用股东和债权人的资本有效运营，合理控制成本，增加收入获得利润，在补偿了债务资本成本之后从而实现股东财富增加，进而增加企业价值。

进行企业发展能力分析的目的在于：第一，补充和完善传统财务分析。财务分析的最大贡献不在了解过去，而是开启未来，而企业发展能力分析展望未来，这种对企业未来发展的预期满足了报表使用者的需求。第二，为预测分析与价值评估铺垫。从企业发展能力分析中得出的增长率数据将是以后一系列预测分析和价值评估工作的基础数据来源，对于以预测分析为基础的价值评估而言十分重要。第三，满足相关利益者的决策需求。

企业发展能力分析的内容可分为以下两部分:

一是企业单项发展能力分析。企业价值要获得增长,就必须依赖于股东权益、利润、收入和资产等方面的不断增长。企业单项发展能力分析就是通过计算和分析股东权益增长率、利润增长率、收入增长率、资产增长率等指标,分别衡量企业在股东权益、利润、收入、资产等方面所具有的发展能力,并对其在股东权益、利润、收入、资产等方面所具有的发展趋势进行评估。

二是企业整体发展能力分析。企业要获得可持续增长,就必须在股东权益、利润、收入和资产等各方面谋求协调发展。企业整体发展能力分析就是通过对股东权益增长率、利润增长率、收入增长率、资产增长率等指标进行相互比较与全面分析,综合判断企业的整体发展能力。

主 要 术 语

企业单项发展能力　企业整体发展能力　股东权益增长率　利润增长率　收入增长率　资产增长率

思考与练习题

12.1　可持续发展与成长能力的关系是什么?
12.2　如何利用某种产品的收入增长率指标来分析公司的成长性?
12.3　一个公司要想提高股东权益增长率可以采取什么措施?
12.4　如何正确分析公司资产增长的来源?
12.5　在应用公司整体发展能力分析框架时应注意哪些问题?

案 例 分 析

五谷道场急速扩张引起资金链断裂

2004年,中旺集团北京五谷道场食品技术开发有限公司注册成立,并于2005年正式运作。2005年3月,投资1.6亿元的北京房山琉璃河生产基地奠基开工;同年10月,产品正式上市,2005年11月底,五谷道场在王中旺选定的12个中心城市集中上市,2006年2月起,铺开全国市场,同年4~5月完成全国市场布局,五谷道场呈现一片旺销势头。五谷道场员工回忆,产品卖得最火时,仓库外经常停着六七十辆9米长大车等待拉货;2005年底至2006年丰,有七、八条生产线同时开工,"五谷道场"呈现一片旺销势头。

2006年，一些经销商找到区域经理要求代理"五谷道场"，仅北京地区的基地难以供应全国，一些地区出现断货现象，这导致管理层认为市场巨大，于是加快了扩展的步伐，2006年8月，北京基地投产的4条生产线增至6条，之后又陆续在河北、吉林、山东等十几个省建生产基地，投资额接近18亿元。这些资金大多为企业自有资金，扩张的越厉害，自有资金就越紧张。产业基地建设的冒进，加之前期广告投入过高导致中旺集团开始出现资金短缺。与此同时，银行贷款也开始到期，资金问题在短期内集中爆发。2008年，五谷道场负债6亿余元申请破产。

盲目扩张和融资策略失误是导致"五谷道场"败局的主要原因。首先，在市场供不应求的情况下，管理层错误的认定市场空间巨大，投资大量自有资金至固定资产等回收期较长的企业，这些资产的变现性较差，同时又占用大量资金。其次，公司投资的新项目大多采用自有资金和银行贷款，这容易导致自有资金的短缺和偿债的压力，好的策略是同时引入机构投资者或者其他战略投资机构，以增强自身的资金流动性。综合起来，正是由于公司的不合理的发展策略和融资导致了企业最后的衰败，作为企业的管理者应该引以为戒。

请思考：
1. 如何就本章的知识对"五谷道场"破产案例进一步进行分析？
2. 举例说明公司破产案例中还有哪些是因为公司大规模扩张引起的？

第十三章　综合分析与业绩评价

本章讲述企业综合财务分析与业绩评价的方法和程序。通过本章的学习了解综合分析与业绩评价的意义、目的及内容；掌握杜邦财务分析体系的基本原理和具体运用；了解帕利普财务分析体系的原理与应用；掌握综合指数法和综合评分法的原理及实施步骤。本章的重点与难点是杜邦分析体系、综合指数法及综合评分法的基本原理与实施步骤。

本章建议课时为3学时。

第一节　综合分析与业绩评价概述

一、综合分析与业绩评价的目的

财务分析从盈利能力、营运能力和偿债能力角度对企业的筹资活动、投资活动和经营活动状况进行了深入、细致的分析，以判明企业的财务状况和经营业绩，这对于企业投资者、债权人、经营者、政府及其他企业利益相关者了解企业的财务状况和经营成效是十分有益的。但前述财务分析通常是从某一特定角度，就企业某一方面的经营活动做分析，这种分析不足以全面评价企业的总体财务状况和财务成效，很难对企业总体财务状况和经营业绩的关联性得出综合结论。为弥补财务分析的这一不足，有必要在财务能力单项分析的基础上，将有关指标按其内在联系结合起来进行综合分析。

业绩评价是指在综合分析的基础上，运用业绩评价方法对企业财务状况和经营成果所做的综合结论。业绩评价以财务分析为前提，财务分析以业绩评价为结论，财务分析离开业绩评价就没有太大的意义。在前述财务分析中，都曾在分析的基础上做出了相应的评价，但那只是就单项财务能力所做的分析及评价，其结论具有片面性，只有在综合分析的基础上进行业绩评价，才能从整体上相互联系地全面评价企业的财务状况及经营成果。

综合分析与业绩评价的目的在于：

（1）通过综合分析评价明确企业财务活动与经营活动的相互关系，找出制约企业发展的"瓶颈"所在。

（2）通过综合分析评价企业财务状况及经营业绩，明确企业的经营水平、位置及发展方向。

（3）通过综合分析评价为企业利益相关者进行投资决策提供参考。

（4）通过综合分析评价为完善企业财务管理和经营管理提供依据。

二、综合分析与业绩评价的内容

根据上述综合分析与业绩评价的意义和目的，综合分析与业绩评价至少应包括以下两方面内容。

（一）企业财务指标体系分析评价

企业财务目标是资本增值最大化。资本增值的核心在于资本收益能力的提高，而资本收益能力受企业各方面、各环节财务状况的影响。本部分分析正是以净资产收益率为核心，通过对净资产收益率的分解，找出企业经营各环节对其影响关系与程度，从而综合评价企业各环节及各方面的经营业绩。杜邦财务分析体系是进行这一分析的最基本方法，帕利普财务分析体系则是对其的进一步变形与发展。

（二）企业经营业绩综合分析评价

虽然财务目标与财务环节的联系分析可以解决单项指标分析或单方面分析给评价带来的困难，但由于没能采用某种计量手段给相互关联指标以综合评价，往往难以准确得出企业经营业绩改善与否的定量结论。企业经营业绩综合分析评价正是从解决这一问题出发，利用业绩评价的不同方法对企业经营业绩进行量化分析，最后得出企业经营业绩的综合评价。

第二节 杜邦财务综合分析及其发展

一、杜邦财务分析体系

杜邦财务分析体系，亦称杜邦财务分析法，是指根据各主要财务比率指标之间的内在联系，建立财务分析指标体系，综合分析企业财务状况的方法。由于该指标体系是由美国杜邦公司最先采用的，故称为杜邦财务分析体系。杜邦财务分析体系的特点，是将若干反映企业盈利状况、财务状况和营运状况的比率按其内在联系有机地结合起来，形成一个完整的指标体系，并最终通过净资产收益率（或资本收益率）这一核心指标来综合反映。

（一）杜邦分析体系的层次

在杜邦财务分析体系中，包含了几种主要的指标关系，可以分为两大层次。

1. 第一层次

（1） 净资产收益率＝总资产净利率×业主权益乘数

即： $\dfrac{净利润}{净资产} \times 100\% = \left(\dfrac{净利润}{总资产} \times 100\%\right) \times \dfrac{总资产}{净资产}$

(2) 总资产净利率＝营业净利率×总资产周转率

即： $\dfrac{净利润}{总资产} \times 100\% = \left(\dfrac{净利润}{营业收入} \times 100\%\right) \times \dfrac{营业收入}{总资产}$

以上关系表明,影响净资产收益率最重要的因素有3个(营业净利率、总资产周转率、业主权益乘数),

即： 净资产收益率＝营业净利率×总资产周转率×业主权益乘数

2. 第二层次

(1) 营业净利率的分解：

$$营业净利率 = \dfrac{净利润}{营业收入} \times 100\% = \dfrac{总收入 - 总成本费用}{营业收入}$$

(2) 总资产周转率的分解：

$$总资产周转率 = \dfrac{营业收入}{总资产} = \dfrac{营业收入}{流动资产 + 非流动资产}$$

以上关系可以用图 13-1 更清楚地反映出来。

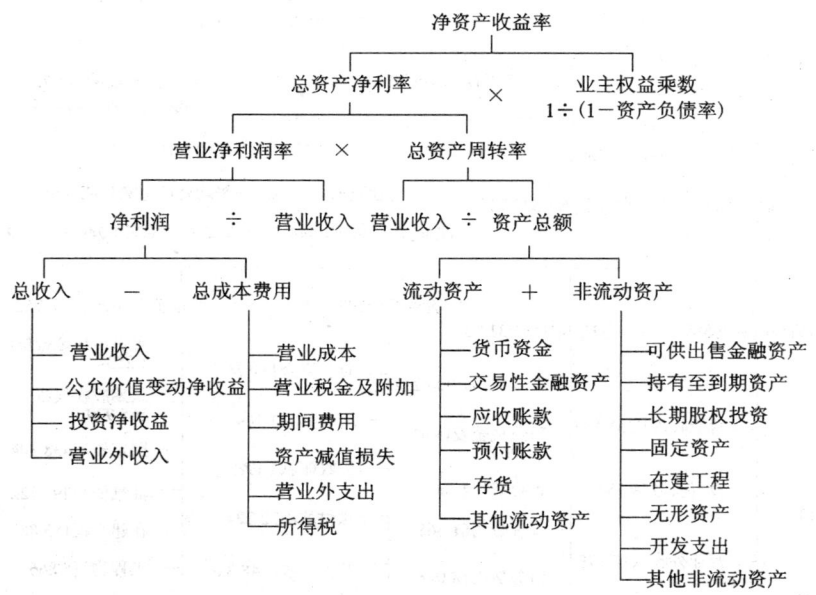

图 13-1　杜邦财务分析体系分解图

(二) 杜邦财务分析体系的核心指标

(1) 净资产收益率是综合性最强的财务指标,是企业综合财务分析的核心。这一指标反映了投资者的投入资本获利能力的高低,能体现出企业的经营目标。从企业财务活动和经营活动的相互关系上看,净资产收益率的变动取决于企业资本经营、资产经营和商品经营的情况。所以净资产收益率是企业财务活动效率和经营活动效率的综合体现。

（2）总资产周转率是反映企业营运能力最重要的指标，是企业资产经营的结果，是实现净资产收益率最大化的基础。企业总资产由流动资产和非流动资产组成，流动资产体现企业的偿债能力和变现能力，非流动资产则体现企业的经营规模、发展潜力和盈利能力。各类资产的收益性又有较大区别，如现金、应收账款几乎没有收益。所以，资产结构是否合理、营运效率的高低是企业资产经营的核心，并最终影响到企业的经营业绩。

（3）营业净利润率是反映企业商品经营盈利能力最重要的指标，是企业商品经营的结果，是实现净资产收益率最大化的保证。企业从事商品经营，目的在于获利，其途径只有两条：一是扩大营业收入；二是降低成本费用。

（4）业主权益乘数既是反映企业资本结构的指标，也是反映企业偿债能力的指标，是企业资本经营即筹资活动的结果，它对提高净资产收益率起到杠杆作用。适度开展负债经营，合理安排企业资本结构，可以提高净资产收益率。

根据 ZSY 公司的有关资料，绘制杜邦财务分析图，如图 13-2 所示。

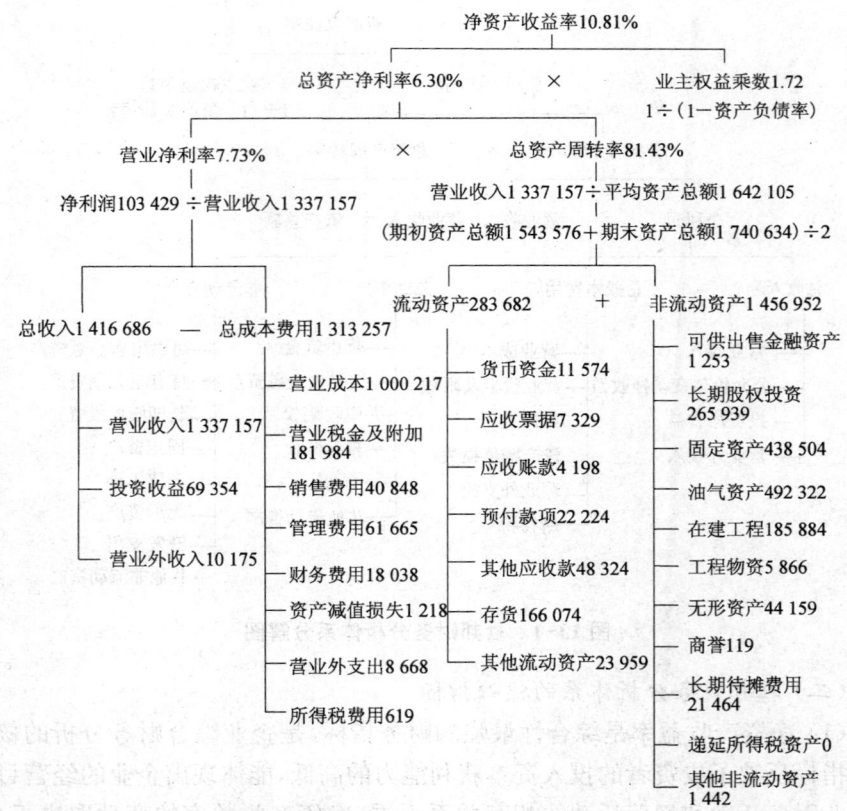

图 13-2　ZSY 公司杜邦财务分析图

为了对 2012 年 ZSY 公司的经营绩效进行更好的评价，我们以 2011 年 ZSY 的各项指标为基础，对其变动进行分析。ZSY 公司 2011 年和 2012 年各指标比率如表 13-1 所示：

表 13-1　　　　　2011—2012 年 ZSY 各指标比率　　　　　单位(%)

项　　目	2012 年	2011 年	变动
净资产收益率	10.81%	14.02%	-3.21%
业主权益乘数	1.72	1.61	0.11
总资产净利率	6.30%	8.72%	-2.42%
营业净利率	7.73%	9.82%	-2.08%
总资产周转率	0.81	0.89	-0.07

注：上述指标根据 ZSY 母公司财务报表中的数据计算而得。

从上表可以看出，与 2011 年相比，ZSY 的净资产收益率有所下降，变动额为 -3.21%。导致净资产收益率变动的因素为业主权益乘数和总资产净利率的变动。权益乘数增大，说明 ZSY 加强了财务杠杆的作用，对净资产收益率的变化有放大作用；由于总资产净利率下降幅度为 2.42%，最终导致净资产收益率的下降更大一些。进一步分析总资产净利率下降的原因，该变动由营业净利率和总资产周转率共同导致。其中，总资产周转率只有微弱的变化，营业净利率的影响更加明显。综上，2012 年 ZSY 公司的业绩较以往表现不佳，净资产收益率下降主要是由于其盈利能力有所下降，并且资产营运能力也有待提升。对其深层次原因的探究则需要进一步结合宏观环境、行业特点及经营状况进行分析。

【案例 13-1】

让资产高效地运转起来[①]

提高公司净资产收益率的途径很有限，只有提高营业净利率、提高资产周转率、提高资产负债率 3 种方法。提高营业净利率主要通过提高产品营业收入毛利率来实现，但是这有赖于市场环境的配合，如果产品市场竞争激烈，各厂商大打价格战，能维持现有的毛利水平已是不易，何谈进一步提高呢？可见通过提高营业净利率来提高净资产收益率的困难较大。

---

① 田刚，《财务报表分析》经济科学出版社 2011 年版，第 71-75 页。

再说提高资产负债率，在提高了净资产收益率的同时，也使公司面临更大的财务风险，况且公司的负债水平存在上限，当资产负债率超过了70%的时候，更多的债务融资往往会给公司带来财务困境。因此，通过提高负债水平持续提升净资产收益率也是很难实现的。

由此看来，就只能通过提高资产利用率，加快资产周转来为股东和投资者创造更高的收益率了。提高资产收益率无非两个途径：一是增加销售收入，这同样有赖于市场环境，虽然与公司自身的营销战略、销售能力有关，但是可控性仍然较差；二是降低资产总额，这看似不起眼的一条路，却是成就众多明星公司的"捷径"，也是具有较强操作性的方法。以下降低资产总额、提高资产利用效率的方法值得借鉴：

(1) 租赁固定资产。以产品加工为主业的工业企业一般拥有大量的固定资产，大到厂房办公楼，小到车床设备，都是日常经营生产所必需的，"一个都不能少"，因此也形成了大量固定资产滞留在资产负债表中，同时也占用了股东或债权人的大量宝贵资金。假如我们换个角度，采用经营租赁的方式租入固定资产，则可以在很大程度上降低企业的资产总额。此外，经营租赁还有一点好处就是，假如生产的产品出现了滞销，或者市场竞争过于激烈导致无法获得利润，租赁生产线可以降低"减产"成本，避免自有资产的闲置或处置损失。

(2) 从供应商处"借鸡生蛋"。很多公司只看到了自己的生意难做，不得不低声下气地四处寻找客户拉动销售，却往往忽视了上游供货商也同样面临着极为惨烈的市场竞争环境。企业完全可以利用上游供货商也急于寻求客户、实现销售的心态，在上游产品采购方面寻求更大利益，例如，要求供货商延长信用期限，利用供应商的资金实现销售利润，即"借鸡生蛋"，也就是"OPM"战略。当然，这需要公司具有较强的谈判能力和销售能力，否则会给公司带来信用风险。这种类似"空手套白狼"的经营方式，成就了众多知名企业，例如曾经耀眼无比的巨人集团：

曾经位列中国十大富豪之一的史玉柱，就是利用了信用期限的时间差，在无人、无货、无资金的"三无"条件下，成功地挖到了第一桶金。首先，他联系到天津大学深圳科技工贸公司，承包了它的电脑部，并以此为平台做广告销售电脑软件。同时，他联系到一家电脑店，提出愿意用9 500元的价格购买一台8 500元的电脑，条件是要半个月后付款，如果到时不能付款，则将电脑归还商家，并支付1 000元的补偿金。接着，他用同样的办法，在《计算机世界》上打广告，约定半个月后支付高达8 000多元的广告费。广告刊出后，仅用了13天的时间就成功地销售出去3套软件，共收入15 820元。随后如期偿还了电脑上和杂志社的欠款，两个月后竟然实现了10万元的收入。就是这次风险极大的"赌博"，成就了史玉柱日后的辉煌，也奠定了巨人集团崛起的经济基础。

二、杜邦财务分析体系的变形与发展——帕利普财务分析体系

杜邦财务分析体系自产生以来在实践中得到广泛应用与好评。随着经济与环境的发展、变化和人们对企业目标认识的进一步升华,许多人对杜邦财务分析体系进行了变形、补充,使其不断完善与发展。美国哈佛大学教授帕利普等在其所著的《企业分析评价》一书中,将财务分析体系(本书将其称为帕利普财务分析体系)界定为以下几种关系式:

(1) 可持续增长比率＝净资产收益率 $\times \left(1 - \dfrac{支付现金股利}{净利润}\right)$

(2) 净资产收益率 $= \dfrac{净利润}{净资产} = \dfrac{净利润}{营业收入} \times \dfrac{营业收入}{总资产} \times \dfrac{总资产}{净资产}$

＝营业净利率×总资产周转率×财务杠杆作用

(3) 与营业净利率相关的指标有营业收入成本率、营业收入毛利率、营业收入期间费用率、营业收入研究开发费用率、营业净利率、营业收入非营业损失率、营业息税前利润率、营业税费率。

(4) 与总资产周转率相关的指标有流动资产周转率、营运资金周转率、固定资产周转率、应收账款周转率、应付账款周转率、存货周转率等。

(5) 与财务杠杆作用相关的指标有流动比率、速动比率、现金比率、负债与权益比率、负债与资本比率、负债与资产比率、以收入为基础的已获利息倍数、以现金流量为基础的已获利息倍数等。

帕利普财务分析体系也可用图 13-3 表示。

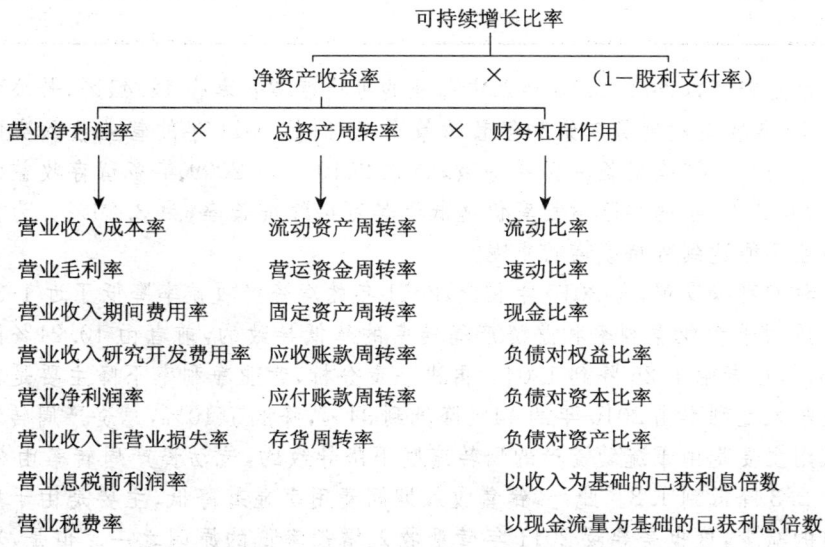

图 13-3 帕利普财务分析体系图

【案例 13-2】

可持续增长率有何作用?

江中药业股份有限公司(以下简称江中药业)系江西省国资委出资监管企业江中制药集团控股的国有上市公司(股票代码:600750),经营范围主要包括原料药、消毒剂、保健食品等的生产及销售。经过多年的发展,公司现已成为集中成药、保健食品、功能食品研制、生产及销售于一体的大型制药企业。在2008年至2010年,江中药业的营业收入增长率基本保持在25%～35%之间,实现了较快速的增长,但近3年,其增长速度出现较大的波动。为进一步了解并评价江中药业的发展状况,我们利用帕利普财务体系对其进行分析,具体指标如表13-2所示:

表13-2　　　　　2010—2012年江中药业的增长率　　　　单位(%)

	2010年	2011年	2012年
销售净利率	10.21%	8.76%	7.11%
总资产周转率	1.25	1.04	1.10
权益乘数	3.28	3.64	3.15
净资产收益率	18.36%	12.55%	11.43%
股利支付率	32.42%	41.10%	41.67%
可持续增长率	12.41%	7.39%	6.67%
实际增长率	35.64%	3.26%	20.57%

由上表可以发现,2010年江中药业的可持续增长率在12.41%,若公司保持2010年既定的财务政策和经营政策不变,则其2011年的营业收入实际增长率应当与可持续增长率保持一致,但在2010年较2009年多留存收益的情况下,其2011年的实际增长率仍远低于其可持续增长率,为3.26%。为何江中药业不能达到可持续增长率呢?

我们可以发现,与2010年相比,2011年的净资产收益率降低了近1/3,这主要是由于营业净利率和总资产周转率的降低导致的,前者由10.21%降到8.76%,后者由1.25降到1.04。再进一步分析,营业净利率下降主要是由于营业收入毛利率由2010年的44%降低到34%,降低了10%,总资产周转率的降低则主要是由于流动资产的周转速度下降导致的,流动资产周转率由2010年的2.3降低到1.8。此外,销售收入期间费用率显著降低,主要是由于广告费用的减少,这也是导致2011年营业收入增长率低的原因之一。但是,净资产收益率的另一影响因素权益乘数却提高了 0.36，财务杠杆运用的加强放大了净资产收益率的下降程度。由此可以看出，2011 年江中药业的营业收入增长率之所以低于可持续增长率，主要是由于盈利能力（毛利率）和营运能力（流动资产周转率）的降低。

与 2011 年相比，2012 年江中药业的营业净利率仍呈现下降趋势，负债率也有所下降，虽然资产周转速度有所提升，但其净资产收益率仍然下降了 1.12%。同时，其营业收入的增长速度却回升到了 20%，超出可持续增长率 13.9%。这主要是由于 2012 年江中药业加大了广告费用的投入以扩大销售规模。但销售规模的扩大并未带来收益的增加，反而使净利润减少了 500 多万元。这说明，营业收入的过快增长未必是好事，如果收入的增加不能带来利润的增加，那这种增长就是无效的，甚至可能为公司带来危害，公司追求的应当是有质量、有效益的增长。而可持续增长率对公司管理营业收入也将起到重要的作用，为公司的增长速度提供一个参考基础，使公司对营业收入的增长进行合理的控制，以避免过快增长危害公司的稳定以及可持续发展。

第三节　企业经营业绩综合评价

进行企业经营业绩综合评价通常可采用综合指数法和综合评分法，即通过计算企业经营业绩综合指数或综合分数，反映企业总体经营业绩水平的高低。

一、经营业绩评价综合指数法

运用综合指数法进行业绩评价的一般程序或步骤包括选择业绩评价指标，确定各项指标的标准值，计算指标单项指数，确定各项指标的权数，计算综合经济指数，评价综合经济指数。下面以财政部 1995 年颁布的企业经济效益评价指标体系为例，说明综合指数法的应用。

（一）选择经营业绩评价指标

进行经营业绩评价的首要步骤是正确选择评价指标，指标选择要根据分析目的和要求，考虑分析的全面性、综合性。财政部颁布的企业经济效益评价指标体系中选择的经济效益指标包括 3 个方面的 10 项指标。

1. 反映盈利能力和资本保值增值指标

反映盈利能力的指标主要有三个，即：

（1）销售利润率，反映企业销售收入的获利水平，其计算公式为：

$$销售利润率 = \frac{营业收入 - 营业成本 - 营业税金及附加}{营业收入} \times 100\%$$

(2) 总资产报酬率,用于衡量企业运用全部资产的获利能力,其计算公式为:

$$总资产报酬率 = \frac{利润总额 + 利息支出}{平均资产总额} \times 100\%$$

其中,平均资产总额=(期初资产总额+期末资产总额)÷2

(3) 资本收益率,指企业运用投资者投入资本获得收益的能力,其计算公式为:

$$资本收益率 = \frac{净利润}{实收资本} \times 100\%$$

(4) 反映企业资本保值增值能力的指标是资本保值增值率,主要反映企业投资者投入企业资本的完整性和保全性,其计算公式为:

$$资本保值增值率 = \frac{期末所有者权益总额}{期初所有者权益总额} \times 100\%$$

该指标等于 100% 为资本保值,该指标大于 100% 为资本增值。

2. 反映资产负债水平和偿债能力指标

反映企业资产负债水平和偿债能力的指标有四个,即:

(1) 资产负债率,可用于衡量企业负债水平高低情况,其计算公式为:

$$资产负债率 = \frac{负债总额}{资产总额} \times 100\%$$

(2) 流动比率或速动比率。流动比率是衡量企业在某一时点偿付即将到期债务的能力,其计算公式为:

$$流动比率 = \frac{流动资产}{流动负债} \times 100\%$$

速动比率是衡量企业在某一时点上运用随时可变现资产偿付到期债务的能力,其计算公式为:

$$速动比率 = \frac{速动资产}{流动负债} \times 100\%$$

其中, 速动资产=流动资产-存货

(3) 应收账款周转率,是用于衡量企业应收账款周转速度快慢的指标,其计算公式为:

$$应收账款周转率 = \frac{赊销净额}{平均应收账款} \times 100\%$$

其中， 平均应收账款余额＝(期初应收账款余额＋期末应收账款余额)÷2

赊销净额 = 营业收入 − 现销收入 − 销售退回、折扣、折让

由于企业赊销资料作为商业机密不对外公布，所以应收账款周转率分子一般用赊销和现销总额，即营业收入。

(4) 存货周转率，用于衡量企业在一定时期内存货资产的周转速度，是反映企业购、产、销平衡效率的一种尺度，其计算公式为：

$$存货周转率 = \frac{营业成本}{平均存货成本} \times 100\%$$

平均存货成本＝(期初存货成本＋期末存货成本)÷2

3. 反映企业对国家或社会贡献水平指标

反映企业对国家或社会贡献水平的指标有两个，即：

(1) 社会贡献率，可用于衡量企业运用全部资产为国家或社会创造或支付价值的能力，其计算公式为：

$$社会贡献率 = \frac{企业社会贡献总额}{企业平均资产总额} \times 100\%$$

其中，企业社会贡献总额包括工资(含奖金、津贴等工资性收入)、劳保退休统筹及其他社会福利支出、利息支出净额、应交增值税、应交营业税金及附加、应交所得税、其他税收和净利润等。

(2) 社会积累率，可用于衡量企业社会贡献总额中多少用于上交国家财政，其计算公式为：

$$社会积累率 = \frac{上缴国家财政总额}{企业社会贡献总额} \times 100\%$$

其中上缴国家财政总额包括应交增值税、应交营业税金及附加、应交所得税和其他税收等。

(二) 确定各项业绩指标的标准值

业绩评价指标标准值可根据分析的目的和要求确定，可用某企业某年的实际数，也可用同类企业、同行业或部门平均数，还可用国际标准数。一般来说，当评价企业经营计划完成情况时，可用企业计划水平为标准值；当评价企业经营业绩水平变动情况时，可用企业前期水平为标准值；当评价企业在同行业或在全国或国际上所处地位时，可用行业标准值或国家标准值或国际标准值。从财政部设计这十个指标角度考虑，标准值的确定主要参考以下两方面：一是适当参照国际上通用标准，如流动比率为200％，速动比率为100％，资产负债率为50％等，但考虑我国整体效益水平偏低，与国际上发达国家差距较大，国际通行标准值仅是一个参考依据；二是参考我国企业在近3年的行业平均值。

(三) 计算各项业绩指标的单项指数

单项指数是指各项经济指标的实际值与标准值之间的比值,其计算公式为:

$$单项指数 = \frac{某指标实际值}{该指标标准值}$$

这一单项指数计算公式适用于经济指标为纯正指标或纯逆指标,如果为纯正指标,则单项指数越高越好,如果为纯逆指标,则单项指数越低越好。如果某经济指标既不是纯正指标,又不是纯逆指标时,如资产负债率、流动比率、速动比率等就属于这种指标,对于这种指标,其单项指数可按下式计算:

$$单项指数 = \frac{标准值 - 实际值与标准值差额的绝对值}{标准值} \times 100\%$$

例如,假设流动比率的标准值为 200%,则当流动比率实际值为 220% 时,其单项指数为:

$$单项指数 = \frac{200\% - (220\% - 200\%)}{200\%} \times 100\% = 90\%$$

(四) 确定各项业绩指标的权数

综合经济指数不是单项指数的简单算术平均数,而是一个加权平均数。因此,要计算综合经济指数,应在计算单项指数的基础上,确定各项指标的权数。各项经济指标权数的确定应依据各指标的重要程度而定,一般来说,某项指标越重要,其权数就越大;反之,则权数就越小。假定 10 项经济效益指标的权数总和为 100,经测算、验证,并参照美国、日本等国家的做法,将各项经济效益指标的权数确定为:销售利润率为 15,总资产报酬率为 15,资本收益率为 15,资本保值增值率为 10,资产负债率为 5,流动比率(或速动比率)为 5,应收账款周转率为 5,存货周转率为 5,社会贡献率为 10,社会积累率为 15。

(五) 计算综合经济指数

综合经济指数是以各单项指数为基础,乘以各指标权数所得到的一个加权平均数。综合经济指数的计算有两种方法。

1. 按各项指标实际指数计算(不封顶)

在按各项指标实际指数计算时,其计算公式是:

$$综合经济指数 = \sum (某指标单项指数 \times 该指标指数)$$

2. 按扣除超过 100% 部分后计算(封顶)

当全部指标中没有逆指标时,如果某项指标指数超过 100% 时,则扣除超出部分,按 100% 计算,如果某项指标指数低于 100% 时,则按该指标实际指数计算。其计算公式是：

$$综合经济指数 = \sum[某指标指数(扣除超出部分) \times 该指标权数]$$

根据 ZSY 公司 2012 年的有关资料，按上述程序，采用第一种计算方法计算该企业的综合经济指数，见表 13-3。

表 13-3　　　　　　　综合经济指数计算表　　　　　　单位：%

经济指标	标准值	实际值	单项指数	权数	综合经济指数
销售利润率	13.40	11.59	86.48	15	12.97
总资产报酬率	10.46	7.43	71.04	15	10.66
资本收益率	81.21	56.51	69.59	15	10.44
资本保值增值率	109.91	104.95	95.49	10	9.55
资产负债率	48.82	43.70	89.50	5	4.47
流动比率	71.98	64.50	89.61	5	4.48
(或)速动比率	31.82	26.74	84.02	5	4.20
应收账款周转率(次)	43.55	356.81	819.34	5	40.97
存货周转率(次)	9.70	6.46	66.62	5	3.33
社会贡献率	35	35	100	10	10
社会积累率	30	30	100	15	15
综合经济指数				100	126.07

注：社会贡献率和社会积累率实际值由于受资料限制，假设其为标准值；利息支出用财务费用代替。

(六)综合经济指数评价

在按照第二种方法计算综合经济指数时，其最高值为 100%，越接近 100%，说明企业经营业绩总体水平越好。如果按第一种方法计算综合经济指数，当各项业绩指标中没有正指标时，综合经济指数以小于 100% 为好，而且越低越好。当各项业绩指标中没有逆指标时，一般来说，综合经济指数达到 100%，说明企业经营业绩总体水平达到标准要求，或者说企业取得了较好的经济效益，该指标越高，经济效益水平越高；否则，综合经济指数低于 100%，说明企业经济效益水平没达到标准要求，该指标越低，经营业绩水平越差。根据上述 ZSY 公司的计算结果，其综合经济指数为 126.07，基本达到经营业绩标准要求。

应当注意，在运用综合经济指数法进行经营业绩综合评价时，应特别注意以下两个问题：

第一，选择的各项经济指标在评价标准上应尽量保持方向的一致性，即尽量都选择正指标，或都选择逆指标。因为全部为正指标，则评价标准为越高越好；全部为逆指标，则评价标准为越低越好；如果既有正指标又有逆指标，则应将逆指标转为正指标或相反。如上述周转速度指标，如果以次数计算为正指标，如果以天数计算为逆指标，因为大部分指标为正指标，因此，周转速度应采取正指标形式。至于资产负债率、流动比率和速动比率这种既不是正指标又不是逆指标的指标，其标准值具有绝对性，即大于或小于标准值都不好，单项指数最高为1或100%。进行综合经济效益指数评价时应注意这些指标的特点，否则可能得出错误结论。

第二，综合经济指数是否可高于100%的问题。如果各单项指数取值可高于100%，综合经济指数可能高于100%。这样做的优点是，综合经济指数不封顶，该指标越高，说明企业经营业绩越好。它的缺点是，可能以某些完成状况好的指标的数值弥补完成状况差的指标的数值，即使综合指数大于或等于100%，也不能说明企业各项经济指标都达到了标准值要求，掩盖了企业在某方面存在的问题。如果各单项指数取值最高为100%（即大于100%时按100%计算，小于100%时按实际计算）时，综合经济指数最高为100%。这种做法的优点是，只要综合经济指数达到了100%，就说明企业各项经济指标都达到或超过了标准值，取得了理想的经营业绩，低于100%则说明企业在某方面一定存在问题。这种方法的缺点是，如果几个企业的综合效益指数都达到100%时，很难分出优劣。因此，进行企业经济效益综合评价时，在标准值比较先进时，可采用指数封顶的方法；当标准值为平均值时，则应采取指数不封顶的方法。企业在进行自身经营业绩评价时，也可将两种方法结合使用，取长补短，从而准确地评价企业的经营业绩。

二、经营业绩评价综合评分法

运用综合评分法或功效系数法的一般程序或步骤包括选择业绩评价指标，确定各项业绩评价指标的标准值，确定各项业绩评价指标的权数，计算各类业绩评价指标得分，计算经营业绩综合评价分数，确定经营业绩综合评价等级。下面根据2006年国务院国有资产监督管理委员会发布的《中央企业综合绩效评价实施细则》来说明综合评分法的程序、方法及应用。

（一）选择业绩评价指标

进行经营业绩综合分析的首要步骤是正确选择评价指标，指标选择要根据分析目的和要求，考虑分析的全面性、综合性。根据2006年国务院国有资产监督委员会颁布的实施细则，选择的企业综合绩效评价指标包括22个财务绩效定量评价指标和8个管理绩效定性评价指标，具体见表13-4。

表 13-4　　　　　　　　企业综合绩效评价指标体系

评价指数类别	财务绩效定量评价指标		管理绩效定性评价指标
	基本指标	修正指标	
一、盈利能力状况	净资产收益率 总资产报酬率	营业利润率 盈余现金保障倍数 成本费用利润率 资本收益率	战略管理 发展创新 经营决策 风险控制 基础管理 人力资源 行业影响 社会贡献
二、资产质量状况	总资产周转率 应收账款周转率	不良资产比率 流动资产周转率 资产现金回收率	
三、债务风险状况	资产负债率 已获利息倍数	速动比率 现金流动负债比率 带息负债比率 或有负债比率	
四、经营增长状况	营业增长率 资本保值增值率	营业利润增长率 总资产增长率 技术投入比率	

1. 财务绩效基本指标及其计算

(1) 净资产收益率,指企业运用投资者资本获得收益的能力。其计算公式为:

$$净资产收益率 = \frac{净利润}{平均净资产} \times 100\%$$

其中,　　　　　平均净资产=(期初所有者权益+期末所有者权益)÷2

(2) 总资产报酬率,用于衡量企业运用全部资产的获利能力。其计算公式是:

$$总资产报酬率 = \frac{利润总额 + 利息支出}{平均资产总额} \times 100\%$$

其中,　　　　　平均资产总额=(期初资产总额+期末资产总额)÷2

(3) 总资产周转率,指企业在一定时期营业收入与平均资产总额的比值,是综合评价企业全部资产经营质量和利用效率的重要指标。其计算公式为:

$$总资产周转率 = \frac{营业收入}{平均资产总额} \times 100\%$$

(4) 应收账款周转率,指企业一定时期营业收入与应收账款平均余额之比。其计算公式为:

$$应收账款周转率 = \frac{营业收入}{应收账款平均余额} \times 100\%$$

应收账款平均余额=(年初应收账款余额+年末应收账款余额)÷2

(5) 资产负债率,可用于衡量企业负债水平与偿债能力的情况。其计算公式为:

$$资产负债率 = \frac{负债总额}{资产总额} \times 100\%$$

(6) 已获利息倍数,指息税前利润与利息支出之间的比率,可用于衡量企业的偿债能力。其计算公式为:

$$已获利息倍数 = \frac{利润总额 + 利息支出}{利息支出}$$

(7) 销售(营业)增长率,营业增长率是反映企业营业收入增长情况的指标。其计算公式为:

$$销售(营业)增长率 = \frac{本年营业收入 - 上年营业收入}{上年营业收入} \times 100\%$$

(8) 资本保值增值率,可用于衡量企业所有者权益的保持和增长幅度。其计算公式为:

$$资本保值增值率 = \frac{扣除客观增减因素的年末所有者权益}{年初所有者权益} \times 100\%$$

根据上述公式计算 ZSY 公司 2012 年各项基本指标见表 13-5。

表 13-5　　　　　ZSY 公司 2012 年财务绩效基本指标表　　　　　单位:%

基本指标	2012 年
净资产收益率	10.81
总资产报酬率	7.43
总资产周转率(次)	0.81
应收账款周转率(次)	356.81
资产负债率	43.70
已获利息倍数(倍)	6.77
销售(营业)增长率	3.83
资本保值增值率	104.95

*利息支出由于受资料限制,用财务费用替代。

2. 财务绩效修正指标及其计算

(1) 　　　　　　　$$营业利润率 = \frac{营业利润}{营业收入} \times 100\%$$

(2) $$\text{盈余现金保障倍数} = \frac{\text{经营现金净流量}}{\text{净利润}} \times 100\%$$

(3) $$\text{成本费用利润率} = \frac{\text{利润总额}}{\text{成本费用总额}} \times 100\%$$

其中,成本费用总额 = 营业成本 + 营业税金 + 营业费用 + 管理费用 + 财务费用

(4) $$\text{资本收益率} = \frac{\text{净利润}}{\text{平均资本}} \times 100\%$$

平均资本 = [(年初实收资本 + 年初资本公积) + (年末实收资本 + 年末资本公积)] ÷ 2

(5) $$\text{不良资产比率} = \frac{\text{资产减值准备余额} + \text{应提未提和应摊未摊的潜亏挂账} + \text{未处理资产损失}}{\text{资产总额} + \text{资产减值准备余额}} \times 100\%$$

(6) $$\text{流动资产周转率} = \frac{\text{营业收入}}{\text{平均流动资产余额}} \times 100\%$$

其中,平均流动资产总额 = (年初流动资产总额 + 年末流动资产总额) ÷ 2

(7) $$\text{资产现金回收率} = \frac{\text{经营现金净流量}}{\text{平均资产总额}} \times 100\%$$

(8) $$\text{速动比率} = \frac{\text{速动资产}}{\text{流动负债}} \times 100\%$$

其中,速动资产 = 流动资产 − 存货

(9) $$\text{现金流动负债比率} = \frac{\text{经营现金净流量}}{\text{流动负债}} \times 100\%$$

(10) $$\text{带息负债比率} = \frac{\text{短期借款} + \text{一年内到期的长期负债} + \text{长期借款} + \text{应付债券} + \text{应付利息}}{\text{负债总额}} \times 100\%$$

(11) $$\text{或有负债比率} = \frac{\text{或有负债余额}}{\text{所有者权益}} \times 100\%$$

其中,或有负债余额 = 已贴现承兑汇票 + 担保余额 + 贴现与担保外的被诉事项金额 + 其他或有负债

(12) $$\text{营业利润增长率} = \frac{\text{本年营业利润} - \text{上年营业利润}}{\text{上年营业利润}} \times 100\%$$

(13) $$\text{总资产增长率} = \frac{\text{年末资产总额} - \text{年初资产总额}}{\text{年初资产总额}} \times 100\%$$

(14) $$\text{技术投入比率} = \frac{\text{本年科技支出合计}}{\text{营业收入}} \times 100\%$$

根据上述公式计算 ZSY 公司 2012 年各项修正指标见表 13-6。

表 13-6　　　　ZSY 公司 2012 年财务绩效修正指标表　　　　单位：%

修正指标	2012 年
营业利润率	7.67
盈余现金保障倍数(倍)	0.91
成本费用利润率	7.99
资本收益率	33.25
不良资产比率	2.06
流动资产周转率(次)	4.93
资产现金回收率	5.72
速动比率	26.74
现金流动负债比率	21.35
带息负债比率	58.77
或有负债比率	12.3
营业利润增长率	−21.03
总资产增长率	12.77
技术投入比率	0.9

注：由于数据资料有限，或有负债比率和技术投入率都是假设值，取行业平均值。

(二) 确定各项经济指标的标准值及标准系数

为了准确评价企业经营业绩，对各项经济指标标准值的确定，根据企业类型不同及指标分类情况规定了不同的标准。

(1) 财务绩效基本指标标准值及标准系数。基本指标评价的参照水平即企业绩效评价标准值由国务院国资委定期颁布，分为五档①。不同行业、不同规模的企业有不同的标准值。例如，2012 年石油石化工业全行业财务绩效基本指标标准值见表 13-7。

---

① 企业绩效评价标准值是国务院国资委统计评价局根据《中央企业综合绩效评价管理暂行办法》(国务院国资委令第 14 号)等文件规定，以全国国有企业财务状况、经营成果等数据资料为依据而制定的。该标准给出了各个行业企业绩效水平的参考值(优秀值、良好值、平均值、较低值、较差值)，此为国内最权威、最全面的衡量企业管理运营水平评价标准。

表 13-7　　　　石油石化工业全行业财务绩效基本指标标准值表　　　　单位:%

档次(标准系数) 项目	优秀 (1)	良好 (0.8)	平均 (0.6)	较低 (0.4)	较差 (0.2)
净资产收益率	10.7	7.2	6.5	3.0	1.1
总资产报酬率	7.9	6.9	5.8	2.7	0.6
总资产周转率(次)	1.2	1.0	0.8	0.5	0.2
应收账款周转率(次)	25.2	23.3	21.1	18.4	12.1
资产负债率	38.7	50.9	61.0	66.8	74.8
已获利息倍数	9.6	8.3	6.1	4.0	0.9
营业增长率	29.5	25.3	19.2	14.3	8.7
资本保值增值率	112.6	109.7	104.5	100.9	100.1

(2) 财务绩效修正指标标准值及修正系数。基本指标有较强的概括性,但是不够全面。为了更加全面地评价企业绩效,另外设置了 4 类 14 项修正指标,根据修正指标的高低计算修正系数,用得出的系数去修正基本指标得分。2012 年石油石化工业全行业财务绩效修正指标标准值也由国务院国资委定期发布,见表 13-8。

表 13-8　　　　石油石化工业全行业财务绩效修正指标标准值表　　　　单位:%

指标(标准系数)项目	优秀 (1)	良好 (0.8)	平均 (0.6)	较低 (0.4)	较差 (0.2)
一、盈利能力状况					
营业利润率	19.8	15.5	10.3	6.0	2.8
盈余现金保障倍数	3.1	1.3	0.8	0.5	−1.7
成本费用利润率	15.8	10.8	7.7	3.3	1.2
资本收益率	17.7	11.1	8.6	5.6	−0.4
二、资产质量状况					
不良资产比率	2.3	3.5	4.4	5.5	7.8
流动资产周转率(次)	3.5	3	2.8	1.7	0.4
资产现金回收率	19.6	10.3	7.4	4.4	−4.9
三、偿债风险状况					
速动比率	106.9	62.7	44.2	28.3	20.9
现金流动负债比率	46.8	33.5	24.2	13.6	−5.0

(续表)

指标(标准系数)项目	优秀 (1)	良好 (0.8)	平均 (0.6)	较低 (0.4)	较差 (0.2)
带息负债比率	27.7	34.7	44.6	56.4	60.7
或有负债比率	0.6	6.7	12.3	17.4	21.2
四、经营增长状况					
营业利润增长率	23.1	15.4	7.2	3.9	0.3
总资产增长率	20.7	15.0	10.1	6.5	—0.5
技术投入比率	1.6	1.4	0.9	0.3	0.2

(三) 确定各项经济指标的权数

指标的权数根据评价目的和指标的重要程度确定。表13-9是企业综合绩效评价指标体系中各类及各项指标的权数或分数。

表13-9　　　　　企业综合绩效评价指标及权重表　　　　　单位:分

财务绩效定量指标(权重70%)						管理绩效定性指标(权重30%)	
指标类别(100)	基本指标(100)		修正指标(100)			评议指标(100)	
一、盈利能力状况 (34)	净资产收益率 总资产报酬率	20 14	销售(营业)利润率 盈余现金保障倍数 成本费用利润率 资本收益率		10 9 8 7	战略管理 发展创新 经营决策 风险控制	18 15 16 13
二、资产质量状况 (22)	总资产周转率 应收账款周转率	10 12	不良资产比率 流动资产周转率 资产现金回收率		9 7 6	基础管理 人力资源	14 8
三、债务风险状况 (22)	资产负债率 已获利息倍数	12 10	速动比率 现金流动负债比率 带息负债比率 或有负债比率		6 6 5 5	行业影响 社会贡献	8 8
四、经营增长状况 (22)	营业增长率 资本保值增值率	12 10	营业利润增长率 总资产增长率 技术投入比率		10 7 5		

(四) 各类指标得分计算

1. 财务绩效基本指标得分计算

基本指标反映企业的基本情况,是对企业绩效的初步评价。它的计分是按照功效系数法计分原理,将评价指标实际值对照行业评价标准值,按照规定的计分公式计算各项基本指标得分。其计算公式为：
(1) 单项指标得分的计算

$$单项基本指标得分 = 本档基础分 + 调整分$$

其中，

$$本档基础分 = 指标权数 \times 本档标准系数$$

$$调整分 = 功效系数 \times (上档基础分 - 本档基础分)$$

$$上档基础分 = 指标权数 \times 上档标准系数$$

$$功效系数 = \frac{实际值 - 本档标准值}{上档标准值 - 本档标准值}$$

本档标准值是指上下两档标准值居于较低等级的一档。

根据表13-3可知，ZSY公司2012年财务绩效基本指标，结合表13-5石油石化工业全行业财务绩效基本指标标准值及系数，按上述公式可计算ZSY公司各项基本指标得分。例如，2012年总资产报酬率为7.43%。此时，该企业的总资产报酬率已超过"良好"(6.9%)水平，处于"良好"档，因此可以得到"良好"档基础分。另外，它处于"良好"档(6.9%)和"优秀"档(7.9%)之间，同时需要调整。

$$本档基础分 = 指标权数 \times 本档标准系数 = 14 \times 0.8 = 11.2(分)$$

$$本档调整分 = \frac{实际值 - 本档标准值}{上档标准值 - 本档标准值} \times (上档基础分 - 本档基础分)$$

$$= (7.43 - 6.9)/(7.9 - 6.9) \times (14 \times 1 - 14 \times 0.8) = 1.48(分)$$

$$总资产报酬率指标得分 = 11.2 + 1.48 = 12.68(分)$$

其他基本指标得分的计算方法与此相同，不再举例。

(2) 财务绩效基本指标总分的计算

$$分类指标得分 = \sum 类内各项基本指标得分$$

$$基本指标总分 = \sum 各类基本指标得分$$

ZSY公司"单项指标得分"和"分类指标得分"的计算结果见表13-10第三列和第四列，最终计算的"基本指标总分"为75.64，可见ZSY公司的财务绩效综合评价良好。

表13-10　　　　　　ZSY公司指标得分的计算表　　　　　　单位：分

类别	基本指标（分数）	单项指标得分	分类指标得分
一、盈利能力状况	净资产收益率(20) 总资产报酬率(14)	20.00 12.68	32.68
二、资产质量状况	总资产周转率(10) 应收账款周转率(12)	6.10 12.00	18.10

类　别	基本指标(分数)	单项指标得分	分类指标得分
三、债务风险状况	资产负债率(12) 已获利息倍数(10)	11.02 6.61	17.63
四、经营增长状况	营业增长率(12) 资本保值增值率(10)	1.06 6.17	7.23
基本指标总分		75.64	

2. 财务绩效修正指标修正系数计算

对基本指标得分的修正,是按指标类别得分进行的,需要计算"分类的综合修正系数"。分类的综合修正系数,由"单项指标修正系数"加权平均求得;而单项指标修正系数的大小主要取决于基本指标评价分数和修正指标实际值两项因素。

(1) 单项指标修正系数的计算

单项指标修正系数的计算公式是:

$$\text{单项指标修正系数} = 1.0 + (\text{本档标准系数} + \text{功效系数} \times 0.2 - \text{该类基本指标分析系数})$$

单项修正系数控制修正幅度为 0.7～1.3。

下面以盈余现金保障倍数为例说明单项指标修正系数的计算。

① 标准系数的确定。

根据表 13-4 可知,ZSY 公司盈余现金保障倍数为 0.91,查阅表 13-6,发现该指标的实际值介于平均和良好之间,其标准系数应为 0.6。

② 功效系数的计算。

$$\text{功效系数} = \frac{\text{指标实际值} - \text{本档标准值}}{\text{上档标准值} - \text{本档标准值}}$$

盈余现金保障倍数指标的功效系数 = $(0.91 - 0.8)/(1.3 - 0.8) = 0.22$

③ 分类基本指标分析系数的计算。

$$\text{某类基本指标分析系数} = \frac{\text{该类基本指标得分}}{\text{该类指标权数}}$$

根据表 13-8 可知盈利能力类基本指标得分为 32.68,其权数为 34,则:

盈利能力类基本指标分析系数 = $32.68 \div 34 = 0.96$

根据以上结果,可以计算出盈余现金保障倍数的修正系数为:

盈余现金保障倍数指标修正系数 = $1.0 + (0.6 + 0.22 \times 0.2 - 0.96) = 0.68$

由于单项修正系数控制修正幅度为 0.7～1.3,故盈余现金保障倍数指标修正系数取 0.7。

在计算修正指标单项修正系数过程中,对于一些特殊情况作如下规定:

第一,如果修正指标实际值达到优秀值以上,其单项修正系数的计算公式如下:

$$单项修正系数 = 1.2 + 本档标准系数 - 该部分基本指标分析系数$$

第二,如果修正指标实际值处于较差值以下,其单项修正系数的计算公式如下:

$$单项修正系数 = 1.0 - 该部分基本指标分析系数$$

第三,如果资产负债率≥100%,指标得 0 分;其他情况按照规定的公式计分。

第四,如果盈余现金保障倍数分子为正数,分母为负数,单项修正系数确定为 1.1;如果分子为负数,分母为正数,单项修正系数确定为 0.9;如果分子分母同为负数,单项修正系数确定为 0.8。

第五,如果不良资产比率≥100%或分母为负数,单项修正系数确定为 0.8。

第六,对于营业利润增长率指标,如果上年主营业务利润为负数,本年为正数,单项修正系数为 1.1;如果上年主营业务利润为零,本年为正数,或者上年为负数,本年为零,单项修正系数确定为 1.0。

按照上述方法,可以计算出营业利润率、成本费用利润率和资本收益率三项修正指标的单项修正系数分别为 0.70、0.70、1.24。

(2) 分类综合修正系数的计算

$$分类综合修正系数 = \sum 类内单项指标的加权修正系数$$

其中,单项指标加权修正系数的计算公式是:

$$单项指标加权修正系数 = 单项指标修正系数 \times 该项指标在本类指标中的权数$$

例如,盈余现金保障倍数指标属于盈利能力指标,其权数为 9,盈利能力类指标总权数为 34。

$$盈余现金保障倍数指标的加权修正系数 = 0.70 \times (9 \div 34) = 0.19$$

盈利能力类修正指标有 4 项,已计算出盈余现金保障倍数指标的加权修正系数为 0.19,营业利润率指标的单项指标加权修正系数为 0.21,成本费用利润率指标的加权修正系数为 0.16,资本收益率指标的加权修正系数为 0.26,则:

$$盈利能力类修正系数 = 0.19 + 0.21 + 0.16 + 0.26 = 0.81$$

其他类别指标的综合修正系数计算与上述方法相同,不再举例。

3. 修正后得分的计算

$$修正后总分 = \sum (分类综合修正系数 \times 分类基本指标得分)$$

ZSY 公司各类基本指标和分类综合修正系数见表 13-11,可计算出修正后定量指标的总得分。

表 13-11　　　　　　修正后得分的计算　　　　　　单位:分

项　目	类别修正系数	基本指标得分	修正后得分
盈利能力状况	0.81	32.68	26.51
资产质量状况	1.20	18.10	21.64
债务风险状况	0.74	17.63	12.96
经营增长状况	1.02	7.23	7.38
修正后定量指标总分	—	—	68.49

4. 管理绩效定性指标的计分方法

(1) 管理绩效定性指标的内容

管理绩效定性评价指标的计分一般通过专家评议打分的形式完成,聘请的专家应不少于 7 名。评议专家应当在充分了解企业管理绩效状况的基础上,对照评价参考标准,采取综合分析判断法,对企业管理绩效指标做出分析评议,评判各项指标所处的水平档次,并直接给出评价分数。表 13-12 是一名评议专家给出的各项管理绩效定性评价指标的等级。

表 13-12　　　　　　管理绩效评价定性评价指标等级表

| 评议指标 | 权数 | 等级(参数) | | | | |
		优(1)	良(0.8)	中(0.6)	低(0.4)	差(0.2)
1. 战略管理	18		√			
2. 发展创新	15	√				
3. 经营决策	16			√		
4. 风险控制	13			√		
5. 基础管理	14				√	
6. 人力资源	8		√			
7. 行业影响	8	√				
8. 社会贡献	8			√		

(2) 单项评议指标得分

单项评议指标分数 = $\sum$ (单项评议指标权数 × 各评议专家给定等级参数) ÷ 评议专家人数

假设评议专家有 7 人,对"战略管理"的评议结果为:优等 4 人,良等 3 人。

$$\text{战略管理评议指标得分} = \frac{18 \times 1 + 18 \times 1 + 18 \times 1 + 18 \times 1 + 18 \times 0.8 + 18 \times 0.8 + 18 \times 0.8}{7} = 16.46$$

其他指标的计算方法与上述方法相同,不再举例。

(3) 评议指标总分的计算

$$评议指标总分 = \sum 单项评议指标分数$$

前面已计算出战略管理评议指标分数为 16.46,假设其他 7 项评议指标的单项得分分别为 14、14、11、12、6、8 和 7,则:

$$评议指标总分 = 16.46 + 14 + 14 + 11 + 12 + 6 + 8 + 7 = 88.46(分)$$

(五) 综合评价得分计算

在得出财务绩效定量评价分数和管理绩效定性评价分数后,应当按照规定的权重,耦合形成综合绩效评价分数。计算公式为:

$$企业综合绩效评价分数 = 财务绩效定量评价分数 \times 70\% + 管理绩效定性评价分数 \times 30\%$$

根据以上有关数据,ZSY 公司的综合评价得分计算如下:

$$综合评价得分 = 68.49 \times 70\% + 88.46 \times 30\% = 74.48(分)$$

在得出评价分数以后,应当计算年度之间的绩效改进度,以反映企业年度之间经营绩效的变化情况。计算公式为:

$$绩效改进度 = 本期绩效评价分数 \div 基期绩效评价分数$$

绩效改进度大于 1,说明经营绩效上升;绩效改进度小于 1,说明经营绩效下滑。

(六) 确定综合评价结果等级

企业综合绩效评价结果以 85、70、50、40 分作为类型判定的分数线。具体的企业综合绩效评价类型与评价级别见表 13-13。

表 13-13　　　企业综合绩效评价类型与评价级别一览表

评价类型	评价级别	评价得分
优(A)	A++ A+ A	A++≥95 分 95 分＞A+≥90 分 90 分＞A≥85 分
良(B)	B+ B B−	85 分＞B+≥80 分 80 分＞B≥75 分 75 分＞B−≥70 分
中(C)	C C−	70 分＞C≥60 分 60 分＞C−≥50 分
低(D)	D	50 分＞D≥40 分
差(E)	E	E＜40 分

本例中 ZSY 公司综合得分 74.48 分,其综合绩效等级属于良(B)级。

需要注意的是,在对企业进行经营业绩评价时,评价标准及标准值的选定尤为重要。上述评价过程中的评价标准是 2012 年石油石化工业"全行业"财务绩效指标标准值,而国务院国资委颁布的"企业绩效评价标准值"中还进一步分别制定了石油化工业"大型企业"、"中型企业"和"小型企业"的标准值,若采用"大型企业"的财务绩效指标标准值作为 ZSY 公司的评价标准,其综合得分为 65.04 分,综合绩效等级则变为中(C)级。

本 章 小 结

业绩评价是指在综合分析的基础上,运用业绩评价方法对企业财务状况和经营成果所做的综合评价。业绩评价以财务分析为前提,财务分析以业绩评价为结论,财务分析离开业绩评价就没有太大的意义。就单项财务能力所做的分析及评价,其结论具有片面性,只有在综合分析的基础上进行业绩评价,才能从整体上全面评价企业的财务状况及经营成果。

杜邦财务分析体系,亦称杜邦财务分析法,是指根据各主要财务比率指标之间的内在联系,建立财务分析指标体系,综合分析企业财务状况的方法。杜邦财务分析体系的特点,是将若干反映企业盈利状况、财务状况和营运状况的比率按其内在联系有机地结合起来,形成一个完整的指标体系,并最终通过净资产收益率(或资本收益率)这一核心指标来综合反映。

随着经济与环境的发展、变化和人们对企业目标认识的进一步升华,许多人对杜邦财务分析体系进行了变形、补充,使其不断完善与发展,从而形成了帕利普财务分析体系。

进行企业经营业绩综合评价通常可采用综合指数法和综合评分法,即通过计算企业经营业绩综合指数或综合分数,反映企业总体经营业绩水平的高低。

运用综合指数法进行业绩评价的一般程序或步骤包括选择业绩评价指标,确定各项指标的标准值,计算指标单项指数,确定各项指标的权数,计算综合经济指数,评价综合经济指数。

运用综合评分法或功效系数法的一般程序或步骤包括选择业绩评价指标,确定各项业绩评价指标的标准值,确定各项业绩评价指标的权数,计算各类业绩评价指标得分,计算经营业绩综合评价分数,确定经营业绩综合评价等级。

主 要 术 语

综合分析　业绩评价　杜邦财务分析体系　帕利普财务分析体系　综合指数法　综合评分法

思考与练习题

13.1 请分析杜邦财务分析体系的优点和局限性,并提出你的改进建议。
13.2 简述杜邦财务分析指标体系中主要财务指标之间的相互关系。
13.3 简述帕利普财务分析体系中主要财务指标之间的相互关系。
13.4 运用综合指数法应注意哪些问题?
13.5 怎样运用综合指数法进行企业绩效评价?
13.6 在评价公司绩效时,你认为财务指标与非财务指标哪个重要?请说明原因。
13.7 简述财务综合分析与财务综合评价的关系。

案 例 分 析

业绩评价标准的选择

在对公司绩效进行综合业绩评价时,我们往往需要借用对比数据或者参照标准,常用的参照标准包括本公司的历史数据、可比公司的数据或者行业标准等。选择不同的对比数据,可能会得到不同的分析结论。下面是青岛海尔2012年杜邦分析的相关数据,以及各对比数据,包括2011年青岛海尔的指标值,2012年可比公司格力电器的指标值,2012年行业平均值/优秀值。具体如表13-14所示:

表13-14　　　2012年青岛海尔指标值及其对比数据

项　目	青岛海尔 2012年	青岛海尔 2011年	格力电器 2012年	行业平均值 2012年	行业优秀值 2012年
净资产收益率	32.34%	34.69%	32.40%	9.50%	17.20%
权益乘数	3.32	3.28	4.19	3.19	1.95
总资产净利率	9.75%	10.57%	7.72%	2.97%	8.84%
销售净利率	5.46%	4.95%	7.50%	1.98%	3.84%
总资产周转率	1.79	2.14	1.03	1.50	2.30

请思考:
1. 请分别以这三类对比数据为基础,分析评价2012年青岛海尔的经营绩效。
2. 请结合三类对比数据,综合评价2012年青岛海尔的经营绩效。
3. 请按照你的理解,分别说明这三类对比数据更适用于哪类评价目的。

第十四章 业绩预测与估值分析

本章讲述公司业绩预测方法以及对公司进行价值评估的方法和程序。通过本章的学习首先介绍了业绩预测与价值评估的内容和目的;然后,以利润表的趋势与预测分析为代表具体介绍了财务报表的预测方法;最后,分别运用以现金流量为基础的价值评估、以经济利润为基础的价值评估两种基本方法,评估企业价值及股东价值,以分析确认企业价值创造程度。本章的重点与难点是财务报表趋势分析的方法、以现金流量和以经济利润为基础的价值评估方法。

本章建议课时为 3 学时。

第一节 业绩预测与估值分析概述

一、业绩预测与价值评估的内涵

(一)预测分析的内涵

预测分析是趋势分析的延伸,它是根据企业过去一段时期财务活动所形成的历史动态,结合企业现在所处的外部环境和自身状况,考虑企业的发展趋势,由专业分析师通过综合信息和技术手段,对企业未来的财务状况和经营成果做出判断、预计和估算的行为。趋势分析是财务报表分析的基本方法,该分析方法是将实际达到的结果,与不同时期财务报表中同类指标的历史数据进行比较,从而确定财务状况,经营成果和现金流量的变化趋势和变化规律的一种分析方法。通过趋势分析,财务分析者不仅可以评判企业主要财务数据在过去连续期间的变动规律及其合理性,而且可以依据各项目的变动趋势对未来趋势进行预测。

(二)价值评估的内涵

价值评估是对企业全部或部分价值进行估价的过程。价值评估作为企业业绩评价的手段或方法,已被越来越多的人所接受或采用。财务关注的焦点是价值,财务的目标是实现资本的增值,这就需要通过价值评估来确定资本在不同时点的价值,从而判断是否实现了资本的增值。价值评估是货币时间价值在财务管理中应用的延伸,同时价值评估还要考虑资本成本,以及如何在风险和收益之间进行权衡。因此,价值评估是对各种基础性财务管理工具的综合应用。价值评估不但可以用来判断资本增值的财务目标是否实现,还在投资评价等方面有着广泛的用途。

二、业绩预测与价值评估的目的

(一)趋势分析与预测分析的目的

(1)观测企业发展的趋势及其规律。事物的发展有一定的规律与走势,趋势分析和预测分析有助于分析者认识和控制未来的不确定性,使对未来的无知降到最低限度,使企业预期目标同可能变化的周围环境和经济条件保持一致,在各项指标发展变动的趋势及规律基础上,为预测未来与价值评估服务。

(2)为财务预警、及时防范和化解风险提供依据。企业在经营过程中,随时都可能受到各种不利因素的侵袭,从而引发财务危机。财务危机的发生将给企业带来灾难性的损失,甚至破产。但实际上,任何企业的危机都是一个逐渐恶化的过程,如果能够及早察觉财务危机的信号,提前发现企业可能面临的财务失败,在财务危机处于萌芽状态时采取有效措施改善管理,财务危机是可以规避的。趋势分析和预测分析能够发现企业财务风险的征兆,通过监测、识别、诊断企业存在的财务隐患及其动态,为企业及时防范和化解风险提供第一手的资料,保证企业良性运营。

(3)为正确财务决策的作出提供依据。管理的关键在决策,决策的关键是预测。通过预测为决策的各种方案提供依据,以供决策者权衡利弊,进行正确选择。例如,公司进行经营决策时,必然要涉及成本费用、收益以及资金需要量等问题,而这些大多需要通过财务预测进行估算,因此,财务预测直接影响到经营决策的质量。

随着市场经济的迅速发展、经济环境的不断变化,企业经营中的不确定因素越来越多,有关企业未来发展的信息比历史信息对决策者更为重要。趋势分析、预测分析正是基于对企业过去、现在的了解和把握,对企业未来经营中的不确定性进行判断,对企业的发展趋势和前景进行较为准确的预计和估算,从而增进决策者对企业未来的了解,减少决策过程中的不确定事项,为正确经营决策的作出提供依据。债权人可以借助预测评估企业偿还借款的可能性,决定是否向企业提供资金;投资者可以借助预测判断被投资公司能否实现资本的保值增值,获取更大收益,以决定是否向该公司继续注入资金或购买该公司股票。

(4)为编制财务预算、进行财务控制提供信息源。财务预算与财务控制是财务管理也是企业管理的两项重要职能,两者共同保证了企业战略目标的实现。其中,财务预算是财务控制的基础和标准,财务控制的直接目标是保证企业各项收入、成本以及费用的发生按照预算进行。预算的制定是否科学、先进与可行,决定了企业的财务控制是否有效、企业的发展目标能否实现以及实现的程度如何。切实有效的预测,使企业对未来的财务活动有较为准确的分析和判断,能够帮助企业做出科学、先进、可行的财务预算,保证财务控制有章可循,助力企业目标的顺利实现。

(5)为评估企业价值奠定基础。持续经营的企业之所以有价值,关键就在于它拥有的资产能够在未来产生收益,无论这种收益体现为现金、净利润还是其他形式。所以,对企业价值的评估离不开对企业未来收益的预测,离不开对企业未来资产、负债、所有者权益、收入、费用、利润、现金流量等项目的预测。财务预测提供了评估企业价值所需的各项资料,是评估企业价值的前提和基础。

(二)价值评估的目的

(1)现代企业目标决定了价值评估的重要性。现代企业制度,作为一种资本雇佣劳动制,企业资本所有者是企业的所有者,资本增值是资本所有者投资的根本目的,也是企业经营的目标所在。资本增值的衡量离不开价值评估。无论是评估企业价值还是股东价值,都需要进行价值评估。

(2)价值评估是衡量业绩的最佳标准。价值之所以是业绩评价的最佳标准,一是因为它是要求完整信息的唯一标准。进行价值评估,需要有企业长期的利润表、资产负债表和现金流量表的信息,没有这些完整的信息,就无法准确评估企业价值。而其他业绩衡量标准都不需要完整信息。二是因为价值评估时面向未来的评估,它考虑长期利益,而不是短期利益。

(3)价值评估是企业各种重要财务决策行为的基本行为准则。例如,企业合并和杠杆收购;证券分析师寻找被低估价值的股票;证券商为原始股定价;潜在投资者选择新的投资机会;公司选择股票回购的最佳时机;信息分析师了解贷款风险等,都需要进行价值评估。

三、预测分析与价值评估的内容

(一)预测分析的内容

企业的战略制定和长远规划,离不开对企业发展方向和规律的趋势分析,离不开对企业生产经营活动的未来发展进行预计和测算的预测分析,也离不开对利润表所反映的企业财务状况和经营成果的趋势与预测分析,具体来说,预测分析的内容包括以下三方面:

(1)趋势分析的方法。趋势分析主要用来分析发现表内项目的变动趋势与规律,为财务决策提供有用的信息。趋势分析的方法主要包括定比分析和环比分析,定比分析是指选定某一会计期间作为基期,然后将其余各期与基期进行比较,环比分析是指将各项目的本期数与上期数进行比较。

(2)财务报表预测方法。财务报表的预测方法实质上是对财务报表内的项目进行判断、预计和估算的方法,包括定量分析法和定性分析法两大类。定量分析法在实践中能够对预测的事物进行量化,便于分析判断,较为常用,主要包括平滑指数法、销售百分比法、线性回归分析法等。

(3)利润表的趋势与预测分析。利润表是反映一定时期企业生产经营成果的会计报表,它揭示了企业收益的形成过程。利润表趋势与预测分析是对企业收益的增减变动及趋势进行的分析,这一分析的重心是对企业利润的增减变动及未来变化进行分析与预测,预测中收入是报表中大多数项目的预测基础,因此对收入的预测应该尽可能准确,这也是未来绩效预测最该投入精力的环节。利润表预测分析是整个预测分析的逻辑起点。

(二)价值评估的内容

价值评估的前提是对企业价值的界定,而人们对企业价值有不同的认识,因此也就产生了不同的价值评估方法,如收益法、市场法、成本法和期权估价法等。收益法作为比较常用的一种方法,其通过企业预期收益资本化或折现来界定企业价值,而收益法中的预期收益可用现金流量、经济利润等口径表示。因此,价值评估的收益法又可分为:以现金流量为基础的价值评估法和以经济利润为基础的价值评估法。

(1)以现金流量为基础的价值评估方法。以现金流量为基础的价值评估方法是利用净现金流量作为预期收益进行折现来评估企业价值。此种方法下的企业价值既可以将公司经营价值与非经营投资价值相结合,也可以将股东价值与债务价值相结合。与以会计为基础计算的股利及利润指标相比,净现金流量更能全面、精确反映所有价值因素。

(2)以经济利润为基础的价值评估方法。以经济利润为基础的价值评估方法是利用经济利润作为预期收益进行折现来评估企业价值,认为公司价值等于投资资本和预计经济利润的现值之和。经济利润的特点是考虑了公司的全部资本成本,而不仅仅是债务利息,因此,以经济利润为基础的价值评估的核心主要是股权资本成本的计量。

第二节 趋势分析与预测分析

一、趋势分析的方法

在进行趋势分析时,可以直接将所分析报表项目连续几年的数据放在一起,编制一张趋势分析表。通过观察表内各项目绝对值的增减变动,分析发现表内项目的变动趋势与规律,为财务决策提供有用的信息。对 ZSY 公司 2008—2012 年收益状况进行趋势分析编制表 14-1。

表 14-1　　　　　　　　ZSY 公司收益状况表　　　　　金额单位：百万元

	2008 年	2009 年	2010 年	2011 年	2012 年
营业收入	771 025	722 571	982 797	1 287 823	1 337 157
营业成本	587 821	447 958	648 705	938 968	1 000 217
营业税金及附加	67 810	107 386	138 754	188 683	181 984
营业利润	113 054	117 574	149 364	129 856	102 541

从表 14-1 可以看出，ZSY 公司的营业收入逐年增加，作为收入的减项、使营业利润减少的营业成本也呈上升趋势，营业税金及附加同样也从 2008 年至今呈上涨态势。这三个方面相互抵销后，公司 2008 年至 2010 年的营业利润逐年增长，但 2010 年出现下降，这主要是由于 2010 年后 ZSY 营业成本大幅增长所致。为准确判断该公司获利能力的相对增减变动，还需要根据表中的资料，进一步计算各项目变动的趋势百分比。此时使用的方法有两种：定比分析和环比分析。这两种方法也是进行趋势分析的主要方法。

(一) 定比分析

所谓定比，是指选定某一会计期间作为基期，然后将其余各期与基期进行比较，从而计算得到的趋势百分比。这些比值往往按照时间先后顺序列示在一张分析表中。定比分析就是通过观察表内的这些定比指标，确定所分析项目的变动趋势及发展规律的一种分析方法。

表 14-2 就是在表 14-1 的基础上，以 2008 年为基期计算得到的一张定比分析表。

表 14-2　　　　　　　ZSY 公司收益状况定比分析表　　　　　单位：%

项　目	2008 年	2009 年	2010 年	2011 年	2012 年
营业收入	1	0.94	1.27	1.67	1.73
营业成本	1	0.76	1.10	1.60	1.70
营业税费	1	1.58	2.05	2.78	2.68
营业利润	1	1.04	1.32	1.15	0.91

比较上述两张分析表可以看出，用百分比反映的变动趋势（见表 14-2），比用绝对数反映的变动趋势（见表 14-1）更能形象、直观地说明 ZSY 公司在这 5 年中营业收入等项目的增减变动及趋势。从 2008 年到 2012 年，ZSY 公司的营业收入逐年增加，2012 年营业收入是 2008 年营业收入的 1.73 倍，但营业利润的增长态势不明显，2010 之前呈增长趋势，2010—2012 年逐渐下降。

(二) 环比分析

所谓环比，是指将各项目的本期数与上期数相比较而得到的趋势百分比。

这些比值同样按照时间先后顺序列示在一张分析表中。环比分析就是通过对环比指标的分析,确定和评价表内各项目变动情况及其趋势的分析方法。

表 14-3 就是在表 14-1 的基础上计算得出的一张环比分析表。

表 14-3　　　　　　ZSY 公司收益状况环比分析表　　　　　　单位:%

项　目	2008 年	2009 年	2010 年	2011 年	2012 年
营业收入	1	0.94	1.36	1.31	1.04
营业成本	1	0.76	1.45	1.45	1.07
营业税费	1	1.58	1.29	1.36	0.96
营业利润	1	1.04	1.27	0.87	0.79

从表 14-3 中可以看出,从总体上看,2010 年至 2012 年,ZSY 公司营业收入、营业成本的环比指标均大于 100%,但前者高于后者。营业利润在 2010 年达到顶峰后,2011 年开始下滑。这说明,ZSY 公司的营业收入、营业成本逐年增加,但营业成本的增幅高于收入的降幅,这对公司收益不利。

二、财务报表预测方法

财务报表的预测方法实质上是对利润表、资产负债表、所有者权益变动表、现金流量表内的项目进行判断、预计和估算的方法,包括定性分析法和定量分析法两大类。前者建立在经验判断、逻辑思维和逻辑推理基础上,通过判断事物具有的各项因素、属性,利用直观的材料,依靠个人经验的综合分析,对事物的未来状况进行预测;后者根据历史数据找出其内在规律,通过分析事物各项因素、属性间的数量关系,运用数学运算对事物未来状况进行量化预测。在实际工作过程中,两类预测方法不是完全排斥,而是相互补充。两者的有机结合,能够提高预测结果的准确性和合理性。下面重点对定量分析法中的平滑指数法、销售百分比法、线性回归分析法进行介绍。

1. 平滑指数法

平滑指数法又称指数平滑法,是根据上一时期的观测值和预测值,利用平滑指数预测本期预测值的一种预测方法。其计算公式如下:

$$下期预测值 F_i = aA_{i-1} + (1-a)F_{i-1}$$

其中,A_{i-1} 为上期观察值;F_{i-1} 为上期预测值;a 为平滑指数。

此方法运用的关键在于平滑指数的确定。平滑指数是一个经验数值,取值范围一般在 0.3 至 0.7 之间,具体取何值则视具体情况而定。在其他因素不变时,平滑指数越大,近期实际值对预测结果的影响越大;反之,则越小。所以,采用较大的平滑指数,将会使预测结果反映预测值最近的变动趋势;采用较小的平滑指数,则会使预测结果反映预测值变动的长期趋势。因此,一般情况下,如果预测对象波动较大或进行短期预测,可以考虑选择较大的平滑指数;如果预测对象波动较小或进行长期预测,则应考虑选择较小的平滑指数。

此方法主要用于对企业未来营业收入、成本费用发生额的预测。

2. 销售百分比法

销售百分比法是根据财务报表上各项目与营业收入总额之间的比例关系,按照预期销售额的增长情况来预测有关项目未来金额的一种方法。在此过程中,销售额增减变动预测是否准确直接影响到最终预测结果的质量。此方法可用于预测资产负债表项目、利润表项目,以及对外筹集资金项目等。

销售百分比法在运用时,一般按照以下步骤进行:

(1) 根据搜集到的历史资料,分析判断财务报表中各项目与营业收入总额之间的关系。

在资产负债表的资产项目中,货币资金、应收账款、存货等流动资产项目,一般会随营业收入的增减而增减;固定资产项目是否变动,则取决于预测期的经营规模是否在企业原有的生产经营范围之内。若是,则固定资产项目不随营业收入的增减变动而变动;反之,固定资产项目会随营业收入的增减而变化;其他长期资产项目,如无形资产、长期投资等,与营业收入的变动无关。在负债及所有者权益项目中,短期借款、应付账款、应付职工薪酬、应交税费等流动负债项目、盈余公积、未分配利润(在营业利润率不变的条件下)会随营业收入的增减变动而变动;长期负债、股本和资本公积一般不随营业收入的变动而变动。

(2) 根据以往历史资料,计算确定基期报表上与营业收入有关的项目同基期营业收入之间的比例关系。

(3) 预测销售额。由于财务报表上许多项目与营业收入之间存在固定的比例关系,所以,未来营业收入的预测十分重要。在实际预测过程中,预测人员往往需要依据收集到的各种外部信息,通过定性分析、定量计算对企业未来的销售量及销售单价进行预测,得到营业收入的预测值。

(4) 根据预测营业收入额及其与报表各项目之间的比例关系,对与营业收入额存在依存关系的项目进行预测。

(5) 采用其他方法对报表上与营业收入不存在固定比例关系的其他项目进行预测。

(6) 根据以上数据,编制预测资产负债表和利润表,并根据表中各项目的内在联系与平衡关系,确定企业资金的余缺量,即确定企业应对外筹集或投放的资金量。

3. 线性回归分析法

线性回归分析法是利用数理统计中最小平方的原理,通过确定一条能正确反映自变量与因变量之间误差平方和最小的回归直线 $y=a+bx$,并根据自变量

x 的变动,预测因变量 y 变动趋势的一种方法。回归直线的确定,尤其是其中 a, b 的确定,是此方法应用的关键。在用回归直线法进行财务预测时,首先应根据过去一段时期的历史资料判断资产负债表项目与营业收入之间是否存在线性相关关系。只有在存在线性相关关系的条件下,才可以建立回归直线方程,确定其中 a 和 b 的具体数值,然后以此为基础,根据营业收入 x 的预测值,预测资产负债表项目 y 的未来金额以及未来资金的筹集、运用等。

回归直线 $y=a+bx$ 中 a, b 的计算公式分别如下:

$$a = \frac{\sum x^2 \sum y - \sum x \sum xy}{n\sum x^2 - (\sum x)^2}$$

$$b = \frac{n\sum xy - \sum x \sum y}{n\sum x^2 - (\sum x)^2}$$

其中,n 表示年份,x 表示营业收入基期值,y 表示相应期间资产负债表项目的金额。

三、利润表预测

利润表预测,是指通过对利润表内各项目的未来发生额进行预计测算,估算出公司未来某一会计期间收入、成本费用、利润等项目的金额。作为反映公司未来收益情况的会计报表,预测利润表常被用于评价企业未来的经营业绩,是公司价值评估的基础。利润表预测是整个预测分析的起点,也是预测的关键。其他三大报表的预测原理和利润表预测相似,这里不再赘述。

编制预测利润表,需要预测的相关项目有营业收入、营业成本、期间费用、税率等。下面我们以 ZSY 公司 2013 年预测利润表的编制为例,简要说明如何对利润表项目进行预测。

表 14-4 显示了 ZSY 公司 2013 年的预测利润表。具体说明如下:

(1) 表中第 2 栏显示的是 2012 年的基数,第 3 栏是利润表中各项目与营业收入的比例关系。

(2) 根据销售预测,预计 ZSY 公司 2013 年的营业收入将继续加速上涨势头,在 2012 年基础上增长 35%。从营业成本费用的发生看,营业成本、营业税金及附加、销售费用、管理费用、资产减值损失、投资收益等项目与营业收入密切相关,随营业收入的增减而增减,所以,只要将营业收入预测值乘以相应的百分比(取近 10 年占营业收入比重均值)即可得到有关预测值,具体比例见表 14-4。

(3) 查询 ZSY 的报表发现,ZSY 的所得税税率较为复杂,没有具体的固定值,因此,在预测时,选用近 5 年 ZSY 母公司所得税税率的均值 6.77% 作为 2013 年的所得税率。金额不固定的营业外收支项目也以近五年占营业收入比例的均值确定。

表14-4　　　　　　　ZSY公司2013年预测利润表　　　　金额单位：百万元

项　目	2012年实际值 金额	2012年实际值 占销售额百分比(%)	2013年预测数
营业收入	1 337 157		1 805 162
营业成本	1 000 217	75%	1 227 510
营业税金及附加	181 984	14%	162 465
销售费用	40 848	3%	54 155
管理费用	61 665	5%	54 155
财务费用	18 038		8 665
资产减值损失	1 218	0.09%	9 026
其他经营收益	69 354	5%	144 413
投资净收益	69 354	5%	144 413
营业利润	102 541		433 600
加：营业外收入	10 175		19 252
减：营业外支出	8 668		9 101
利润总额	104 048		443 751
减：所得税	619		30 042
净利润	103 429		413 709
归属于母公司所有者的净利润	103 429		413 709

表14-5显示了ZSY在2012年基础上未来5年利润表主要项目的预测情况：

表14-5　　　　　　ZSY公司2013—2017年预测利润表　　　　金额单位：百万元

项　目	2013年	2014年	2015年	2016年	2017年	预测方法
营业收入	1 805 161.95	2 436 968.63	3 289 907.65	4 441 375.33	5 995 856.70	每年增长35%
营业成本	1 227 510.13	1 657 138.67	2 237 137.20	3 020 135.23	4 077 182.56	销售百分比法
营业税金及附加	162 464.58	219 327.18	296 091.69	399 723.78	539 627.10	销售百分比法
销售费用	54 154.86	73 109.06	98 697.23	133 241.26	179 875.70	销售百分比法
管理费用	54 154.86	73 109.06	98 697.23	133 241.26	179 875.70	销售百分比法
财务费用	8 664.78	11 697.45	15 791.56	21 318.60	28 780.11	近10年占营业收入比重的平均值
资产减值损失	9 025.81	12 184.84	16 449.54	22 206.88	29 979.28	销售百分比法
其他经营收益						销售百分比法

(续表)

项 目	2013年	2014年	2015年	2016年	2017年	预测方法
投资净收益	144 412.96	194 957.49	263 192.61	355 310.03	479 668.54	销售百分比法
营业利润	433 599.90	585 359.87	790 235.82	1 066 818.35	1 440 204.78	计算得出
加:营业外收入	19 252.12	36 426.93	68 923.40	130 409.96	246 748.68	近10年增长率均值
减:营业外支出	9 101.40	9 556.47	10 034.29	10 536.01	11 062.81	近10年增长率均值
利润总额	443 750.62	612 230.33	849 124.92	1 186 692.31	1 675 890.66	计算得出
减:所得税	30 041.92	41 447.99	57 485.76	80 339.07	113 457.80	近10年均值6.77%
净利润	413 708.70	570 782.33	791 639.16	1 106 353.24	1 562 432.86	计算得出

第三节 价 值 评 估

一、价值评估方法概述

企业价值评估的方法将直接影响到价值评估的结果及市场交易的实施。通常价值评估方法可以分为收益法、市场法、成本法和期权估价法四种基本类型。企业价值评估中的收益法是指通过将被评估企业预期收益资本化或折现以确定评估对象价值的评估思路。收益法中的预期收益可以用现金流量、各种形式的利润(包括会计利润和经济利润)或现金红利等口径表示。因此,价值评估的收益法又可分为:以现金流量为基础的价值评估法和以经济利润为基础的价值评估法。另外,价值评估的市场法通常可采用以价格比为基础的价值评估法。

在价值评估实务中,无论采用何种评估方法,对企业未来收益和相关标准的精确预测都是十分困难的。但是,由于对企业收益及相关指标的预测直接影响对企业价值的判断,是决定企业最终评估值的关键因素,所以在评估中应全面考虑影响企业盈利能力的因素,如被评估企业资本结构、经营状况、历史业绩、发展前景和被评估企业所在行业相关经济要素及发展前景等,客观、公正地对企业的收益做出合理的预测。而要做到这一点,会计分析和财务比率分析是十分必要的。只有通过对企业进行正确的会计分析和比率分析,才能得出正确的预测分析结论,从而为运用收益法及市场法进行价值评估奠定基础。

二、以现金流量为基础的价值评估

(一)以现金流量为基础的价值评估概述

1. 以现金流量为基础价值评估的意义

一般财务理论认为,公司价值应该与公司未来资本收益的现值相等。公司未来资本收益可用股利、净利润、息税前利润和净现金流量等表示。不同的表示方法,反映的公司价值内涵是不同的。利用净现金流量作为资本收益进行折现被认为是较理想的价值评估方法。因为净现金流量与以会计为基础计算的股利及利润指标相比,更能全面、精确反映所有价值因素。下面以表 14-6 和表 14-7 为例加以说明。

表 14-6　　　　　　　长寿公司与短寿公司预计净收益　　　　金额单位:千美元

项 目		年度 1	年度 2	年度 3	年度 4	年度 5	年度 6
长寿公司	销售额	1 000	1 050	1 100	1 200	1 300	1 450
	现金支出	(700)	(745)	(790)	(880)	(970)	(1 105)
	折旧	(200)	(200)	(200)	(200)	(200)	(200)
	净收益	100	105	110	120	130	145
短寿公司	销售额	1 000	1 050	1 100	1 200	1 300	1 450
	现金支出	(700)	(745)	(790)	(880)	(970)	(1 105)
	折旧	(200)	(200)	(200)	(200)	(200)	(200)
	净收益	100	105	110	120	130	145

资料来源 T. Copeland, T. Coller, J. Murrin(1995), VALUATION, USA: John Wiley 和 Sons, Inc. P71。

表 14-7　　　　　　长寿公司与短寿公司预计净现金流量　　　金额单位:千美元

项 目		年度 1	年度 2	年度 3	年度 4	年度 5	年度 6	累计
长寿公司	净利润	100	105	110	120	130	145	710
	折旧	200	200	200	200	200	200	1 200
	资本支出	(600)	0	0	(600)	0	0	(1 200)
	应收款增加	(250)	(13)	(13)	35	45	(23)	(219)
	净现金流量	(550)	292	297	(245)	375	322	491
短寿公司	净利润	100	105	110	120	130	145	710
	折旧	200	200	200	200	200	200	1 200
	资本支出	(200)	(200)	(200)	(200)	(200)	(200)	(1 200)
	应收款增加	(150)	(8)	(8)	(15)	(15)	(23)	(219)
	净现金流量	(50)	97	102	105	115	122	491

资料来源 T. Copeland, T. Coller, J. Murrin(1995), VALUATION, USA: John Wiley 和 Sons, Inc. P71。

从表 14-6 可看出,两个公司各年度无论是销售额还是净利润都完全相等。

如果以此资料为基础评估公司股东价值,可得出两个公司股东价值完全相同的结论。但从表14-7可看出,虽然两个公司各年度利润和销售额完全相等,累计资本支出和应收款增加额也相同,但其各年净现金流量及变动趋势却不同。因此,以净现金流量折现法评估的两个公司股东价值就可能不同。显然,以净现金流量为基础的评估方法更科学,它考虑了资本支出时间的差异对资本收益的影响。

2. 以现金流量为基础的价值评估方式

以现金流量为基础的价值评估的基本思路是"现值"规律,任何资产的价值等于其预期未来全部现金流量的现值总和。现金流量折现方法具体又分为两种:①仅对公司股东资本价值进行估价;②对公司全部资本价值进行估价。

如果将公司未来现金流量定义为公司所有者的现金流量,则现金流量的现值实际上反映的是公司股东价值。将公司股东价值加上公司债务价值,可得到公司价值。如果将公司未来现金流量定义为公司所有资本提供者(包括所有者和债权者)的现金流量,则现金流量现值反映的是公司价值。从公司价值中减去债务价值才能得到公司股东价值。因此,资本经营价值评估,既可评估公司价值,也可评估股东价值。由于资本经营的根本目标是股东资本增值,所以资本经营价值评估通常是评估股东价值。但是为了全面说明股东价值来源,通常在评估公司价值的基础上,减去债务价值,得到股东价值。

公司价值、债务价值及股东价值的关系及其评估可通过图14-1体现。

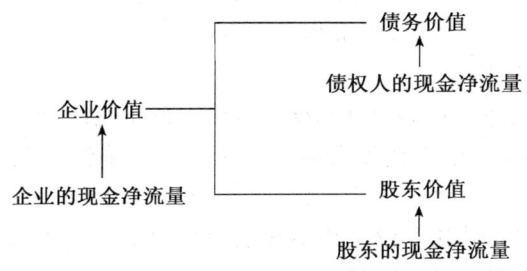

图14-1 公司价值、债务价值及股东价值的关系图

(二) 以现金流量为基础的价值评估方法

1. 以现金流量为基础的价值评估程序

以现金流量折现为基础的价值评估的基本程序和公式如下:

    公司经营价值 = 明确预测期现金净流量现值 + 明确预测期后现金净流量现值
    公司价值 = 公司经营价值 + 非经营投资价值
    股东价值 = 公司价值 - 债务价值

下面以 ZSY 公司为例,通过表14-8来说明公司价值与股东价值评估方法。

表 14-8　　　　　　　　ZSY 公司价值评估表　　　　　　金额单位：百万元

年份	公司经营现金净流量	折现系数(12%)	公司经营现金净流量现值
2013	75 727.05	0.893	67 613.44
2014	−41 429.32	0.797	−33 027.20
2015	−34 846.56	0.712	−24 803.09
2016	−9 402.49	0.636	−5 975.45
2017	56 162.62	0.567	31 868.18
连续价值	730 114.07	0.567	414 286.33
经营价值			449 962.20
非经营投资价值			0.00
公司价值			449 962.20
减：债务价值			(359 136.00)
股东价值			90 826.20

注：本评估表及下面的评估数据计算目的在于说明基于现金流量的公司价值的评估方法，有关现金流量预测、折现率、增长率等的预计与设定均以某种假设为前提，评估数值并不构成对公司真实价值和股价等的影响，特此说明。

2. 有明确预测期现金净流量现值的估算

确定有明确预测期的现金净流量现值是公司价值评估最重要的内容。要正确预测现金净流量现值，需按以下步骤进行：

第一，确定预测期。

本部分研究的是有明确预测期现金流量现值确定问题。所谓有明确预测期是指预测期是有限的，而不是无限的。从预测的准确性、必要性角度考虑，通常预测期为 5～10 年。

以 ZSY 公司为例，我们设定其明确预测期为 5 年，即 2013—2017 年。

第二，预测经营现金净流量。

经营现金净流量是相对非经营投资而言的，它是指可提供给公司所有者和债权人的经营现金流量总额。经营现金净流量的计算有两种基本方法：

（1）　　　　　　　　现金净流量＝息前税后利润−净投资

其中，息前税后利润＝净利润＋利息支出，净投资＝总投资−折旧

公式中的总投资是指公司新的资本投资总额，包括资本支出、流动资产及其他资产投资。折旧包括固定资产折旧和无形资产及递延资产摊销等。

（2）　　　　　　　　现金净流量＝毛现金流量−总投资

其中，毛现金流量＝息前税后利润＋折旧

进行现金净流量预测,首先应对公司绩效进行分析,将财务分析与产业结构分析相结合,并对公司实力和弱点进行质地评估。同时从信贷角度了解公司的财务状况。

在对公司历史绩效分析之后,便可进行公司未来绩效的预测。预测绩效的关键是明确影响公司价值或现金净流量的因素,包括时间因素等。在预测各种价值影响因素的基础上,形成预测利润表、资产负债表以及需要的个别项目,然后将这些详细资料综合起来,用以预测现金净流量等价值驱动因素。

表 14-9　　ZSY 公司 2013—2017 年相关项目的预测数据

金额单位:百万元

	2013 年	2014 年	2015 年	2016 年	2017 年
净利润	413 708.70	570 782.33	791 639.16	1 106 353.24	1 562 432.86
加:财务费用	8 664.78	11 697.45	15 791.56	21 318.60	28 780.11
减:总投资	410 007.61	709 446.70	957 753.04	1 292 966.61	1 745 504.92
加:折旧摊销	63 361.18	85 537.60	115 475.76	155 892.27	210 454.57
经营现金净流量	75 727.05	−41 429.32	−34 846.56	−9 402.49	56 162.62

注:用财务费用代替利息支出

以 ZSY 公司 2013 年预测期的经验现金净流量为例,其 2013 年预测净利润为 413 708.70 百万元,利息支出为 8 664.78 百万元,总投资额为 410 007.61 百万元,折旧为 63 361.18 百万元。

则根据公式可得:

$$\begin{aligned}经营现金净流量 &= 净利润 + 利息支出 - 总投资 + 折旧 \\ &= 413\ 708.70 + 8\ 664.78 - 410\ 007.61 + 63\ 361.18 \\ &= 75\ 727.05(百万元)\end{aligned}$$

确定预测期其他年份经营净现金流量计算方法均相同。

第三,确定折现率。

公司经营现金净流量的折现率的高低,主要取决于公司资本成本的水平。为了与现金流量定义相一致,用于现金净流量折现的折现率应反映所有资本提供者按照各自对公司总资本的相对贡献而加权的资本机会成本,即加权平均资本成本。由于个别资本成本的高低取决于投资者从其他同等风险投资中期望得到的报酬率,因此,折现率的高低必须能准确反映现金净流量的风险程度。只有折现率准确反映现金净流量的风险,价值评估结果才能准确。否则,不正确的折现率将使价值评估结果偏高或偏低。加权平均资本成本的计算公式是:

$$加权平均资本成本 = 平均股权资本成本 \times 股权资本构成 + 平均负债资本成本 \times 负债资本构成$$

可见,进行加权平均资本成本估算:一要确定资本结构或资本成本加权权数；二要估算股权资本成本；三要估算负债资本成本。

确定进行价值评估的公司的目标资本结构，建议综合采用以下三种方法：①尽量估算以现实市场价值为基础的公司资本结构；②考虑可比公司的资本结构；③考虑管理层筹资方针及其对目标资本结构的影响。

关于平均股权资本成本和平均负债资本成本的估算方法，可在个别股权资本成本和个别负债资本成本估算的基础上采用加权平均方法进行。

以 ZSY 公司为例，确定其加权平均资本成本的方法如下表所示：

表 14-10　　　确定 ZSY 公司 2008—2012 年各年的资本结构

金额单位：百万元

	2008 年	2009 年	2010 年	2011 年	2012 年
有息负债：					
短期借款	87 217	74 622	97 175	99 827	143 409
一年内到期的非流动负债	5 544	14 229	5 093	37 871	7 838
长期借款	28 684	36 506	33 578	112 928	207 540
应付债券	4 143	48 965	97 774	67 747	86 234
有息负债合计	125 588	174 322	233 620	318 373	445 021
所有者权益合计	847 725	908 111	1 010 101	1 082 566	1 180 766
资本总额	973 313	1 082 433	1 243 721	1 400 939	1 625 787

注：因无息负债不产生资本成本，因此债务部分仅包含了有息债务：短期借款、长期借款、应付债券和一年内到期的非流动负债。

表 14-11　　　ZSY 公司 2008—2012 年各年的债务资本成本

金额单位：百万元

	2008 年	2009 年	2010 年	2011 年	2012 年
利息支出	2 963	5 272	6 321	10 886	18 164
有息负债合计	125 588	174 322	233 620	318 373	445 021
债务资本成本	2.36%	3.02%	2.71%	3.42%	4.08%

注：债务资本成本为各年利息支出与有息负债的比。其中，利息支出数据来源于 ZSY 各年年报。

表 14-12　　　计算 ZSY 公司 2008—2012 年各年的权益资本成本　　单位：%

	2008 年	2009 年	2010 年	2011 年	2012 年
无风险收益率	4.12%	4.12%	4.12%	4.12%	4.12%
市场收益率	25.70%	25.70%	25.70%	25.70%	25.70%
贝塔值	0.605 5	0.694 9	0.699 2	0.389 8	0.428 7
权益资本成本	17.19%	19.12%	19.21%	12.53%	13.37%

注：权益资本成本利用资本资产定价模型计算。其中，无风险利率选择 10 年期国债收益率。市场收益率选择 10 年沪深指数平均收益。贝塔值利用万德数据库计算。

表 14-13　计算 ZSY 公司 2008—2012 年各年的加权平均资本成本　　单位：%

	2008 年	2009 年	2010 年	2011 年	2012 年
债务资本成本	2.36%	3.02%	2.71%	3.42%	4.08%
有息负债比重	12.90%	16.10%	18.78%	22.73%	27.37%
权益资本成本	17.19%	19.12%	19.21%	12.53%	13.37%
所有者权益比重	87.10%	83.90%	81.22%	77.27%	72.63%
加权平均资本成本	15.20%	16.40%	15.98%	10.27%	10.55%

通过计算结果可以发现，2011 年 ZSY 的加权资本成本为近五年最低水平 10.27%，则假设 2011 年的资本结构为理想资本结构，10.27% 为 ZSY 的理想资本成本。考虑到公司未来融资成本的上升趋势，结合行业平均资本收益率状况，我们假设折现率为 12%。

第四，估算现金净流量现值。

$$经营现金净流量现值 = \sum_{t=1}^{n} \frac{经营现金净流量_t}{(1+折现率)^t}$$

应当注意，使用现金流量折现法的关键是保持现金流量与贴现率的匹配，用加权平均资本成本贴现股权现金流量会导致股权价值偏高；如果使用股本成本贴现公司现金流量，又会低估公司价值。如果被估价的资产当前的现金流量为正，并且可以比较可靠地估计未来现金流量的发生时间，同时根据现金流量的风险特征又能够确定恰当的贴现率，那么就适合采用现金流量贴现法。但是在现实生活中，陷入财务拮据状态的公司，收益呈周期性的公司，拥有未被利用资产的公司，有专利权或产品选择权的公司等，现金流量的预测和贴现率的确定存在一定困难。

以 ZSY 公司为例，其确定预测期的经营现金净流量分别为 75 727.05 百万元、-41 429.32 百万元、-34 846.56 百万元、-9 402.49 百万元、56 162.62 百万元。折现率为 12%，因此其有明确预测期的公司价值为各期经营现金净流量现值之和，根据上述可得：

$$有明确预测期公司价值 = \frac{75\ 727.05}{(1+12\%)} + \frac{-41\ 429.32}{(1+12\%)^2} + \frac{-34\ 846.56}{(1+12\%)^3} + \frac{-9\ 402.49}{(1+12\%)^4}$$
$$+ \frac{56\ 162.62}{(1+12\%)^5} = 35\ 675.87(百万元)$$

3. 明确预测期后现金净流量现值估算

有明确预测期以后公司预期现金流量现值估算亦称连续价值估算。使用连续价值公式便不再需要详细预测延长期公司的现金流量。用现金流量折现法进行连续价值估算，可供选择的方法有长期明确预测法、现金净流量恒值增长公式法和价值驱动因素公式法。第一种方法实质与有明确预测期的现金流量现值估算方法相同,只是预测期加长(75年或更长)。这种方法不但麻烦,而且也不必要。通常选择后两种方法。

(1) 现金净流量恒值增长公式法的估算公式是:

$$连续价值 = \frac{明确预测期后第一年现金净流量水平}{加权平均资本成本 - 现金净流量预期增长率恒值}$$

使用这一公式应当注意:第一,这一公式假定公司现金净流量在连续价值期间内的增长率不变;第二,现金净流量预期增长率恒值应小于加权平均资本成本;第三,必须正确估算预测期后第一年的现金净流量正常水平,使之与预测增长率相一致。

(2) 价值驱动因素公式法的估算公式是:

$$连续价值 = \frac{明确预测期后第一年息前税后利润正常水平 \times \left(1 - \dfrac{息前税后利润预期增长率恒值}{新投资净额的预期回报率}\right)}{加权平均资本成本 - 息前税后利润预期增长率恒值}$$

以第一种方法为例,计算 ZSY 公司明确预测期后现金净流量,假设五年之后 ZSY 的现金流量以每年 4% 的增长率稳定增长,则有明确预测期后第一年现金净流量正常水平为:

$$56\,162.62 \times (1 + 4\%) = 58\,409.13\ (百万元)$$

以后每年的增长率均为 4%,加权平均资本成本为 12%,则采用公式 14.8 计算的连续价值为:

$$连续价值 = \frac{58\,409.13}{12\% - 4\%} = 730\,114.13(百万元)$$

应当注意,此时的连续价值是指明确预测期以后现金流量折现到明确预测期最后一年的现值。而构成公司经营价值的有明确预测期后现金流量现值应在此基础上进一步折现为明确预测期初的现值。如果其他条件与表 14-3 资料相同,则:

$$连续价值现值 = 730\,114.13 \times 0.567 = 413\,974.71(百万元)$$

无论采用何种方法,都涉及确定预测期、估计明确预测期后现金流量或利润水平及其增长率、加权平均资本成本估算及折现三个问题。

关于预测期的选择,取决于有明确预测期现金流量折现法时选择的期限。应当指出,虽然选择明确预测期十分重要,但它并不影响公司价值,只关系到明确的预测期与以后年份公司的价值如何分配。

关于息前税后利润、现金净流量、新投资净额预期回报率、息前税后利润和现金净流量的增长率的确定,是涉及公司价值评估的重要参数,应结合各自特点,采取相应方法进行预测。

加权平均资本成本是进行连续价值折现的基础,资本成本的确定可参照前述方法进行。

4. 非经营投资价值和债务价值

公司价值是经营价值与非经营投资价值之和。前面两个问题研究了在现金流量折现法下经营价值的确定。非经营投资价值的确定,也可通过非经营现金流量折现进行。运用现金流量法进行公司价值评估:一是要明确公司价值包括非经营投资价值;二要注意正确划分经营现金流量与非经营现金流量。由于非经营投资的特殊性,也可不采用现金流量折现进行估价,而直接用非经营投资额代表非经营投资价值。

为了计算公司股东价值或股本价值,可在公司价值评估基础上减去债务价值。债务价值等于对债权人现金净流量的折现。因此,要评估债务价值:一要确定债权人的现金净流量;二要确定债权人的资本成本或折现率。应当注意,只有在价值评估当日尚未偿还的公司债务才需要估算价值,对于未来借款可以假设其净现值为零,因为这些借款得到的现金流入与未来偿付的现值完全相等。

以 ZSY 公司为例,假设其非经营投资价值为零。由 ZSY 公司 2012 年资产负债表可知:

债务价值 = 短期借款 + 交易性金融负债 + 一年内到期非流动负债 + 长期借款
         = 181 974 + 0 + 6 626 + 170 536 = 359 136(百万元)

则由上述公式可知:

公司经营价值 = 35 675.87 + 413 974.71 = 449 650.58(百万元)
公司价值 = 449 650.58 + 0 = 449 650.58(百万元)
股东价值 = 449 650.58 − 359 136.00 = 90 514.58(百万元)

三、以经济利润为基础的价值评估

(一)以经济利润为基础的价值评估原理

以经济利润为基础的价值评估认为公司价值等于投资资本额加上相当于未来每年创造超额收益现值,即:

公司价值 = 投资资本 + 预计创造超额收益现值

而公司未来每年创造超额收益,实质上反映了公司未来的非正常收益或超额利润。在经济学中通常将这种非正常收益定义为经济利润。而后来人们在以价值为基础的管理中又将其定义为经济增加值(EVA)。

经济增加值概念是在 20 世纪 80 年代,由美国思腾思特(Stern Steward)咨询公司提出的，EVA所基于的理念是：一个公司投资项目的收益高于该公司所有运营成本和资本成本，该公司才创造价值。换句话说，只有在资本投资回报率高于资本成本时，项目才创造价值，满足资本市场的基本要求。对公司而言，EVA是指公司资本收益与资本成本之间的差额，即公司所取得的经营收益扣除所占用的所有资本成本后的数额。EVA即公司税后净营业利润与投入的全部资本（包括债务资本和权益资本）成本之间的差额。

具体计算公式如下：

$$EVA = NOPAT - TC \times WACC$$

其中，NOPAT为税后净营业利润，是在净利润的基础上进行一系列的会计调整得到的。营业利润是公司正常生产经营活动产生的成果。因此，税后净营业利润的计算不应当包括与公司正常生产经营无关的收支项目，如补贴收入、营业外收支等。另外，加权平均资本成本中已经考虑债务成本，因此计算税后净营业利润时中不应再扣除债务成本，应对利息支出项目进行调整。此外，各项减值准备的计提实际是将现在未发生，将来可能发生的费用提前计入损益，这不利于反映公司真实的营业状况和盈利能力。另外，递延税款项目是由于资产、负债的账面价值与其计税基础不同导致的会计利润和应税所得之间的时间性差异。计算NOPAT时要求公司扣减本期缴纳的税款，不包括将来需要缴纳的款项。综上所述，计算税后净营业利润时需要在净利润的基础上对利息支出、递延税款、营业外收支、各项减值准备等项目进行调整。

TC为调整后的公司资本总额，从战略角度对影响公司资本占用的项目进行调整。由EVA理论可知，资本总额为公司在经营中所投入的全部金额，按来源可分为债务资本和权益资本。EVA中核算的债务资本指的是各类计息负债，主要包括银行短期借款和长期借款等，对于预收款项、应付款项等不需要支付成本的经营性负债，需从资本总额中扣除。另外，在建工程项目在转为固定资产之前未产生收益，若将其计入资本成本会使这个项目没有对应的收益与之相匹配，会高估资本成本最终低估EVA数值。因此需要将在建工程项目从总资本中扣除。

WACC为公司的加权平均资本成本，是综合考虑了债务成本和权益成本后的加权平均资本成本。

EVA方法具有一定的科学性，能够较客观地反映公司在一定的时期内为所有者创造的价值。它充分考虑了所有者权益资本成本，只有在投资收益率超过资产的使用成本时才是真正盈利，公司所有者的财富才得到真正意义上的增加，这就为投资者决策提供了更加准确的参考依据。

（二）以经济利润为基础的价值评估方法

1. 经济利润或EVA预测

前面谈到，经济利润或EVA实质上是一种超额利润，根据其内涵，EVA可用下式计算：

$$EVA = NOPAT - TC \times WACC$$

或者

$$EVA = TC \times (投资资本回报率 - WACC)$$

以经济增加值为基础的价值评估方法的关键在于经济增加值预测。如果明确预测期较长，可直接运用上述公式，逐年预测。如果考虑有明确预测期的经济增加值和明确预测期以后经济增加值预测两个阶段，则前者可逐年采用上述公式测算，后者可采用简化公式确定明确预测期后经济增加值现值总额。即：

$$连续价值 = \frac{明确预测期后第一年经济增加值水平}{加权平均资本成本 - 经济增加值预期增长率恒值}$$

2. 经济利润折现

经济增加值现值计算的一般公式是：

$$经济增加值现值 = \sum_{t=1}^{n} \frac{经济增加值_t}{(1+折现率)^t}$$

应当注意，由于经济利润是一种超额利润，归公司所有者所有，因此经济利润现值应反映股东价值的增值。从这点考虑，折现率应采用股权资本成本，而不应是加权平均资本成本。另外，这一公式主要用于有明确预测期的经济利润折现，对于明确预测期以后经济利润折现，可直接用下列公式：

$$明确预测期后经济利润现值 = \frac{连续价值}{(1+折现率)^n}$$

其中，n 代表有明确预测期的最后一年。

3. 投资资本确定

公司价值评估中的投资资本是指预测期期初的投资资本。由于投资资本于预测期期初发生，因此，投资资本本身价值或账面价值与其现值相同，通常可用投资资本的账面价值直接作为以经济利润为基础的价值评估法中公司价值的组成部分。

4. 公司价值确定

在上述三个步骤基础上，运用下式可确定公司价值：

公司价值 = 投资资本 + 明确预测期经济利润现值 + 明确预测期后经济利润现值

（三）以 ZSY 公司为例，计算其以经济增加值为基础的公司价值

1. 确定预测期

与以现金流量为基础对 ZSY 进行价值评估相同，我们设定其明确预测期为 5 年，即 2013—2017 年。

2. 预测经济增加值

由 EVA 的计算公式可知,需要分别对税后净营业利润、资本总额和加权平均资本成本进行预测,结合税后净营业利润的一般调整及 ZSY 公司有关文件及行业特点,各项目的计算如下:

税后净营业利润=净利润+少数股东损益+(利息支出+营业外支出－营业外收入)×(1－T)

"T"为我国公司所得税税率,"利息支出"用"财务费用"代替。

资本总额 = 平均负债总额＋平均所有者权益总额－平均无息流动负债－平均在建工程

其中

平均无息流动负债 = 平均流动负债－平均短期借款－平均一年内到期的长期负债

加权平均资本成本同样使用以现金流量为基础的价值评估中的数值12%。

未来5年税后净营业利润的预测主要基于利润表相关项目的预测,沿用基于现金流的价值评估中的利润表预测数据。资本总额的预测基于过去10年 ZSY 调整后资本总额的数据,计算其资本总额增长率的平均值,作为未来10年资本总额的增长率,计算结果为15%。相关项目预测结果如表14-14所示。

表 14-14   相关项目预测数据   金额单位:百万元

项　目	2013 年	2014 年	2015 年	2016 年	2017 年
净利润	413 708.70	570 782.33	791 639.16	1 106 353.24	1 562 432.86
财务费用	8 664.78	11 697.45	15 791.56	21 318.60	28 780.11
营业外收入	19 252.12	36 426.93	68 923.40	130 409.96	246 748.68
营业外支出	9 101.40	9 556.47	10 034.29	10 536.01	11 062.81
NOPAT	412 323.36	556 636.53	751 459.32	1 014 470.08	1 369 534.61
调整后的资本总额	1 382 191.90	1 589 520.69	1 827 948.79	2 102 141.11	2 417 462.27
EVA	246 460.33	365 894.05	532 105.47	762 213.15	1 079 439.14

由表14-14数据可知,折现率应该选择权益资本成本率,由上文计算 ZSY 近5年的权益资本成本的平均值16.28%作为 ZSY 的折现率。则 ZSY 明确预测期经济增加值现值为:

$$\frac{246\,460.33}{(1+16.28\%)}+\frac{365\,894.05}{(1+16.28\%)^2}+\frac{532\,105.47}{(1+16.28\%)^3}+\frac{762\,213.15}{(1+16.28\%)^4}$$
$$+\frac{1\,079\,439.14}{(1+16.28\%)^5}=1\,745\,706.35(百万元)$$

3. 明确预测其后经济增加值的预测

假设明确预测期后经济增加值的以4%的增长率增长,则有明确预测期后第一年经济增加值为 1 079 439.14×(1+4%)=1 122 616.71 百万元,加权平均资本成本为 12%,则计算的连续价值为:

$$连续价值 = \frac{1\ 122\ 616.71}{12\% - 4\%} = 14\ 032\ 708.84(百万元)$$

ZSY 公司 2012 年底调整后的资本总额为 1 201 906(百万元),则 ZSY 的公司价值为:

投资资本＋明确预测期经济增加值现值＋明确预测期后经济增加值现值
= 1 201 906＋1 745 706.35＋6 601 101.32 = 9 548 713.67(百万元)

本 章 小 结

趋势分析是财务报表分析的基本方法,它是指通过观察企业连续数期的财务报表,在运用一定的方法比较各期有关项目金额的基础上,确定各项目的增减变动及发展趋势,并对各项目在未来可能出现的结果做出预测的一种分析方法。在进行趋势分析时,可以直接将所分析的报表或项目连续几年的数据放在一起,编制一张趋势分析表,通过观察表内各项目的增减变动,分析发现其变动趋势和规律。为准确判断企业财务状况和经营成果未来的发展情况,可以进一步计算报表中各项目变动的趋势百分比。此时常用的方法有两种:定比分析和环比分析。这两种方法也是进行趋势分析的主要方法。

财务报表的预测方法实质上是对利润表、资产负债表、所有者权益变动表、现金流量表内的项目进行判断、预计和估算的方法,包括定量分析法和定性分析法两大类。这两类方法不是完全排斥的,而是相互补充的,两者的有机结合,能够大大提高预测结果的准确性和可信性。常用的定量分析预测方法有平滑指数法、销售百分比法、线性回归分析法。此外,随着科学技术的发展、信息技术的进步,计算机在财务预测领域得到越来越广泛的应用。在实际预测过程中,利润表预测是整个预测的起点,也是准确预测的关键。

价值评估是对企业全部或部分价值进行估价的过程。价值评估作为企业业绩评价或企业决策的手段或方法,已被越来越多的人所接受或采用。

进行价值评估要首先明确对企业什么价值进行评估。价值评估包括企业价值评估与股东价值评估。我们既可从评估企业价值入手评估股东价值,也可从评估股东价值入手评估企业价值。企业价值评估中采用持续经营价值与清算价值产生的结果可能是不同的。价值评估时应根据评估对象的具体情况,考虑应选择的价值。有的企业清算价值高于持续经营价值,有的企业持续经营价值高于清算价值,企业公允的市场价值应是持续经营价值和清算价值中较高的一个。价值评估中通常以股票或债券市场价格为基础进行评估。但是,市场价值衡量的是少数股权价值,不是控股权交易的可靠价格指标。

一般财务理论认为,企业价值应该与企业未来资本收益的现值相等。企业未来资本收益可用股利、净利润、息税前利润和净现金流量等表示。不同的表示方法,反映的企业价值内涵是不同的。利用净现金流量作为资本收益进行折现,被认为是较理想的价值评估方法。因为净现金流量与以会计为基础计算的股利及利润指标相比,更能全面、精确反映所有价值因素。

以现金流量折现为基础的价值评估的基本程序和公式是:

企业经营价值 ＝ 明确预测期现金净流量现值 ＋ 明确预测期后现金净流量现值

企业价值 ＝ 企业经营价值 ＋ 非经营投资价值

股东价值 ＝ 企业价值 － 债务价值

以经济利润为基础的价值评估认为,公司价值等于投资资本额加上相当于未来每年创造超额收益现值,即:

企业价值 ＝ 投资资本 ＋ 预计创造超额收益现值

而企业未来每年创造超额收益,实质上反映了企业未来的非正常收益或超额利润。在经济学中通常将这种非正常收益定义为经济利润。而后来人们在以价值为基础的管理中又将其定义为附加经济价值(EVA)。

以经济利润为基础的评估方法优于现金流量贴现法之处在于,经济利润可以了解公司在单一时期内所创造的价值。经济利润等于投资资本回报率与资本成本之差乘以投资成本,因此经济利润将价值驱动因素、投资资本回报率和增长率转化为一个数字。

主 要 术 语

业绩预测　趋势分析　预测分析　定比分析　环比分析　公司价值评估　现金流量　经济利润　资本成本　息前税后利润　经济增加值

思考与练习题

14.1　财务报表趋势分析和预测分析的方法有哪些?各自的特点如何?

14.2　简述企业价值评估的应用领域

14.3　为什么需要进行连续价值估算?

14.4　请进行企业价值评估与业绩评价的比较

14.5　请简述企业价值评估的价值选择

14.6　以 EVA 为基础进行公司价值评估时,如何确定调整项目?

14.7　请选择一家上市公司,并选用合理的估值方法对其进行价值评估。

案 例 分 析

伊利股份公司价值评估

自 2008 年三聚氰胺事件以来,乳制品行业的健康发展得到越来越多人的关注,政府从乳业立法和政府扶持双向出击制定政策,显示了对乳制品行业发展的高度重视。但我国奶业行业标准落后,堵不住行业的诸多漏洞,要依靠行业协会、企业力量促进行业自律规范企业行为,维护市场秩序。因此,对于整个乳制品行业而言,尽管市场前景开阔,但仍需加强行业自律,严格保障产品质量安全,才能保证我国乳业整体健康、高水平的发展。内蒙古伊利实业集团股份有限公司作为乳制品行业的翘楚,其公司价值到底如何呢?

表 14-15 是伊利股份有限公司 2012 年及 2011 年利润表主要项目数据:

表 14-15 伊利集团利润表主要数据　　金额单位:百万元

项　目	2012 年	2011 年
营业收入	43 153.02	39 793.67
营业成本	36 245.41	33 679.39
营业税金及附加	152.22	141.08
销售费用	4 325.63	4 182.25
管理费用	1 626.65	1 104.33
财务费用	48.87	−40.53
资产减值损失	36.67	23.70
其他经营收益		
投资净收益	675.54	593.04
营业利润	1 393.11	1 296.48
加:营业外收入	294.85	257.07
减:营业外支出	21.01	5.39
利润总额	1 666.96	1 548.16
减:所得税	153.25	124.68
净利润	1 513.70	1 423.48

请思考:

1. 请根据伊利 2012 年和 2011 年收益情况以及行业发展状况,运用销售百分比法对其 2013 年收益情况进行预测。

2. 在对未来财务报表预测的基础上,运用合适的价值评估方法对其进行价值评估。

主要参考书目

[1] 荆新,刘兴云. 财务分析学[M]. 3版. 北京:经济科学出版社,2010.
[2] 陆正飞. 财务报表分析[M]. 北京:中信出版社,2006.
[3] 黄世忠. 财务报表分析——理论框架与案例[M]. 北京:中国财政经济出版社,2007.
[4] 张新民. 从报表看企业:数字背后的秘密[M]. 北京:中国人民大学出版社,2012.
[5] 张新民,钱爱民. 财务报告解读与分析[M]. 北京:电子工业出版社,2011.
[6] 张先治,陈友邦. 财务分析[M]. 7版. 大连:东北财经大学出版社,2014.
[7] 张先治. 财务分析[M]. 北京:中国财政经济出版社,2004.
[8] 孙旭东. 价值投资——从看懂财报开始[M]. 成都:机械工业出版社,2012.
[9] 孙旭东. 年报掘金[M]. 北京:中国财政经济出版社,2009.
[10] 财政部编写组. 企业会计准则讲解2010[M]. 北京:人民出版社,2010.
[11] 财政部会计司. 企业内部控制规范讲解2010[M]. 北京:经济科学出版社,2010.
[12] 戴维·F·霍金斯. 公司财务报告与分析:教程与案例[M]. 孙铮,郭永清,译. 大连:东北财经大学从出版社,2000.
[13] 查尔斯·吉布森. 财务报表分析:利用财务会计信息[M]. 6版. 马英麟,等,译. 北京:中国财政经济出版社,2000.
[14] 克雷沙·帕利普,等. 经营透视:企业分析与评价[M]. 李延钰,等,译. 大连:东北财经大学出版社,1998.
[15] 埃里克·A·海尔菲特. 财务分析技术[M]. 张建军,译. 北京:中国财政经济出版社,2001.
[16] 拉姆·普兰,诺埃尔·M·提切. 持续增长[M]. 鲁伟刚,译. 北京:中国社会科学出版社,2005.
[17] CHARLES H GIBSON. Financial Reposting 和 Analysis[M]. 9 th ed. Thomson,2004.
[18] ERICH A HELFERT. Techniques of Financial Analysis:A Practical Guild to Managing and Measuring Business Performance[M]. Irwin,1997.
[19] GEORGE FOSTER. Financial Statement Analysis[M]. Prentice-Hall,1986.
[20] LEOPOLD A RERMSTEIN,JOHN J WILD. Financial Statement Analysis:Theory,Application,and Interpretation[M]. McGraw Hill,1988.
[21] PALEPU BERNARD HEALY. Business Analysis 和 Valuation:Using Financial Statements[M]. South-western Publishing Co. ,1999.
[22] STICKNEY CLYDE P. Financial Statement Analysis:A Strategic Perspective[M]. San Diego:Harcourt Brace Jovanovich,1990.

附录

中国石油天然气股份有限公司
2012 年度报告*

一、年度报告摘要

1. 重要提示

1.1 本业绩公告(年度报告摘要)摘自二〇一二年度报告全文,投资者欲了解详细内容,应仔细阅读中国石油天然气股份有限公司(以下简称"本公司")二〇一二年度报告全文。年度报告全文同时刊载于上海证券交易所网站(网址 http://www.sse.com.cn)、香港联合交易所有限公司(以下简称"香港联交所")网站(网址 http://www.hkex.com.hk)及本公司网站(网址 http://www.petrochina.com.cn)。

1.2 本公司及其附属公司(以下简称"本集团")分别按中国企业会计准则及国际财务报告准则编制财务报告。本集团按中国企业会计准则及国际财务报告准则编制的二〇一二年度财务报告已分别经普华永道中天会计师事务所有限公司和罗兵咸永道会计师事务所进行审计并出具标准无保留意见的审计报告。

1.3 公司简介

2 主要财务数据和股东变化

2.1 按国际财务报告准则编制的主要财务数据

2.2 按中国企业会计准则编制的主要财务数据

2.3 股东数量和持股情况

3 董事会报告

3.1 管理层讨论与分析

2012 年,世界经济复苏缓慢,中国经济增速减缓,石油石化市场需求增速下

---

* 本教材选用中国石油天然气股份有限公司的年度报告中的相关内容作为全书的分析资料,目的只是为便于学生学习与理解本课程教学内容与方法的需要,不存在任何其他商业目的。书中各个部分对该公司的分析与评价只是作者依据有限资料(不排除为说明某问题在缺少必要信息时的假设条件)为说明分析方法所进行的简要判断与说明,并不构成其他人用于其他目的评价该公司的依据。特此说明。

降。面对复杂严峻的国内外形势,本集团注重发展的质量和效益,着力转变发展方式,突出发展油气主营业务,保持油气储量高峰增长,推进炼化战略布局优化,不断改善油品销售结构,加快骨干管网建设,大力发展国际业务,实现生产较快增长,抗风险能力和可持续发展能力不断增强。2012年本集团实现营业额人民币21 952.96亿元,比上年同期增长9.6%;实现归属于母公司股东净利润人民币1 153.26亿元,比上年同期下降13.3%,主要受进口天然气数量增加及进销价格倒挂、国内成品油价格宏观调控等因素综合影响。

3.1.1　市场回顾
3.1.2　业务回顾
3.1.3　经营业绩回顾

以下讨论与分析应与本集团年度报告及其他章节所列之本集团经审计的财务报表及其附注同时阅读,涉及的财务数据摘自本集团按国际财务报告准则编制并经过审计的财务报表。

(1) 合并经营业绩

2012年,本集团实现营业额人民币21 952.96亿元,比上年同期增长9.6%;实现归属于母公司股东净利润人民币1 153.26亿元,比上年同期下降13.3%;实现每股基本盈利人民币0.63元,比上年同期减少人民币0.10元。

(2) 板块业绩
(3) 资产、负债及权益情况
(4) 现金流量情况
(5) 资本性支出

3.1.4　未来展望

2013年,世界经济有望温和复苏,能源需求预计保持刚性增长。中国政府将继续加强和改善宏观调控,实施积极的财政政策和稳健的货币政策,促进经济持续健康发展。本集团将以提高发展质量和效益为中心,坚持资源、市场、国际化战略,突出发展油气主营业务,突出战略发展和核心竞争力,努力保持生产经营平稳较快发展。

3.2　其他财务信息
3.3　2013年度末期股息分配安排

董事会建议按截至2012年12月31日止12个月净利润的45%的数额,扣除已于2012年10月24日派发的2012年中期股息后的余额派发2012年末期股息,每股人民币0.131 06元(含适用税项)。

4　重要事项
4.1　对外投资及收购资产
4.2　成品油价格机制完善方案出台
4.3　天然气价格调整方案出台

4.4 诉讼进展情况

5 财务报告

5.1 与最近一期年度报告相比,会计政策、会计估计和核算方法发生变化的具体说明

不适用

5.2 重大会计差错的内容、更正金额、原因及其影响

不适用

5.3 与最近一期年度报告相比,合并范围发生变化的具体说明

不适用

5.4 董事会、监事会对会计师事务所"非标准审计报告"的说明

不适用

承董事会命

中国石油天然气股份有限公司

周吉平 副董事长兼总裁(代行董事长职权)

中国 北京

二〇一三年三月二十一日

二、财务报告摘要

(一)母公司财务报表

表1　　中国石油天然气股份有限公司母公司资产负债表

2012年12月31日　　　　　　单位:人民币百万元

项目	期末数	期初数	项目	期末数	期初数
流动资产			流动负债		
货币资金	11 574	38 794	短期借款	181 974	110 562
应收票据	7 329	9 821	应付票据	0	0
应收账款	4 198	3 297	应付账款	155 420	129 183
预付款项	22 224	23 599	预收款项	27 099	24 033
其他应收款	48 324	22 322	应付职工薪酬	3 024	4 771
存货	166 074	143 498	应交税费	46 380	80 303
其他流动资产	23 959	17 642	其他应付款	17 397	15 892
			一年内到期的非流动负债	6 626	35 122
			其他流动负债	1 904	2 470
流动资产总计	283 682	258 973	流动负债总计	439 824	402 340

(续表)

项　目	期末数	期初数	项　目	期末数	期初数
非流动资产			非流动负债		
可供出售金融资产	1 253	439	长期借款	170 536	87 140
长期股权投资	265 939	228 742	应付债券	86 000	67 500
固定资产	438 504	360 843	预计负债	55 676	45 343
油气资产	492 322	438 378	递延所得税负债	4 417	3 935
在建工程	185 884	192 066	其他非流动负债	4 151	3 521
工程物资	5 866	8 265	非流动负债总计	320 780	207 439
无形资产	44 159	36 373	负债总计	760 604	609 779
商誉	119	119	股东权益		
长期待摊费用	21 464	19 010	股本	183 021	183 021
递延所得税资产	0	0	资本公积	128 136	128 019
其他非流动资产	1 442	368	专项储备	7 080	6 474
			盈余公积	150 523	140 180
			未分配利润	511 270	476 103
			外币报表折算差额	0	0
			归属于母公司股东权益总计	980 030	933 797
			少数股东权益	0	0
非流动资产总计	1 456 952	1 284 603	股东权益总计	980 030	933 797
资产总计	1 740 634	1 543 576	负债和股东权益总计	1 740 634	1 543 576

表 2　　中国石油天然气股份有限公司母公司利润表

2012 年　　　　　　　　　　　　单位：人民币百万元

项目	本年数	上年数
一、营业收入	1 337 157	1 287 823
减：营业成本	1 000 217	938 968
营业税金及附加	181 984	188 683
销售费用	40 848	39 767
管理费用	61 665	57 045

(续表)

项目	本年数	上年数
财务费用	18 038	10 519
资产减值损失	1 218	8 536
加:投资收益	69 354	85 551
二、营业利润	102 541	129 856
加:营业外收入	10 175	7 344
减:营业外支出	8 668	7 777
三、利润总额	104 048	129 423
减:所得税费用	619	2 994
四、净利润	103 429	126 429
归属于母公司股东的净利润	103 429	126 429
少数股东损益	0	0
五、每股收益		
（一）基本每股收益	人民币0.57元	人民币0.69元
（二）稀释每股收益	人民币0.57元	人民币0.69元
六、其他综合收益	117	39
七、综合收益总额	103 546	126 468
归属于母公司所有者的综合收益	103 546	126 468
归属于少数股东的综合收益	0	0

表3　　中国石油天然气股份有限公司母公司现金流量表

2012年　　　　　　　　　　　　　　　单位:人民币百万元

项目	本年数	上年数
一、经营活动产生的现金流量		
销售商品、提供劳务收到的现金	1 560 613	1 507 374
收到的税费返还	3 585	3 761
收到的其他与经营活动有关的现金	17 308	16 148
经营活动现金流入小计	1 581 506	1 527 283
购买商品、接受劳务支付的现金	1 020 730	1 005 531
支付给职工以及为职工支付的现金	80 518	72 464

(续表)

项目	本年数	上年数
支付的各项税费	290 401	230 611
支付的其他与经营活动有关的现金	95 958	60 906
经营活动现金流出小计	1 487 607	1 369 512
经营活动产生的现金流量净额	93 899	157 771
二、投资活动产生的现金流量		
收回投资所收到的现金	11	5 398
全资子公司注销为分公司	0	18
取得投资收益所收到的现金	69 347	72 404
处置固定资产、无形资产和其他长期资产收回的现金净额	235	320
投资活动现金流入小计	69 593	78 140
购建固定资产、无形资产和其他长期资产支付的现金	227 634	214 427
投资支付的现金	31 637	15 831
投资活动现金流出小计	259 271	230 258
投资活动产生的现金流量净额	−189 678	−152 118
三、筹资活动产生的现金流量		
吸收投资收到的现金	0	0
其中:子公司吸收少数股东投资收到的现金	0	0
取得借款收到的现金	397 619	311 497
收到其他与筹资活动有关的现金	307	267
筹资活动现金流入小计	397 926	311 764
偿还债务支付的现金	252 910	230 167
分配股利、利润或偿付利息支付的现金	76 239	73 660
其中:子公司支付给少数股东的股利、利润	0	0
子公司资本减少	0	0
支付其他与筹资活动有关的现金	218	132
筹资活动现金流出小计	329 367	303 959
筹资活动产生的现金流量净额	68 559	7 805
四、汇率变动对现金及现金等价物的影响	0	0
五、现金及现金等价物净增加额	−27 220	13 458
加：年初现金及现金等价物余额	38 794	25 336
六、年末现金及现金等价物余额	11 574	38 794

表 4　　中国石油天然气股份有限公司母公司现金流量表附注

2012 年　　　　　　　　　　　　　　　单位：人民币百万元

项　目	本年数	上年数
净利润	103 429	126 429
加：资产减值损失	1 218	8 536
固定资产折旧、油气资产折耗	98 684	89 230
无形资产摊销	2 478	2 100
长期待摊费用摊销	2 888	2 570
处置固定资产、油气资产、无形资产和其他长期资产的损失（减：收益）	2 997	2 831
干井费用	10 499	10 414
安全生产费	3 191	2 978
财务费用（减：收益）	17 879	9 981
投资损失（减：收益）	－69 354	－85 551
递延所得税增加（减：减少）	468	－2 541
存货的减少（减：增加）	－22 803	－37 314
经营性应收项目的减少（减：增加）	－33 551	－6 161
经营性应付项目的增加（减：减少）	－24 124	34 269
经营活动产生的现金流量净额	93 899	157 771

表 5　　中国石油天然气股份有限公司母公司所有者权益变动表

2012 年　　　　　　　　　　　　　　　单位：人民币百万元

项　目	股本	资本公积	专项储备	盈余公积	未分配利润	股东权益合计
一、本年年初余额	183 021	128 019	6 474	140 180	476 103	933 797
二、本年增减变动额						
（一）综合收益总额		117			103 429	103 546
（二）专项储备——安全生产费						
1. 本期提取			5 611			5 611
2. 本期使用			－5 005		122	－4 883
（三）利润分配						
1. 提取盈余公积				10 343	－10 343	
2. 对股东的分配					－58 041	－58 041
三、本年年末余额	183 021	128 136	7 080	150 523	511 270	980 030

表6　中国石油天然气股份有限公司母公司所有者权益变动表
2011年　　　　　　　　　　　　单位:人民币百万元

项目	股本	资本公积	专项储备	盈余公积	未分配利润	股东权益合计
一、本年年初余额	183 021	127 987	5 963	127 537	425 345	869 853
二、本年增减变动额						
（一）综合收益总额		39			126 429	126 468
（二）专项储备-安全生产费						
1. 本期提取			4 388			4 388
2. 本期使用			－3 877		272	－3 605
（三）利润分配						
1. 提取盈余公积				12 643	－12 643	
2. 对股东的分配					－63 300	－63 300
（四）其他权益变动		－7				－7
三、本年年末余额	183 021	128 019	6 474	140 180	476 103	933 797

（二）财务报表附注（略）

投资者欲了解详细内容,应仔细阅读中国石油天然气股份有限公司（以下简称"本公司"）二零一二年度报告全文。年度报告全文同时刊载于上海证券交易所网站（网址 http://www.sse.com.cn）、香港联合交易所有限公司（以下简称"香港联交所"）网站（网址 http://www.hkex.com.hk）及本公司网站（网址 http://www.petrochina.com.cn）。